# 日本史探究
## 授業の実況中継

［近世 〜 近代］

3

語学春秋社

# 授業を始めるにあたって

## ——新課程教科書準拠版

　『日本史探究授業の実況中継 1 ～ 4』は，(1)わかりやすく，(2)ていねいに，(3)必要なことは繰り返し触れることを心がけて行ってきた，河合塾での私の日本史授業を再現したものですが，新課程への移行にともない，教科書に準じて必要な箇所を修正しました。また，なによりも(1)楽しく，(2)厳しく，(3)手抜きせずに進めてきた授業ですが，本づくりにあたっては，授業を再現するだけでなく，次のような工夫と指導方針を徹底しました。

### ①授業ノート（別冊）・日本史年表トーク

　　この 2 つの教材を念頭に，実際の授業と同じ環境を整えることに努めました。**授業ノート**の赤字部分は，いわゆる「サブノート」で言えば空欄に該当する重要語句です。**年表**も見やすく，わかりやすくしました。

　　**日本史年表トーク**は，この年表に沿って時代の流れを整理するため，授業の要所で繰り返し指摘する重要な出来事・事項をムダなくまとめたものです。**授業音声は無料でダウンロード**できます。（ダウンロード方法は，別冊 iii ページをご参照ください）

### ②史料は全訳・ルビつき

　　史料は，授業で話す全訳，意訳をそのまま示してあります。史料が苦手な人も，自然に史料の読解力そのものがついてくるようになっています。また，ルビもついています。

### ③定期テスト・模擬試験対策

　　そこで，定期テスト・模試などの前には，必ず，(1)授業ノートを見直し，(2)授業音声を聴きながら年表を確認し，(3)史料部分の要点を復習してください。

## ④すべてのテストの前提となる基本的な授業

中間・期末テスト，共通テスト，国公立私大といったタイプ別のテストを意識する前に，まずはしっかり基本を学ぶことを重視してください。共通テストだから，難関私大だから，二次論述だからといった区別は，基本的な勉強が終わってから考えるものです。

## ⑤本書が扱う範囲

しかし，この授業は河合塾の授業ですから，**日常学習から入試までを配**慮したものとなっています。その場で暗記してしまうことは，実際に暗記の方法を示し，いっしょにその場で覚えてもらいます。読み飛ばさないで，指示を守って着実にやっていってください。**ゴロ合わせや暗唱コーナー**などで，楽しく読み進められるはずです。

では，本書のイメージを示しておきます。**本書が扱う範囲を 100 とします**。定期テストや入試で高得点を確保するためには 80 ぐらいが必要でしょう。それでどんな問題もクリアーできます。実際には 60 ～ 70 の範囲を確実に得点できれば OK です。

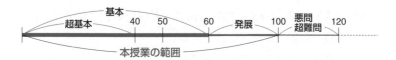

入試の難問にも対応するためには，120 程度の知識が要求されます。しかし，これではあまりにも負担が重すぎます。他の教科の勉強時間を奪ってしまいます。そこで，この授業は **0 ～ 100 を目指している**のです。それで共通テストは満点，難関大でも 8 割は確実に得点できます。

> 100 学んで，80 を得点に結びつければどんな試験でもクリアする

ことを忘れないでください。そこで，

> 忘れることを前提に，100 学んで，20 は忘れても OK

というのが本書の基本的な目標です。ここは始めにしっかり意識してください。

　なお，新課程になって教科書の記述から削除された事項でも，入試対策上，必要なものは加えてあります。

## ●本書第 3 巻の学習目標

　第 3 巻は「近世史(後期)から近代史(前期)」。第 3 巻も第 1・2 巻と同じ。本書の目標を実現してもらうために，ていねいに進めていきます。日本史が得意な人にとっても量が多すぎてイヤになるところです。とくに激動期。そして，文化や経済の背景やシステムを理解するよう熟読してください。

　史料も長いものが多くなりますが，がまんしてください。史料に強くなることは，得点力を身につけるために避けられません。

# ★本書の学習のしかた

## (1)本編の授業を読む

　寝転んだままでも，電車の中でも，ともかく本編を読んでいってください。できれば 1 〜 3 回分まとめて読んでください。例えば，

　　〈第 1 日〉……第 34 〜 35 回を読む

　　〈第 2 日〉……第 34 〜 36 回を読む

　　〈第 3 日〉……第 35 〜 37 回を読む

　こんなふうに，かならず前回の部分を通読してから次の回へ進むこと。(集中すれば，約 1 週間で近世史(後期)・近代史(前期)をひととおり勉強することが可能です)そして，定期的に，史料だけの復習を行ってください。

## (2)授業ノートを参考に熟読する

　最低 2 回，通読したら，今度はちゃんと授業ノートを開いて本編を熟読してください。

　赤字・太字の用語はできれば鉛筆で書いてみましょう。くれぐれも思い込みで誤字を書き込むことがないように，1 字 1 字確認してください。

## (3)授業ノートを自分のノートにしよう

　　授業ノートに情報を書き加えて，自分自身のノートにしていく。授業の中での注意事項や，自分の使っている教科書，学校での勉強などのすべての情報を書き込んでいってください。

## (4)音声(日本史年表トーク)を聴く

　　ある程度，学習が進んだなと思ったら，別冊の年表を見ながら授業音声を聴いてください。年表や授業ノートを開いて，私の音声が聞こえてくるようになれば，ベストです。

　　(少しでも時間があったら，繰り返し聞くようにしてください)

## (5)総仕上げ！

　　(1)～(4)までが一応終わったら，そこで，個別の復習を試みてください。例えば，

A　史料だけをチェックする。

　　(赤字の語句の穴埋めができるかどうか試す。出典・著者などを確認する)

B　年表で主要年号をチェックする。

　　(年号を見て事項が暗記できているか，事項から年号が出てくるか)

　　あとは，問題集や過去問をどんどん挑戦していってください。


　　本書が，単なる授業の再現ではなく，まさに日常学習から入試レベルまで，無理なくカバーする『実況中継』になったのは，語学春秋社社長の井村敦氏の陣頭指揮，藤原和則氏以下の編集スタッフの皆さんの熱意によるものです。本書が広く，日本史を学ぶ多くの高校生・受験生の力になることを信じています。


　　2024年2月

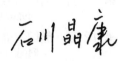

# 授業の内容（目次）

17世紀後半から18世紀初頭は，**文治政治**のもとで平和が続く。文化史でいえば元禄文化と呼ばれる時期です。

4代徳川家綱に続く**5代将軍綱吉**の治世はその中心となる時期。「生類憐みの令」は有名ですね。さらに，**6代家宣・7代家継**の時期は**新井白石**が活躍し，「**正徳の政治（治）**」と呼ばれる。朝廷との融和策，学問の尊重などが目立つ時期です。

経済システムが整備され，豊かな社会が実現します。各産業の発展と商業・流通について多くの語句を覚えてもらわなければならない。その際，とくに「三都」に注意してください。

### 三都…江戸・京都・大坂

**江戸**は人口100万に達する巨大都市。**京都・大坂**も30〜40万。政治の中心の江戸，「天下の台所」大坂，そして，天皇，公家，大社寺のもとで伝統文化を伝える京都。これは基本。具体的には，河川交通を整備した**角倉了以**と沿岸航路を整備した**河村瑞賢**は基本的な知識ですが，より具体的に，

> **京都**…角倉了以（土倉の出身，朱印船貿易で活躍）
> **江戸**…河村瑞賢（明暦の大火で巨利を得た）

といったように，「京の〜」，「江戸の〜」と覚えていきましょう。

1

さて，いよいよ後半戦。5代将軍徳川綱吉の時代から。幕政でいうと文治政治の時代です。ちょっと確認しておきますよ。

1651年，ちょうど17世紀後半に入った年に4代家綱が将軍になる。

**Q** 家綱を支えた叔父さん，会津藩主は？ ——保科正之

文治政治への転換を象徴する施策が，末期養子の禁止の緩和，殉死の禁止ですね。

**Q** 末期養子の禁止の緩和で，何歳未満までの末期養子が許可されることになったか？ ——50歳未満

保科正之が没すると，やがて政治の実権は大老酒井忠清が握り，1680年に家綱が死ぬと，男の子がいなかったので養子の将軍を立てなければならなくなります。酒井忠清は，なんと，有栖川宮家から養子を迎えようとするのですが，堀田正俊らはこれを拒み，家綱の弟，3代家光の4男で上野館林藩の藩主となっていた綱吉を将軍に迎えます。

酒井忠清は罷免され，堀田正俊が，老中，そして**大老**としてこれを支えることになりますが，堀田が1684年に暗殺されると，側用人の柳沢吉保が補佐役となります。

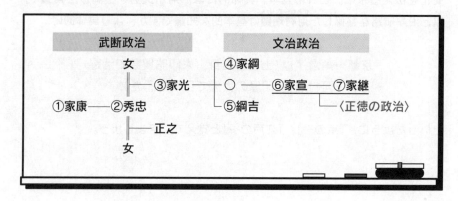

| 武断政治 | 文治政治 |
|---|---|

```
            女          ┌④家綱
             │          │
            ③家光───────○────⑥家宣──⑦家継
             │          │
①家康──②秀忠 │          └⑤綱吉        〈正徳の政治〉
             │
            ├──正之
             │
            女
```

## ■「武家諸法度」の改定

さて，綱吉は「武家諸法度」を改定します。綱吉のときの武家諸法度を，時の元号から「天和令」と呼びます。また，綱吉の最初のころの政治を，「天和の政治(治)」と呼びます。引き締まった政治の行われていた時期です。

ハイ，「天和令」の史料。

### 🔍 史料

**1 武家諸法度(天和令)／『徳川禁令考』**

一，文武 忠孝を励し，礼儀を正すべき事。(後略)

大名たるもの，文武そして忠義，孝行に励め。そして，礼儀正しくしなさい。

天和三年七月廿五日
1683年7月25日

第1条だけでOKです。これまでは「文武弓馬」だった。弓を持って馬に乗るという「文武弓馬」が大名の第一に心がけるべきことだったのが，「文武忠孝」になった。忠義，孝行が大切だと。

文武弓馬 → 文武忠孝

文治政治の基本である儒教道徳を重視するという姿勢です。

## ■学術の奨励

綱吉は木下順庵などに儒学を学び，湯島に聖堂を建てる。孔子などの儒教の聖人をまつる施設，建物を聖堂といいます。今でも湯島聖堂は東京の御茶の水にあります。

**Q** 幕府の儒学を担当する大学頭に任ぜられたのはだれか？

—— 林鳳岡(信篤)

林家の林鳳岡を大学頭とします。お坊さんの身分で仕えていたのが，俗人，

3

一般の人として幕府の学問の中心になったわけです。

　天皇・朝廷に対しても，禁裏御料を増加したり，霊元天皇の強い要望もあって，次の東山天皇の即位に際して221年ぶりに**大嘗祭**が行われています。それから，15世紀後半から途絶えていた，今でも人気のある，京都を代表する賀茂の**葵祭**も再興されています。

　渋川春海(安井算哲)が，中国(元)の授時暦をもとに，**天体観測に基づいて暦をつくり(「貞享暦」)**，これが採用されます。綱吉は，また天体観測のために**天文方**という部署を設け，渋川春海をこれに任じます。

　綱吉は和歌も重視して，**歌学方**を置き，**北村季吟**をその担当者に任命しています。

## ■「生類憐みの令」

　ところが，この綱吉も男の子に恵まれない。先祖代々，たくさんの人を殺しまくった祟りが出たんじゃないか。そこで出てきたのが有名な「**生類憐みの令**」。関係する史料はいっぱいあるので，暗記する必要はありません。「**動物を大事にしよう**」と書いてあれば，それで OK です。

### 🔍 史料

### ２　生類憐みの令 /『御当家令条』

一，犬計に限らず，惣て生類，人々慈悲の心を本といたし，あはれみ
　　犬だけではなくてすべての生き物を大事にして，慈悲の心を根本的な心構えとしてしっかり

候儀，肝要の事。
　身につけなさい。そして，生き物をあわれんで大事にしなさい。それが一番大事なことです。

　簡単。意訳で十分でしょう。

　綱吉は「**犬公方**」なんていうあだ名がついたぐらいの愛犬家。野良犬を見るとほっておけない。そして，犬から鳥，最後には金魚まで，すべての生物を大切に，というわけで徹底した動物愛護精神に満ちた将軍になってしまったわけです。とうとう庶民にとっては迷惑な法律を出しまくった。結局，悪法

4

の代表になってしまいました。もっとも、これによって、**かぶき者**などと呼ばれた戦国時代のままの荒くれ者がいなくなって、平和な町が実現しました。

**生類憐みの令**は、基本的には仏教の基本的な考え方、「生命の尊重」を徹底した政策ということになるでしょう。当然、「死」についても真剣に考える。そこで、**服忌令**という規則が整備されています。

「忌引き」っていう制度は知ってますか？ お爺ちゃんが亡くなったら、孫は3日は学校を休んでも欠席にならない。あるいは、先生のお父さんが亡くなったので、先生は1週間学校に来ないで、家で謹慎。もちろん、その1週間、先生は欠勤にはならない。

難しくいうと、近親者が死んだときの喪に服する期間、死の穢れを忌み、自宅で謹慎するのが忌引き。死者との関係の親疎、度合いに応じてその忌引きの期間を定めたのが服忌令です。死に対する「穢れ」という考えは、仏教以前、古くからの観念ですね。第1巻でもやってますよ（第1巻，p.78）。

**Q** 穢れを「水で洗い流す」のは？　　　　　── 禊（みそぎ）

**Q** 穢れを「紙・布，葉」などで拭うのは？　　── 祓（はらえ）

> みそぎ・はらえ　みそぎ・はらえ
> みそぎ・はらえ　みそぎ・はらえ

しかしこんなにがんばったのに、結局は効果はなく、綱吉は子供にめぐまれなかった。

### ■窮乏化する幕府財政

綱吉のころといえば**元禄文化**ということになりますが、もうそのころになるとお金がなくなってくる。**財政難**がはっきりしてくる。18世紀に入ると、幕府財政はかなり苦しい。

実は4代家綱のときに、大災害に見舞われます。はい、

5

**Q** 1657年の江戸の大火は何と呼ばれるか？　　　　——明暦の大火

　これで江戸がほとんど焼けました。江戸城の天守閣まで焼けちゃった。この明暦の大火からの復興，さらに1707（宝永4）年には富士山が大噴火。「宝永の大噴火」で駿河・相模などにも降灰による被害が出た。幕府は全国に100石につき2両の国役を課さなければならないことになる。「諸国高役金」として100石につき2両を課した。なんと約50万両弱を集めたりしている。また，綱吉は，仏教を尊重して護国寺を建立するなど，寺社造営に莫大な費用をかけています。

　次に痛かったのは，17世紀後半に入ってくると，金山・銀山からの**金銀の産出量が激減**した。これで根本的に財政が行き詰まる。

## ■ 貨幣の改鋳

　お金がなくなって，綱吉がとった政策で一番有名なのが，**小判に入っている金の量を減らそう**というものです。元禄小判という貨幣をつくります。では，

**Q** このアイディアを出した勘定吟味役は？　　　　——荻原重秀

　1枚の小判に入っている純金部分の量を減らして，同じ1両ということにします。幕府は新しい小判を与えて古い小判を回収するから金の差額が出るね。それを「出目」といいます。
　もともとお金がないので，新しい小判に鋳直して，つまり改鋳してどんどん使っていくわけだから，世の中によりたくさんの額面の小判が行きわたる。
　小判の価値は下がり，**インフレ**，**物価が上がります**。よく言えば，経済成長が持続したということです。
　荻原重秀の「荻」を「萩」にしないように注意しましょう。「犭」けものへんです。

荻原　（萩原）×

## ■赤穂事件

さて，この平和な時代を驚かせる事件が，ちょうど 1701 年に起こる。

1701 年。ちょうど 18 世紀に入った，最初の年ですよ。旗本，高家のトップ吉良義央を，江戸城中で播州（播磨国）赤穂城主浅野（内匠頭）長矩が刃傷，刃物で襲いかかって傷つけるという事件です。綱吉はかっとなって，即刻，浅野は切腹。ところが，吉良上野介（義央）に対してはおとがめなし。これは，伝統的な喧嘩両成敗法の精神に反するんじゃないか。浅野はもちろん悪いが，吉良だって悪いんじゃないか，という批判が起こる。

クビになってしまった浅野家の家臣たちが恨みを含んで，翌 1702 年，本所の吉良邸に討ち入ったのが有名な赤穂事件です。家老だった大石良雄以下の「赤穂浪士」による仇討ちです。多くの劇で扱われた四十七士の物語。一番有名なのが竹田出雲らの『仮名手本忠臣蔵』ですね。1748 年の初演以来，今でも一番人気のある浄瑠璃，歌舞伎の演目です。

18 世紀に入って，世の中はのんびりしてきた。そのときに，いきなり，主君の恨みを晴らすために，じいさんの白髪首をはねた。やんややんやのかっさいで，まさに**平和な時代に起こって，幕府に非常な衝撃を与えた**事件です。

将軍に対する大名の忠義，その大名に対する家臣の忠義に親子兄弟などの関係が重層して，さまざまなストーリーが展開可能となった事件です。学者の意見もいろいろです。

> 1701 ～ 1702 年，18 世紀に入って，赤穂事件

ただし，赤穂事件の結末は 1702 年ですよ。

7

さて，綱吉は結局，養子をとらざるをえなくなります。

養子で家を継いだのが家宣ですが，家宣は就任してわずか3年，早死にしてしまい，その子家継が3歳で7代将軍に就任する。家宣，家継，この親子2代の将軍の時期を「正徳の政治」などと呼びますが，学者の意見が反映された政治です。

その学者とは，「侍講」，将軍家の家庭教師，儒学者の新井白石です。将軍のいわば学問的なアドバイザーとなって，政策まで進言するようになっていく。

もちろん，家庭教師がまさか幕政の前面には出られません。

**Q** 将軍家宣・家継の側用人として，実際の政治を動かしていったのはだれか？ ——間部詮房です。

こちらのほうを忘れちゃうんだね。白石を忘れる人はいませんからね。

### ▍皇室との融和

まずは**生類憐みの令が撤廃**されます。そして，礼儀を重んずる文治政治らしく，儀式や典礼などを整えていきますし，天皇家に対しての，融和も継続します。

**Q** 幕府が新しく認めた天皇家の分家を何というか？ ——閑院宮家

天皇家をあまり抑えつけて貧乏ったらしくしちゃうと，天皇から征夷大将軍に任命してもらうわけだから，将軍の権威そのものもあまり上がらないことになる。そこで，**天皇の権威を上げることによって，その天皇から政治を依頼されている将軍の権威も上がる**というのが，白石の真の意図でしょう。

### ■朝鮮外交の改革

さらに、**朝鮮通信使の待遇を簡素化**した。礼儀を重んじるんだったら、待遇はもっとよくする、もっと立派な宴会をやると考えるわな。ところが違う。朝鮮の国王の派遣した使者をあまり手厚くもてなすと、かえって将軍の権威が下がる。逆に簡素化することで、むしろ**将軍の権威が上がる**ということです。

また、朝鮮通信使の国書に、将軍を「**日本国大君殿下**」と記されていたのを改めさせ、「**日本国王**」とさせます。「大君」を「国王」として将軍の権威を守った。

### ■貨幣改鋳

将軍の権威を確立しようとした政策はほかにもあります。元禄小判以降、金の輝きが鈍くなっている。将軍の権威が失われているようでよくない。そこで、元へ戻します。それが良質の**正徳小判**です。

家康のときの**慶長と同じ水準の良質の小判**に戻します。ただ、市場に出回る貨幣の量が減る。ということは、**デフレ**。景気が悪くなる。取引きをしたいのに十分な貨幣がないといったような混乱が起こったという指摘ももちろんあります。

### ■「海舶互市新例」

🅠 元禄以降の財政難に対応するために、**白石**の意見でとられた貿易統制策を何というか？
——**海舶互市新例**

「互市」というのは「貿易」。「新例」は「新しい命令」。ただし、この「れい」の字は、「例えば」の「例」ですよ。「命令」の「令」ではありません。別名、「**長崎新令**」、「**正徳新令**」ともいいます。この場合は「令」です。**長崎貿易の統制令**です。

これは史料でチェックしておきましょう。**長崎からの金銀の流出を防ごう**というので、貿易船の数および取引高を制限したものです。

## 3 海船互市新例 /『徳川禁令考』

一, 唐人方 商 売の法, 凡 一年の船数, 口船・奥船合せて三拾艘, すべて
中国との貿易は, 　　　1年間に合わせて30艘に限定する。　　　　　　貿易高は,

銀高六千貫目に限り, 其内銅三百万斤を相渡すべき事。……
最大, 銀で6000貫目を限度とする。そのうち大部分は銅で払いなさい。

一, 阿蘭陀人 商 売の法, 凡 一年の船数弐艘, 凡て銀高三千貫目に限り,
オランダ人との貿易については, 1年間に船の数は2艘と限定する。貿易高は, 銀高で

其内銅百五拾万斤を渡すべき事。……
3000貫目を上限とする。そのうち大部分は銅で払いなさい。

正徳五年正月十一日
1715年正月11日

| 長崎貿易の制限 | 清………… | 年間 30 艘, | 銀高 6000 貫 |
| --- | --- | --- | --- |
| | オランダ… | 年間 2 艘, | 銀高 3000 貫 |

　オランダ船は巨大な船です。そこで, オランダ船は, 船の数は中国の 15 分の 1 の 2 艘なんですが, 貿易高は 2 分の 1, 銀高で 3000 貫です。この**比率だけをしっかり頭の中**に入れておけば, 難関私大の問題も OK です。

### ■正徳の政治の評価

　さあそこで, 正徳の政治の全体的な評価ですが, 学者らしく清廉潔白な政治であって, 賄賂なんかが少なく, 幕政はそういう意味で引き締まる——が, やっぱりこれは学者政治の限界で, 積極的に**幕府財政をたて直す**というところまでには至らなかったということです。もっとも, **将軍の在職年数が非常に短かった**のですが。

さあ，今回のもう1つのテーマにいきましょう。**元禄期，18世紀前後の経済の発展**というテーマです。

## ■農業

では，農業からです。まず，**耕地面積の増加**。要するに田んぼや畑が広がっていく。17世紀の初め，幕府が始まったころは，160万町歩ぐらいだったと言われています。これが，18世紀の初頭ぐらいには約2倍弱。300万町歩まで伸びていた。約2倍。よく問われるところですよ。

> ### 耕地の拡大
> （17世紀初）約160万町歩 ➡ （18世紀初）約300万町歩

戦国時代以来の**新田**開発，耕地開発の勢いがそのまま続いていた。ところが，**18世紀に入ると，この耕地拡大がもう限界に達してくる。**

## ■急ピッチの新田開発

さあそこで，18世紀までの新田開発を進めていった主体は？ 最初は**幕藩領主**，幕府や大名がどんどん新田を開発します。幕府の代官が開発していく「**代官見立新田**」。村が自分たちの努力でやるのが「**村請新田**」。そして，

**Q 町人が開発を請負ったのは？** ——**町人請負新田**

町人たちに請け負わせて，新田開発をさせる。
干潟の干拓では備前の**児島湾**や，**有明海**。湖沼の干拓では下総の**椿海**が有名。椿海は江戸の町人が請負い，幕府も援助して成功しました。
また，灌漑設備を整備するための大工事もさかんに行われました。芦ノ湖から引いた箱根用水や利根川から引いた見沼代用水などが有名です。

## ■金肥・農具

　もっとも，急激な耕地の増加が厄介な問題を発生させます。田畑がどんどん広がると，草地などがどんどん減ってしまい，草を刈って耕地に埋める自然肥料，「刈敷」が不足してしまう。また一方では，都市の発展によって必要になる野菜畑では，下肥の重要性が増す。人糞尿を貯めて腐らせる有機肥料，「下肥」が都市近郊の野菜生産を支えるようになります。

　さらに，さまざまな商品作物の栽培が発達すると，「金肥」が大量に必要になっていきます。「金肥」は文字どおり，お金で買う肥料です。

　千葉県の九十九里あたりの地曳(引)網で大量の鰯が獲れ，これを乾燥させた「干鰯」や，その油を搾った後の鰯の「〆粕」が綿作などの商品作物の栽培を支えたのが金肥の典型的な例です。やがて，同じ〆粕でも，高値になった鰯に代わって，松前地で生産される安価な鰊の〆粕が登場します。ほかに，「油粕」や「糠」も金肥として普及しました。

金肥　➡　干鰯・〆粕・油粕・糠

　次に農具の発達。１人でも使いこなせるような便利な農具が広がります。

　図を見てください(次ページ)。**備中鍬**，深く耕せる，深耕用。**千石簁**は見ただけではわかりませんが，これは**選別具**といって，穀粒を大きさで選別する農具です。中に「ふるい」という網のようなものが入っているんです。

　**踏車**は見ただけでわかるね。低いところから高いところに，足で小型の水車を回して水を揚げる，**揚水具**といいます。

　次に，なんか大きな太鼓に変なものがくっついているみたいなやつが**唐箕**です。これは，手で風車を回して風を起こし，ごみやもみ殻なんかを吹き飛ばすものです。唐箕。漢字が難しいね。

　そして，一番よく出るのが**千歯扱**です。稲などの**脱穀**のための道具です。このおかげで脱穀の手間が急に要らなくなって，主人に先立たれた後家さん，すなわち寡婦の収穫期のパートの仕事がなくなったというような意味で，「**後家倒し**」なんていう俗称があります。

　農業を対象とする学問も現れます。

従

箕

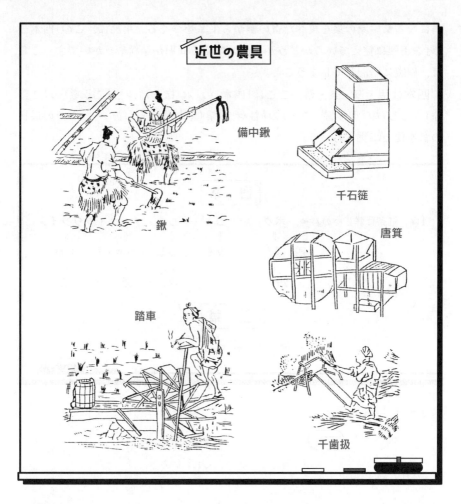

近世の農具

備中鍬

千石簁

唐箕

鍬

踏車

千歯扱

**Q** 中国の影響を受けて日本の農業をまとめた最初の本格的な農書とその
著者は？
——『農業全書』、宮崎安貞

### ■商品作物の栽培

　さらに，田畑以外の土地もどんどん使おうというので，幕府などは，「四木
三草」という，加工して商品をつくる原材料となる**商品作物**の栽培を奨励し
ます。

　紙の材料となる楮，塗物の材料となる漆。飲み物となる茶。そして，蚕の

餌になる桑。桑の葉を食べた蚕の繭から生糸をつくる。単純に，この「四木三草」を正確に覚えているかどうかを聞いてくる問題が結構やっかいです。ここは，確実に暗記してしまうこと。

**四木**は楮・漆・茶・桑。ここは「四木」の「木（ぼく）」，楮（こうぞ）の「こ」，漆（うるし）の「う」，茶（ちゃ）の「ちゃ」，桑（くわ）は「くわ」……，とその最初の音を使って覚えちゃう。

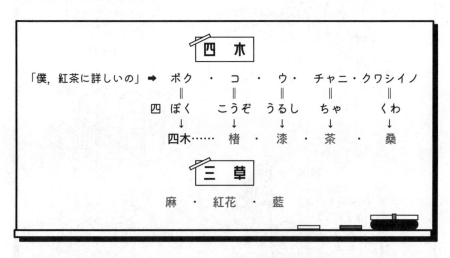

まずは，声に出して，

ぼく，こうちゃにくわしいの
ぼく，こうちゃにくわしいの

はい，まず，このフレーズを完全に覚えること。黒板を見て，四木は楮・漆・茶・桑。いいですか？

次に**三草**。麻・紅花・藍。もっともポピュラーな衣料の麻。染料の紅花・藍。ここは，中世の特産物を思い出して……，

でわのべにばな・あわのあい
でわのべにばな・あわのあい

なんとなくイイ語感ですね。そう思えなくても，繰り返せば覚えられます。「出羽の紅花・阿波の藍」ですよ。三草は，中世の庶民のもっともポピュラーな衣料だった麻と，あとは紅花・藍です。ついでに復習。

**Q** 藍を使った中世の染物業者は何と呼ばれたか？　　　　——紺屋

読み方は「こんや」，じゃなくて「**こうや**」。いいですね。

日常生活と農業も密接に関わっており，近世の庶民生活の衣・食・住の「衣」に，1つの大きな変化が生まれています。

**Q** 麻中心だったそれまでの着物，衣類にとって代わったものは？
　　　　　　　　　　　　　　　　　　　　　　　　　　——木綿

中世では朝鮮からの輸入品だった綿織物などが，国内での綿の栽培が広がることによって，庶民にまで広がっていくんです。綿織物は地機（いざり機）という伝統的な方法で女性たちによって生産されました。やがて綿作を中心とするような村も増えてきます。

**Q** この時代，灯油の材料として，畿内，大阪平野などでさかんに栽培されたものは何か？　　　　　　　　　　　　　　　　　　　　　——菜種

それから，畳表，畳の表面に使われる材料を藺草というんですが，これなどは備後の特産品になっていきます。ほかに，木材の特産品として檜とか杉なども現れてきます。

## ■漁法の発達

漁業については，関西方面の漁業技術，網を使って大量に魚をとる「上方漁法」，これが東日本にも伝わります。漁業経営の中心になったのが網元，そこで働く漁業労働者を網子といいます。

**Q** 室町時代から発達した，網で魚群を囲い込み，浜辺に曳き寄せて捕獲する漁法を何というか？　　　　　　　　　　　　　　　　——地曳（引）網

千葉県の九十九里浜あたりで地曳網をやったら，もう引っぱりきれないぐらいの鰯がとれちゃった。イワシはすぐ腐りますから，さっそく，これを干して肥料にします。これが代表的な金肥の干鰯。

ほかに土佐の鰹漁や，紀伊などの鯨漁，そして北海道方面，蝦夷地では鰊，昆布漁なんかがさかんになります。

塩をつくる製塩業では，人間がいちいち桶で海水を浜に運ぶ自然浜（揚浜）に代わって，入浜塩田が本格化します。

堤防を築き，満潮になると自動的に海水が塩田に引き込まれる合理的，効率的な製塩法が入浜塩田ですよ。これが瀬戸内海沿岸からだんだん広がっていった。

## ■ 鉱業の状況

製鉄業では，砂鉄を採集し，足踏み式の送風装置を使った「たたら製鉄」が発達していきます。その結果，玉鋼が全国に普及して農具や工具も普及することになります。

主要な鉱山としては佐渡，生野などの金山・銀山，あるいは石見銀山，そして足尾銅山，これらは近代史でも出てくるからね。

そして，銀山では出羽の院内銀山，銅山では出羽の阿仁銅山に注意。この2つは秋田藩の経営した鉱山です。主要な鉱山はほとんど幕府が直営しますが，院内銀山と阿仁銅山は，秋田藩佐竹氏の経営した鉱山だ。

もう1つ，一般の商人が経営していた，民間経営の銅山があります。これは，四国伊予の別子銅山です。この銅を製錬して，銅商として非常にお金持ちになったのが，大坂の住友家。屋号は泉屋といいます。

```
┌秋田藩・佐竹氏      ➡阿仁銅山・院内銀山
└大坂・泉屋＝住友家  ➡（伊予）別子銅山
```

## ■ 手工業

多様な農業の発達によって，農家，農民がみずから行う手工業，農村家内工業も発展します。

やがて都市近郊などでは，商人，問屋資本が，道具や材料を農民に与え，加工の手間賃を払って商品を全部持っていくというシステムが広がっていきます。

**Q** 道具や材料を都市商人が農家に与えて，製品を買い上げるシステムを何というか？

——「問屋制家内工業」

ここは入試で一番差のつくところ。パッと見たらいっしょですよ。農家の内部で手工業をやっている。ただ，それが全部自前の材料・道具だったら，単なる**農村家内工業**。道具や材料を商人が農民に与え，加工させて手間賃を払うと**問屋制家内工業**ですよ。

### ■ おもな「特産品」

さて，問題は，各地の**特産品をどこまで覚えるか**だ。はっきり言って気が滅入る。そこで，予備校だと，「はい，もちろん暗記大好きな人は全部覚えてもいいですが」と言っといて，でも**大ざっぱにいこう**ということになります。

**絹織物**。これは中世でやった**西陣織**がまず基本です。「高機」と呼ばれる複雑で高度な道具が京都の西陣で発達し，金襴・緞子などの高級品が生産されます。そして，18世紀中ごろには，**丹後縮緬，桐生・足利**，あるいは**上田紬・結城紬**などの絹織物生産地が現れてきます。

絹織物の産地の多くは北関東とか東日本の山沿いですね。養蚕地帯が広がり，生糸生産が発達すると，絹織物の技術が進歩していくわけです。

そこで，シルクは，京都の西陣から東へ。

一方，**木綿**は，三河，尾張あたり，中部地方から大坂を通って**西へ西へ**と広がる。小倉・久留米は九州。有松は名古屋の近郊です。はい，

### シルクは東へ，木綿は西へ。

あと，**陶磁器，漆器**。これも**輪島塗**ぐらいにしておこう。紙は一応，中世のメインの暗記ものでしたから，越前の例の**鳥ノ子**，播磨の**杉原**，これは中

世で覚えておかなきゃいけない。楮などを原料とする製紙は，流漉という技術が全国に広がって発達しました。紙の普及は経済だけでなく，文化の発達の基礎となっていきました。

　あとね，江戸時代はみんなが大量に酒を飲む時代になって，灘，伏見，伊丹などの清酒。これを江戸に向かって専門に運ぶ樽廻船という廻船が現れます。樽廻船の「樽」は，だから酒樽ですよ。

　次は，野田，銚子などの醤油。

---

### 特産品のまとめ

〔織物〕絹……**西陣織**（高機の技術→関東へ），**桐生絹・足利絹・**
　　　　　　　**米沢絹・上田紬・結城紬**

　　　木綿…**小倉織・久留米絣・有松絞**

　　　麻……**奈良晒・越後縮・近江麻**（蚊帳など）**・薩摩上布**

〔陶磁器〕**有田焼・清水焼・九谷焼・瀬戸焼**

〔漆器〕**南部塗・会津塗・春慶塗・輪島塗**

〔製紙〕〈日用紙〉**美濃・土佐・駿河・石見**

　　　〈高級紙〉**越前**（奉書紙・鳥ノ子紙）**・播磨**（杉原紙）

〔醸造〕酒……**伏見・灘・伊丹・池田**

　　　醤油…**野田・銚子・龍野**

---

## ■商業・流通の発達

　次は**商業**と**流通**。兵農分離の近世社会では，都市の消費を支えるために，物が都市に集まらなきゃいけない。とりわけ江戸には大量の消費者階級が住んでいますから，そこへ物を送らなきゃならない。

　さあそこで，２つの区別。基本中の基本。**全国を流通した物資は大きく２つに分けられます。**

　各藩や幕府が，税として集めた米などを蔵物，民間から民間へ，問屋を通じて集められ，また散っていったものが納屋物です。

> ┌ 蔵物……諸藩の年貢米など
> └ 納屋物…民間の諸物資

　まず，蔵物について。たとえば日本海側のある藩は，船で蔵物を大坂へ運びます。大坂にはその藩の出張所，事務所である「蔵屋敷」が置かれている。ここで蔵元という商人を使って，その米なら米を売却し，換金させる。年貢米のことを蔵米といいます。

　この蔵物は，**大名たちが扱う**物資ですよ。ただし，蔵元という商人が代わりに米市場で売却する。その売却した代金を江戸や国もとに送るのが「掛屋」です。はい，蔵元と掛屋，区別をしっかり。

> ┌ 蔵元…蔵屋敷で「蔵物」の取引に従事する商人。
> └ 掛屋…「蔵物」取引の代金の出納，送金などを扱う商人。蔵元が兼ねることが多い。

　ただ，江戸の場合，江戸の旗本・御家人が給料としてもらった米，あるいは自分の知行地から徴収した年貢米を扱う業者は，両国あたりに店を構えていた米商人で「札差」と呼ばれます。法律上は「蔵宿」と呼ぶこともあります。

### ■ 活発な卸売市場

　次に，消費者に物がわたるためには，小売商のための**卸売市場**が必要です。

**Q** 大坂の有名な米市場といえば？
　　　　　　　　　　　　　　　　　　　──堂島（米市場）

　江戸前期では，全国の物価はここで決まるというぐらいの**日本経済最大の中心**。大坂の天満には青物市。**天満青物市**は野菜なんかですよ。それから，同じく大坂の魚を扱う市場が**雑喉場魚市**。

　江戸では，**日本橋魚市**。野菜などを扱う**神田青物市**。この大坂と江戸の卸売市場の区別も，入試で差がつく。

さらに，教科書には名古屋の熱田の魚市，枇杷島の青物市なども紹介され
ています。名古屋は三家，尾張徳川家の城下町です。18世紀半ばの徳川宗春
の積極的な経済政策は有名です。

## ■株仲間

このような商業をになっていた問屋たちは，同業者団体をつくっていきま
す。中世の同業者団体は「座」でした。近世の同業者団体は株仲間と呼びます。
もちろん，特定の仲間で営業を独占します。

こうした株仲間のなかで，江戸・大坂間が一番，物が行き来しますから，
おのおのに，荷積み・荷受けにあたる代表的な問屋の仲間ができます。

大坂にできた荷積問屋の仲間が二十四組問屋，江戸にできた荷受問屋の仲
間が十組問屋。

江戸に向けて物を積み出すのが二十四組問屋，江戸で荷物を受け取るほう
が十組問屋ですよ。

```
┌大坂…二十四組問屋
└江戸…十組問屋
```

## ■豪商と小売商

豪商と呼ばれる有力な商人も現れてきます。伊勢松坂出身の三井，越後屋
呉服店を江戸に出して大成功。あるいは鴻池，先ほど出てきた住友。あるいは，
「紀文」と言われる紀伊国屋文左衛門，「淀辰」と言われる淀屋辰五郎，奈良屋
茂左衛門，河村瑞賢なども有名です。そして，都市の消費を支えたのが多く
の小売商です。それも，店を構えた商人だけでなく，零細な振売・棒手振と
呼ばれる，商品を持って呼び売りして歩く行商人が重要な役割を果たしまし
た。

## ■貨幣制度の発達

そのように商人が金を稼げる根本は，もちろん貨幣があるからです。物資

の流通も貨幣が存在するからスムーズにいく。

　ハイ，貨幣制度の発達が流通，消費を支えた。**中世とはまったく違った状況**になります。「三貨」と呼ばれる通貨体制が確立する。

## ❓ 三貨という３種類の貨幣とは？　──金貨・銀貨・銭貨

　中世は銭を輸入していた。輸入銭の時代だった。**近世になって，日本で鋳造した貨幣で日本の経済が動く**ようになる。

　三貨のうち最初に**金貨・銀貨**が誕生します。これは注意しなきゃね。輸入銭に代わる銭は少し遅れます。はい，そこで幕府から金貨の鋳造を請け負った，金座は**後藤庄三郎**。銀座は，**大黒常是**。そして，銭は銭座ですが，**寛永通宝**という銭貨が大量に発行されることによって，**輸入銭時代が終わりを告げる**というところを覚えておいてください。

　金貨は，いわゆる小判１両を両替すると，４分といって，長方形の四角い４つの貨幣になります。その１分をさらに両替すると，４朱というさらにちっちゃな４枚の貨幣に替わります。４枚ごとに単位が変わっていくから４進法です。

◎金貨……

一両（小判）

一分　一分　一分　一分

一朱　一朱　一朱　一朱

**１両＝４分，１分＝４朱**

## ■計数貨幣と秤量貨幣

　こういうふうに，いまの10円玉，100円玉と同じように，１枚ごとに数字がついていて，枚数で数えられる貨幣，それは当たり前といえば当たり前ですが，これを「**計数貨幣**」といいます。

　別にそんなこと言わなくてもいいじゃないと思うかもしれないが，**銀貨は金貨のように枚数では使えません。枚数ではなくて重さで使う**んです。「これいくら？」といったときに，「銀５グラムよ」。「これいくら？」，「銀15グラム」，というような使い方をします。そのように重さで使うので，秤で重さ

を計るという意味で,「秤量貨幣」と呼ばれます。

　銭,「寛永通宝」は1枚で「1文」という計数貨幣です。1000文で「1貫」と呼びます。

## ■両替商の隆盛

　さて,このように通貨制度が確立していくんですが,やっかいな問題がある。大坂では大きい取引きは銀で受け取り,支払います。大坂の「銀遣い」と言います。一方,江戸では金貨で取引きするんですよ。江戸の「金遣い」。わかりやすく言っちゃうと,大坂がドルで,江戸がユーロみたいなもんさ。だから,同じ国内なのに,この金貨と銀貨を交換する両替商が不可欠で,これが発達します。

　あと,藩札などの紙幣も出てきますが,紙幣というのは非常に不安定で,全国経済を実際に動かすところまでいきません。

　さあそこで,今度は両替商の区別。**金貨と銀貨の交換**を扱うのがメインで,これを本両替といい,**銭と金・銀貨などの交換**を扱うのが銭両替です。

```
　　　┌─本両替…金銀の交換・売買を基本に,預金の受け入れ・手形の
両替─┤　　　　　　振り出しなど高度な業務を担った金融業者
　　　└─銭両替…一般的な両替商
```

　大ざっぱに言うと,経済の中心の大坂で**本両替**が発達し,銭両替は,やがて中期以降,江戸で発達します。そして,

　**Q** 幕府などと提携し,安定した両替を維持するために認められた大坂の本両替の組合を何というか?　　　　　　　　——十人両替

## ■五街道

　さあ,続いて陸上交通。これは皆さんよく知っているやつだから。五街道。

東海道を基軸にまず五街道を覚えてください。

> **五街道…東海道・中山道・甲州道中・奥州道中・日光道中**

五街道は幕府の**道中奉行**が支配する。

幕府のための人・モノの移動、「**御用通行**」が最優先とされ、さまざまな施設が整備されていきます。多くの宿駅が置かれ、宿駅を中心とする**宿場町**はその地域の流通の拠点となり、小都市としての機能も持つようになります。もちろん参勤交代のための重要な施設も必要です。

距離の目安となるように**一里塚**が置かれていたのは知ってますよね。そして、橋・渡船場。そして、**関所**。これも有名でしょう。関所と言えば「**入鉄砲に出女**」——江戸に鉄砲が入ってくると治安上の大問題。将軍狙撃事件なんてことになったら大変。江戸居住を義務づけられてる大名の妻子が江戸から脱出して国元に逃げないように。

もちろん、一般の旅行者がちゃんと通行手形を持っているかどうかをチェックしなければならない。犯罪者の逃亡なんかに備える。

**Q** 五街道の江戸における起点となった場所は？　　——**日本橋**

いまも、国道の距離は全部日本橋から計算しますからね。

日本橋を出て最初の宿駅。これは難関私大の大好きなテーマで、

**Q** 東海道で日本橋を出て最初の宿駅はどこか？　　——**品川**です。

「おいおい、東京、江戸を出ていきなり品川で泊まるのかよ」という話だけども、品川です。中山道は**板橋**。甲州道中はいまの新宿、**内藤新宿**。奥州道中、日光道中は**千住**です。

次に、「五街道は４本出てる」と、まず頭にたたき込みましょう。

**概念図**を見てください（次ページ）。江戸から４本しか出てません。⑤の奥州道中は④の日光道中の**宇都宮**から分かれている。宇都宮から日光東照宮へ行くのが**日光道中**。奥州、白河へ向かうと**奥州道中**。

あと，注意しなければならないのは，ほかにも重要な道はたくさんあったことです。あたりまえですけど，**脇街道（脇往還）**と総称される，伊勢街道・北国街道・中国街道・長崎街道などがありました。

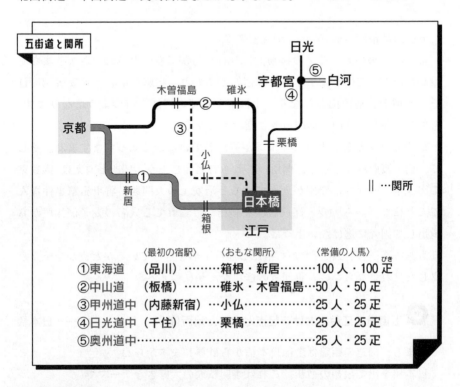

| 〈最初の宿駅〉 | 〈おもな関所〉 | 〈常備の人馬〉 |
|---|---|---|
| ①東海道　（品川）……… | 箱根・新居……… | 100人・100疋 |
| ②中山道　（板橋）……… | 碓氷・木曽福島… | 50人・50疋 |
| ③甲州道中（内藤新宿）… | 小仏…………… | 25人・25疋 |
| ④日光道中（千住）……… | 栗橋…………… | 25人・25疋 |
| ⑤奥州道中 | | 25人・25疋 |

## ■宿駅と関所

　宿駅には問屋場が置かれて宿役人が荷物の継ぎ送りなどを行います。そして，大名らが利用する旅館，**本陣・脇本陣**。一般の人の利用する**旅籠屋**，さらに安い**木賃宿**などがありました。

　各宿駅には宿場町の負担で，馬と人間，人足が常備されていました。東海道の各宿駅には100人の人足と100疋の馬。中山道は半分の50人・50疋。ほかの3街道は25人・25疋。**東海道**がもっとも重視されているんだ。はい，第1巻覚えていますか。古代の七道では，**山陽道**がもっとも重視されていた。五街道では**東海道**が第一。

　そして，街道には**一里塚**が設けられ，要所には関所がありました。だれで

も知っている箱根だけ覚えておきゃいいってもんじゃない。浜名湖のあたりの新居。それから中山道の碓氷および木曽福島。甲州道中の小仏。日光道中の栗橋。関東平野の一番のへそ，栗橋。

中世の関所は経済的な目的で乱立したものですが，近世の関所は**江戸の治安および軍事的な意味**で設けられた関所です。「**入鉄砲に出女**」という表現がこれを表していますね。

主要な関所は，しっかり暗記しておくこと。

◀**新居関所跡（静岡県）**
関所での旅人のチェックはきびしいものだった。また，橋をかけることを禁止された川もあった。

## ■水上交通

さあそして，いままでの話が全部意味を持ってくるのが，**沿岸航路**および河川交通の発達です。

江戸に直接入ってくるものだけでは，江戸は食えません。だから，大坂から江戸に「下り荷」・「**下り物**」が運ばれることで江戸の経済が成り立つ。その，江戸・大坂間の海上交通路が，次ページの図の①**南海路**。ここに就航した定期便が**菱垣廻船**。のちに，先ほど出てきた酒樽などを運ぶ，小型だけどもっと速い**樽廻船**が登場し，やがて菱垣廻船より優勢になっていきます。

そして，日本海沿岸などから瀬戸内海をとおり，大坂に向かう沿岸航路が③**西廻り海運**。東北地方の太平洋沿岸から江戸に向かうのが②**東廻り海運**です。その起点とされたのが，出羽の酒田です。

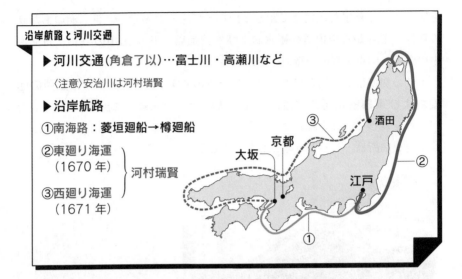

**沿岸航路と河川交通**

▶河川交通(角倉了以)…富士川・高瀬川など

〈注意〉安治川は河村瑞賢

▶沿岸航路

①南海路：菱垣廻船→樽廻船

②東廻り海運（1670年）｝河村瑞賢

③西廻り海運（1671年）

はい，関東に向かう，時計まわりが東廻り。関西方面へ時計の逆まわりが西廻りだよ。そこまではみんな覚えられる。では，

**Q** この沿岸航路を整備したのはだれ？　　　　　——河村瑞賢です。

しかし，実は沿岸航路の各港に物を運ぶためには，内陸部から川を使って城下町・港へ物を集める必要がある。そこで，**河川交通が沿岸航路の前提**となります。

まず，高瀬川（1611年，京都～伏見間）の開削や，賀茂川・富士川（1612年）などの河川航路を整備したのが，京都の豪商 **角倉了以**。

そこで覚え方。沿岸，海上交通，海は**河村瑞賢**で川が**角倉了以**だ。「残念だなー，海が河なんだ」，河村瑞賢は河なのに海上交通だと覚えておけば，角倉了以が**河川交通**です。ただし，大阪湾に注ぐ淀川を整備した**安治川**だけは**河村瑞賢**なんです。例外としてここは要注意ですよ。

| 河川交通の整備（17世紀前半） | ➡ | 沿岸航路の整備（17世紀後半） |
|:---:|:---:|:---:|
| **角倉了以** | ➡ | **河村瑞賢** |
| （京都の豪商） | | （江戸の材木商） |

　基本は，河川交通が整備され，その後，沿岸航路が整備されたことに注意してください。

　ついでに，河川や湖沼で活躍した中型船が「**高瀬舟**」と呼ばれたこと。また，切り出した木材は筏に組んで平野部に運ばれるだけでなく，物資の運搬にも用いられたことも覚えておいてください。

## ■ 3 種類の飛脚

　あと，陸路で手紙なんかを運ぶのが飛脚です。これには 3 種類あります。

**Q** 幕府の設定した公用の飛脚は？　　　　　　　　　——継飛脚

**Q** 国元と江戸を結んだ大名専用の飛脚は？　　　　——大名飛脚

**Q** 町人など一般人が利用する，民間のいわゆる郵便屋は？

——町飛脚

## ■ 都市の発達

　江戸時代は都市も大きく発達する。幕府直轄の三都，これはもう超常識。最初に言ったとおりですが，**江戸・京都・大坂**です。江戸は「将軍のお膝元」，政治・経済の中心で，18 世紀前半には 100 万人規模の大都市となります。

**Q** 商業・経済の中心である大坂は何と呼ばれたか？

——「天下の台所」

　大坂も 35 万人，そして**京都**は，天皇・公家，多くの寺院があり，宗教・学問，工芸の中心で 40 万人ほどの大都市でした。ということで，この三都を中心に，全国流通網が整備されたというところまでです。

　最初からちょっと長くなりましたが，しっかり復習しておいてください。

今回はいよいよ元禄文化です。「元禄」といえば「**平和・繁栄**」の時代。**世俗的な文化が全面的に開花した時代**です。

まずは、儒学の展開から。といっても、ここは政治史と関わる部分が多いので、ポイントも絞りやすい。そして、文学・芸能・美術。ここは、有名人が続々登場。

**井原西鶴・松尾芭蕉・近松門左衛門**。これは小学生でも知ってる。西鶴は1642年生まれ、芭蕉は1644年、近松は1653年生まれですから、彼らは、文治政治に転換した17世紀の半ば、平和な安定した時代に生まれ、元禄年間(1688〜1704)に活躍しています。

---

### 井原西鶴と近松門左衛門

| 井原西鶴＝浮世草子 | 近松門左衛門＝人形浄瑠璃 |
|---|---|
| ┌ 好色物…『好色一代男』 | ┌ 世話物…『曽根崎心中』 |
| ├ 町人物…『世間胸算用』 | └ 時代物…『国性(姓)爺合戦』 |
| └ 武家物…『武家義理物語』 | |
| 　　　　　 『武道伝来記』 | |

---

西鶴や近松は作品も多いし、ジャンルも複数に分けられるのでやっかいですが、「〜物」というジャンル別のネーミングをしっかり区別し、その代表作と一緒に、ともかく覚えてしまうことです。

## 1 元禄文化の特徴

「元禄」という元号は 1688 年から 1704 年まで。ちょうど 5 代将軍徳川綱吉の時期です。

元禄時代といえば徳川綱吉の時代ということになるわけです。文化の担い手，受容層はひとことで言えば「多様」。公家・武家，有力商人などの富裕層から一般の町人，地方の商人，そして有力な百姓まで，文字どおり多様な人びとと関わる文化。政治的には**文治政治**の展開を背景とする文化ということになります。内容も多様。

そこで，かえって特徴を簡単にまとめることは難しい。一応，教科書にしたがって，特徴を見ておきましょう。

---

📋 **元禄文化**

①日本独自の文化が成熟した　←鎖国状態が確立し，外国の影響が少ない。

②学問の重視（儒学から天文学まで）　←平和と安定，文治政治。

③多様な層が受容する文化　←生産・流通の発達と技術の進歩。

---

もちろん，桃山文化，寛永期の文化の基本的なところを継承しています。つまり，**現世を肯定**する。この世は「穢土」イコール「けがれた世界」で，世はもう末法だといったような，従来からの現世に対する否定的な観念は後退して，現世を肯定する姿勢が表面に出てくる。

すると，現実を重視するところから**合理的な精神**というものが生まれてくる。そして桃山文化以来の**華麗**さというものも，まだ残っています。

## ▌朱子学──学問による封建支配

　さあ，そこで皆さんにとっていちばんやっかいなのは，やっぱり学問ということになります。

**Q** 徳川家康が取り入れた支配のための学問は儒学のうちの何だったか？

　はい，朱子学ですね。封建支配をこれで理論づける。第2巻の第33回でやった朱子学の特徴である**大義名分**が強調される。

### 朱子学…大義名分

　人間の行動・行為というものは，正しい目的を持ち，一定の規則にしたがっていなければいけない。臣下は主人に対して忠義を尽くさなければいけない。礼儀を重んじて上下の秩序をはっきりと形に表さなければいけないといったような礼節の重視。これはまさに支配者にとって都合がいいことです。

　今で言えば，生徒というものは教師に対して，あくまでもその教えを守らなきゃいけない。そして礼儀が徹底すれば，教師の立場からはあらゆる学校における問題は解決する。

　あるいは，社長は主人で，従業員は従者なんだから，社長の言うことにはともかくしたがわなければいけないとなれば，どんな社長でもずっと社長でいられることになる。

　すなわち，実力がなければ，すぐに上の者が下の者に取って代わられて没落するという応仁の乱以降の生き生きとした**下剋上のエネルギーを，思想によって抑え込んで社会を固定化**してしまおうとする。もちろん，主人である将軍，大名には，臣下に対して，彼らを導き，正しい人間にするとともに，彼らが平和に暮していけるようにしてやる責務があるということになります。

## ■儒学の系譜

では次に，儒学各派とその学者たちをチェックしておきましょう。

### ▶朱子学

　朱子学は大きく分けて京学と南学の2派。京都で朱子学を講じた学者，藤原惺窩がいましたね。**近世の儒学の祖**とされる人物です。その弟子が林羅山，そしてもう1人，**松永尺五**という人がいます。松永尺五，羅山，この惺窩に始まる学派を，京都で起こったので「京学（派）」といいます。

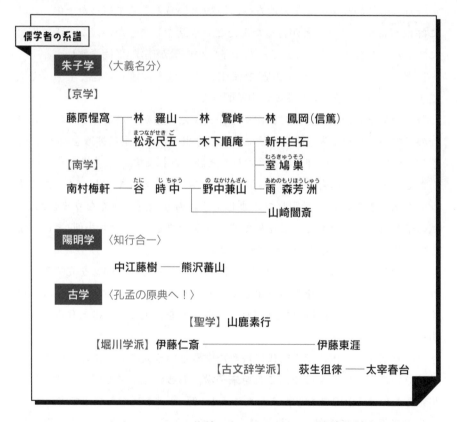

**儒学者の系譜**

**朱子学**　〈大義名分〉

【京学】

藤原惺窩 ─┬─ 林　羅山 ── 林　鵞峰 ── 林　鳳岡（信篤）
　　　　　└─ 松永尺五 ── 木下順庵 ─┬─ 新井白石
　　　　　　　　　　　　　　　　　　└─ 室　鳩巣

【南学】

南村梅軒 ── 谷　時中 ─┬─ 野中兼山 ── 雨　森芳洲
　　　　　　　　　　　└─ 山崎闇斎

**陽明学**　〈知行合一〉

　　中江藤樹 ── 熊沢蕃山

**古学**　〈孔孟の原典へ！〉

　　　　　　　【聖学】山鹿素行

　【堀川学派】伊藤仁斎 ──────────── 伊藤東涯

　　　　　　【古文辞学派】　荻生徂徠 ── 太宰春台

　林羅山は江戸に移り，その子鵞峰，さらに鵞峰の子鳳岡（信篤）が将軍家に仕えます。「林家」といいます。羅山はやりましたね。林鳳岡も「大学頭」でやったばかりです（p.3）。著作としては羅山・鵞峰父子による『**本朝通鑑**』。漢

文で**編年体**の史書です。

| 林家 | 羅山(道春)➡鵞峰(春斎)➡鳳岡(信篤) |

　松永尺五は，後から出てくる松永貞徳の子ですが，弟子の木下 順 庵は加賀の前田綱紀(第 2 巻，p.328)や幕府にも仕え，さらにその弟子，新井白石・室鳩巣・雨森芳洲なども活躍します。白石は正徳期の幕政で活躍したことはやったばかり。室鳩巣は次回の享保の改革で出てきます。

　一方，応仁の乱後の文化の地方への移植というところでやった土佐。ここには南村梅軒という学者が行ったんだという話をしましたが，この南村梅軒に始まるとされる，土佐に起こった朱子学の一派が南学(海南学派)。

　谷時中，そしてその弟子の**野中兼山**。兼山は土佐藩の家老までやった人です。その 弟 弟子にあたるのが山崎闇斎です。

　谷時中に学んだ山崎闇斎は会津藩主保科正之に招かれたことから注目されたのですが，やがて朱子学の理論に神道説を組み込み，**垂加神道**を唱えます。儒学と伊勢神道などの神道説を融合したと評価されます。

　さて，朱子学の内容は？　これはなかなかやっかいなんですが，まったくナンセンスな例をあげて説明してみましょう。もう最近はなくなりましたが，私の子どものころはおしっこを外でする人がいました。「立ち小便」といいまして，ずいぶん野蛮な人たちが多かった。

　そこで，たとえば，「なぜ立ち小便はいけないか」という問いを立てる。それは人の前で体の一部をさらけ出して，おしっこのような汚いものをはき出すからだ。「それはなぜいけないか」ということを，正しい人のあり方から説明をしていく。

　その方法を，中国の南宋時代に現れた朱熹という人の立てた理論によって学んでいこうというもので，これを朱子学，あるいは宋学と呼びます。朱熹が死んだのは 1200 年ですから，ちょうど 源 頼朝が死んだ翌年です。

　その朱熹が立てた独特の哲学概念である大義名分論はどうしても理屈に偏っていく。大義名分論の「大義」というのは「大きな正義」，「名分」というのは君臣，君主と臣下の「名」と上下の「分」を指すのだそうですが，やたらと理屈っぽい。「**君臣父子の別**」とか，「**忠義**」と「**孝行**」とかにこだわる。武家

諸法度天和令の「文武忠孝」の「忠孝」ですよ (p.3)。

人はその“社会的地位＝名”にふさわしい“社会的な職分＝分”を遂行しなければならない。先生は先生らしく，生徒は生徒らしく，礼を守って，自分の為すべきことに専念しなければいけない。そうすれば，正しい秩序が社会に成立する……といったところでしょうか。

たとえばお父さんが「右に行け」と言ったときに，主人・主君が「左に行け」と言ったら，どちらを優先すべきかといったことを，延々とその理論で証明していくわけです。そうすると，どうしても空理空論になる傾向があります。

だから，たとえば「立ち小便はいけない」，そんなことは別に理屈をくちゃくちゃこねなくたっていけないことはいけない。それを理論で説明することが大事なんじゃなくて，この社会から立ち小便をなくすことがもっと大事なんだというような批判が出てきます。

## ▶陽明学

ここで，朱子学に対して，同じ儒学ですが，別の系統の学問が登場してきます。これが「知行合一」を唱える陽明学です。

朱子学というのは，やれ忠義はこうだとか，礼儀はこうだとか，空理空論でただ概念や理論ばかりを言っていて，現実というものをあまり見ていない。**実践をもっと重視するべきだ。**

ですから立ち小便はいけないという課題を与えられたときに，朱熹の書いた膨大な本を読んで，朱熹はここでこう言っている，あそこではこう言っている，だから立ち小便はいけない。みんながこのことに気づいて正しい人間になればイイと答案を書く。これを競っちゃうと朱子学。

違う。この世から立ち小便をなくすためにどう行動するか。町を歩きながら，立ち小便をしているやつがいたらとりあえず止めさせる。これがある意味では陽明学の立場になるんです。

「知行合一」は，**知識というものは行動をともなって初めて意味がある**のだというような意味です。

---

陽明学…知行合一

---

陽明学というのは明の王陽明が唱えたものなので陽明学と呼ぶわけですが，王陽明は朱子学をさらに進めて，理論だけではなく実践を重視することを提唱した。

　日本には朱子学と陽明学が同時に入って来た。そして陽明学を本格的に受け入れたのが，中江藤樹という人です。いろんな逸話のあるなかなか変わった人で，「近江聖人」と呼ばれます。

**Q** 中江藤樹の弟子で，朱子学を批判して弾圧を受けた人物は？
―――熊沢蕃山

　熊沢蕃山は岡山藩の池田光政に仕えたことでも有名ですし（第2巻 p.328），晩年，下総の古河に幽閉されてしまうという弾圧を受けたものだから，よく入試に出るんですね。幕府が広めたい朱子学を批判したために弾圧されたわけです。

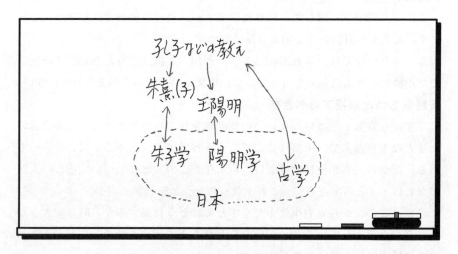

## ▶古学

　ところで陽明学も朱子学も，そのもとは中国の学者の説を学ぶことから出発する学派であったわけですが，儒学の根源は彼らよりはるか昔の孔子・孟子などです。

　儒教，儒学というのは何かというと，中国の古い時代，紀元前4〜5世紀ごろの孔子・孟子といった聖人を理想とする思想です。その孔子・孟子の教

えを発展させた思想を儒教といいます。そして，孔子ほかの儒学の先人たちをまつる建物のことを孔子廟，あるいは聖堂というんですね。湯島聖堂の聖堂ですよ。綱吉の時代に出てきましたね(p.3)。

オリジナルは，孔子・孟子など中国の古い時代の聖人たちの説いた道徳である。それをはるか後，1000 年以上も後の時代に現れた朱熹とか王陽明が自分なりにまとめ直したのが朱子学であり，陽明学であるわけです。

これは，いわばお釈迦様の始めた教え，仏教というものを，いろんな弟子たちが天台宗とか真言宗とかいろんな形でまとめているのといっしょです。

◀湯島聖堂
聖堂とは孔子とその高弟をまつった建物。もとは上野忍ヶ岡にあった。

そこで，儒教を学ぶのに，わざわざ後世の朱熹や王陽明を学ぶのは回りくどいじゃないかという考えが出てきます。**直接，孔子・孟子の書いた本を読むべき**だろう。

孔子・孟子が書いた本も手に入りますから，孔子・孟子の原典への復帰を唱えて，直接これを読もうという学者が現れてくる。これが**古学派**です。キーワードは「**孔孟の原典へ！**」。

## 古学…孔孟の原典へ！

ですから古学派のいちばんやっかいなのは，朱子学の大義名分とか礼節とか，陽明学の「知行合一」とかといったその内容を示すキーワードがないこと。孔子・孟子の**原典に戻って，おのおのが勝手に自分で解釈をする**。

## ▶古学の学派──古義学・聖学・古文辞学

古学を唱えて，最初に主流となっていったのが，京都の堀川に起こった古義学です。

**Q** **古義学を唱え，堀川学派の祖となったのは？** ──伊藤仁斎

仁斎の息子は伊藤東涯といい，古義学派を大成させます。

一方，同じ古学派で独特の解釈を展開したのが山鹿素行です。

**Q** **山鹿素行はみずからの儒学を何と呼んだか？** ──聖学

山鹿素行も空理空論に陥った朱子学を批判したということで，播州（播磨）の赤穂に配流になる。この人は，後に武士道についての理論の元祖ということになります。

古義学，聖学などが，いわば古学の最初のころに出てきた主流派ですが，やがて古文辞学というのが起こってきます。

**Q** **古文辞学の創始者は？** ──荻生徂徠

古文辞学というのは「古い文章や言葉についての学問」という意味だと思えばよろしい。

すなわち，孔子・孟子の時代の本を読もう，それはいい。じゃあ，孔子・孟子の本をどう読むか。今の自分たちの知っている言葉で昔のことを解釈して読んでいるんじゃないだろうか。

少し難しい理屈なんですが，日本史，日本語を例にとるとこうなります。中世の日本に「悪党」という言葉がある。悪党という言葉をわれわれが現在の言葉で解釈すると，「あいつは悪党だよね」は，要するに悪いやつだという意味になる。

ところが古文辞──古い中世の時代の文章，言葉のなかで「悪党」という言葉が出てくると，**強い連中**といった意味で，善悪の「悪」という意味はあまりない。あるいは，鎌倉時代に出てくる「本領安堵」・「新恩給与」という言葉。この「本」と「新」ですが，「新」しいの対語は「旧」や「古」ではなくて「本」で，「本（もと＝元）の」，古いという意味です。

すなわち同じ言葉でも今の言葉の意味と古い時代とは違う。今の言葉の解釈で古い時代の同じ言葉を解釈すると，意味が違っちゃうんだ。となるとどうなるか。孔子・孟子の本を正しく読むためには，**孔子・孟子の時代の言葉を勉強しなければならない。**

まさに皆さんがやる古文の勉強みたいになっちゃうわけ。さらに，そのためにはその時代の社会がわからなければ読めないから，**歴史学も必要になって**くる。ある意味で，方法論的に非常に**近代的な要素を含む学問**なんですね。そう言われると「なるほどそうだ」と，ワーッと荻生祖徠の学問が人気を集めます。

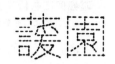

そこで祖徠が江戸に，これは江戸がちょっとポイントですが，**蘐園(塾)**という塾を開くと，漢詩文を学ぼうとする人，学問を志す連中がもうみんなここに集まっちゃった。

次回，学習する享保の改革のときに，将軍徳川吉宗の諮問に応えて政治・経済についての意見をまとめた著書**『政談』**は文字どおり，入試では頻出です。

また，荻生祖徠の有力な弟子の1人が**太宰春台**といって，彼は「古い時代は古い時代，今は今。古い時代にはこうだ。じゃあ今はどうするか」というように，今の時代をどうするかという，さらに一歩踏み込んだ「**経世論**」という学問を確立していきます。

### ■経世論

**経世論**というのは，「経世済民の術」——世の中をどう経営して人々を平和に豊かにさせるかという学問です。「経世済民」の「経」と「済」を抜き出せば「経済」ですよ。

荻生祖徠の弟子の**太宰春台**。さらに化政文化，19世紀になると，**海保青陵，本多利明，佐藤信淵**等々，有名な経世論者が現れ，**現実の社会の改革**というものを具体的に提案していきます。

太宰春台の師，荻生祖徠の**『政談』**は，まさに，武士は農村に戻るべきだという「**武士帰農論**」など，さまざまな政策を提言したものでした。この荻生祖徠の学問は政治学と言うべきもの。そのなかで，とくに経済を重視する傾向が出てくる。それが「経世論」です。

## ■太宰春台

太宰春台の『経済録』(1729年刊)および『経済録 拾遺』。ここでは『経済録拾遺』のほうを見ておきます。

---

### 🔍 史料

#### 4 藩専売制(太宰春台)/『経済録拾遺』

凡そ今の諸侯は，金なくては国用足らず，職責もなりがたければ，
今の大名は，財政が豊かでなくては満足な政治もできない。

唯如何にもして金を豊饒にする 計 を行ふべし。金を豊饒にする術は，
そこで，何よりも豊富な資金を手に入れるべきである。　　　そして，お金を手に入れる

市賈の利より近きはなし。諸侯として市価の利を求むるは，国家を治むる
方法は商売がいちばんよい。　　大名が商売に手を出すのは(道徳的には)よい方法とは言え

上 策にはあらねども，当時の急を救ふ一術なり。
ないが，　　　　　　　急いで資金を得なければならない事情のもとでは1つの手段
である。

---

金をもうけることは，あまり立派な行為とは言えないが，大名として今いちばん大事なことだ。財政を再建しなければ良い政治も行えない。望ましいことじゃないが，この際，**大名も商売をしよう**。

そこで，どうするかというと，**専売制の奨励**ということになります。自分の支配地でとれる特産物を強制的に藩が買い上げて，そして船に積んで遠くに持っていって高く売ろうということです。

## ■学者と政治

ただ，ここで入試的に言いますと，このころは**文治政治**の時期ですから，学者と大名，将軍との関わりをもう一度，次ページの黒板で確認しておきましょう。

## 学者と政治の関わり

①**林羅山**＝徳川家康…家康以降4代の将軍に仕える。

②**朱舜水**＝徳川光圀…明から亡命。光圀に招かれる。

　　　　　　　光圀，彰考館を設け，『**大日本史**』の編纂開始。

③**山崎闇斎**＝保科正之…保科正之に厚遇される。正之は甥にあたる4

　　　　　　代家綱を補佐。

④**木下順庵**＝徳川綱吉…加賀の前田家に仕え，後に，5代綱吉の侍講

　　　　　　となる。

⑤**熊沢蕃山**＝池田光政…「花畠教場」の中心として活躍。

⑥**木下順庵・室鳩巣・稲生若水**＝前田綱紀…稲生若水の『**庶物類纂**』は

　　　　　　綱紀の命による。

⑦**新井白石**＝徳川家宣・家継…「正徳の政治」だけでなく文化史でも白

　　　　　　石は頻出。

　ここは絶対に暗記。①林羅山と徳川家康，そして②徳川光圀が明から亡命した朱舜水という学者を招いて彰考館という歴史研究所をつくります。

　③保科正之は，一時，山崎闇斎のアドバイスを受けた。保科正之は4代家綱を補佐した人ですよ。

　④徳川綱吉は木下順庵を顧問に採用した。⑤岡山藩の池田光政は一時，熊沢蕃山を登用し，花畠教場などをつくっていった。

　徳川将軍家を除くと最大の大名，加賀百万国の前田綱紀は入試頻出の人物です。例の「東寺百合文書」を整理した殿様ですよ（第1巻，p.280）。⑥前田綱紀は木下順庵，室鳩巣，稲生若水などを保護し，あるいは学問の師と仰いだ。

　そして6代将軍家宣，7代将軍家継のときの⑦新井白石。このあたりはもう一度，儒学者の系譜を見ながら，その人がだれと関わったかというところをしっかり覚えておく。

　さらに熊沢蕃山と山鹿素行の区別をしっかりつけておいてください。

熊沢蕃山は陽明学を唱え，『大学或問』などで朱子学を批判して下総の古河に幽閉される。一方，山鹿素行は古学派です。聖学と呼ばれる学問を唱え，『聖教要録』などで朱子学を批判したということで，赤穂に配流になる。

このあたりが試験で差が出る典型的なテーマです。

```
┌─陽明学………熊沢蕃山『大学或問』←（下総）古河
└─（古学）聖学…山鹿素行『聖教要録』←（播磨）赤穂
```

## ■歴史学

さて，儒学以外にも関連してさまざまな学問が発達します。先ほど言ったように，歴史学。こちらも儒学などの影響を受けて史料を重視し，そこから論理を組み立てようという**合理的な歴史学**が現れてきます。

**Q** 新井白石が著した，合理的な歴史学の典型とされる日本史の概説書は？　　　　　　　　　　　　　　　——『読史余論』

この書物は，「九変五変論」といって，公家政権と武家政権に分けて時代区分を本格的に設定し，鎌倉時代を公家政権と武家政権の両方の要素のある時期として分析したことがとくに有名です。

儒学の合理性がよく活かされた古代史研究の『古史通』もよく出題される著作です。史学史でも必出です。

## ■自然科学・古典研究

自然科学でも稲生若水の博物学的な著書『庶物類纂』とか，産業・商業の発達を反映して，いろんな学問分野が登場してくる。

古典研究について言うと，中世の学問あるいは文学の特徴は，古今伝授に代表されるように，「閉鎖的」ということだった。このような，師匠が言ったとおりの解釈を弟子が覚えていくという形の学問ではなくて，合理的に論争しながら正しい解釈を求めようという，**古典研究の革新**が起こります。

**Q** 古今伝授を排し，最初に歌学の革新を主張した歌人は？
──戸田茂睡

**Q** 徳川綱吉により幕府の歌学方に登用され，国学発展の先駆者となったのは？
──北村季吟

**Q** 徳川光圀の依頼による万葉集研究など，古典注釈の自由な研究を進めた僧侶は？
──契沖

## 古典研究

- 戸田茂睡…『梨本集』
- 北村季吟…『(源氏物語)湖月抄』『枕草子春曙抄』，松永貞徳の弟子，幕府・歌学方
- 契沖………『万葉代匠記』，徳川光圀の依頼

　このへんも江戸時代の学問の最初のとっかかりとして，しっかり覚えておかなければいけません。授業ノートで繰り返しチェックしましょう。

### ■近世の仏教

　続いて宗教。仏教のほうは，幕府の強力な統制のもとに，**本末制度(本山・末寺制度)** というものが整備され，各宗の各派ごとにピラミッド型のお寺の組織ができます。

　そして，**寺請制度**のもとで人びとはどこかのお寺に所属し，**宗門改帳**に載せられて，身分を**寺請証文**で証明してもらうというふうに，まさにお寺はひとことで言うと戸籍係のような役割を果たすとともに，**キリスト教の根絶**のために利用された。

　ただ1点，新しい仏教が入ってきます。禅宗の一種なんですが，**黄檗宗**というのが入ってきまして，幕府の保護を受けます。京都**宇治**の**万福寺**がその代表ですが，

▲万福寺（京都）

**Q** 明の僧で，来日し，日本の黄檗宗の開祖とされるのは？
——隠元隆琦

　仏像彫刻なんかは，もう覚えるものはありません。ただ素朴な鉈彫りで有名な円空の作品，円空仏が各地に残っている。

■**元禄文学・芸能**

▶**俳諧**

　さて，次が元禄文化のもう１つのメインテーマ，文学・芸能・美術。これはもう**松尾芭蕉**(俳諧)，**井原西鶴**(浮世草子)，**近松門左衛門**(人形浄瑠璃)という３人ですね。

　まず俳諧は，二条良基，宗祇，(山崎)宗鑑から，松永貞徳，西山宗因ときました。そして俳諧が今日の形に確立するのが**蕉風俳諧**です。「寂び・しおり・細み」といえば，もうこれは言うまでもなく**松尾芭蕉**。

　と思って模擬試験に出すと，松尾芭蕉って書けない人がいる。芭蕉の「芭」が「馬」になっちゃったりしてね。馬に乗っていけば奥の細道は楽だった，というジョークにしかならない。

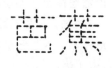

---

**連歌から蕉風俳諧へ**

| 東山文化 | 室町後期 | 江戸初期　～　元禄　～　天明 |
|---|---|---|

正風連歌　➡　俳諧連歌　➡　貞門俳諧

宗祇　　　　(山崎)宗鑑　松永貞徳

　　　　　　　　　　　談林俳諧　➡　蕉風(正風)俳諧

　　　　　　　　　西山宗因　　松尾芭蕉　　**与謝蕪村**

　　　　　　　　井原西鶴
　　　　　　　　┗➡**浮世草子**『**好色一代男**』(1682)

---

　ちょっと連歌，俳諧の流れを見ておきましょう。宗祇・宗鑑はいいですね(第2巻，p.224)。

　江戸初期，寛永文化の時期に松永貞徳の**貞門俳諧**が現れます。俗語の使用，

滑稽味がその特徴ですが，17世紀後半に西山宗因の談林俳諧が生まれ，主流となっていきます。井原西鶴はその中心でした。西鶴はやがて『好色一代男』を発表し，浮世草子と呼ばれる小説を書きます。

　俳諧では，ちょうどどこのころ芭蕉が「蕉風（正風）」を確立しています。蕉風のキーワードは「さび・かるみ」，「幽玄閑寂」。代表的な作品からこのあたりを確認しておいてください。もちろん，作品としては俳諧紀行『奥の細道』。このあたりは，古文の先生にお願いしたいところです。

### ▶浮世草子

　次が本格的な小説の誕生，**浮世草子**。

　御伽草子，仮名草子，浮世草子。浮世——現世を扱った小説です。まさに**世俗を肯定する小説**の誕生，本格的な文学です。

　もちろん井原西鶴がポイント。西鶴のジャンルを，『好色一代男』で好色物だけということがないようにしましょう。「好色物」，そして，「武家物」，「町人物」。

（室町後期）　　（近世初期）　　（元禄文化）

御伽草子 → 仮名草子 → 浮世草子

↖X紙

　さらに近松がまた"〇〇物"なんだね。そこで近松門左衛門の人形浄瑠璃や歌舞伎の脚本のジャンルは2つ。「世話物」と「時代物」になります。

　西鶴の武家物や近松の時代物は，武士や過去の英雄豪傑を題材に，あるいは名を借りて物語をつくっていきます。一般的な町人の世界などを描いていくものは好色物か町人物か世話物かということになるから，ここのところを代表作とともに厳密に区別していく。

　まず西鶴だけでも完全に覚えてしまう。「好色」というのは恋愛，エッチ系といった意味だから，「**武**士だって**町**人だってみんな**好色**」と覚えて，好色物・「**武**」家物・「**町**」人物。

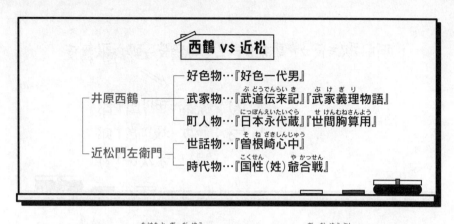

そして近松とペアで**竹本義太夫**。これはもちろん義太夫節という新しい節をつくって人形浄瑠璃を確立した人です。

近松の作品は，しっかり内容も覚えてしまいます。

『**曽根崎心中**』は実際に起こった徳兵衛とお初の情死事件をすぐさま浄瑠璃の脚本とした最初の世話物。遊女お初の人形を担当したのが辰松八郎兵衛。『**国性爺合戦**』の「国性爺」とは**鄭成功**のことで，その復明運動を題材とした時代物の代表作。こちらは，明清交代期の歴史を扱っており，鄭成功はしっかり覚えておくこと。

### ▶歌舞伎

次は歌舞伎。はい，歌舞伎もまた，まとめ（次ページ）。

阿国歌舞伎，女歌舞伎，若衆歌舞伎，そしてこの若衆歌舞伎が弾圧を受けた結果，現在の歌舞伎の形ができあがります。これを**野郎歌舞伎**といいます。「野郎」というのは，ただのおやじという意味ですからね。

簡単に言えば，出雲お国（阿国）が非常にエロチックな踊りで大人気。そこで女歌舞伎が流行。しかし風俗上よろしくないということで禁止される。すると，若い美青年による若衆歌舞伎が始まった。しかし，これもいやらしいエッチ系につながるというので，弾圧を受けてアウト。ついに**野郎歌舞伎**になっちゃった。

そして，そこに名優が現れる。もうこれはワンパターンで，江戸には荒事，派手な振り，派手な所作，目をギョロっとむいて六方を踏むみたいな荒事の名手が出た。これが**市川団十郎**。

阿国歌舞伎→女歌舞伎→若衆歌舞伎→野郎歌舞伎

江戸：荒事…市川団十郎
上方：和事…坂田藤十郎
女形…芳沢あやめ

一方，写実的で軟らかな自然な演技を和事といいまして，上方ではやります。この名優が坂田藤十郎。

なんか大坂のほうがド派手という感じだからといって，逆にしちゃだめ。それから女形。女形と書いて「おやま」と読むんですよ。

**Q** 上方の元禄歌舞伎の女形の名優は？ ──芳沢あやめ

歌舞伎が権力の規制を受けて，女性が演じられなくなった結果，男性がどのように女性を演じるかという課題が生まれ，歌舞伎独特の「女形」が完成するということです。

## ■元禄美術──絵画・工芸

絵画のほうは，あいかわらず土佐光起の土佐派あたりが朝廷で活躍しますし，幕府の御用絵師として住吉派が登用されます。

**Q** 住吉派の創始者と，その子で江戸に下り，幕府の御用絵師となったのは？ ──住吉如慶・具慶

狩野派が退けられたわけじゃないよ。

町人系統の画家はこの前やった俵屋宗達が有名ですが，この時期になると，尾形光琳が現れます。俵屋宗達から尾形光琳という流れは，大和絵の装飾性や王朝の古典文学趣味の濃い絵画で，琳派と呼ばれます。

尾形光琳は，本阿弥光悦や俵屋宗達の影響を受けて，琳派の中興の祖と呼ばれるように，まさに元禄文化を代表する画家として活躍しました。

そして元禄文化の世俗化という意味で注目されるのが，浮世絵。日常の風俗を描く絵画が絵画ジャンルとして，菱川師宣によって確立された。肉筆画で有名な「見返り美人図」などをしっかり覚えておく。

やがて木版画の浮世絵が登場してきますが，「見返り美人図」は肉筆画，普通に筆で描いた1点ものの絵です。

工芸では，光琳や，その弟の尾形乾山が陶芸あるいは蒔絵で見事な作品を残しています。

そして酒井田柿右衛門の続きとして，色絵を完成させたのが野々村仁清。一種のプロデューサーとして，いわゆる友禅染を完成したのが宮崎友禅です。

---

## 陶芸：色絵・赤絵

┌ 【江戸初期】酒井田柿右衛門（有田）…赤を基調とした「赤絵」を始める。
└ 【元禄文化】野々村仁清（京都）…「色絵」を完成。

＊「上絵付法」によって色彩，模様をつけたのが「色絵」。
「赤絵」は「色絵」の一種ということになる。

---

## ■大名庭園

さて，あと1テーマ。大名たちのつくった庭園，大名庭園。

「廻遊式庭園」などと呼ばれる，池をめぐって庭園内を歩いて回ることができる形式のものが多く，六義園，後楽園などが代表的なものです。将軍が大名邸を訪問する，「御成」に備えて立派な庭園をつくったのです。教科書などの写真でちょっと見ておきましょう。

柳沢吉保が徳川綱吉から与えられた下屋敷につくった六義園。現在は一部分しか残っていませんが，水戸の徳川家の後楽園は朱舜水の儒教的な思想の影響が見られるそうです。

ちょっと復習。

**Q** 朱舜水の影響で徳川光圀が江戸の藩邸に設けた史局（しきょく）の名称は？

——彰考館（しょうこうかん）

　さて，このあたりで今回は終わりにします。文化史もくわしくやるとキリがありません。

　完全に覚えようとしないで，超重要人物と超重要作品だけは確実に得点できるように，あきらめずに，ときどき復習。これしかありません。がんばってください。

近世（8）

# 享保の改革・田沼政治

今日は，わりと皆さんお得意のところで，**享保の改革**と**田沼政治**。前々回の経済が今回の勉強の前提です。

18世紀になると，幕府は財政難に陥る。前々回でやった経済の発展が，かえって幕府の財政難を招くのです。「**米価安の諸色高**」が財政の悪化を招いた。年貢米を売却した代金が伸び悩むなかで，米を除く諸物価のほうは上昇する。都市で生活する武家の財政は悪化するわけです。**収入が増えないのに支出は増えていく**わけですから。

そこで，8代将軍**徳川吉宗**による「**享保の改革**」は**財政難の克服**を最大の課題とします。さまざまな施策が展開され，当面の財政破綻は回避できたのですが，限界があった。

そこで，続く10代**家治**の時代になると，**田沼意次**が中心となって，商業に着目し，**運上金・冥加金**といった株仲間商人に対する課税や，長崎貿易での利益の拡大をめざします。しかし，**天明の飢饉**が起こり，社会そのものが動揺するなかで，田沼政治は将軍の死とともに終わってしまいます。

ポイントはさまざまな施策，法や制度の内容を理解するときに，それが結果的にどのような効果をもたらしたのか？　あるいは失敗に終わってしまったのか？　しっかりと1つひとつ確認していきましょう。

　さて，徳川家康からの直系がとうとう途絶えてしまいました。そこで，8代将軍吉宗が，三家の和歌山藩，**紀伊**の徳川家から将軍職を継ぐことになります。その吉宗による幕政改革を「**享保の改革**」といいます。

　1716年，徳川吉宗は将軍に就任しています。イロイロあって，1616年，家康が死んでちょうど100年後に**吉宗**が就任する。

### ■財政はなぜ窮乏したか

　まず，享保の改革の前提を覚えておきましょう。享保の改革の最大の目標は**財政再建**です。

　まず，**本百姓体制**が動揺してきた。農村人口が増えてしまって，零細な農民，没落する農民が増えてくると，年貢の確保が不安定になる。一方で，生活が派手になっていく。三貨体制が整い，全国的な貨幣経済の進歩によって消費生活が拡大する。その消費生活の最大の問題は，**兵農分離で都市に消費人口が集中している**ということです。要するに，財政窮乏化の最大の原因が**貨幣経済の発展**です。

### ■武士の生活苦

　『**政談**』という本を書いて，8代将軍吉宗に政治的な意見を述べた**荻生徂徠**は，元禄以降，農村部へ貨幣経済が浸透し，武士は，都市で「旅宿ノ境界」，すなわち旅行中のように，すべてをお金で買わなければいけないような状態であると指摘し，商業を握っている**商人のもとに富が集まり，物の値段は**

商人が決めていくから，武士はどんどん生活が苦しくなるんだと分析しています。

## ■「米価安の諸色高」

さらに，最初にちょっとだけ難しい言葉ですが，「米価安の諸色高」というキーワードが出てきます。

どういうことかというと，素朴な経済では，全国の物価はだいたい米の値段を中心に動いています。それが，米中心の経済ではなくなり，さまざまなものが流通しだすと，たとえば豊作で**米の値段は安いのに，ほかのものの値段は下がらない**という傾向が出てきます。そこで，価格に差が出てくるわけですね。「諸色」というのはいろいろな物という意味です。

幕府や大名は年貢として米を中心に税金を取っています。そして，都市に住み，お金で生活しています。農村から税として取った年貢米を売って，その売れた米の代金が基本的な収入であり，お金で物を買って生活する。だから，米価が変わらない，あるいは下がってきて，**ほかの物価が上がると武士の財政を圧迫する**ということになるんです。

大名だって，藩財政が苦しい。多くの大名は，家臣に与える知行高を削減する。800石の知行，あるいは俸禄米を御恩として与えていた家臣に対して，財政が苦しいので，しばらくのあいだ，「600石でがまんしてくれ」などと頼む。

知行を一時借りるという形なので，「**借上**」といいます。800石を400石へなどの大幅なカットは，「**半知**」と呼ぶこともあります。これが，一般の武士の生活苦につながる。

### ■吉宗の財政再建策

では，享保の改革の内容にいきましょう。財政再建のために何をやったか。

まず，お金が足りないときにだれでもやることは，ともかく「倹約令」。倹約の「倹」はニンベンね。

もちろんそれでは到底まにあいません。

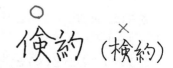

### ■幕政の強化

そこで，まずは人材登用と士風の刷新が必要。

**Q** 吉宗によって登用された有名な町奉行といえば？

——大岡（越前守）忠相

実際彼のやった仕事で有名なのは，**武蔵野新田**の開発を主導したことです。有能な経済官僚といったところです。テレビや小説では名町奉行として有名ですが，これはほとんどが架空の話。実際の功績としては小石川養生所の設置や，「**町火消**」の制度を導入したことです。

これらは，吉宗が庶民の意見を聞くために評定所の前に置いた目安箱に入れられた意見が活かされた例です。目安箱は役人の不正などを訴えることができたので，綱紀の引き締めのためにも有効な手段だったのですが，建設的な意見もあった。

**小石川養生所**は，小川笙船という町医者が，貧しかったり身寄りがなかったりして医者にかかれないような病人を収容して治療するという，無料の国立病院のようなものでした。弱者を救済し，都市の安定をめざす社会事業です。

また，当時の消防制度は，**明暦の大火**の後に旗本たちで組織された「**定火消**」と，大名たちに組織させた「**大名火消**」でしたが，これでは拡大した町人

地などでの火事に充分には対処できない。そこで，町人たちが自主的に組織していた消火のための組織を整備し，「い組」「ろ組」など「いろは」47組と呼ばれる本格的な消防組織をつくらせました。時代劇に出てくる火消しです。実際には一般の町人では危険なので，「鳶人足」，高いところでの工事などに従事する鳶職の人びとが，消防活動を担いました。

　ちょっと，江戸の消防についてまとめておきましょう。明暦の大火のあと，延焼を防ぐため，町から町へと火災が広がらないように，**広小路や火除地**を設けていきます。火が移らないように道幅を思いっきり広くしたり，焼け跡のまとまった場所を薬園や馬場にすることで，同じく延焼を防ごうとしたんです。今でも上野の広小路などが残っています。

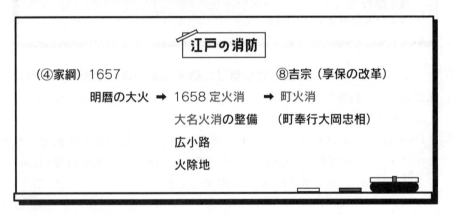

江戸の消防

（④家綱）1657　　　　　　　　　　　　⑧吉宗（享保の改革）

　　明暦の大火　➡　1658 定火消　➡　町火消

　　　　　　　　大名火消の整備　　（町奉行大岡忠相）

　　　　　　　　広小路

　　　　　　　　火除地

　この大岡忠相の推薦もあって，民間からも有能な人物を登用しました。東海道川崎宿の名主をやっていた田中丘隅という人は『民間省要』という有名な民政に関する本を書き，幕臣に登用されています。

## ■「相対済し令」の発布

　次に，幕政を強化するために，1719年，「相対済し令」が出されます。武士はもうみんな，商人からの借金で頭が上がらない。そこで，当時の裁判はほとんど，「金返せ」と商人が旗本・御家人を訴えるもの，「金公事」ばかりになっちゃった。

## 5 相対済し令／「御触書寛保集成」

一，近年金銀出入段々多く成り，評定所寄合の節も此儀を専ら取扱い，
<small>最近はお金の貸し借りに関する裁判が増えてきて，評定所の会議でももっぱら借金銀の裁判ばかりを扱っていて，</small>

公事訴訟ハ末に罷成，評定の本旨を失ひ候。借金銀・買懸り等の
<small>その他の一般的な訴訟はほとんど顧みられない。これは，評定所の本来の意味を失わせるものだ。金の貸し借りや，</small>

儀ハ，人々相対の上の事ニ候得ば，自今は三奉行所ニて済口の取扱い
<small>つけを払わないなどということは，本人たち同士の勝手なことであるから，今後は寺社・町・勘定の三奉行所では，</small>

致す間敷候。
<small>このような裁判は取り扱わないことにする。</small>

そこで，金銀貸借，**お金の貸し借りに関する裁判は，今後は受け付け
ません**よ，今後は当事者間の話し合いで解決しなさいということになった。

これも意訳でわかりますね。

「出入」というのは裁判のことです。「相対」というのは，「当人同士」という
意味です。この「出入」と「相対」という言葉さえわかれば，あとは評定所，
三奉行ですから，江戸幕府の基本でOKでしょう。

### ■「上げ米」の制

さて，具体的な施策を見ていきましょう。まず緊急にやった政策が「上げ
米」の制。これも史料（次ページ）。

財政難なので，大名は**1万石について100石の米**を幕府に献上してほ
しい。"八木"というのは，米という字を2つに分解したものです。

そして，ただ米を寄付しろというだけではあまりにも厚かましいので，1
年間江戸にいて，翌年1年間は地元へ戻るという参勤交代，その在府期間，
つまり**江戸にいる期間を半減**しました（在府半減）。

この緊急の財政再建策は，一応の成果が上がった，当面の危機は切り抜け
たということで，**1730年までで打ち切られています。その後ずっと続い
た制度ではない**という点に注意しておくこと。

## 6　上げ米の制／『御触書寛保集成』

……御代々御沙汰之無き事に候得共，万石以上の面々より八木差上
<small>おんだいだいおんさたこれなき　こと　そうらえども　まんごくいじょう　めんめん　はちぼくさしあげ</small>
これまでの将軍は，全くそのようなことはなさったことはないが，大名から米を献上して

候　様に仰付らるべしと思召，左候はねば，御家人の内数百人，御扶持
<small>そうろうよう　おおせつけ　おぼしめし　さそうら　ごけにん　うちすうひゃくにん　おんふち</small>
もらいたいと，初めて将軍が命令されることとなった。そうしないと，幕府の御家人のうちの

召放さるべきより外は之無く候故，御恥辱を顧みられず，仰出され候。
<small>めしはな　ほか　これな　そうろうゆえ　おんちじょく　かえり　おおせいだ　そうろう</small>
数百人は，首を切って失業させるほかに手段がなくなった。そこで，大変恥ずかしい話だが，将軍は

高一万石に付八木百石積り差上げらるべく候。……これに依って在江戸
<small>たか　まんごく　つきはちぼく　こくづも　さしあ　そうろう　よ　ざいえど</small>
このように命令された。1万石について，米を100石ずつ幕府に献上してほしい。その代わり，

半年充御免成され候間，緩々休息いたし候様にと仰せ出され候。
<small>はんとしずつごめんな　そうろうあいだ　ゆるゆるきゅうそく　そうろうよう　おお　いだ　そうろう</small>
参勤交代で江戸で1年過ごすのを半年に縮めるから，残りの1年半はゆっくりと国もとで過ごして
よろしいと将軍は仰せいだされた。

---

### 上げ米の制

① 1万石につき100石。
②年間18万7000石（年貢収入の1割にあたる）が幕府に上納された。

---

### ■「足高の制」

　次が「足高の制」です。「あしだか」（×）と読んではいけません。足し算の「たし」，"加える石高"という意味です。ハイ，史料（次ページ）。

　これも意訳で十分意味は通じると思います。たとえば，私が2000石の旗本だと。そして，大番頭に出世したと。ところが，江戸時代は石高というのは家によって決まっているわけですから，どんな重要な役職に出世しても，そう簡単に石高は上がりません。とくに，財政難ですから，どんどん給料アップというわけにはいかない。

　人材登用，有能な人物をどんどん重要な役職につけていこうとしますが，単に石高を増加させるという余裕はない。そこで，たとえば3000石の有能

## 7　足高の制

（享保八年六月）　諸役人，役柄に応ぜざる小身の面々,前々より御役料
（1723 年 6 月）　幕府の役人の中には，その役職にふさわしくない石高の低い人々が

定め置かれ下され候処，知行の高下之れ有る故，今迄定め置かれ候
多い。以前から，役職に対する手当は出ていたが，もともと人によって石高の上下が大きい

御役料にては，小身の者御奉公続き兼ね申すべく候。之れに依て，今度
ので，これまでどおりの役職手当では，石高の低い者は仕事を続けることが難しい。そこで

御吟味之れ有り，役柄により其場不相応に小身にて御役勤め候者は，
このたび，さまざまな調査を行った結果，役職の内容にふさわしくない石高の低い者が，その

御役勤め候内御足高仰付けられ，御役料増減之れ有り，別紙の通り
役職を務めている間だけは，特別にプラスアルファの石高を支給することとする。そして，

相極め候。
その役職についての基準高は，別紙で決めてある。

な旗本を大番頭にしたいが，そのままの石高ではとても仕事ができない。高
い役職を務めるためには大金が必要なんです。

　そこで，**役職ごとの基準高**，たとえば大番頭なら 5000 石と決めておいて，
その基準高より下回っている石高の旗本の場合は，その**差額を足して，石
高として支給しよう**というのが「足高の制」です。たとえば私が 3000 石の
ままで大番頭になると，不足分の 2000 石分をプラスアルファ，足して支給
するという制度です。

　財政難のなかで人材を登用するために考え出されたものです。そこで，一
番大事なのは**在職中のみ支給される**ということ。つまり，大番頭を辞めて
引退したら，私の家はもとの 3000 石の石川家になるということです。

### ■ 新田開発と「定免法」

　さて，財政再建のための必須の施策は，なんといっても**年貢の増徴**。でも，

無理な増税では百姓一揆が頻発してかえって経済は混乱する。そこで，まずは，畑地への課税。とくに西日本の幕領の綿作を対象とする徴税に着手します。その結果，西日本の幕領からの税は綿に対するものになっていきます。

次は町人請負新田の奨励。江戸の日本橋に高札が立てられ，商人にも協力を呼びかけました。

耕地を拡大して生産量を増やすことで年貢収納量も増える。ただし，大土木工事を実施する財源は不足。そもそも財政難ですから。そこで，経済力のある町人に出資させようというわけです。

新田開発

飯沼新田（下総）
紫雲寺潟新田（越後）
武蔵野新田（武蔵）
見沼代用水新田（武蔵）

➡ 幕領は約20万石の増加。

＊定免法…年貢増徴に成功，年貢収納率上昇。

その結果，幕領は約20万石，1割以上増加したといいます。そこで，

| （初期） | ➡ | （元禄期） | ➡ | （享保期〜幕末） |
|---|---|---|---|---|
| 300万石弱 | | 400万石 | | 440万石 |

次にお話しする「定免法」の採用もあって，年貢収納率は，このころ，18世紀中期が頂点，もっとも高くなっているのです。

年貢増徴や新田開発に加えて，**年貢の収納の方法も変えていきます**。これが**定免法**です。定免法の前は，これも前に触れましたが，

**Q** 毎年の作柄に応じて年貢米の量を決めていくやり方を何といったか？
——「検見法」

検見法だと，豊作の年と不作の年で収入が大きくずれてしまう。今ふうに言ったら，今年は豊作だったから，小遣いは月1万円やるよと。ああ，残念だったね，今年は不作だったから，小遣いは7000円。これじゃ，小遣いをもらっている息子だって辛い。

　そこで，**一定期間は年貢を固定してしまう**，定めてしまう。定免の「免」は税率というような意味ですから，一定の税率に決めてこれを変えないという意味です。それが定免法です。

　農民からすれば，豊作だったらそれなりにたくさん年貢を取っていかれちゃうし，不作だったらまけてもらえるのが**検見法**です。メリット，デメリット，両方あるんですが，検見法では**勤労意欲が湧かない**。努力して収穫を増やしていくと，その分どんどん税金が増えちゃうんだから。

　そこで，一定期間はもう税金を決めてしまいましょう。そうすると，頑張って働けば働いただけいわば貯蓄ができる。取るほうからすれば，1年に入ってくる年貢の量をほぼ予想できるわけだから，**財政再建の計画が立てやすい**。

　その一定期間が終わると，事実上，年貢の額は上がっていきます。

　そこで，この定免法を採用して，**年貢率を徐々に切り上げて**，

**Q** 年貢率は「4公6民」からいくらまで上げられたか？

——「5公5民」

　幕府はなんと約50%も，税として年貢をとることに成功した。これがいわゆる年貢増徴策の一番大きな柱となった政策です。

　その政策の中心となったのが**老中松平乗邑**と**勘定奉行神尾春央**。きびしい徴税で有名なコンビです。

### ■農業政策

　吉宗は，単に米の年貢を取るだけではなくて，本百姓の生活が維持できるように，さまざまな保護や奨励策もとります。甘蔗・菜種・櫨・朝鮮人参などの栽培を**奨励**します。はい，甘蔗はサトウキビ，菜種は絞って油を取るための原材料，櫨はロウを取る材料，朝鮮人参は，言われなくてもわかるよね，

薬用。では，

**Q** 備荒作物といって，凶作のときの飢饉対策として栽培を奨励したのは？

——甘藷

甘蔗と甘藷の区別をつけてくださいよ。**甘藷**はサツマイモです。

### ■学問の奨励

吉宗は，荻生徂徠や室鳩巣などを侍講として儒学を学ぶだけでなく，学問も奨励しました。

室鳩巣に命じて，中国の道徳書をもとに，その趣旨，大意を易しい和文で説明した『六諭衍義大意』をまとめさせ，これを幕府の出版物として，町奉行を通じて寺子屋の先生たち用に配布します。庶民にも儒教道徳を広めようとしたわけです。文化史がらみで試験でもよく問われるので，できれば，

> 室鳩巣　六諭衍義大意

2，3度書いておくと効果的ですよ。しかし，"「室」＝部屋"の鳩の巣で「室鳩巣」。面白い名前ですね。ハイ，

**Q** 室鳩巣の師匠にあたるのは？

——木下順庵

**木下順庵**の弟子は「**木門**」と呼ばれますが，新井白石・室鳩巣・雨森芳洲たち，入試頻出の人物ですよ。前回，元禄文化のところでやりました（p.32）。

さて，学問の奨励は儒学，朱子学にとどまりません。西洋の学問でも役に立つものはどんどん入れろ，ということで**漢訳洋書の輸入制限の緩和**を命じます。漢訳洋書というのは，漢文に訳された洋書，オランダなどヨーロッパの本。漢文訳された本は，日本人で教養のある人はみんな読めますから。ところが，漢訳洋書は従来，輸入そのものが制限されていました。なぜか。**キリスト教の思想**が入ってくるから。

そこで，制限を「解いた」んじゃないよ，「緩和した」。ということは，**キリ**

**スト教**の本を除いて，漢文訳されたヨーロッパの本はどんどん入れなさい，そして，そのなかから役に立つものはどんどん庶民（しょみん）の生活のために取り入れましょうとなりました。さらに，

**Q** 吉宗がオランダ語，蘭学（らんがく）の研究を命じた2人の人物は？
——青木昆陽（あおきこんよう），野呂元丈（のろげんじょう）

## ■商業政策

さらに吉宗は，従来，基本的には認めていなかった同業者の団体，**株仲間**（かぶなかま）を公認します。

**Q** 同業者団体として幕府が公認した米市場は？　——堂島米市場（どうじまこめいちば）

**大坂**の堂島米市場の米商人たちを公認し，ここをとおして，米価に対する対応，いわゆる商業統制をしようとします。

## ■金貨の改鋳

しかし，ここまでやっても最大の問題，**米価安**（べいかやす）はどうにもならない。年貢（ねんぐ）米（まい）はたくさんとれるようになったが，せっかくたくさんとったのに米価が下がると，効果はナイ。これはいかん。どうも米価が安すぎる。景気も低迷（ていめい）している。そこで改鋳（かいちゅう）政策をとります。

**Q** 金（きん）の量を大幅に減らした新しい改鋳（かいちゅう）小判を何というか？
——元文小判（げんぶん）

これは，元禄（げんろく）小判のような，出目（でめ）を稼（かせ）ごうというものではなく，むしろ景気刺激策として，低迷する経済を活性化させるためだったと考えることが可能でしょう。**米価上昇をねらったものではなかったか**ということです。

## ■支配体制の整備

支配体制の整備も進められています。

勘定所の機能を強化するために，裁判関係の「公事方」と，財政担当の「勝手方」に分離するなど，行政改革もやっていきます。さらに，特筆すべきは，裁判を安定させるために，幕府として最初の法典編纂が行われたということ。

**Q** 1742年，大岡忠相らによって編まれた法令集は？

——公事方御定書

さらに，2年後には，それまで幕府が出した「御触書」と呼ばれる多くの法令を集めた『御触書寛保集成』も成立しています。この事業は，その後も宝暦・天明・天保の各時期に行われています。

### ■「質流し禁令」

享保の改革で，もう1点。1722年の「質流し禁令」(質流地禁止令)があります。覚えてますね。「田畑永代売買の禁止令」で，田畑を永久に，完全に売ることは禁止されていますが，土地を担保にお金を借りる。つまり，質入れ。そして，返せない。質流しという形をとって，実際上は土地は売買されちゃうわけです。

そこで，質流れを禁止し，**質入れ**してしまった土地を取り戻すための規則を詳細に指示したわけです。

ところが，この施策は失敗するんです。なぜか。法律が正確になかなか伝わらない。あるいは，金持ちたち，名主などの豪農たちがそれをごまかそうとするので，農民がこれを知って激怒する。「土地を取り戻せ」というので，質地騒動が起こります。この質流し禁令にともなって幕府直轄領で起こったのが，越後頸城(高田)・出羽長瀞の質地騒動です。

幕府はあわてて1723年にこの法令を撤回しちゃう。結局，地主・小作人関係には手が出せなかった。そこで，**「幕府はついに本百姓体制をあきらめた」**，「**地主制を容認**することになった転機だ」と評価します。

実際に農村は大きく変わっていたのです。

多くの農民が貧乏になっていくと，一部の農民が豊かになる。村役人をつとめるような豪農と呼ばれる有力農民は，困窮した農民に金を貸して，返せなくなると，質として土地を取り上げていき，零細な農民を使って農業経営

を拡大していった。そのような農業経営を**地主手作**（じぬしてづくり）と呼びます。

　もちろん，単に地主として，小作人に田畑を貸して，高率の小作料をとるものも現れてくるのです。

### ■ 享保の改革の評価

　そこで，享保の改革について，一応の評価をまとめておきましょう。

　当面の**財政難**は克服（こくふく）して，一定の成果は上がった。とくに**年貢増徴**（ねんぐぞうちょう）に成功し，**幕領の石高**も1割以上**増加**した。

　しかし，抜本的（ばっぽんてき）な再建策，すなわち本百姓体制の再建などは実現できなかった。そして，増税と緊縮財政への不満は当然起こりました。

　さらに，これはあまり長く尾を引いたものではないが，「**享保の飢饉**（ききん）」が起こったときには，翌年江戸で，米屋を住民たちが襲う（おそう），**最初の江戸の打ちこわし**という，都市における騒擾（そうじょう）事件も起こっていますし，一般的な**百姓一揆**（ひゃくしょういっき）も増加傾向にあったというのが，享保の改革の概括的（がいかつてき）な評価です。

　一方，**学問の奨励策**（しょうれい）はその後の学問の多様な発展のもととなっていきます。

　ひさしぶりにゴロ合わせを2発！

---

　　　　　　　　1 7 3 2
「人並（**ひとな**）**み**に**め**しが食えない大飢饉」

➡ 1732 年，享保の飢饉

　　　　（17）3 3
「江戸は**さんざん**打ちこわし」

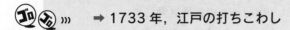 ➡ 1733 年，江戸の打ちこわし

## 3 田沼時代

授業ノート p.16 参照

　吉宗は将軍の地位を息子の 9 代家重に譲り，1751 年に没します。

　家重はまったく無能力で，まもなく将軍職を退き，その子の家治が将軍になります。この **10 代将軍家治の時代**がいわゆる「田沼時代」です。

### ■商業重視政策

　田沼時代と呼ばれるのは，**田沼意次**が側用人から老中となって，事実上幕政を指導したからです。要するに，**側近政治**，側用人政治になったわけです。

> 「田沼は柔軟(**じゅうなん**)な人間(**にんげん**)です」
> 　　　　1　7　7　2
>
> ゴロ ゴロ 》》　➡ 1772 年，田沼意次，老中

　しかし，田沼は，ある意味で享保の改革の流れを継ぎ，もっと徹底して商業というものに着目した人物です。はい，ここは皆さんよく知っているように，**株仲間**を大幅に公認して，運上・冥加のような商人からの税収を増やそうとします。運上・冥加の増徴。

　さらに，幕府自身が商業・流通に手をつけて，**専売制**を試みます。銅，真鍮，朝鮮人参など。さほど成功したわけではありませんが。

　そして，貨幣経済についても抜本的な政策をとります。銀貨は秤量貨幣，重さで使っていた。その銀貨に一定の重さ，純度，形，そして数値をつけて，金貨二朱と同じ価値で通用させる**銀貨**をつくりました。

**Q** この銀貨(計数貨幣)を何というか？　　　　——**南鐐二朱銀**

　これは銀貨でも計数貨幣です。これで，金貨と銀貨がリンクした，つながったということです。そこで，

**Q** 南鐐二朱銀は何枚で小判 1 両と交換できたか？　　　　——**8 枚**

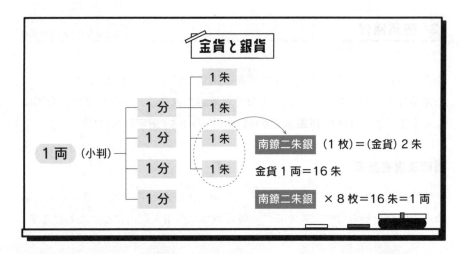

「正徳の政治」では，**長崎貿易を制限**することで金銀の流出を防ごうとしたのに対して，田沼は**長崎貿易で稼ごう**とします。

そこで，銅や**俵物**を輸出する。俵物というのは，「**いりこ**」「**干し鮑**」「**ふかひれ**」などの海産物です。中華料理の高級な素材，食品です。銅や俵物を輸出し，金銀を輸入しようとした。**金銀鉱山からの収入の減少**に対する対策です。

### 南鐐二朱銀

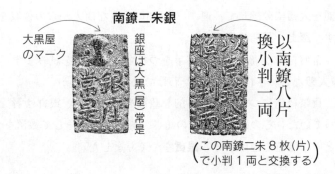

大黒屋のマーク　銀座は大黒（屋）常是

以南鐐八片換小判一両

（この南鐐二朱8枚（片）で小判1両と交換する）

## ■土地開発に着手する

耕地の拡大もめざします。**印旛沼・手賀沼**という大きな湖沼，湖や沼を干拓しようとして，商業資本を参入させます。これはいずれも失敗に終わりますが，大規模な土地開発もやろうとした。

さらに北海道，「蝦夷地」の開発，ロシアとの交易をめざします。

**Q** 田沼意次がこれらの施策のヒントを得た，工藤平助の著した書物とは何か？
——『赤蝦夷風説考』

赤蝦夷というのは，**ロシア**あるいはロシア人のこと。そのための前提として，出羽の浪人最上徳内を派遣して，北方探検をやらせました。

## ■田沼政治の評価

しかし，皆さん知っているように，この田沼政治では**賄賂**がさかんに横行した。政治の腐敗が目立ち，武士もモラルがなくなって，金儲けだけを考えるようになる。

それにもまして田沼政治が打撃を受けたのは，浅間山の大噴火に象徴される「**天明の飢饉**」です。関東一円は降灰の被害に冷害が加わって壊滅してしまいます。百姓一揆，打ちこわしが頻発し，世相は騒然となる。

第**36**回 享保の改革・田沼政治

> **1 7 8 3**
> 「人(**ひと**)の悩(**なや**)みは天候不順」
> ゴロ・ゴロ ≫ ➡ 1783年，天明の飢饉

そのようななかで，若年寄まで出世していた息子の**田沼意知**が，**佐野政言**という，はっきり言ってプッツンした旗本に暗殺されるという事件も重なって，将軍家治の死とともについに田沼意次は失脚してしまいます。田沼への反発から，佐野政言は「**世直し大明神**」などと呼ばれました。

側用人というのはあくまでも将軍の秘書のような立場で，将軍との個人的な関係によって権力を握っていたので，将軍が亡くなると側用人も当然アウトということになる。失脚に追い込まれたわけです。

## ■宝暦事件・明和事件

1758年，9代徳川家重のときですが，竹内式部という神道家の影響を受けた桃園天皇の側近の若い公家たちが，天皇に『日本書紀』の神話について講義を行い，摂政らによって処罰されるという事件が起こっていました。「宝暦事件」と呼ばれる事件です。いわゆる尊王論が台頭し，朝廷内の統制が緩んでいたことを示すものでした。

その後，ちょうど田沼が側用人になった1767年，軍学者の山県大弐が死刑，竹内式部も「遠島」，八丈島に島流しにされた「明和事件」が起こっています。宝暦事件と直接関係するわけではありませんが，山県大弐の著作『柳子新論』などに示された尊王論が反幕府的であったということで起こった弾圧事件です。時期と事件名，人名だけちょっと覚えておいてください。

# 宝暦・天明期の文化

　江戸後期の文化を，従来は化政文化と呼んでいましたが，現在の教科書では，これを2分割して，「**宝暦・天明期の文化**」と「**化政文化**」に分けています。

　「化政」というネーミングは「文化」「文政」年間の「化」「政」ですから，19世紀になってしまいます。そこで，18世紀後期の位置づけが曖昧になってしまう。そんなわけで，18世紀後半の文化を，やはり代表的な元号で「宝暦・天明期の文化」と呼んでいるんです。具体的に言うと，**寛政の改革**を基準として，それ以前が「宝暦・天明期の文化」。以後が「化政文化」です。

**宝暦・天明期の文化 / 化政文化**

⑩家治（田沼時代）　⑪家斉　| 寛政の改革 |　　　　　　　　| 天保の改革 |

| 宝暦・天明期の文化 | 化 政 文 化 |
|---|---|
| 洋学・国学・町人の学問 | 経世論・水戸学・復古神道 |
| 教育（藩校・私塾） | 咸宜園・適々斎塾・鳴滝塾 |
| 洒落本・黄表紙・読本 | 滑稽本・読本・人情本 |
| 川柳・狂歌　与謝蕪村 | 小林一茶 |
| 浮世絵　西洋画 | 浮世絵　文人画 |
|  | 芝居小屋・寄席・村芝居　縁日・開帳 |
|  | 富突　寺社参詣　庚申講 |

宝暦・天明期の文化とは，18世紀後半，寛政の改革以前の時期の文化です。要するに**田沼時代**と考えればいいでしょう。

---

### 宝暦・天明期の文化の特徴

【背景】　幕藩体制の動揺

①**多様な学問の成立**…洋学・国学・水戸学など。

②**教育の発達**…藩校の設立・私塾・庶民教育の発展。

③**庶民を対象とする文学・芸能・絵画の発達**

　　…洒落本・黄表紙・読本・川柳・狂歌など。

---

　宝暦・天明期の文化の特徴は？　って言われるとやっかいですが，まあ端的に言うと，幕藩体制が動揺してきて，この動揺に対処するために**いろいろな学問，思想が登場してきた**ということが，まずあります。

　もう1つは，**民衆の文化が極めて特徴的に発達した**。それまではふつう，庶民が本を買うなんてことがなかったのが，本が売れるようになっちゃう。これはあの木版印刷という印刷技術の進歩によるところが大きかった。それ以前は，一字一句，筆で写していかなければ本ができず，読める人はごく限られていた。そんなこと普通の人はできなかったのが，木版印刷のおかげで，広く一般の人々が本を買って読めるようになる。**洒落本**とか**読本**とかね。

　もちろん，寺子屋などが庶民の識字率を上げていった。あるいは，紙が庶民レベルまで普及した……などのベースがあった。

　絵もそうです。まあ，今でも，肉筆画を自宅に飾ってる人はよっぽど金持ちでしょう。うちなんかありませんから。かろうじて気に入った版画家の木版の絵がかかってるくらい。この時代には，芸術性が高く，かつ安価だ，ということで，**浮世絵**が発達する。そんな具合に，民衆文化が発展する。

それから，学問的に見ますと，**医学**など，実際に役に立つ学問が発達して
くる。あるいはロシアが南下してくると，地理的な関心が高まりますから，
その結果，**洋学**と呼ばれる西洋系の学問が本格化します。

　さらに，**国学**，**水戸学**のような，日本の学問をもっと尊重しようという
ような議論も出てくる一方で，庶民道徳——**町人階層のなかから，新しい
学問や教育システムが出てくる**。多様な教育機構，教育機関が発達したと
いうのもこの時期の特徴です。

　もちろん，このような多様な発展をとげた各分野には，その前史がありま
す。突然，このような現象が現れたわけではありませんから，寛永文化・元
禄文化の時期にさかのぼって理解しなければいけません。

　たとえば，洋学が成立する契機は，享保の改革における実学の奨励。漢訳
洋書の輸入の制限が緩和。そして，吉宗が蘭語の研究を命じた。

 徳川吉宗から蘭語（オランダ語）の研究を命じられた人物を 2 人あげな
さい。

 青木昆陽と……えーと？

　そんな程度じゃあ，いけませんよ。しっかり復習してください。もう 1 人
は**野呂元丈**ですね。

　2 人セットで覚えましょう。声を出して，

> あおきこんよう・のろげんじょう
> あおきこんよう・のろげんじょう
> あおきこんよう・のろげんじょう

## ■洋学

さて，この時期，もっとも注目されるのは，洋学・国学など，儒学とは系統の違う学問が成立したことです。

幕府は長崎でしか外国とつきあわない。それもオランダだけ。その長崎にはオランダ通詞という通訳を置いています。彼らは仕事上ヨーロッパの本に接する。とくにオランダ語の本に接する。

その長崎の役人の子で西川如見という人は『華夷通商考』という，外国の地理や貿易を紹介した本を書き，晩年，徳川吉宗に招かれて幕府の天文方に任じられています。

また，屋久島に潜入して捕らえられたイタリア人の宣教師シドッチを新井白石が尋問し，その結果得た外国の知識をまとめた『采覧異言』，『西洋紀聞』といった本を書いています。もっとも，これはたまたま起こった事件が契機となったものであって，みずから求めて外国のヨーロッパの知識を学んだわけではありませんが。

## ■享保の改革が契機

それじゃあ，いつごろから本格的にヨーロッパの学問が導入されたかというと，徳川吉宗の**享保の改革の時期以降**です。享保の改革の施策の中に「漢訳洋書の輸入制限緩和」というのがありましたね。

つまり，**キリスト教に関係なければ役に立つ学問はどんどん取り入れろ**ということになって，輸入の制限が緩和された。

さらに「オランダ語を直接学びなさい」というようなことも吉宗は命令していて，青木昆陽や野呂元丈による蘭語研究が始まっていました。

```
┌─────────────────────────────────────────────┐
│        📎 洋学（蘭学）の展開                   │
│                                               │
│   1774        1788         1796               │
│   解体新書 ➡ 蘭学階梯 ➡ ハルマ和解            │
│                           1802 暦象新書       │
│   蘭学事始（杉田玄白）      1811 蛮書和解御用  │
└─────────────────────────────────────────────┘
```

## ■古医方

　江戸時代，医者と言えば漢方医ですが，初期の医者たちは中国の金や元の時代の観念的な医学をベースにしていました。ところが，17世紀後半になると，理屈ばかりで実際の役には立たない，このような医学に飽き足らず，人体や病気を直接観察して医療方法を見つけ出そうという「古医方」と呼ばれる**漢代の医学**が注目されるようになります。随分古くまでさかのぼった。

　同じ中国の医学でも，漢代の医学「古医方」のほうが，実験を重視する，役に立つ医学だということになったわけです。

　その代表的な医者が山脇東洋です。念のため，これは蘭学，洋学という系統ではなく，中国の医学。西洋医学ではなく，**東洋の医学**ですよ。

　山脇東洋だから「東洋」医学，漢代の医学です。漢方医の東洋は，京都所司代に頼んで，罪人の首のない屍体を手に入れて門人たちと解剖した。この解剖図譜が『蔵志』(1759)です。これが，杉田玄白らに影響を与えた。

　そして，登場したのが西洋の医学，解剖書の翻訳，有名な『解体新書』というわけです。

## ■医学──前野良沢・杉田玄白『解体新書』

　『解体新書』が翻訳・刊行されたのは1774年。もともとドイツ語で書かれたクルムスの『解剖図譜』という本のオランダ語訳『ターヘル=アナトミア』を日本語に訳した。すなわちオランダ語から日本語に翻訳したものです。

　なんたって辞書も何もないところから医学書を翻訳するんですから，これはえらいことで，そのあたりの苦労話は『蘭学事始』という本で杉田玄白が後

に書いています。

この前野良沢・杉田玄白を中心とする『解体新書』の翻訳の成立によって，日本のいわば**蘭学**，オランダ語を中心とする学問というものが成立しました。ここはもう基本中の基本。

---

| 東洋医学 | 西洋医学 |
|---|---|
| 古医方・山脇東洋『蔵志』（×臓） ➡ | 杉田玄白・前野良沢『解体新書』 |
| 臨床実験を重視 | 〈解剖図〉小田野直武 |
| | ↑〈西洋画〉 |
| | 平賀源内 |

---

ついでに，『解体新書』というのはまさに医学書ですから図が大事です。人体図，内臓の絵など，写実的に書かなきゃ意味がない。

**Q** 『解体新書』の挿絵を描いた秋田藩士の名は？　　——小田野直武

この小田野直武に西洋画を教えたのが**平賀源内**です。ここは難関大の定番です。

## ▶平賀源内

みなさん見たことありますか，平賀源内の似顔絵。実にユニークな顔をしてますね。彼は天才だとか，異才だとか，あるいは山師だとかいわれるんですが，まあ，とにかく目立つ人です。この平賀源内だけを扱って，早稲田大が大問１問出したことがあるぐらいの，面白い人物ではある。

平賀源内は，四国の讃岐，高松藩の足軽の子どもに生まれましたが，長崎で外国人に接したり，江戸に出て**本草学**を学び，物産会という展覧会を開いたりしては，大もうけを企んだ。

とくに，出世欲も強くて，田沼意次に接近をしますが，結局，幕府の役人になることはできませんでした。この田沼との関わりということを頭に入れておけば，時代がよくわかるでしょう。

彼は，石綿製の不燃布，火浣布——アスベストですよね。燃えない布をつくってビックリさせる。また，**エレキテル**——これ知ってるでしょ。**摩擦起電器**と日本語に訳しますが，静電気を発生させて火花を散らし，それを見せては人々を驚かせる。あるいは毛織物をつくってみたり，鉱山開発も大好きです。

こういったふうに，いわゆる本草学から出発して，さまざまな分野に手を出したまではよかったが，ただ，いずれも大もうけするまでには行かないという，なかなかちょっと可哀想な人と言えば可哀想な人です。

入試でとくによく出るのは，秋田藩が鉱山再開発の技術アドバイスを得ようとして，平賀源内を呼びましてね。佐竹曙山（義敦）公という有名な殿様のときです。

秋田に行った平賀源内の現地の案内役をやったんでしょうか。先ほど触れた**小田野直武**に，たぶん仕事の合間に，源内が西洋画を教えたんです。源内は絵そのものはうまくないんですけど，西洋画も描けますからね。そしたら，この小田野直武がめちゃめちゃ絵がうまくて，西洋画を完全に習得しちゃったんです。

佐竹の殿様喜んじゃって，「お前，江戸へ行って本格的に西洋画を学びなさい」てなことになって，江戸でも有名になるくらい上手に，西洋風の写実画が描けるようになった。

そこで，例の『解体新書』，これは解剖図ですから，実際の，リアルな人体を描かなきゃいけないというんで，なんと，その挿画，図の部分は小田野直武が描くことになったのだそうです。これ，めちゃめちゃ入試によく出るパターンです。

源内はとにかく何でもやる多才な人で，「福内鬼外」——よく読んだら，「福は〜内，鬼は〜外」っていうことなんですが，このペンネームで「神霊矢口渡」という浄瑠璃の脚本を書いて，結構ヒットしたそうです。

最後はひょんなことから，大工さんかなんかを殺してしまい，それで牢屋につながれて死んでしまいます。

この人は面白い話が多くて，この人だけで『実況中継』1回分てなことになりかねない。入試にまにあわなくなりますので，話はこのへんにしときましょう。

## ■蘭学

さて，蘭学のその後ですが，大槻玄沢が『蘭学階梯』という教科書を書くことによって広まっていきます。

大槻玄沢の「玄」は杉田玄白の「玄」。大槻玄沢の「沢」は前野良沢の「沢」。「沢」と「玄」を合わせて，まさに後継者が大槻玄沢だというふうに覚える。

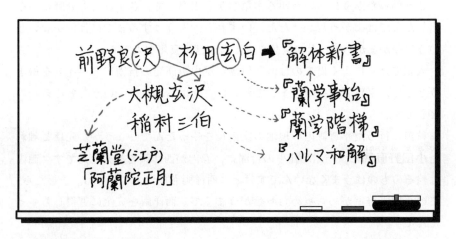

『蘭学階梯』の「階梯」というのは「階段」という意味ですから，ステップ・バイ・ステップでレッスン１，レッスン２というふうに徐々にオランダ語を学んでいくという教科書です。

1786年，大槻玄沢が江戸に芝蘭堂という蘭学塾をつくっています。当然，ここでは天文学も入ってきているわけですから，月を中心とする陰暦ではなくて太陽暦が知られるようになる。

そうすると，太陰暦いわゆる陰暦と太陽暦はずれますから，蘭学者たちは太陽暦によるお正月の行事をやります。大槻玄沢が芝蘭堂で仲間たちと「おれたちだけが知っているんだぜ。本当の正月は……」というので催した祝宴を「オランダ（阿蘭陀）正月」と呼びました。

さて，教科書ができても，みなさんが英語なんかを勉強するときといっしょで，辞書がないと語学の勉強はつらい。そこで辞書。

**Q** 稲村三伯がつくった最初の本格的なオランダ語と日本語の対訳辞書の名は？
　　　　　　　　　　　　　　　　　　　——『ハルマ和解』

外国語・日本語の辞書と言えばもっと古いものがありました。南蛮文化のところでやったキリシタン版の『日葡辞書』。日本語とポルトガル語の辞書ですが，『ハルマ和解』は蘭日（蘭和），オランダ語と日本語の辞書ですよ。

## ■国学

　少し前のことを思い出しましょう。中世の学問。これは非常に閉鎖的なものでした。先生が気に入った弟子だけに知識を伝えていくという閉鎖的な学問。典型的だったのは古今伝授ってやつだよね。先生が歌の解釈を教え，弟子はその解釈をそのまま覚えていく。要するに秘伝みたいな形です。

　近世になると，こういうものが打破されて，みんなが学問的に古典を研究するという時代がやってきます。

　たとえば，『源氏物語』研究でいうと，室町中期で有名なのは一条兼良の『花鳥余情』ですね。前に出てきました。

　近世になると，幕府によって歌学方に任命された北村季吟が現れます。

**Q** 北村季吟が著した『源氏物語』の注釈書は？　　──『源氏物語湖月抄』

　みなさんが古文で苦労している『源氏物語』のベースは，この北村季吟の『湖月抄』によって確立します。

　一方，徳川光圀から頼まれて，『万葉集』の研究，注釈を行った人が契沖で，『万葉代匠記』です。

　このように，古い日本の文物に対する興味が湧いてくると同時に，それを自由に研究する学問が目覚めてくる。これは，いわゆる儒学，朱子学などの実証的な研究方法が，そのまま日本の文化に当てはめられたと言ってもよい。

　大きく言えば，中国の古代を理想の世の中とする考え方に対して，日本にも美しい，聖なる古代の世界があるじゃないか。なんで孔子，孟子のような中国人の言ったことばかりを勉強しなきゃいけないんだ。**仏教や儒教が入ってくる前の日本を研究しよう**ということになる。そういった観点から，記紀，万葉の世界──『古事記』『日本書紀』『万葉集』の研究が始まったわけです。

中国の古代 ➡ 日本の古代＝記紀・万葉へ

### ▶荷田春満「古道」

京都伏見稲荷神社の神官であった荷田春満は，日本人独自の道徳に関わる学問として，古道を提唱します。

荷田春満「かだのあずままろ」，読み方が難しいけれど，**京都伏見稲荷の神官**だよね。ボールペンを持って，荷田春満の「荷」にマルをする，京都伏見稲荷の「荷」にマルをすると，荷物と荷物でなんとなく関連づく。で，荷田春満，京都伏見稲荷の神官がキーワードですよ。

**荷田──稲荷**

### ▶賀茂真淵「ますらおぶり」

次に出たのが賀茂真淵。遠江，浜松の神官です。いい？　やはり神主さんです。賀茂真淵は歌人としても有名で，「ますらおぶり」という日本人独特の人間としてのあり方などを提唱します。

**Q** 賀茂真淵が古道を解明した書，2冊をあげなさい。

──『国意考』，『万葉考』

真淵は浜松の神官なんですよ。そこで，

**マブチ──ハママツ**（真淵↔浜松）

### ▶本居宣長──国学を大成

そのような日本の古い時代に対する学問，国学を大成したのが伊勢松坂の医者，**本居宣長**です。鈴を集めるのが趣味だったところから，「鈴屋」とも呼ばれますが，この人はほとんどだれも顧みなかった『古事記』の研究に一生を捧げました。

『日本書紀』は漢文で書いてある。『古事記』は万葉がなといって漢字の音訓を借りて日本語を表記したものだから，『古事記』のほうが，古い日本のことが正しくつかめると。これによって国学が大成されました。

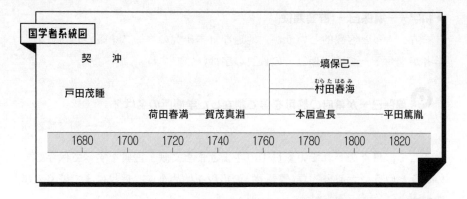

国学者系統図

契　沖

戸田茂睡

塙保己一

村田春海

荷田春満 ── 賀茂真淵 ── 本居宣長 ── 平田篤胤

1680　1700　1720　1740　1760　1780　1800　1820

　本居宣長は「**漢意（からごころ）を排せ**」と，**中国人的発想をなくそう**，中国的な言葉をなるべく使うな，なんていうことをさかんに言うわけで，それがついに神道と結びついて復古神道になり，国粋主義的になり，排外的な思想というものの土台になるわけです。

### ▶平田篤胤「復古神道」

　宣長のあと，次の化政文化の時期になると平田篤胤が出てきます。宣長先生にあこがれた没後の門人──もう先生は死んでいたから直接教えてもらうことはできないが，「あなたが私の師匠です」。こういうのを没後の門人といいます。

　そして篤胤はやがて神道と国学を結びつけて「復古神道」という独特の神道説を唱えるようになります。非常に国粋的，排外的で，幕末の尊王攘夷運動に大きな影響を与えます。

┌ （儒学系）**垂加神道**…山崎闇斎
└ （国学系）**復古神道**…平田篤胤

　以上の4人が国学の中心，「四大人」と総称します。

**国学の四大人** … 荷田春満 ➡ 賀茂真淵 ➡ 本居宣長 ➡ 平田篤胤

### ▶和学——塙保己一『群書類従』

　一方，もっと客観的というか，地道な日本研究のベースを築いた盲目の大学者が塙保己一です。保己一の「己」の字はいいですね。

**Q** 塙保己一が幕府の許可を得て創立した学問所の名は？

——和学講談所

　ここで，日々失われていく日本のさまざまな文献・古典をすべて保存していこうという一大叢書，『群書類従』の出版を始めます。近代にまで続く大事業です。

　私の大学以来の親友は，すでに引退しましたが，『群書類従』の刊行という大事業を出版社編集長として続けました。個人的なお願いですが，忘れないでください。私も何冊か担当した。

　日本史の先生の家にはだいたい『群書類従』が書棚にありますので，おなじみです。和学講談所という名称にも使われているように，このような古典にもとづいて**日本の古代文化について研究する学問**を総称して「和学」といいます。

### ■心学

　さて，次は町人のなかから生まれた学問。独特の生活倫理，人間が生きていくための道徳を確立したのが石田梅岩。この石田梅岩が唱えた**生活倫理に根ざした庶民教育**は「心学」，あるいは「石門心学」と呼ばれます。

**Q** 石田梅岩が書いた本は？

——『都鄙問答』

　これは出だしのところをしっかり覚えておく（次ページ「史料」）。

　武士に武士道があるならば，商人にも商人の道があるんだ。商人も武士と同様に日本を支えている重要な役割を果たしているんだ。**商業を卑しみ，蔑視する儒学的な考え方を否定**しています。

　石田梅岩が始めた心学は，弟子の手島堵庵が組織化し，いわばチェーン店のように，校舎をつくっていきます。

## 8　心学 /『都鄙問答』

……商人ハ勘定 委シクシテ，今日ノ渡世ヲ致ス者ナレバ，一銭軽シト

商人は金銭を専ら扱って生活を成り立たせているのだから，　　　　　　1銭といえども

云ベキニ非ズ。　是ヲ重ネテ富ヲナスハ商人ノ道ナリ。……

軽々しく思ってはいけない。わずかの利益を積み重ねて財産を築くのが商人の道なのである。

……商人ノ売買スルハ天下ノ相ケ也。……

商人の売買という行為も，将軍の治政を支えているのだ。

　難関私大の場合は，手島堵庵の次の中沢道二も大事です。江戸に心学を普及させ，長谷川平蔵が経営したことで有名な人足寄場で道徳の講義なんかをやっています。

心学 … 石田梅岩 ➡ 手島堵庵 ➡ 中沢道二

### ■安藤昌益『自然真営道』

　地方からも，異色の学者が現れます。安藤昌益です（次ページ「史料」）。

　日本人は全員農民になって，自分の食べるものは自分でつくっていればいい。支配者もいない，お金も要らないみたいな「自然世」というキーワードで，「万人直耕」──すべての人が直接耕作者となれという大胆というか，革命的な理論を提唱した人です。

　『自然真営道』と，もう1つ『統道真伝』という著作も覚えておいてください。キーワードはもう一発，「陸奥 八戸の医者」，これで終わり。それだけで出てくるようにする。

## 9 階級社会の否定（安藤昌益）/『自然真営道』

彼に富も無く，此に貧も無く，　　　此に上も無く彼に下も
あちらに金持ち，ここには貧乏な人というようなこともなく，支配者も支配されるという関係

無く，……上無ければ下を責め取る奢欲も無く，下無ければ上に諂ひ巧む
もなく，　支配者がいなければ苛酷な税をとってぜいたくしようとすることもなく，身分の

ことも無し。　　　　　……各々耕して子を育て壮んによく
高い者にゴマをすることもウソを言う必要もない。すべての人が自分で耕作し，子を育て，

耕して親を養ひ子を育て，……是れ自然の世の有様なり。
親を養っていく，　　　　　それが「自然」の世というものなのである。

## ■ 富永仲基 / 山片蟠桃『夢の代』

大坂の商人たちがつくった**懐徳堂**からもユニークな学者が現れてくる。**富
永仲基**と**山片蟠桃**，**中井竹山**の３人で，徹底した**合理主義者**です。

富永仲基は，儒教や仏教なんていうのは**空理空論**だ，というような徹底し
た議論を展開しますし，山片蟠桃はいわゆる「**無鬼論**」というので有名。また，
中井竹山は寛政の改革を主導した松平定信に意見を求められ『**草茅危言**』を書
いています。

## 10 無鬼論（山片蟠桃）/『夢の代』

生熟スルモノハ，年数ノ短長アレドモ，大テイソレゾゾレノ持前有テ
あらゆる生き物は，長い短いはあっても，すべては寿命が果て，死んで枯れて消滅してしまう。

死枯セザルハナシ。……死スレバ智ナシ，神ナシ，血気ナク，四支・心志・
死んでしまえば智恵も神経もなく，血も流れず，手足も心臓も

臓腑ミナ働クコトナシ。然レバイカデゾ鬼アラン。又神アラン。……
胃や腸も，もう動かない。それなのに，どうして鬼などというものが現れるだろうか。また，
神などというものが存在するだろうか。そんなことはまったくありえるものではない。

鬼が出るとか蛇が出るとか，そんなことはありえない。人間なんて死んだらただの物体で腐っていくじゃないか。その死者の 魂 や恨みが鬼になって現れる，幽霊が現れる，そんなものはバカげているよ，といった徹底した唯物的な思想を展開します。

　このあたりは，まさに大坂という商人の都を背景にした現実的な学問としてもよく出るパターンです。なかなかやっかいでしょうが，大坂，懐徳堂，だいじょうぶですね。

　ただし町人主体の学問ということで，京都に起こった石門心学と混乱しないこと。

---

　（大坂）**懐徳堂**……三宅石庵 ➡ 富永仲基 ➡ 山片蟠桃
　（京都）**石門心学**…石田梅岩 ➡ 手島堵庵 ➡ 中沢道二

---

## ■ 藩校

　一方，教育のほうは藩校（藩学）・郷学，そして私塾の隆盛。そして一般庶民を対象とする寺子屋が発達します。内容は，「読み・書き・そろばん」という初等教育ね。

　で，藩校および私塾については，これはもう日本史の避けられない暗記物ですから，授業ノートの「藩校・私塾一覧」および地図を見て，覚えておいてください。

　藩校で，早い時期のものとしては，萩の明倫館が18世紀前半。これらを除いてしまうと，残りは全部18世紀の後半です。

　そこでポイントは，**藩校**はいわゆる文治政治，すなわち17世紀後半からワーッと出てきたんじゃなくて，**18世紀の後半につぎつぎに建てられていった**という時代の感覚です。これは藩政改革のための人材を養成する必要があったからです。

　"島津重豪—造士館—鹿児島"とか，超貧乏な藩を立て直し，興 譲 館を再建した上杉治憲。さらに佐竹義和の明徳館（明道館）。そして，ずっと遅く，幕末史に関わる15代将軍徳川慶喜の実父，徳川斉昭の弘道館。このあたりは必須です。

## ■ 私塾

　一方，私塾は今でいう私立大学にあたるようなものですが，これについては授業ノートにある藤樹書院，花畠教場から古義堂，蘐園塾（漢字注意），大坂の懐徳堂，大槻玄沢が江戸に開いた芝蘭堂——このあたりは場所にも注意する。**花畠教場**は池田光政に招かれた熊沢蕃山が組織したもの。1641年，これはまだ武断政治のころですから，異常に早い。藤樹書院は江戸初期，寛永文化。古義堂・蘐園塾は元禄文化です。

　19世紀になると，地方にも有名な私塾が現れてきます。時期は化政文化ということになりますが，ここでやっておきます。

**Q** 九州，豊後日田に広瀬淡窓が開いた私塾は？ ——咸宜園

**Q** シーボルトが長崎郊外に幕府の許可を得て開いたのは？ ——鳴滝塾

**Q** 大塩平八郎が大坂で陽明学を教えた塾は？ ——洗心洞

シーボルト事件のあと緒方洪庵が開いた適々斎塾（適塾）は大坂。

幕末の活動家たち，志士たちを多く生み出したのが，幕府によって弾圧され，萩に戻って吉田松陰が運営した松下村塾。維新の元勲たちを多く生み出した塾ということになります。

このあたりは，これからの政治史に登場するものも多いので，今は名称を確認しておくこと。

## ■文学

さて次は文学です。まず小説の流れを確認していきましょう。

この時期だけではバラバラになって流れがつかめなくなるので，ここは化政文化の時期までやってしまいます。

### ▶小説——洒落本・黄表紙

室町後期の御伽草子に始まって，**仮名草子**，そして**浮世草子**の成立。やがて江戸時代の小説は，ジャンルによって分かれていきます。

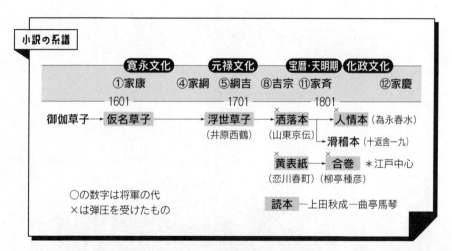

その１つ目のジャンルが，主に江戸の「**遊里**」——簡単にいえば合法的な高級売春施設ですが，吉原などの遊里を舞台とする客と花魁のやり取りといったものを題材にした短編小説，**洒落本**です。

洒落本なんて書かないように。文字どおり洒落にならない。作家としては**山東京伝**が代表。

それから，もう少しエロチックで風刺・滑稽を主とし，絵入りになっている通俗小説が**黄表紙**。

**Q** 黄表紙の作家の代表は？

——**恋川春町**

ところが，出版界が盛り上がったところへ，きびしい弾圧の寛政の改革。まじめな松平定信にとって恋川春町なんていうのは，ネーミングからして許せない。京伝は手鎖50日。出版元の蔦屋重三郎は財産半分没収。

**Q** 松平定信が残した自伝の名は？ ──『宇下人言』

これは「定信」という字をバラしてつくったタイトルです。

第**37**回 宝暦・天明期の文化

---

### 史料

## 11 蘭学の統制／『宇下人言』

寛政四五年の頃より紅毛の書を集む。蛮国は理に精し。天文地理又は
寛政4，5年ごろからヨーロッパの本を集めた。西欧は理系は進んでいて，天文・地理，

兵器あるいは内外科の治療，殊に益も少なからず。されどもあるは好奇
軍事，内科・外科の医学などは非常に有益である。　　しかし，人々の好奇心を

の媒となり，又は悪しき事などいひ出す。さらば禁ずべしとすれど，
刺激したり，邪悪なことを言い出すもとにもなる。　　そこで，禁止すればよいかというと，

禁ずれば猶止むべからず。況や又益も有り。　　さらば其書籍など，
かえって興味を持つ者も増えてしまう。まして，有益なものでもある。そこで，洋学の本などは，

心無きものの手には多く渡り侍らぬやうにはすべき也。……
一般の者の手には入らぬようにして幕府の管理下に置くようにしなければならない。

---

ヨーロッパは理系に優れている。しかしこれは好奇心を喚起して政治にとって悪い影響がある，と言っています。

ついでに，松平定信の随筆『花月草紙』もチェック。

### ▶滑稽本

寛政の改革での洒落本・黄表紙の弾圧以降，文学はどうなったかというと，お笑いと皮肉に走る。

また，幕府の統制がきびしくなると，どうしても退廃的になっていく。あるいは批判・風刺がさかんになる。全員が評論家になって，辛口トークがは

やるが，オリジナリティーもなければ何も生み出さない。

　お笑いが非常にもてはやされる時代というのは，逆に言うと非常に**息苦しい嫌な時代**だということなんでしょ。

　さて，そこで滑稽本が現れる。滑稽というのは「おもしろい」という意味ですよ。滑稽の「稽」はいいですか。この稽が書けないと，海保（かいぽ）青陵──「かきくけ『稽古談』の「稽」も書けない。

**Q** 滑稽本の作者を2人あげなさい。　　──十返舎一九，式亭三馬

　もっとも，『東海道 中 膝栗毛』を『東海道中漆粟毛』と書く人が出てくる。ここまでくると楽しくなってしまいますが，漆でネトネト，粟つぶがひっついて歩きにくそう。

　『東海道中膝栗毛』が刊行されたのは1802年ですから，19世紀初頭。化政文化の初期です。

### ▶人情本・読本

　さて，その後ですが，きびしい締めつけというのはそんなに長く続きません。やがて大御所時代。だらけてくる。そうすると人間の常で結局，恋愛物。**恋愛を主題とした風俗小説**が，世の東西を問わずやっぱりはやってくるよね。これを人情本といいます。

**Q** 人情本の代表作者は？　　──為永春水

　一方，いつの世にも本を読むことが好きな人はいます。江戸時代にはそんな読書層が成立してくる。歴史物が好きな人は今も多い。この系統が読本。

**Q** 読本の代表作者を宝暦・天明期と化政文化の時期で1人ずつあげなさい。　　──（宝暦・天明）上田秋成・（化政）曲亭馬琴

　上田秋成の『雨月物語』と曲亭馬琴の『南総里見八犬伝』は有名ですね。読本はストーリー性のある複雑な展開のあるものを好む人にうけた。害はないから弾圧も受けません。

## ▶合巻

しかし，またまた恋愛系，エロチック系の文学が弾圧を受けることになります。人情本ともう1つ合巻というジャンルです。これが水野忠邦の天保の改革で弾圧を受けた文学ジャンルです。短編小説の草双紙というやつを何冊か合わせた，やはり絵の入っている黄表紙の系統の手軽な小説です。

**Q** 合巻の代表作者は？

——柳亭種彦

もっとも，天保の改革はアッサリ挫折。あとは幕末に向かって世の中はガタガタになっていきます。

弾圧された小説┬**寛政の改革**…洒落本・黄表紙
　　　　　　　└**天保の改革**…人情本・合巻

## ▶俳諧・川柳・狂歌

次，俳諧。松尾芭蕉が出たあと，しばらく俳諧ではこれといった人は出てきません。そこへ天明ごろになって平易で素朴な，あるいは田舎の情景を詠む，新しい天明俳諧が生まれてきます。代表が与謝蕪村。蕪村は天明俳諧の代表。写生的な句で有名ですね。それと，文人画のほうで，池大雅との合作「十便十宜図」も有名ですよね。

さらに化政期になりますと，小林一茶。こちらは信濃の農民として，村々の民衆の日常をそのまま句にした，親しみ深い作品を残しています。

そして風刺あるいは皮肉の要素が強くなると，川柳と狂歌ということになります。川柳・狂歌は宝暦・天明期に確立したジャンルです。

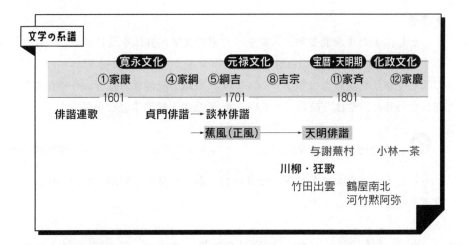

**文学の系譜**

| 寛永文化 | 元禄文化 | 宝暦・天明期 | 化政文化 |
|---|---|---|---|
| ①家康 ④家綱 | ⑤綱吉 ⑧吉宗 | ⑪家斉 | ⑫家慶 |

―― 1601 ―――――― 1701 ―――――― 1801 ――

俳諧連歌　　　　貞門俳諧 → 談林俳諧

　　　　　　　　→ 蕉風(正風)　　　→ 天明俳諧

　　　　　　　　　　　　与謝蕪村　　小林一茶

　　　　　　　　川柳・狂歌

　　　　　　　　竹田出雲　鶴屋南北
　　　　　　　　　　　　　河竹黙阿弥

---

### ■ 地方文芸の展開

　ところで，近世後期の文化で，難関私大などでよく取り上げられるテーマが，**地方からの文化の発信**です。いちばん有名なのは菅江真澄と鈴木牧之です。もっとも，菅江真澄の『菅江真澄遊覧記』は出題しにくいので，

**Q** 鈴木牧之の随筆集の名は？　　　　　　　　　　――『北越雪譜』

と，こちらが聞かれる。出版されたのは天保年間なので，化政文化の時期。難関私大の定番商品です。いいですね。

　それから歌人としては，自由な，日常生活に根ざした歌風の良寛も忘れないように。

### ■ 浄瑠璃・歌舞伎

　浄瑠璃のほうは，**竹田出雲**が出てきます。浄瑠璃・歌舞伎の最大の当たり狂言，いまだに必ず客が入るのが赤穂浪士の討ち入り事件を題材にした『仮名手本 忠臣蔵』ですね。この作者，竹田出雲をしっかり覚えておく。そしてもう１人，近松門左衛門の養子で，竹田出雲の門下である近松半二。

　歌舞伎作者のほうは何人もいるんですが，大物は４世鶴屋南北。とくにお化け物が得意ですね。『東海道四谷怪談』。では，

**Q** 幕末から明治にかけて活躍した歌舞伎作者，大劇作家の名は？

——河竹黙阿弥

この人のキーワードとしては「白浪物」——白浪物というのは泥棒を題材にした劇です。

河竹黙阿弥 … 白浪物

犯罪者をヒーローに仕立て上げるストーリーで，まさに**退廃的な化政文化**を代表しますね。白浪物の代表作といえば『白浪五人男』。

ところで，歌舞伎などの大衆芸能は，文学と同様，幕政改革などでしばしば統制されます。歌舞伎の劇場も 18 世紀以降，幕府の許可するものだけに限定されるようになります。いわゆる「江戸三座」です。これは，しっかり暗記。

そして，とくに風俗統制のきびしかった**天保の改革**ではこの三座は浅草の猿若町に強制的に移転させられます。天保の改革関連でしばしば問われるので注意してください。

江戸三座…中村座・市村座・森田座
＊天保の改革で浅草に強制移転。

ちなみに人形浄瑠璃のほうはその後だんだん人気がなくなります。

そして，唄浄瑠璃といいまして，とくに江戸なんかでは新内，常磐津，清元，一中といったように，要するに唄だけが独立してきます。

## ■絵画

### ▶浮世絵——錦絵の創始

絵画はもちろん，浮世絵の続きです。元禄文化で浮世絵は菱川師宣の「見返り美人図」に代表される風俗画がまず登場しましたね。やっぱり恋愛小説と美人というのは人気がある。

この浮世絵が，18 世紀後半に技術的に飛躍的に進歩します。それが鈴木春

信による錦絵の創始です。これが世間でイメージしている浮世絵です。多色刷りの版画。

　それまでの版画はだいたい１色，単色なんです。これを何枚も何枚も版を重ねながら見事な多色刷りにした。それは非常に手の込んだ高等な技術ですが，よく考えてみると，版画というのが肉筆画と根本的に違うのは，**何枚もつくれる**点。当然，肉筆画に比べて，安い価格で売り出せる。**庶民でも買える**ということになります。

　版画のポイントは，庶民にも手の届く絵画というものが初めて登場したことです。まさに化政文化が**庶民に受容された**，あるいは支えられた典型ということになるわけですよ。

### ▶美人画・役者絵・相撲絵

　あとはもう単純な暗記です。美人画についで役者絵が売れるんだね。それから相撲絵。国技館に行くと，今でも相撲取りの錦絵を売っているんですよ。

**Q** 美人画の浮世絵師の代表は？　　　　　　　　——喜多川歌麿

**Q** 役者絵・相撲絵の代表的な絵師は？　　　　　——東洲斎写楽

　写楽は，大首絵という，上半身，胸部から上のみを大きく描くという大胆な表現と誇張した描写に特徴のある役者絵なんかで有名です。

### ▶風景画

　日本人は旅好き。そして，今ならスマホでカシャカシャ，自分まで撮る。すなわち旅がさかんになると風景画が流行する。

　旅といえば『東海道中膝栗毛』がヒットする背景にも旅がさかんになったことがあるわけで，見知らぬ土地の風景も見たい。一度しか行けないような土地の風景を手もとに置いておきたい。そこへ技術が進歩しましたので，鑑賞に堪える風景画が出てくるということになる。

**Q** 風景画の代表的な絵師を２人あげなさい。　　——葛飾北斎，歌川広重

このあたりも下の系統図を見て，菱川師宣の浮世絵の確立段階，鈴木春信の錦絵の開発を経て，美人画・役者絵・相撲絵から風景画と確認し，それから作品の記憶に入ること。

## ▶文人画

絵画については，ほかにもジャンルがあります。中国の影響を受けながら学者が絵を描く。南画という中国系の絵で，学者が好んで描いているので「文人画」とも呼ばれます。

天明期には池大雅とさっき出た与謝蕪村の「十便十宜図」。ほかに谷文晁。渡辺崋山も注意。とくに渡辺崋山の「鷹見泉石像」は頻出。

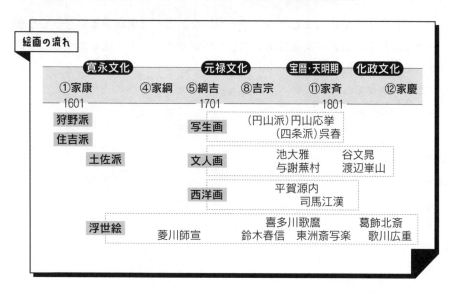

**絵画の流れ**

| | 寛永文化 | | 元禄文化 | | 宝暦・天明期 | 化政文化 |
|---|---|---|---|---|---|---|
| | ①家康 | ④家綱 | ⑤綱吉 | ⑧吉宗 | ⑪家斉 | ⑫家慶 |
| | 1601 | | 1701 | | | 1801 |
| 狩野派 | | | 写生画 | （円山派）円山応挙 | | |
| 住吉派 | | | | （四条派）呉春 | | |
| 土佐派 | | | 文人画 | 池大雅　与謝蕪村 | 谷文晁　渡辺崋山 | |
| | | | 西洋画 | 平賀源内　司馬江漢 | | |
| 浮世絵 | 菱川師宣 | | | 喜多川歌麿　鈴木春信　東洲斎写楽 | 葛飾北斎　歌川広重 | |

しかも，鷹見泉石は，下総古河藩士で，主君，土井利位が大坂城代のとき大坂に赴任しており，なんとあの大塩の乱を鎮圧した責任者です。その鷹見泉石の肖像画を描いたのが，西洋画の素養があった渡辺崋山。渡辺崋山は学問をするお金がないときに絵で稼いでいるんですよ。三河の田原藩という小藩の江戸家老ですから貧乏です。その崋山は同じ年に起こったモリソン号事件を批判して，蛮社の獄で弾圧されてしまうという因縁があります。

大塩の乱，モリソン号事件がらみで，年表でチェックしてください。

## ▶写生画・西洋画

次に写生画。こちらは円山応挙に始まる円山派。ほかに呉春(松村月溪)の四条派なども新しい絵画のグループとして出てきます。

西洋画はさっき話した平賀源内。ついでに，その平賀源内が秋田藩に招かれて行ったときに，西洋画を教えたのが小田野直武。

はい，小田野直武が挿絵を描いた本が『解体新書』でしたね。秋田藩は阿仁銅山の再開発のアドバイザーとして平賀源内を招いたんだ。

まだある。銅版画も日本に入ってきます。これにチャレンジしたのが司馬江漢，それから亜欧堂田善というなかなか難しい名前の人です。


今回はここまでにしましょう。やっかいなところは化政期までやってしまいましたから，近世の文化はあと残りわずかです。一挙に覚えようとしないで，定期的に復習しましょう。

お疲れさまでした。

# 寛政の改革・社会の変容

　**天明の飢饉**による社会の荒廃に対する施策。**ロシアの南下**に始まる対外問題。この内政と外交の課題に取り組んだのが**寛政の改革**です。1787（天明7）年，将軍**徳川家斉**が諸役人を集め，徳川吉宗の享保の改革に戻ることを宣言し，これを老中**松平定信**が中心となって進めた改革です。

　基本は儒学，**朱子学**の理念，倫理観に基づいた政治で，林家に朱子学の研究に専念するように命じた「**寛政異学の禁**」がそれを象徴しています。実学を奨励した享保の改革や田沼期とは大いに違う政治姿勢となります。

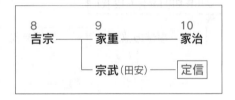

```
8              9              10
吉宗 ―――― 家重 ―――――― 家治

   └―――― 宗武（田安）――― 定信
```

　庶民に人気の文学，**洒落本・黄表紙**が出版統制令で処罰の対象となります。しかし，飢饉からの社会の復興や江戸の治安対策，そして**備荒貯蓄**などについては，きめ細かく対応します。

　注意しなければならないのは，このころになると，幕藩体制がしっかりしていた17世紀ころとは，農村・農民，都市とその住民のあり方が随分と違ったものになっていたことです。

　そして，最大の課題は対外関係。ロシアの接近が鎖国体制に動揺を与え始めたことです。1792年，海防の必要を主張した**林子平**を処罰したら，皮肉なことに**ラクスマンが根室に来航**する。

　翌年，「尊号一件」という将軍との不和を招く些細なことから，定信はアッサリ引退してしまいます。

## ■徳川家斉

徳川家治が死んで，次の将軍は養子の家斉。三卿は覚えてますか？

**Q** 三卿の3つの家は？ ——田安（家）・一橋（家）・清水（家）

家斉は一橋家の出身で，将軍家治の養子となり，1786年，家治が死ぬと家督を継ぎ，翌年，将軍職につきます。系図で確かめてください。

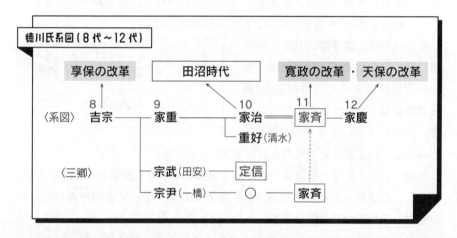

家斉の治世は長い。最初は，これからやる寛政の改革。その後，いわゆる「大御所政治」と呼ばれる時期が続く。1837年に息子の家慶に将軍職を譲った後も，「大御所」＝前将軍として，1841年に死ぬまで権力を手放さなかった。

さて，家斉が将軍に就任したとき，まだ14歳。そこで，老中松平定信がこれを補佐して改革政治を展開します。定信も系図で確認しましょう。こちらは，田安宗武の子ですが，養子として奥州の白河藩主となっていました。将軍は一橋家から，これを支える老中，白河藩主は田安家から。

さて，田沼失脚の翌年，1787（天明7）年には江戸・大坂などで打ちこわしが頻発（天明の打ちこわし），幕府の足元もあぶなくなってきた。幕府は，江戸の治安の回復，そして天明の飢饉からの農村の復興に乗り出します。寛

政の改革が始まるわけです。

定信は「白河楽翁」と呼ばれますが，大変まじめな人で，緊張感を保った政治を展開します。

**Q** 寛政の改革についてもくわしい定信の自叙伝は？ ——『宇下人言』

### ■改革の目標

もう一度，系図を見て。……松平定信の祖父は？

8代将軍徳川吉宗ですね。定信は，この祖父にあたる吉宗をお手本に，享保の改革のような力強い政治をめざします。だらけた幕政を引き締める。そして，都市の治安を回復し，農業・農村の復興をめざした。

```
    寛政の改革の目標

●天明の飢饉からの社会の復興
    農村の復興・江戸の治安回復

●ロシアの南下に対する海防

●朱子学の尊重
```

さあそこで，まず，なんといっても「倹約令」だと。金さえありゃいいという商業重視の世界ではない。改革期には常にこの**倹約令**がともなう。次回にやる天保の改革でもそうです。

> **3大改革に共通する政策…「倹約令」**

## ■「棄捐令」

　もっとも，旗本・御家人レベルは倹約どころではありません。生活自体が苦しい。要するに借金だらけ。幕政を強化するためには，旗本・御家人の経済を安定させなければ，しっかりした政策を進めることも困難です。そこで，

**Q** 旗本・御家人の窮乏を救うため，札差に対する借金を帳消しにさせた法令は？　──棄捐令

$$掲 (掲) ×$$

　棄捐令の「き」は，「棄てる」，「えん」も「捐てる」という意味です。損害の「損」を書かないことね。

　はい，この棄捐令は，史料を見てください。

---

 **史料**

## 12　寛政の改革の棄捐令

此度，御蔵米取御旗本・御家人勝手向御救のため，蔵宿借金仕法，
旗本・御家人の経済の困窮を救うために，　　　　　　　　　　札差たちに対する借金

御改正仰出され候事。
についての法律を改正する。

一，御旗本・御家人，蔵宿共より借入金利足の儀は，向後金壱両に付
　　旗本・御家人が札差たちからお金を借りる場合の利息は，　　　今後は月1％，年12％

銀六分宛の積り，利下げ申渡候間，借り方の儀は，是迄の通り蔵宿
を上限とする。　　　　　　　　　　　ただし，融資等については，借りる者と

と相対に致すべき事。
札差との当事者同士で自由に行いなさい。

一，旧来の借金は勿論，六ケ年以前辰年までに借請候金子は，古借・
　　古い借金は当然のこと，6年前の辰年以前に借りた借金は，一切返さなくてもよい。すべての

新借の差別無く，棄捐の積り相心得べき事。
債務は帳消しにする。この点を心得ること。

## ■「棄捐令」のポイント

これも少しややこしい史料かもしれませんが，まず，江戸の流通経済でやった旗本・御家人の給料である米をお金に換える業者が「札差」ですが，法律上は「蔵宿」と呼ばれています。これを「蔵元」とまちがえてはとんでもないことになりますよ。

次に，利率について。上限を月1%，年間12%を限度として，従来の利率を下げた。そして，**6年以上前の借金は返さなくてもよい**ということにした。

> 棄捐令 { ①札差の6年以前の債権を破棄する。
> ②今後の利息を月利1%，年利12%に制限する。

**札差**は大きな打撃を受けました。しかし，まあ，もともと彼らは大きく儲けていたので，倒産するわけではありませんが。

## ■「寛政異学の禁」

次，**思想の引き締め**。定信自身が厳格な儒学者，朱子学者ですから，言論や出版の統制がきつくなります。当時，林家の朱子学は衰えていて，さまざまな学派が台頭してきた。そこで，1790年，「**寛政異学の禁**」と呼ばれる，「朱子学だけを講義，研究せよ」という林家に対する命令が出ます(次ページ「史料」)。

「其方家」はもちろん林家。「正学」は朱子学ですよ。入試で問われるポイントはそこだけです。

7年後には林家が経営していた湯島聖堂の学問所は幕府直轄となり，**昌平坂学問所**(昌平黌)となります。

林羅山・林鵞峰・林鳳岡以降になると，林家から優秀な学者が育ってこないという状態になっていたので，いわゆる「**寛政の三博士**」と呼ばれる有能な朱子学者を，儒官，学問所の先生に登用します。単純暗記ですよ。はい，三博士ですが，4人覚えて。

## 13　寛政異学の禁／『徳川禁令考』

朱学の儀は，慶長以来御代々御信用の御事にて，已二其方家代々右
朱子学は，家康公以来，将軍家が代々信頼し続けてこられた学問であり，林家が代々その

学風維持の事仰せ付け置かれ候儀二候得共，……然処近来世上種々
学風を維持するよう命じられてきた。　　　　　　ところが最近，世間では

新規の説をなし，異学流行，風俗を破り候類之有り，全く正学
いろいろな新しい学説を唱え，異学が流行し，風俗を乱す者がいる。　　まったく，正学

衰微の故二候哉，……急度門人共異学相禁じ，猶又，自門に
（朱子学）が衰えたためであろうか，必ず（林家では）門人が異学を学ぶことをきびしく禁止し，

限らず他門申し合せ，正学講窮致し，……
林家に限らずほかの学者とも話し合い，正学を講義・研究し，……

### 寛政の三博士…柴野栗山・尾藤二洲・岡田寒泉（古賀精里）

　旗本の次男坊だった岡田寒泉は，その後，幕府の代官に登用され，名代官と呼ばれるようになりますが，その代わりに古賀精里が入って，柴野栗山・尾藤二洲・古賀精里で「三博士」ということになります。

### ■林子平の処罰

　そうなると，朱子学以外の異学を主張するような連中はどうしてもにらまれてしまいます。そして，そのにらまれた一番有名な学者が，林子平です。

**Q** ロシアの南下を警告した林子平の著作は？　　——『海国兵談』

　幕府は長崎だけを外交の窓口にしている。長崎には防備があるが，ほかは外国が海から攻めてくることに対してほとんど備えができていないじゃないか。キーフレーズを覚えよう。

## 14　海防論／『海国兵談』

当世の俗習にて，異国船の入津ハ長崎に限たる事にて，別の浦江船を
現在の感覚で，　　　　外国の船が入港するのは長崎だけで，　　　　他の港に外国船が

寄ル事ハ決して成らざる事ト思リ。……当時長崎に厳重に石火矢
やって来るなどということはありえないと思っている……　現在，長崎には大砲などを置いて警戒

の備有て，却て安房，相模の海港に其備なし。　　　此事甚不審。
しているが，　江戸に近い安房や相模の港には何の防備も備わってはいない。これは，まったく理
　　　　　　　　　　　　　　　　　　　　　　　　　　　　　解に苦しむことだ。

細力に思へば江戸の日本橋より唐，阿蘭陀迄境なしの水路也。
細かい話だが，江戸の日本橋から中国，オランダまでは，何の障害もなく水路で直結している。

然ルを此に備へずして長崎のミ備ルは何ぞや。
それなのに，これに備えないというのは，いったい，どういうわけなのか，理解不可能ではないか。

## 「江戸の日本橋より唐・阿蘭陀迄境なしの水路也」

　要するに，日本橋のたもとの水面はヨーロッパまで続いている。どうして海外からの侵略を防ぐか，といった議論を「海防論」といいます。この時代は**外国船の接近**が問題になってくる時期だということです。林子平はほかに『三国通覧図説』という本も書いています。

　少し前，まだ田沼の時代ですが，ロシア船が蝦夷地，今の北海道の**厚岸**にやってきて松前藩に通商を求めるという事件が起こっています。ロシアの南下政策と呼ばれる動きです。幕府に対するものではなく，松前藩に接触してきたもので，松前藩はもちろんこれを拒んだのですが，そのようないわゆる「鎖国」体制が動揺し出した時期でした。ここは，次回，しっかり学習することにしましょう。

　林子平を処罰したのが1792年です。すなわち，そのあと数か月もたたない同じ年のうちに，**ラクスマン**が根室に来航するわけです(p.102)。

## ■文学の弾圧

軟弱な文学，エロチックな文学に対しても弾圧がきます。出版統制令で政治への風刺，批判はきびしく弾圧されます。文学では黄表紙作家の恋川春町。

これはもう名前からして，まじめな松平定信にとって許しがたかった。恋だ，春だなんて。そして，洒落本作家の山東京伝。彼らは手鎖，手錠をかけられて家で謹慎などの処罰を受けますし，出版元の蔦屋重三郎も処罰されます。

> ┌黄表紙…恋川春町
> └洒落本…山東京伝

## ■農村・都市対策

さて，本来の天明の飢饉からの社会の復興については，助郷役の軽減という減税や，公金の貸付けを行って治水・開墾事業を奨励します。天明の飢饉で多くの餓死者が出たことを教訓として，飢饉対策も命じます。

**Q** 飢饉対策として，1789年，大名たちに穀物類，米などをストックさせた制度は？
―――囲米

こういう施策を備荒貯蓄といいます。凶作に備えてストックする。幕府は，さらに大名や地域に命じて社倉あるいは義倉などを設けさせていきます。

さらに，飢饉で農村が荒れ果てて，江戸に流入した人々が多い。彼らに，ふるさとに戻りなさいという奨励策をとります。「旧里帰農令」といって，帰農，農村に帰ることを奨励したものです。

都市対策もやらなきゃいけません。都市の人口が膨れ上がり，しかも貧民層が増えてくると，どうしても「打ちこわし」などが起こる。そこで，

**Q** 無宿人などに職業訓練を施した施設を何といったか？
―――（石川島）人足寄場

経営の責任者は，池波 正太郎の小説『鬼平犯科帳』で有名な長谷川平蔵という旗本です。

教科書などに人足寄場の図が載っていますから，見ておくこと。暗記する必要はありませんが，「左官」「大工」などの建築関係や「髪結」などの美容関係，その他いろいろな業種の建物が並んでいます。

人足たちはおのおの，どれかの技術を身につけるためにここで訓練を受けたわけです。無宿人と呼ばれる人々のための職業訓練所です。技術を身につけたら，江戸などでちゃんと仕事をもってがんばってもらおうという施策で，決して，犯罪者を懲らしめたり，拘束しておこうという刑務所のようなものではない。

## ■七分積金

江戸の町に対しては，七分積金（七分金積立）という制度を導入します。ここは日本語に注意しなきゃいけないところです。授業ノートにはこう書いてありますよ。

> 「江戸の町 入用節約分の七分（70％）を積み立てる」よう命じた。

「町入用」というのは，今で言うと東京都の予算。1年間に必要なお金，それを節約しなさい。その「節約分の7分，70％を積み立てなさい」。節約した分を全額ではないよ。その7割を積立てる。

もう一度。7分は，何割何分の「分」，7％じゃないですよ。**70％**です。これを積み立て，**江戸町会所**に運用させます。なんで？ もちろん，飢饉などで米価が上がる，中・下層の町人は米が買えない，打ちこわしが起こるといったようなときに，低利でお金を貸したり，あるいはそのお金で米を買って，緊急のいわば食糧援助を行う。その資金を貯めておこうということです。これはある程度成功した政策として有名です。

また，江戸の有力商人，両替商から勘定所御用達を任命し，経済政策の実施に協力させていきました。

## ■尊号一件

このように見ていくと，この寛政の改革はかなり強力に推進されたような感じでしょう。たしかに，まじめな定信の姿勢のもと，幅広い対策が練られたことは「改革」という名にふさわしいものといえるでしょう。しかし，長続きはしなかった。

その，長続きしなかった原因の1つかもしれない事件が起こっています。それが「尊号一件」という事件です。

時の天皇は光格天皇で，この天皇のお父さんは閑院宮典仁親王というのですが，宮家の当主だから天皇をやったことがありません。要するに光格天皇は，養子として天皇の位を継いでいた。

親孝行な光格天皇が，自分の父親に「太上天皇」という元天皇に対する称号を与えようというので，武家伝奏を通して何度も「いいですか？」と幕府に問い合わせたんですが，松平定信は，前例がないといってこれを拒否した。

将軍はだれだっけ？ 家斉だ。さあそこで，もう一度徳川系図ですよ（p.94）。家斉が，これまた養子だったんですよね。一橋家に生まれているんです。そして折も折，家斉が，将軍になったことのない実父に，「大御所」の称号を与えようとしていた。定信は朝廷に対して尊号を拒否している以上，家斉に対しても拒否せざるをえなくなるでしょう。

これは本人に聞いてみなければわかりませんが，家斉としてはきっとおもしろくなかったでしょう。そこで，どうやら将軍と定信のあいだがぎくしゃくし始めたんじゃないかと言われています。それもあってか，定信は，あっさりと引退してしまうわけです。

あと1点，寛政の改革期には対外問題がありました。ラクスマンの根室来航です。

## 1792年，林子平処罰 ➡ ラクスマン根室来航

林子平を処罰したら，皮肉ですねえ，ロシアの使節ラクスマンが根室に来航，通商を求めた。とりあえず，いずれ長崎で話しましょうということでラクスマンには帰ってもらったのですが，これで，外国船はどこにでも現れるということがはっきりした。

海岸をどうやって防備するか。たしかに林子平の言っていることは当たっているわけで，伊豆や相模などの海岸の巡視を行ったということも忘れないように。ところが，定信はラクスマンの通交要求を断った翌年，1793年に老中から退いています。

## ■寛政の改革の評価

では，また評価にいきましょう。幕政の緊張感は相当高まりました。田沼政治のゆるんだ政治，賄賂政治，士風の頹廃を十分是正したものであることはたしかです。

しかし，正徳の政治が学者の理想に流れたように，定信の政治もまた，**理想主義的な改革**で，現実にあまり即応しなかった。むしろ田沼の政治のほうが現実路線だったわけだ。

　さて，この幕政改革と相前後して，藩においてもいろんな改革が行われます。藩だってみんな貧乏なので，藩政改革が必要です。

　ここは結構アナになっちゃうところだから，注意しましょう。やったことは幕府とあまり変わりはありませんが，江戸中期ぐらいで藩政改革を断行し，成果を上げた藩主たちはみんな「名君」と呼ばれます。

　名君は何をやったかというと，財政再建。殖産興業で新しい産業を興して「専売制」をとることが多い。そして何よりも，有能な役人を育てるために，教育施設である藩校（藩学）を設立する。これが共通の特徴です。

---

**江戸中期の藩政改革** ＝専売制・藩校

● 細川重賢（熊本藩）… **時習館**
● 上杉治憲（米沢藩）… **興譲館**（再興）
● 佐竹義和（秋田藩）… **明徳館**

---

　3人がっちり覚えましょう。熊本藩の細川重賢。名君中の名君。時習館を設立して，蠟の専売制をとります。実は，定信が若いころ，理想の君主として指導を仰いだのがこの細川重賢です。

　米沢藩は極貧でした。上杉治憲は，藩校の興譲館を再興し，米沢織という特産品を開発させたことで有名です。

　そして，秋田藩，佐竹義和。藩校は明徳館（**明道館**）といいます。このあたり，**中期の名君**として覚えておいてください。

　では，田沼期から寛政の改革期のころの農村，社会の様子をまとめておいて，今回の締めとしましょう。

## ■繰り返し起こる大飢饉

　まず，この18世紀は天候不順の続いた時期。日本の歴史のなかで繰り返し起こる**長期にわたる天候不順**の時期にあたっていたことを頭に入れておこう。

**Q** 江戸時代の3大飢饉といわれるものを列挙しなさい。
　　　　　　　　　──**享保の飢饉，天明の飢饉，天保の飢饉**

　もちろんこの3つはあくまでも象徴的なもので，江戸の最初のころから寛永の飢饉などもありますが，この中期のころからの飢饉は，長く続く。享保の飢饉は害虫の発生によるものですから一過性ですが，天明，天保の飢饉は洪水や冷害が長期間におよびます。

　ほかにも，地震や火事などの災害も起こっています。幕府や藩は，そのようなときには「**御救い**」と呼ばれる救済策をとっていて，明暦の大火のあとには「**御救小屋**」が建てられ，食事を被災者に提供したりしています。

　教科書に百姓一揆・打ちこわしの発生件数の棒グラフが載ってますから，ちょっと見ておいてください。3大飢饉の時期に発生件数が増加している。全体的に，18世紀に増え始め，幕末に向かってどんどん増えていく。

　年号として覚えることはないのですが，時期をしっかり把握しておくと便利です。ちょっと黒板を見て（次ページ）。

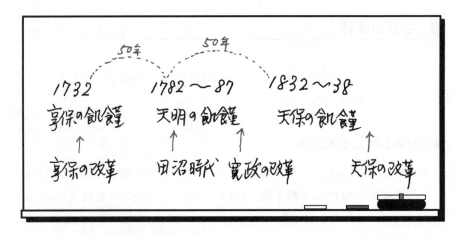

いいですか。享保の飢饉から約50年後に始まったのが天明の飢饉。天明の飢饉から約50年後に始まったのが天保の飢饉ですよ。ここは次回でやります。

## ■ 地主手作から寄生地主へ

18世紀後半になると，農業，農業経営にも変化が出てきます。土地を集めた地主が，労働者を使って土地経営を始める。地主手作といいます。このやり方が労賃や経費の高騰でだんだん行き詰まってくると，自分では農業経営はしないで，貧乏な農民に土地を貸して使用料だけを取る寄生地主も発生してきます。そこで，小作農が増えてくる。

次に，幕府や大名の奨励もあって，米を中心とする農業から商品作物の栽培がさかんになってくると，狭い耕地で大量の肥料を使う集約農業が中心になり，さまざまな作物をつくる，多角経営の方向に向かうようになります。

## ■ 農民の階層分化

さらに，問屋制家内工業がますます発展していく。そうすると，農村のなかにほぼ同じような規模の本百姓が存在するという体制が崩れ，普通の農民が少なくなって，一部の豊かな「豪農」，富農層・大百姓と，大多数の貧困な中小没落農民に階層分化してしまう。

ということで，18世紀以降は，大多数を占める貧農層の反発により百姓一

揆が頻発するようになります。

## ■百姓一揆のパターン

百姓一揆のパターンを見ていきましょう。まず早い段階の17世紀の型です。

**Q** 17世紀，幕藩体制安定期に起こった百姓一揆は何と呼ばれるか？
——代表越訴型一揆

漢字が書けるように。代官などの横暴にガマンができなくなって，代表者が「越訴」——正規の手続きを飛び越（超）えて，いきなり大名や将軍に訴えちゃう。

この型の場合，訴え出た代表者は無条件で家族皆殺し，死刑になります。義民と称された下総の佐倉惣五郎とか，上州月夜野村の磔茂左衛門がその例。越訴は命をかけてやる。これが代表越訴型一揆ですが，命と家族を犠牲にして訴えるということはよくよくのことですから，代官などが首になる場合も多い。だから，彼らは命を捨てて地域を救ってくれた「義民」となり，伝説化していく。

このように，17世紀段階の代表越訴型一揆は，村役人層の**代表者**，**名主**などが**直訴する**という形です。

ところが，幕藩領主そのものが貧乏になって課税を強めていく。何度も出てきた年貢増徴が限界を超えて，農民そのものが生きていけなくなると，もう村中が立ち上がっちゃう。

**Q** 18世紀，年貢増徴などに対して多くの百姓が立ち上がるのは？
——惣百姓一揆

藩の政策そのものに領民の大多数が反発すると，「全藩一揆」という，藩の農民が全部立ち上がる一揆になります。

早いものとしては信濃松本藩の嘉助騒動。これは17世紀の後半。18世紀前半では陸奥磐城平藩の元文一揆などが教科書で紹介されています。

ここまでがまあみなさんのよく知っているイメージの百姓一揆ですが，18

世紀の半ばぐらいになってくると，それまでちょっとなじみのない騒動が起こってきます。

**Q** 農民対武士ではなくて，豊かな農民対大多数の貧しい農民とのあいだの対立などから起こる騒擾(そうじょう)事件を何というか？ ——村方騒動(むらかたそうどう)

すなわち，「地主(じぬし)・高利貸商(こうりがし)」vs「小作人(こさくにん)・貧農」の対立。前々回出てきた「豪農」たちと貧農の対立です。

その意味で言うと，「質流し禁令」によって起こった質地騒動(しっちそうどう)なんかも，構造的には同じです。

## 「国訴(こくそ)」

次が近年注目されている非常に難しい「国訴(こくそ)」というやつです。一応史料を見ておいてください（次ページ）。

大阪平野において綿作(わたさく)を中心にしている村人たち，農民たちが，借金などを理由に大坂の問屋(といや)たちがその綿を安く買いたたくのに抵抗した。在郷商人(ざいごうしょうにん)という農村部に発達した新興(しんこう)の商人たちが，「もっと高く買ってやるよ」というので，「自分たちのつくったものぐらいは自由に売らせろ」と，大坂町奉行(まちぶぎょう)所(しょ)に訴えたということです。

細かいことは忘れるから，絶対覚えなきゃいけないのは，都市の問屋が幕府とつるんで農村を支配しようとしているのに対して，農民たちが，自分たちのものをもっと高く自由に売らせろと要求した。その範囲(はんい)が国レベルにまで拡大(かくだい)して**合法的に裁判に訴えた**のが国訴(こくそ)です。なんと1000を超える村々が団結して訴えた。大坂町奉行も，「今後は自由に売ってもいいよ」というふうに農民たちに妥協(だきょう)したんだと。難関私大ではときどき出ますから，注意しておいてください。

## 15 国訴

文政六未年,摂河両国在々のうち,綿作重にいたし候千七ケ村百姓
1823年,摂津,河内,両国の村々のうち,綿を主な作物としている1007の村々の百姓が,

共,銘々手作の実綿並びに在方綿商人取扱い候実綿繰綿,一同売捌き
自分たちの作物である綿を自由に売りたいといって訴えてきた。

方の義につき,大坂綿問屋品々難渋申し懸け,手狭に相成候旨を以て,
なぜかというと,大坂の綿問屋たちがさまざまな妨害をして,自分たち
の作物を売ろうと思っても,売り先が非常に狭くなってしまった。

右問屋差し障り申さざる様致したき旨,前書百姓惣代より,其節之
そこで,大坂の問屋たちが農民たちを支配して自由に作物を売らせないようなことをやめさせて

先役高井山城守御役所へ願出,　　　　……大坂の者に拘らず,
ほしいと,百姓代表たちが大坂町奉行の高井山城守に訴え出た。（その結果出た判決の部分）

在方限の取計らひ候義におゐて,問屋差構いの筋これ無く,
大坂の者にかかわらず,農村内部において農民たちが自由に物を売買することに対しては,
問屋は一切妨害を加えてはならない。

村々勝手次第の旨,申し渡し候義にこれ有り。
村々が自由に売買できるようにしなさい。

### 幕末期の抵抗運動

あとは幕末の一揆です。目標がない。世の中変われ。まさに行き場のなくなったロックの好きな少年たちがライブで盛り上がるような状況が,社会一般に出てきたような一揆です。

**Q** 幕末期に世の中の変革を唱えて実力行使に訴えた一揆は?

——世直し一揆

そして,都市における抵抗運動です。はい,都市においては打ちこわしという,米屋などを襲ういわゆる暴動が,天明期以後,繰り返し起こりました。そこまでを段階を追って,農民たちの抵抗,都市における都市下層民の抵

抗運動について覚えておいてください。

## ■ 18世紀後半の社会の変容

最後に，18世紀後半以降の，社会の変容のイメージをまとめておきましょう。

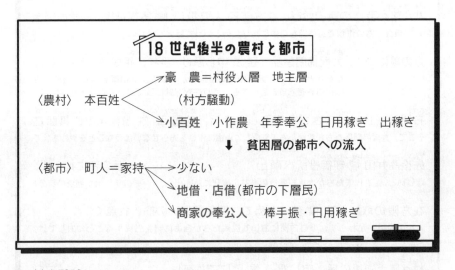

「年季奉公」というのは，1年とか3年とか，一定期間だけ，ほとんど無給で，食事を与えられるだけで労働者が働くこと。簡単に言ってしまえば，農村にいて餓死するよりはマシという状況で都市に出てきた労働者が働く形態です。

「日用稼ぎ」というのは，日雇いの労働者。現在なら日給1万円などと，1日単位で雇われる労働者です。「棒手振」というのは商品を売り歩く零細な商人。本来の「町人」であった「家持」商人のほとんどが没落し，都市人口の大部分はこのような貧困層が占めるようになりました。

彼らは，裏長屋，裏店と呼ばれる**棟割長屋**の狭い劣悪な住居に住んだ。別の見方をすれば，棟割長屋に住むような，さまざまな職業，「雑業」に従事する人びとによって都市機能が成立していたということになります。

# 第 39 回

近世 (11)

# 文化・文政時代・天保の改革

いよいよ 19 世紀に突入。寛政の改革の続きです。いわゆる**文化・文政時代**から**天保の改革**まで。元号に慣れておきましょう。

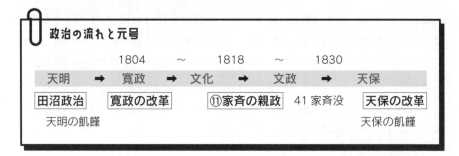

**政治の流れと元号**

| | 1804 | ~ | 1818 | ~ | 1830 |
|---|---|---|---|---|---|
| 天明 ➡ | 寛政 ➡ | 文化 ➡ | 文政 ➡ | | 天保 |
| 田沼政治 | 寛政の改革 | | ⑪家斉の親政 | 41 家斉没 | 天保の改革 |
| 天明の飢饉 | | | | | 天保の飢饉 |

将軍は 11 代**徳川家斉**のまま。松平定信が引退すると将軍の親政。1837年，将軍職を 12 代家慶に譲った後も，1841 年に没するまで権力を握り続けます。家康などと同じ，前将軍が権力を握ったままの「**大御所政治**」です。そして，没すると，**天保の改革**が，老中**水野忠邦**のもとで始まりますが，アッという間に水野は失脚してしまいます。

一方，藩レベルでは，政治改革，**藩政改革**に成功する藩も出てきます。いわゆる，「**薩長土肥**」。西南**雄藩**と呼ばれる，幕末に活躍する藩です。

経済で注意しなければならないのは，**江戸地廻り経済圏**の発達。**地方廻船**の発達，江戸周辺での経済発展によって，大坂からの下り物への依存度が低くなり，かなりの物が江戸周辺から入ってくる。あるいは，地方に廻船業者が現れて，必ずしも大坂を経由しないで物資が移動する。その結果，「天下の台所」，**大坂の地位が低下**してきます。

## ■家斉の親政

将軍はまだ，寛政の改革のときから同じ，11代徳川家斉ですよ。

ハイ，1792年に着目して，前回の復習。

> ┌1792年…林子平処罰，ラクスマン根室来航
> └1793年…松平定信引退　➡家斉の親政

ということで，家斉の親政，将軍みずから政治を行う時期は，1793年から。はじめの文化年間は寛政の改革以来の引き締まった政治が続きますが，やがて19世紀に入り，文政年間になると，緊張感のない，ダラけた政治になってきます。

家斉は子供が50人を超えます。子供が多いからダラけたというわけでもないでしょうが，**放漫**な政治になってくる。

## ■貨幣改鋳で経済は活性化した！？

享楽的傾向，要するに「楽しければいい」という風潮が広がっていく。当然のように**幕府財政は悪化**します。財政の悪化に対する一番簡単な対応は，小判に入っている金の量を減らすという，例の**貨幣改鋳**です。あいついで小判の改鋳が行われて，小判はどんどん小型化し，金の含有率は下がる。そのたびに**出目**を稼いでやりくりするというしのぎ方をしました。世の中に，よりたくさんの貨幣が出回るわけで，経済は活況化し，**貨幣経済が発展していく。**

そして家斉は，1837（天保8）年，将軍職を息子に譲ったあとも権力を握り続けます。将軍を辞めた人のことを「**大御所**」といいましたね。秀忠に譲ったあとの家康も大御所として死ぬまで権力を握ったままでした。秀忠もそうでした。ただ，「**大御所時代**」というと，この家斉の政治を指すのが一般的です。

文化史でいうと「**化政文化**」。社会状況としては，前回と同じような流れで，百姓一揆，村方騒動，打ちこわしが頻発する時期です。

### ■マニュファクチュア

　農村工業では問屋制家内工業が進展していますが，19世紀段階になると，マニュファクチュアが発達する。

　マニュファクチュアというのは「工場制手工業」と訳します。まだ，機械を導入した近代工業ではない。手工業だが，工場で分業体制をとっている。農家での手工業ではありません。

　機械さえ入れ替えれば，近代的な機械工業と同じになるというシステムが，手工業の段階で発達した。とくに複雑な工程を要する綿織物や絹織物で，このようなマニュファクチュアが成立します。

　もっとも，酒とか醤油などの醸造業というのは，江戸時代の早い段階から，マニュファクチュアが成立しています。

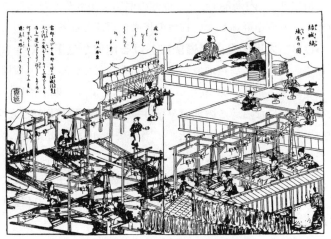

▲マニュファクチュア（尾張の織屋）

### ■在郷商人

　農村のなかに町が現れる。「在」というのは農村のことですが，農村地域に「在方町」あるいは「在郷町」と呼ばれる町が発達し，そこには都市に住む商人に対して在郷商人と呼ばれる商人が現れます。

　そして，摂津，河内の農民たちが，国訴，合法的な訴訟で自分たちの作物を自由に売る権利を獲得していったことに見られるように，それまで商業・

流通を握っていた大坂などの都市の特権的な**問屋の地位が低下**して，実力でではい上がってきた農村の**在郷商人**が力を持ってくるという傾向がはっきりしてくるのも，19世紀の特徴です。

## ■江戸地廻り経済圏

さらに，すべての物資が**東廻り・西廻り海運**で都市，とくに大都市にいったん集められてから各地域に流れていくという流通の形が崩れてきます。財政難に陥った藩が**専売制**をとって，自分の支配地の特産品を直接農民から買い上げ，それを消費地に持っていく。すなわち，**大坂を経由しない物流**も起こります。

海運でも日本海航路には**松前（北海道）と上方**を結ぶ北前船が活躍しますし，尾張の沿岸部の「**内海船**」など，地方の廻船業がさかんだったことが注目されています。大坂を経由しない物資の移動が可能となる。

というわけで，**大坂の全国流通網における地位が低下**していく。

その一方で，江戸は，周辺地域が徐々に開発されていって，19世紀に入ると，今で言う埼玉・栃木・茨城とか千葉といったような東京都周辺地域が非常に活発な経済圏になる。この地域を「**江戸地廻り経済圏**」と呼びます。

「地廻り」というのは都市の周辺という意味ですが，とくに，巨大な消費都市であった江戸では，それまで上方，大坂からの「下り物」に依存していたのが，たとえば，**綿織物が真岡・青梅から，絹織物は八王子や秩父から**江戸に入ってくる。**銚子・野田の醤油**などは，江戸中期には「下り醤油」に代わって関東市場に進出しています。

江戸が，直接その周辺部からいろいろな物資を調達できるようになってくると，これまた，**大坂の地位の低下**にもつながっていく。

## ■農村と都市の接近

江戸地廻り経済の発展にともなって，江戸と近郊の農村の違いがなくなってくる。

悪い面で言うと，**都市型の犯罪が農村に入ってくる**。たとえば博打。賭博などの都市型の犯罪が農村部にも起こり，広域化する。

やっかいなことに関東平野は、幕領（天領）・旗本領・大名領・寺社領などが入り組んでいる。たとえば加賀藩は約100万石という大大名で、広大な地域を支配しているわけですが、一元的に藩が統治しているから、治安対策も加賀藩だけで強化すればいいわけですが、関東平野など、江戸周辺地域はそうはいかない。

Aという殿様の領地で犯罪を起こした者が、Bという殿様の所領へ逃げ込む。そこでも追いかけられて、今度は幕領（天領）に逃げ込むといったケースが増えてくる。

そこで、個々の領主、旗本、幕府の支配地といった行政のワクを超えて、**広域を対象とする警察**が必要になります。それが、**関東取締出役**です。関八州を対象に、機動的に、強力な権限をもって治安対策を行う。1805年に置かれた特別警察というわけです。

ポイントは、領主の違いを超えて、巡回して悪質な犯罪者を取り締まる。読み方は「かんとうとりしまりしゅつやく」でも「かんとうとりしまりでやく」でもOKです。略称で「**八州廻り**」と呼ばれます。関八州の「八州」ですよ。

また、○○地区防犯協会みたいに、一定地域の農村に**寄場組合**という連合体をつくらせ、防犯に協力させようというようなこともやっていきます。これも、領主の別にかかわらず、近隣の村で構成されたものです。

## ■天保の飢饉・大塩の乱

さて、文化・文政時代は農業生産の面からいうと、おおむね順調でした。天明の飢饉のあとは、しばらく天候は安定していた。

ところが、天保年間になると凶作が続く。1832年、「**天保の飢饉**」が起こります。そして、1837年、元幕臣によるクーデター、反乱が起こる。これは幕府にとって、よりショッキングな、有名な事件。

**Q** 1837年、大坂町奉行の元与力が起こした反乱は？ ——大塩の乱

天保の飢饉に対する幕府の対応を不服として、反乱を起こしたんです。大坂町奉行の与力を辞めたあと、**大塩平八郎**は大坂で**洗心洞**という塾を開いて**陽明学**を教えていました。

江戸幕府が米をどんどん江戸に送らせて，江戸の打ちこわしを防ごうとする。御救小屋というのを置いて米や銭を配ったりします。しかし，大坂に入ってくる米も，ともかく強制的に江戸に送らせる。そうなると，大坂周辺の農民は食えなくなる。全国の政治を見るべき将軍が，自分たちだけ食えればいい，江戸だけ助かればいいというのでは許せない。そこで，幕府を打倒しようと反乱を起こす。これを聞いて，

**Q** 越後の柏崎で国学者が代官所を襲撃した事件は？　——生田万の乱

入試的にはちょっと注意しましょう。大塩平八郎は**陽明学者**，生田万は**国学者**です。しかし，共通点は，幕府の政治が国民全体のためになっていないんだという視点から反乱を起こしたこと。もちろん，簡単にこれはつぶされちゃうんですが，大塩の場合は，仮にも**大坂町奉行の元与力**が幕府を倒せと叫んだ。これが為政者には大きなショックを与えた。

ここでちょっと復習。

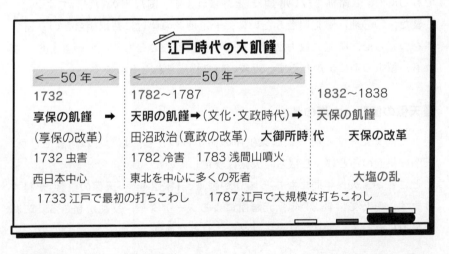

**享保の飢饉**は単年度で終息しています。ただし，**江戸で最初の打ちこわし**が起こった。そのほぼ50年後に起こったのが，長い，**天明の飢饉**。田沼期ですね。同じ江戸での打ちこわしといっても，こちらは大規模。寛政の改革で備荒貯蓄が進められた。

その後，文化・文政時代は，天候は比較的安定します。

ところが，1832・33年ごろから38年まで，連年の凶作。東北地方を中心に7年間ほど飢饉が続いた。享保の飢饉からほぼ100年後，天明の飢饉から50年後。

おもな原因は**冷害**です。これだけ続くと，各地で一揆・打ちこわし。さらに，地元での生活を捨てて城下町や他国，あるいは江戸などへ流れ込む農民が続出した。

幕領（天領）でも大規模な一揆が起こります。

## 天保期…（甲斐国）郡内騒動，（三河国）加茂一揆

幕領は一般の大名領に比べると，税負担も軽めで，大規模な一揆はそれほど多くはなかったと言われるんですが，郡内騒動も加茂一揆も幕領で起こり，1万人以上の百姓が立ち上がった大規模なものでした。幕府にとってはショックだったでしょう。

また，大塩の乱や生田万の乱が起こった**1837年**には，アメリカの商船，モリソン号がやってきて幕府に通商を求めますが，浦賀奉行が砲撃を加えて追い払うという事件も起こっています。

ここは第41回であらためてやりますが，モリソン号は軍艦ではなく商船ですし，名目的には日本人の漂流民を送り届けるために来航したもので，それに対していきなり砲撃し，追い払ったということで，洋学者などからの批判が起こります。

1837（天保8）年のできごとと，その翌年に出された次の史料を，しっかり覚えよう。

### ■ 徳川斉昭の意見書「戊戌封事」

さあそこで，大変長いものですが，水戸の徳川斉昭が将軍家に提出した「戊戌封事」と題する史料です（次ページ）。

これは，当時の幕府が抱えていた**内政上，外交上の危機**を訴えているわけです。

「戊戌」は西暦1838年。「凶年」はもちろん，**天保の飢饉**のなかでの凶作ですが，「士民」，武士も一般の人もダラけてしまっている。堕落し，弱々しい。

そこで、「参州」＝三河国でも、「甲州」＝甲斐国でも「百姓一揆」が起こっている。はい、**加茂一揆・郡内騒動**ですね。そして、「大坂の奸賊」――とんでもない悪いヤツが大坂にも現れた。もちろん、**大塩の乱**（大塩平八郎の乱）。そして、「海外の夷賊」はモリソン号事件のような外国の接近。いわゆる「鎖国」体制を揺るがすような事件が増えてきた。

この史料は入試で非常に便利なんです。「**三河加茂一揆**」と「**郡内騒動**」が聞ける。それから、「**大坂の奸賊**」で、大塩の乱が聞ける。ついでに、国学者の生田万も聞ける。

---

### 🔍 史料

## 16　徳川斉昭の「戊戌封事」

一，……然る処凶年にて，百姓の飢死候をも見殺しにいたし，武備は
飢饉で百姓が多く餓死するのも，幕府は見過ごしている。　　　　　　　そして，

手薄く候て，士民惰弱に相成り居り候故，近年，参州・甲州の
軍備は薄くなり，武士も一般人も軟弱になっている。　　　　　　そこで，最近では，三河の加茂

百姓一揆徒党を結び，又は大坂の奸賊容易ならざる企て仕り，……
や甲斐の郡内で百姓一揆が起こった。また，大塩平八郎は，大坂で幕府に対する反乱を企てた。

一，外患とは海外の夷賊日本をねらひ候患に御座候。……能々
外交上の憂いとは，外国がこの日本をねらっているということである。　　　　　　よくよく

深慮熟慮仕り候へば，この外患ほど油断成らざる義はこれ無く候。
考えれば，この外国が日本をねらっているという危険こそ，国内にもまして決して油断を
してはいけないことであるということを認識せねばならない。

---

ついでに、**ラクスマン、レザノフ**という列強の接近も聞ける。しかも、この徳川斉昭は、のちに幕府の海防参与となって幕末史に大きな影響をおよぼす人ですし、この斉昭の実の息子が、最後の15代将軍**徳川慶喜**ですから、この意見書を書いている人も超重要人物だ。これはもう入試に使わない手はないということで、難関私大の問題にうってつけの史料ということになる。

## 2　天保の改革

📖 授業ノート p.28 参照

　そんななかで，1841 年，大御所家斉が死にました。大御所家斉が没すると，将軍職を譲られていた息子，12 代将軍徳川家慶の親政ということになり，「天保の改革」が始まります。

　改革の中心になったのが，老中，遠江の浜松藩主水野忠邦です。享保・寛政の改革に続く 3 回目の政治改革です。

### ■改革はなぜ挫折したか

　改革の目標はたくさんありすぎてまとまりませんが，まず，**ゆるんだ幕政を引き締める**。天保の飢饉で疲弊した**農村を再建**しなきゃいけない。しかし，この改革政治は早々と挫折してしまいます。

　まず，相模の沿岸防備を命じていた川越藩を財政的に援助しようというので，川越藩，庄内藩，長岡藩の 3 藩をいっせいに玉突きのように転封する，領知を替える「三方領知替え」を命じていたのが，抵抗にあって撤回することになってしまう。もう自由に大名を移動させることもできない。

### ■「株仲間解散令」

　次に，覚えていますか。「3 大改革に共通する政策は……」ときたら？

　「倹約令」。

　はい，またも出ました「**倹約令**」。

　水野は，物価が高いのは，商人が値段をつり上げているからだという単純な発想で，**株仲間解散令**を出します。値段が上がるのは，問屋たちが本当は安く売れるものを高く売っているからだ。もちろんそういうことはあるでしょう。そこで，「おまえたち問屋には，もういっさい特権を認めないぞ」ということでやったわけですが，効果ナシ。史料です（次ページ）。

## 17 株仲間解散令／「徳川禁令考」

仲間株札は勿論，此外共都て問屋仲間 幷 組合抔と唱 候 儀，相成ら

何々仲間，あるいは株札などという従来の特権，あるいは問屋，仲間，組合などという称号は

ざる旨，十組問屋共え申 渡 書

一切禁止する。この旨，十組問屋たちに対して申し渡す。

菱垣廻船積問屋 　十組問屋共

其方共儀，是迄年々金壱万弐百両，冥加上納致来候処，問屋共

おまえたちは，いままでは1万200両の冥加金を上納してきたが，　　　　　不正がある

不正の趣に相聞候に付，以来上納に及ばず候。尤向後仲間株札は

という噂があるので，今後は冥加を上納しなくてもよろしい。　　その代わり，今後は，仲間

勿論，此外共都て問屋仲間 幷 組合抔と唱候儀は，相成らず候。

や株だといったような独占的な称号を唱えることは一切禁止する。

一，右に付ては，是迄右船に積来候諸品は勿論，都て何国より出候

そこで，これまで菱垣廻船などが運んできた品物は，　　どのような地域やどこから

何品にても，素人直売買勝手次第たるべく候。……

来た品物でも，　素人が直接自由に売買してよろしい。

　株仲間は禁止。以後，冥加は払わなくてもよい。そして，今後は自由な売買をしなさいと命令している。

　**十組問屋**は江戸なので，江戸に対する指令ということがわかれば十分。

　問題は結果ですが，実はかえって**流通が混乱**したんです。流通が混乱するという結果を招いて，肝心の物価引き下げということにはならなかった。10年後，1851年には**株仲間再興令**が出されている。

　また，寛政の改革のときに出された，「**棄捐令**」が再び出されます。札差に対する借金帳消し令です。

## ■「上知令」

　次，これが水野忠邦失脚の原因になった「上知令」。「じょうち」の「ち」は，土地の「地」でもいいですが，知行ということですから「知」のほうでいいでしょう。これも史料，いきましょう。

---

### 🔍 史料

#### 18　上知令／「徳川禁令考」

御料所の内，薄地多，御収納免合相劣，……御料所より私領の方，

幕府直轄領の中には，年貢があまりとれないようなやせこけた土地が多く……，大名・旗本に

高免の土地，多く之有り候は，不都合の儀と存じ奉り候。

与えている私領のほうが高い税率の土地，すなわち豊かな土地がたくさんある。これはよくないことではないだろうか。

仮令如何様の御由緒を以下され，又は家祖共武功等にて頂戴候領知に

たとえどのような理由で先祖が将軍からいただいた土地であったとしても，土地を没収しようが

候共，加削は当御代思召次第の処，……此度江戸・大坂最寄御取締り

与えようが，それは現在の将軍の自由である。　　　　そこで，このたび，江戸と大坂の周辺

の為，上知仰付けられ候。……

の警備を固める必要もあるので，江戸・大坂周辺の土地は全部将軍家に没収する。

---

## ■水野忠邦失脚

　理由はいろいろつけていますが，意訳で大意をつかめればOK。大事なのは，江戸・大坂周辺の大名・旗本などに与えている土地を上知，「あげち」するということ。この「あげる」は，下から上に「上げる」ですから，大名たちから取り上げるという意味になります。もちろん，代わりの土地は与えるのですが，みんな反対！

　今でもそうでしょうが，東京周辺の世田谷だ，あるいは目黒だといったようなところは，地価が高いですよね。当時だって高くなっているんですよ。

　ということは，おいしい土地をいっぱい，いろんな人がもらっているわけ。もともとは郊外の別荘地用などにもらった土地だとかいろいろあるんですよ。

その江戸・大坂周辺の**おいしい土地を全部幕府が没収する**という話になります。代わりの土地をくれるといってもどうせ田舎の土地だろう。

史料で出てきたように，江戸湾を守るためとか大坂湾を守るためという**海防上のねらい**もあるんですが，取られるほうにすれば，たくさん税金を取れるおいしい土地を無条件で巻き上げられるんだから，これは反対だということになるわな。

水野忠邦と協力していたまじめな老中たちも，損はしたくない。この上知令をきっかけに，全員が反水野で固まっちゃったんです。「水野はまずいよね」という声がわあーっと盛り上がって，なんと**水野は失脚**。すなわちこれで，**天保の改革は挫折**です。

年号を見てみましょうか。1841年に始まった天保の改革は，1843年で結局失敗に終わった，挫折した。

### ■農村復興策「人返しの法」

次に農村復興策としては，天保の飢饉がありましたので，「**人返しの法**」というのが出ています。寛政の改革の**旧里帰農令**と混乱しないことね。

┌旧里帰農令…**寛政の改革**（ゆるやかな帰村奨励策）
└人返しの法…**天保の改革**（強制的な帰村命令）

「人返しの法」というのは，読んで字のごとく，「都市に流入した農民を農村に返す」という意味です。また，農民が出稼ぎのために新たに都市に入ってくることを禁止します。

### ■ふたたび文学への弾圧と風俗統制

かつて，寛政の改革のときに，軟弱な文学，エロチックな文学が弾圧されました。その後，文学は，弾圧を受けると，**滑稽本**，いわゆるコミックに逃げるわけですよね。圧力のかかった社会では，どうしてもお笑いに逃げる。

そして，大御所時代のゆるんだ政治のもとでまたまたエロチックな恋愛モノの本が出てくるわけです。

そこで，水野はこれを引き締めるわけ。

**Q** 天保の改革で処罰された(A)人情本作者と(B)合巻作者は？
——(A)為永春水，(B)柳亭種彦

くれぐれも注意。洒落本・黄表紙が寛政の改革の弾圧対象。そして，人情本・合巻の弾圧が天保の改革。

┌ 洒落本(山東京伝)・黄表紙(恋川春町)…寛政の改革で処罰
└ 人情本(為永春水)・ 合巻(柳亭種彦)…天保の改革 〃

ただし，「読本」という小説は弾圧の対象になっていません。

それと，風俗統制。庶民の遊興も抑えつける。難関大が好きなテーマで，江戸三座の浅草移転。歌舞伎の劇場を江戸の中心から，場末に強制的に移転させた。

**Q** 江戸三座とは？
——中村座・市村座・森田座

### ■天保の改革の評価

このように，きびしい統制で庶民は苦しみ，物価は下がらず，非現実的であった。そして上知令で挫折。ほとんど**成果は上がらなかった**ということです。

　江戸後期，幕政はこのような状況ですが，一方である程度**改革に成功した藩**もあります。幕末に「雄藩」と呼ばれる藩です。

### ■ 諸藩の財政政策

　施策の中身は簡単で，家臣に対する俸禄を削減する「借知」。「上げ米の制」に近いものです。**年貢の増徴**，**専売制の強化**，そして，流通統制，**国産会所**（産物会所）の設置・経営などというのも目立ちます。そして，商人からも御用金などの税金を臨時に取る。

　しかし，それだけでは**下級藩士の不満**は抑えられない。重臣，いわゆる石高の高い重要な家臣に無能な連中が多いと，下級藩士の有能な連中が不満を持つ。町人や農民たちの反発も強い。

### ■ 下級藩士の登用

　思い出しましょう，中期藩政改革では名君が現れて藩校（藩学）をつくり，藩士の能力を高め，総合力で勝負するレベルでした。

　後期は違います。下級藩士から有能なやつを1人引っこ抜いて，「おまえがやれ」という形で，単純で強力な改革を進めます。この**下級藩士の登用**が，後期藩政改革の特徴です。

### ▶ 薩摩藩
薩摩藩は**島津重豪**が藩主。まだ中期の人ですが，

### **Q** 島津重豪が財政再建のために登用した人物は？　　　──調所広郷

　下級藩士ですが，累積していた負債，要するに藩の**借金500万両の整理**をやらせます。また，琉球・奄美を支配している薩摩藩は，**黒砂糖の専売**を強化します。さらに，**琉球貿易を拡大**します。では，

**Q** 島津重豪の改革のあとを受けて，洋式兵備の充実などの改革を図った名君は？
——島津斉彬

はい，この**洋式兵備の充実**が後期藩政改革の特徴の2番目です。大砲をつくるためのオランダ式の**反射炉**という製鉄炉をつくったほか，軍艦もつくります。そして殖産興業政策を推進した。

さらに，島津忠義の時代には，イギリスから機械を買って，小規模ながら模範的な紡績工場をつくったりする。これらの工場群は**集成館**という名前で，今も残っています。さらに，幕末には，イギリスの商人グラヴァーから洋式武器を購入して活躍することになります。

◀集成館（鹿児島県）
近代的な紡績機械を導入した薩摩藩の工場。

## ▶長州藩

続いて長州藩では，**毛利敬親**が改革を行います。

**Q** 長州藩で登用された下級藩士はだれか？
——村田清風

村田清風は「**防長大一揆**」という一揆の後始末をします。これは専売制に反発した大規模な一揆だったので，専売制を**緩和**しました。

普通，藩政改革は専売制を強化するんですが，長州藩は**緩和**ですよ。そうして，農民のやる気を起こさせる。

あとは**負債の整理**。そして，なんと長州藩は一種の**商社活動**を始めます。これは従来からあったんですが，

**Q** 長州藩が下関に設置した，商社活動を行う役所を何というか？

——越荷方

　長州藩は下関という交通の要所になる港を支配していますので，そこに入ってきた他国からの積荷（越荷）を買ったり，資金を貸し付けたりして，商社活動で金を儲けるんです。

　そして，洋学を奨励し，洋式砲術を採用する。反射炉もつくっています。

### ▶佐賀藩

　さて，その反射炉といえば，日本で最初にこれをつくったのが佐賀藩です。

　佐賀藩は，長崎防備という任務を帯びているので，当然大砲が必要となり，いち早くヨーロッパ流の反射炉を設けたり，大砲製造所を建設するなど洋式軍備を進めます。

**Q** 藩政改革を行った佐賀藩の藩主は？

——鍋島直正

**Q** 藩主みずからが行った土地改革は？

——均田制

　本百姓を再建しようというので，地主の土地所有を制限して，小作人に土地を分配する，均田制と呼ばれる土地改革をやります。

　そして有名なのは有田焼などの陶磁器を専売にしてヨーロッパに売ったことですね。それから，幕末になると，蒸気船なんかで石炭の需要が増えますから，石炭を専売にしたりしています。

### ▶土佐藩，水戸藩，宇和島藩，越前藩

　土佐藩は，財政改革はあまりうまくいきませんが，山内豊信が吉田東洋を登用。なんかダジャレのようですが，この人が藩政改革をやります。

　水戸藩は，「戊戌封事」の史料のところでくわしくやった徳川斉昭が，いわゆる後期水戸学と呼ばれる，藤田東湖，会沢安などの有能な学者，政治家を登用したり，兵制改革を行い，強い藩体制を築きます。

　ほかに，宇和島藩・藩主伊達宗城，越前藩・藩主松平慶永（春嶽）など。有能な藩主が藩権力の確立に成功しています。

　中期との対比で注意しておくことは，財政改革に成功し，洋式の軍備や技

術を取り入れたのがほとんど，いわゆる**西南の諸藩**であったことです。外国とのつながりがあった藩が多い。そして，幕末に活躍する藩の典型ということになります。**薩 長 土 肥**は，改革に成功したこれら西南雄藩です。

　幕府でも，やがて江川太郎左衛門（坦庵）によって，伊豆の韮山に**反射炉**を設けたり，フランスの援助で横須賀に**製鉄所**を建設していますが，西南雄藩は早くから**洋式技術を導入**していったのです。

さて，いよいよ近世文化の最後の段階。**化政文化**です。

第37回（宝暦・天明期の文化）の冒頭の表（p.67）をちょっと見てください。第37回で，文学関係などは化政文化の段階まで説明してしまいました。そこで，今回の授業ではそこのところは触れません。1例を，ここで確認しておきましょう。

---

**宝暦・天明期の文化➡化政文化**

| 宝暦・天明期の文化 | ➡ | 化政文化 |
|---|---|---|
| **黄表紙・洒落本**（寛政改革で弾圧） | | **人情本・合巻**（天保改革で弾圧） |
| 〈読本〉 **上田秋成** | | 曲亭馬琴 |
| 〈俳諧〉 **与謝蕪村** | | 小林一茶 |
| 写生的な句 | | 農村の日常生活が題材 |
| 文人画『十便十宜図』 | | 『おらが春』 |

---

入試で頻出のところです。黄表紙・洒落本と人情本・合巻はいいですね。でも，俳諧となると，元禄文化の松尾芭蕉で終わりということになってしまうことが多い。しかし，**与謝蕪村**と**小林一茶**はしっかり違いを意識して覚えてください。

「**写生的**」ときたら，「菜の花や 月は東に 日は西に」を思い出して**蕪村**。もちろん，**一茶**なら「雀の子 そこのけそこのけ お馬が通る」でしょう。

それから，**浮世絵**。これは頻出テーマですから，第37回でもう一度，しっかり確認してください。

さて，寛政の改革で思想・文学などの弾圧が起こる。幕府の引き締めが徹底的に行われる。ちょっとあいだがあって，19世紀に入ると，いよいよ文化・文政期，化政期に入ります。

```
┌─────────────────────────────────────┐
│            化政文化の特徴              │
│                                       │
│  ①江戸の中・下層町人中心の文化。       │
│  ②文化の多様化，全国的な広がり。       │
│  ③享楽的・退廃的傾向，風刺・皮肉。      │
│  ④批判的・科学的精神。                 │
│                                       │
└─────────────────────────────────────┘
```

特徴は，宝暦・天明文化と大きく変わりませんが，江戸など三都を中心とする都市の繁栄。そこに住んでいる有力な商人とか，上層の町人ではなくて，圧倒的な数の下層民をも含む**町人文化の最盛期**を迎えます。これは宝暦・天明と一緒ですね，多種多様な文化が発達を見せました。

現在の日本の文化のベースだと思ってもいい。日本人はいまだにイベント好きですよね。縁日とか，花火大会とかね。お祭り好きですね。

そして，出版・教育・流通の発達。これによって，江戸地廻り経済圏でもやったように，農村と都市の区別もどんどんなくなってきますし，**地方から新しい文化**が発信される。

そのように多種多様な，地域的にも広範囲にわたる全国的な文化であった。これが化政文化の特徴です。

■**経世論——佐藤信淵『経済要録』**

　まず，学問から。第35回でやった経世論の続き。18世紀前半，**太宰 春台**が藩専売制などを主張した。佐藤信淵も『経済要録』で，日本国というレベルでの海外貿易の必要を主張しています。

---

🔍 **史料**

---

### 19　海外経略論（佐藤信淵）/『経済要録』

皇国の版図を按ずるに，……周回皆大洋に臨み，四通八達の要枢たり。
この日本の領土を考えてみると，　　　周囲はすべて海で，東西南北どこへも（船で）行くことのできる，世界の要所に位置している。

航運甚だ便利にして，宇内を混同すべき基礎 悉 く備れり。　　若し
海運に恵まれており，　　世界と1つになってその中心となる条件が備わっている。そこで

夫れ時至り運応じて，海外を経 略 すること有らば，実に全世界の総主と
準備が整い，時期が来て，　外国に勢力を及ぼすことができれば，世界すべての中心，トップ

なるべき国なり。
となることのできる国なのである。

---

　「まさに日本は海に囲まれた国だから，海のような自由な交通手段，**航海さえさかんになれば日本は世界の主になれるんだ**」というような，当時の日本の統制された経済体制を打破することをさかんに提唱した。

■**海保青陵『稽古談』**

　19世紀に入ると，**海保青陵**などが出てきます。海保青陵は『稽古談』で貨幣の重要性を強調します。

　武士はお金にこだわることを非常に賤しむ。それだから，金がなくなって貧乏になるのだ。切実ですね。たしかに，本当にお金というものは「へらへらと」無くなっていく。史料は意味さえわかればOK。

## 20 売買の肯定（海保青陵）/『稽古談』

武士の風として，金を賤むことなり。金を賤しむゆへに，金へら
武士は一般に「金」というものを賤しいものと考える。金を賤しいものと考えているから金が

へらと無くなるなり。金を貴ぶ人をば大に笑ふて商売中の人なりと
なくなって貧乏になるのだ。　金を大切にする者を見ると商人のようだと非難するのが

云こと，武士一統の風なり。……
一般的な武士の考え方である。

　貨幣経済がここまで浸透した世界で，**金銭を軽視してはいけない**。儒教，とくに朱子学は貨幣，商業，商人などを軽視する。賤しいものと考える。**「賤商観」**なんて言います。

### ■本多利明『経世秘策』

　さらに，**本多利明**の『**経世秘策**』になりますと，ちょっとスケールが違ってくる。そこがポイントです。

## 21 開国貿易論（本多利明）/『経世秘策』

日本ハ海国ナレバ，渡海・運送・交易ハ，固ヨリ国君ノ天職 最第一ノ
日本は周囲を海に囲まれているのだから，航海・海運，貿易は一国の支配者としてまず第一に

国務ナレバ，　　　　　　　　　　万国ヘ船舶ヲ遣リテ，国用ノ要用タル産物，
考えなければならない重要なことだ。海外に船を送って，日本に足りないものを輸入し，

及ビ金銀銅ヲ抜キ取テ日本ヘ入レ，国力ヲ厚クスベキハ海国具足ノ仕方
あるいは金・銀などを手に入れて，　　この国の力を強くするというのは，海に囲まれた

ナリ。……
この国が経済的に発展するために必須の条件である。

ひとことで言うと，「海に囲まれた日本なんだから，**貿易立国**こそが将軍の
いちばん大事な仕事だ。金銀がとれないんだったら貿易でもうけようや」。す
なわち**太宰春台**，海保青陵の段階は，大名，すなわち**藩単位の専売制**でした。

ところが本多利明は**藩イコール「国」**という江戸時代の枠を超えている。江
戸時代に「国」と言えば藩を指します。お・国言葉，お・国なまりというのは地方
の方言という意味ですから。

本多利明は，「国」イコール日本の「国」と言っています。いわゆる**海外経略
論，開国貿易論**です。ただし将軍が行う貿易ですが。

本多利明は『**西域物語**』でも，「**交易は海洋渉渡するにあり**」——商売のい
ちばん大きいもうけは，海を渡っていくことから得られると言っている。**海
外貿易**だ。そのためには**天文・地理学**がないと航海できない。

天文・地理のもとは何か。算数だ。**和算**こそ国をおこすいちばん基本の学
問だと，まるで近代や戦後の日本のような論議になってくるんです。これを
がんばってやれば日本はオランダを抜くようないい国になるんだよ，という
ようなことを言っている。

さて，それぞれの経世論の中身はわかってもらえたと思うんだけれど，悩
みは要するに作品名と著者の名前をどうやって覚えるか。スッキリした方法
は見つかりませんので……とりあえず，

『**経済録**』(**太宰春台**)——「**太宰は経済**」。苦しいかなあ？

『**稽古談**』(**海保青陵**)——海保青陵の「か」，稽古談の「け」で，「**かきくけ海
保青陵は稽古談**」とか，『**経世秘策**』(本多利明)——「**秘策は本多**」とか，な
んとか音で覚えてもらいたい。

もう1人，佐藤信淵『**経済要録**』——経済要録の「要」，佐藤信淵の「信」で，「**経
済の要点は信用です**」といったようなところです。

佐藤信淵は，農学についての総合的な『**農政本論**』という著作もありますの
で，農学のほうでも出てくる人であるということをちょっと覚えておいても
らわなければいけない。

さて，このあたりで，フツーならもうイヤになってくるでしょう。しかし，
**経世論の区別**は近世の学問史の1つの焦点です。みんなイヤです。みんな
がイヤということは合否の分かれ目ということですから，ここはガマン。そ
れしかない。はい，まとめ。

| 元禄文化 | ➡ | 化政文化 |
|---|---|---|
| 太宰春台『経済録』 | | 本多利明『経世秘策』『西域物語』 |
| | | 海保青陵『稽古談』 |
| | | 佐藤信淵『経済要録』，（農学）『農政本論』 |

## ■ 尊王論

次に「尊王論」。これをやっておかなければいけません。

尊王論というのは**天皇を尊重する思想**です。しいて言えば，将軍様も偉いけれども，もっと天皇を尊重しようよ，という考え方です。もちろんこれが「尊王攘夷」ということになると，やがて討幕ってことになるわけですが，そこまでいかない。決して幕府を倒せというところまでいく考えではありません。

なぜかと言うと，尊王論の基本的なところは，将軍が支配者として一番偉いんだけど，将軍様に征夷大将軍の職を与えている天皇，この天皇の存在をもっと意識しないとまずいんじゃないの，という考えなんです。すなわち，天皇にあまりにも権威もなく力もないと，その人からもらった征夷大将軍の地位そのものが効果のうすいもの，あるいは権威のないものになってしまうんではないか，と考えるわけ。

そのような考え方が朝廷のなかから出てきたんです。

これは復習です。はい，

**Q** 江戸中期に京都で尊王論を説いて弾圧された事件は？　──宝暦事件

弾圧された人物は竹内式部ですね。

**Q** 同じく江戸で起きた弾圧事件と斬首，首を斬られてしまった人物は？
──明和事件，山県大弐

朝廷の若い公家などのなかに，このような尊王論がかなり浸透してきはじめたのです。ここにまず，注目しておきましょう。

133

## ■水戸学

次に，水戸学。

**Q** 徳川光圀が明の亡命学者朱舜水を招いてつくった歴史研究所は？
——彰考館

幕末近くになって徳川斉昭がつくった藩校は弘道館。いっしょにしないこと。いいですか。

```
          ┌─ 彰考館（史局）…徳川光圀，朱舜水
水戸藩─┤
          └─ 弘道館（藩校）…徳川斉昭
```

幕府の初めの段階というか，江戸時代の初めに徳川光圀が建てた彰考館の『大日本史』編纂から生まれてきた学問を水戸学といいます。この水戸学のなかでも藤田幽谷・東湖，会沢安あたりの後期の水戸学が，尊王攘夷論につながるかなり徹底した尊王論を主張しだします。

## ■農学

次，農学については，宮崎安貞が17世紀の末に『農業全書』という本を書いて本格的な農学が成立します。また，商品作物の栽培など，江戸の中期以降に発達した農業を前提に，大蔵永常が『広益国産考』を1859年に刊行しています。幕末です。

**Q** 農学の集大成とも言うべき佐藤信淵の著作は？　——『農政本論』

ハイ，今やったばかり。経世論としては，『経済要録』ですよ。
一方，あいつぐ飢饉のなかから，もう武士に任せておいたんじゃだめだ，農村自身の力で農村を立て直そうという運動が起こります。
その代表者が2人いまして，小田原城下の農民から身を起こした二宮尊徳。その農村復興の事業法を「報徳仕法」といいます。近代にもこの運動がつながっていきまして，明治以降も報徳社という運動がさかんになります。

一方，下総（今の千葉県）で農村改良運動を行ったのが大原幽学で，性学という独自の道徳論をもとに「イエ」の没落を防ぐ農民の組合を組織したのですが，この人は逆に幕府から弾圧されちゃう。このあたりは小田原か下総で二宮尊徳と大原幽学の区別がつけば，だいたいいけます。

> ┌ 二宮尊徳（←小田原）…報徳仕法（近代の報徳社へ）
> └ 大原幽学（←下総）……性学（幕府から弾圧され，自殺）

ほかに，天文学，自然哲学など，さまざまな洋学も取り入れた三浦梅園の独特の条理学とか，越前の松平慶永に登用された横井小楠の公武合体論や開国論，あるいは吉田松陰に影響を与えた佐久間象山など，洋学者のなかからもいろんな特徴のある学者が出てきます。

### ■ シーボルトの来日

西洋医学はシーボルトの来日で進歩します。シーボルトはオランダ商館に雇われて日本に赴任したドイツ人の医者です。

長崎の郊外の鳴滝というところで病院を開設し，その病院の付属学校のような形で鳴滝塾という医学を教える塾を始めた。ここに全国から医学や洋学を志す学者たちが行って，シーボルト先生からいろいろ医学の知識を得た。そのシーボルトの弟子たちの代表が高橋景保です。

**Q** シーボルトの代表的著作を2つあげなさい。
——『日本』，『日本植物誌』

彼はこういった著作で西洋における日本研究を本格化させ，日本で集めた資料が大量にドイツに残っています。オオカミの剥製からアイヌ民族の服，あらゆる樹木のサンプルも収集しました。

高橋景保たちはシーボルト先生へのプレゼントの1つに日本地図を渡したんですが，たまたまシーボルトが帰国するために乗ろうとしていた船が台風で座礁し，積み荷から地図などの輸出禁止のものが発見されてしまいます。シーボルトは国外追放，高橋景保も処罰されるという事件がありました。

1828年のシーボルト事件です。

## ■天文学・地理学

次は実学としての**天文学**ですが，西洋天文学が幕府にも導入される。大坂の西洋天文学者，**麻田剛立**の弟子で，高橋景保のお父さん，**高橋至時**が幕府の**天文方**，要するに幕府の天文学専門の部署の役人に登用され，西洋天文学を取り入れた「**寛政暦**」という暦をつくっています。それから，

**Q** 蘭学者，**志筑忠雄**の訳書で，ニュートンやコペルニクスの説を紹介した本の名は？　　　　　　　　　　　　　　　　　　——『**暦象新書**』

志筑忠雄は『鎖国論』という訳書を書いた人ですよ。

天文学というのは，遠洋航海に欠かせない。星の位置を確認しながら航海するわけだから。そして，ニュートン，コペルニクスということは，当然，地球が丸いということが，この当時ようやく一部の人に伝わったわけです。

そこで，丸い地球というのを実際に調べてみようとなる。そして星を正確に観察すると，地理の考え方がちゃんとできるようになってくる。そこで**地理学・地図**が併せて発達します。こうして天文学から付随して発生した西洋的な地理学を具体的な成果として示したのが**伊能忠敬**です。

**Q** 伊能忠敬が全国を測量して作成した地図の名は？
　　　　　　　　　　　　　　　　　　——『**大日本沿海輿地全図**』

## ■研究・教育機関

さて，幕府は，高橋至時の息子の**高橋景保**の意見を取り入れて，天文方のなかに洋学摂取のための機関をつくりました。

**Q** 1811年，幕府が置いた，専門にヨーロッパの本を翻訳するこの研究所の名称は？　　　　　　　　　　　　　　　　　——**蛮書和解御用**

はい，あと，シーボルトの**鳴滝塾**がシーボルト事件の結果閉鎖されると，

蘭学の中心は大坂に移って緒方洪庵の適々斎塾（適塾）になります。

　緒方洪庵の適々斎塾からは、橋本左内，有名な福沢諭吉，それから明治政府の軍事の最高責任者で暗殺された大村益次郎，後に博愛社（後の日本赤十字社）を創設した佐野常民や，日清戦争勃発のときの朝鮮公使大鳥圭介などがここで学んでいます。

第40回　化政文化

```
                シーボルト・鳴滝塾 ➡ 緒方洪庵・適々斎塾(1838)

伊能忠敬(1818没)              ↑シーボルト事件(1828)

『大日本沿海輿地全図』(1821完成) ⬅ 高橋景保
```

## ■幕府の統制と軍事技術の発達

　シーボルト事件は1828年。正確に年号を覚える。高橋景保がらみ。
　そして次が渡辺崋山や高野長英たち。江戸の尚歯会という団体をつくっていた学者のグループの動きです。幕府のモリソン号事件に対するきびしい態度を批判し，弾圧を受けた。蛮社の獄ですよ。

　このように，洋学はたびたび幕府の弾圧を受けたので，やがて思想・文学といったような，今でいう文系のほうはあまり取り入れられなくなって，そもそもの目的であったように，**実用の学問として，その後，発達**していきます。

　ペリーの来航といった列強の接近に対応して，とくに西洋の軍事的技術が注目を浴びます。大砲が要るということになって，長崎防備を担当した佐賀藩で最初に反射炉が導入されます。

　反射炉の建設は幕府にもおよんでくる。

**Q** 伊豆防備のため，韮山に反射炉を築造した人物は？
　　　　　　　　　　　　　　　　　——江川太郎左衛門（坦庵）

長州藩の萩や薩摩藩の鹿児島にもこの反射炉ができます。
やがて鉄でつくった船ということになり，幕府はフランスの援助で，横須

賀製鉄所（後に横須賀造船所）をつくっています。

　さて，洋学者の系統図を見て，もう一度，確認してください（授業ノート，p.33）。桂川甫周が出ていますね。はい，

**Q** ラクスマンが連れてきた大黒屋光太夫のロシアでの見聞を桂川甫周がまとめた本は？

──『北槎聞略』

　洋学のところで，注意しておきたいのは，次の2人の宇田川さんの区別です。

┌ 宇田川玄随…『西説内科撰要』（西洋内科の翻訳書）
└ 宇田川榕庵…『舎密開宗』（本格的化学書）

　玄随は西洋の内科学。榕庵は化学，ケミストリーです。ややこしいところ，みんな不得意なところですから，ここでがんばることです。授業ノートの33ページの「近世の学問」の表を見ながら，人名と著作を，時間をかけて覚えていきましょう。

　「ああ，これでやっと終わった」と思っちゃいけない。これでもまだ教科書の文化のところは残っている。文化の単元の最後の半ページ，1ページのところは難関大の狙い目です。

### ■出開帳・縁日・富突

　江戸時代の**庶民の信仰**です。はい，お寺や神社，とくにお寺は宗教が統制されてお金があまりもうからなくなっちゃう。いいですか。信州の**善光寺**，**長野**は門前町だ。たとえば，善光寺がわざわざ仏像を持って江戸に来て，会場を借りて仏像を公開し，入場料をとる。

　このように普段見せない仏像を見せることを一般に開帳といいますが，わざわざ地方から出張してきてこれを見せる場合は出開帳といいます。

　あとは，「ほおずき市」とか，今でもさかんな縁日，あるいは今でいう宝くじが幕府の許可を得て非常にはやります。宝くじを富突といいます。これも合法的に資金を集める一種の賭博として非常にはやりました。

### ■寺社参詣・五節句・庚申講

　寺社参詣がさかんで，ときどき爆発的な伊勢参宮への御蔭参りが流行する。そして札所巡りといって，四国の札所とか秩父とか，何番何番と順番にぐるぐる，スタンプラリーみたいに霊場を回っていくというのがはやります。今でもちょっとはやっていますけれど。

　それから桃の節句(ひな祭り)とか端午の節句(今の子供の日)などの五節句。ほかに日待・月待，あるいは一種の俗信・迷信に近いものですが，庚申講というのが流行する。

　庚申の日の夜眠ると変な虫が体のなかから抜け出して，天の支配者に罪・悪事を密告するというので，それを避けるため，きょうは寝ちゃいけない日だといって徹夜でみんなで騒いでしまう。講というその信者団体が造立した庚申塔，庚申塚は今でもけっこう残っています。

## ■ 民間神道（新興宗教）の出現

あと，新興の宗教も現れてきます。超能力を持った教祖（きょうそ）が現れて信者がわっと集まり，組織ができる。

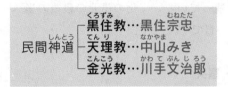

民間神道（しんとう）
- 黒住教（くろずみ）…黒住宗忠（むねただ）
- 天理教（てんり）…中山みき（なかやま）
- 金光教（こんこう）…川手文治郎（かわてぶんじろう）

このあたりは明治政府になりますと，教派神道（きょうはしんとう）として国家にも認められていきますから，宗教名と創始者（そうししゃ）をしっかり覚えておいてください。

はい，江戸時代のこの庶民信仰のところも絶対に復習で抜けちゃうし，問題演習でもなかなかこんな問題にお目にかからないけれども，入試に出ると**大量失点の可能性**があるから，ここ全体をマーカーで囲って，入試の前の日に必ずさっと見ておくこと。

いやー，江戸時代の文化史，お疲れさまでした。

# 列強の接近

　19世紀前半は「**列強の接近**」が主要テーマです。ロシア・アメリカ・イギリスなどが日本に通商を求めてやってくる。民間レベルでも捕鯨船などが太平洋にやってきて，ときどき日本本土や島に上陸してくる。

　幕府は通商を拒絶し，蝦夷地を直轄し，海防策をとりますが，武力で外国を追い返すような軍備が整っているわけではない。

　一方，**天保の飢饉**。幕領でも大規模な百姓一揆が起こる。大坂町奉行の元与力，幕臣だった大塩平八郎が遂に幕府打倒を掲げて反乱を起こす（大塩の乱）。この1837年，アメリカ商船モリソン号が浦賀にやってくる。まさに，激動期です。こういったところは，大塩の乱の「おおしお」とモリソン号の「モリソン」をつなげて，起こった順に覚えてしまう。

1837年，おーーいモリソン
おーーいモリソン

　そして，1840年，世界史上の大事件，**アヘン戦争**が勃発。

　イギリスは19世紀初めからインドに綿布を売り，インドで大量の麻薬をつくらせてこれを中国に輸出。そして中国から茶を輸入するという**三角貿易**を行っていたんですね。中国がこれに反発してアヘン貿易を取り締まろうとしたら，1840年，イギリス艦隊がやってきてアヘン戦争が勃発。

　清国は敗れ，1842年，南京条約を結び，香港をイギリスに割譲，寧波・上海などを開港することになります。幕府はちょうど，**天保の改革**。あわてて**薪水給与令**を発して，外国との衝突を回避しようとします。

### ■ロシア船，北方に現れる

ロシアが女帝エカチェリーナ２世のもとで「南下策（なんかさく）」をとり，北海道方面に近づいてきます。

18世紀に入るとロシア人たちは日本の北方の海に現れるんですが，国家として政策的に近づいてくるのは田沼時代ごろから。1778年に，北海道の厚岸（あっけし）というところにロシア船が現れて，松前藩（まつまえ）に通商を要求しますが，松前藩は拒絶（きょぜつ）しています。

> 17    7 8
> 「**18世紀**，悩（**なや**）み始まるロシアの接近」
>
> ゴロゴロ »»» ➡ **1778年，ロシア船厚岸来航**

田沼意次（おきつぐ）が最上徳内（もがみとくない）に蝦夷地探検（えぞち）を行わせたというのを覚えてますね。

田沼は蝦夷地開発の可能性，あるいはロシアとの交易（こうえき）も視野に入れていたんですが，天明（てんめい）の飢饉（ききん）のなかで失脚（しっきゃく）。そして11代徳川家斉（いえなり）のもとで老中松平定信（だいらさだのぶ）による寛政（かんせい）の改革が始まる。

その２年目にあたる1789年，クナシリ島（国後島）と道東のメナシのアイヌの人びとが蜂起（ほうき）します（**クナシリ・メナシの戦い**）。**場所請負制**（ばしょうけおいせい）のもとで，苛酷（かこく）な労働を強（し）いられるようになったアイヌの人びとの蜂起です。

アイヌの蜂起については，**コシャマインの戦い・シャクシャインの戦い**も思い出しておきましょう（第２巻，p.156，p.312）。コシャマインの戦いは応仁の乱勃発の10年前だった。いいですか？ シャクシャインの戦いは1669年。

「コ」シャマイン ➡ 「シャ」クシャイン ➡ 「ク」ナシリ・メナシ

1457          1669          1789

コシャマインの戦い　シャクシャインの戦い　クナシリ・メナシの戦い

コ・シャ・ク　　コ・シャ・ク
コ・シャ・ク　　コ・シャ・ク

と声を出してしっかり覚えておきましょう。

　さて，国後島のアイヌの蜂起は松前藩によって鎮圧されたのですが，幕府はアイヌとロシアが連携しているのではないかと疑った。背後にロシアがいるんじゃないか？

　そして，その3年後，1792年，**林子平**が処罰された。

**Q** 林子平が弾圧された原因とされる著作は？　　　　　　　——『海国兵談』

　林子平はほかにも日本の近隣の情報をまとめた『三国通覧図説』という本を出版しています。

**Q** 林子平の『三国通覧図説』の「三国」とはどこを指すか？

——朝鮮・琉球・蝦夷地

工藤平助『赤蝦夷風説考』(1783) ➡ 田沼意次 ➡ 最上徳内の蝦夷地探検
林子平　『三国通覧図説』(1785)
　　　　『海国兵談』 　　(1791) ➡ 処罰

## ■ラクスマン，「根室」に来航

　出版統制令に違反したという理由で林子平は処罰されたのですが，皮肉にも，半年もたたないうちに，ロシア使節ラクスマンが根室に現れるんです。

　林子平を弾圧した松平定信のほうは，翌年，老中を罷免されて寛政の改革は挫折ということになります。そこはいいですね。

　さて，ラクスマンは，難破してロシアに救助された伊勢の船乗り大黒屋光太夫らを送り返すという名目で根室にやってきた。光太夫らはロシアでていねいに扱われ，わざわざ送還された。大黒屋はラッキーだった。

　　　　　　　　1 7 9 2
　　　　「いーな国（くに）に帰れた大黒屋」

　**ゴロゴロ**》》　→ 1792 年，ラクスマン根室来航

　もちろん，それは日本と外交関係を結ぶための手段。名目です。

　幕府は光太夫を引き取ったんですが，通商を開始したい，そのために江戸へ行きたいというラクスマンの要求に困ってしまう。江戸の港にロシア船が入ってきたら，それこそ大騒ぎになる。「外国とは長崎でしかつき合わないよ」という理由をつけ，ラクスマンに，「改めてこの証明書を持って長崎へ来てね」と言ってとりあえず追い返します。

　そんなことがあって，あわてて幕府は蝦夷地の探検にとりかかる。1798年には近藤重蔵・最上徳内らが千島方面の探検をやって，択捉島に「大日本恵登呂府」という標柱を建てる。そして 1799 年には幕府は，東蝦夷地を直轄地としています。あるいは，天文学・地理学を学んだ伊能忠敬が，蝦夷地から測量を開始するなどというふうに，北方に対する関心が高まっていく。

　幕府としては択捉島までを日本の支配領域として確保しようとしたんでしょう。

　1798 年に標柱を建てて，1799 年には東蝦夷地直轄ですよ。このころには，択捉島はロシア人がやって来てアイヌとの交易の場になっていたので，やがてここがロシアの支配下に入ってしまう可能性も出てきた。そこで，幕府は択捉島と得撫島のあいだにロシアとの境界線を引いたんです。

1800年には「八王子千人同心」100人を蝦夷地に入植させています。同心というのは警察業務などを担う下級の役人で、江戸の町奉行の配下の「同心」などが時代劇によく登場しますが、八王子千人同心は、家康の関東入国の際に甲州との境界線での警備のために置かれたのがその最初です。その一部を蝦夷地に入れたわけです。

1802年には東蝦夷地は永久に直轄することとし、先住者であるアイヌを、本州から蝦夷地に渡った人々と同じく「和人」とみなし、本州の和人と同様の風俗を強制する。あるいはアイヌのリーダー、首長を「名主」とするなど、いわゆる**同化政策**をとるようになります。アイヌ文化を破壊していく同化政策はこのようにして始まったということです。

### ■文化・文政期の対外政策（大御所時代）

そして、**文化・文政**期です。国内政治はゆるんでますが、対外的な緊張は高まっている。

**Q** 1804年、「長崎入港許可書」を持ってやってきたロシア使節はだれか？

——レザノフ

ついにレザノフが現れた。なんとなく「ラリルレロ」だね。ラクスマン、レザノフとロシアの接近。半年間もほうっておいてさんざん待たせたあげく、結局、翌1805年、幕府は、「やっぱりつき合わないよ」と、通商要求を拒絶した。カンカンに怒ったまま、レザノフは引き上げていきました。

> 　　　　　**1 8　　0 4**
> 「**いや**－惜(**お**)**し**い、レザノフは上品すぎた」
> ⇒ 1804年、レザノフ長崎来航

そして1806〜1807年には、レザノフの部下の海軍軍人らが樺太、択捉、利尻島などを襲撃します。「**文化露寇事件**」などと呼ばれる報復です。大規模な戦争にはなりませんが、外国との交戦という事態が発生した。

1806年，幕府は，いわゆる「文化の撫恤令」を出しています。「撫恤」というのは困っている人を助けるといった意味で，難破して困っているんだったら，水や食料を与えてやれ，穏便に帰ってもらえという，対外融和策です。

## ■ 全蝦夷地を直轄

翌1807年には西蝦夷地も直轄として，全蝦夷地を直轄とし，松前奉行を置いて，東北諸藩に警備にあたらせます。

さらにその翌年，1808年には間宮林蔵の樺太探検が行われ，樺太が大陸から切り離された島であるということがわかった。

---

### 北方探査

＊北方を地理的に掌握していこうとする施策
①最上徳内（田沼期）…千島から得撫島を探査。
②近藤重蔵（寛政期）…択捉島に「大日本恵登呂府」の標柱。
③伊能忠敬（　〃　）…蝦夷地測量を始める。
④間宮林蔵（文化期）…樺太方面探査，「間宮海峡」を発見。

---

## ■ フェートン号事件

ところが，その間宮林蔵の樺太探査の年，1808年，イギリスの軍艦が長崎港に乱入して，めちゃくちゃな要求を突きつけ，食料などを強奪して帰っていくという突発的な事件が起こりました。これが，フェートン号事件です。軍艦ですよ。

当時，オランダがフランスのナポレオン1世によって征服されたのを利用して，イギリスがオランダの東洋各地の拠点をねらったんです。そこで，オランダ船の母港である長崎にフェートン号が侵入してきた。湾内にオランダ船がいなかったので戦闘にはならなかったのですが，この事件の責任をとって長崎奉行松平康英は切腹。

これは，計画的な日本への接近ではありませんが，幕府は白河・会津両藩

に**江戸湾の防備**を命じています。江戸湾に軍艦が入ってきたらタイヘンです。

> **１８０８**
> 「(イギリスが暴れる)**いわれは**ないよ，フェートン号」
>
> ➡ 1808 年，フェートン号事件，間宮林蔵の樺太探検

しかし，今度は，案の定，北の方でイザコザが起こります。

**Q** 1811 年，測量中のロシア軍艦の艦長が国後島で幕府側につかまえられた事件を何というか？　　　　　　　　　　——ゴロウニン事件

ロシア側は，代わりに，民間商人で択捉航路を開き，活躍していた淡路島出身の**高田屋嘉兵衛**をつかまえます。そこで嘉兵衛はロシア側を説得して，「私を解放しなさい。私がゴロウニンを釈放させて，紛争を解決しましょう」というので，解放され，ゴロウニンも釈放されて，平和に決着がついたのが，1813 年です。

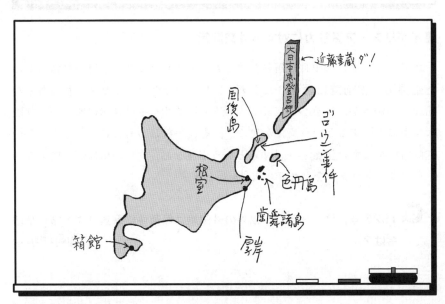

ということは，ちょうどこの真ん中の 1812 年に，ヨーロッパでは，ナポレオン（1世）がモスクワに侵攻して，敗北しています。チャイコフスキーのつくった曲に「1812 年」というのがありまして，これは，侵入してきたナポレオン軍をやっつけた記念の曲だそうです。

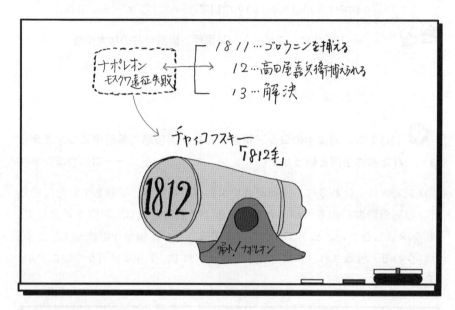

## ■ イギリス・アメリカに対する外交政策

　さて，ゴロウニン事件が解決しました。1821 年には，幕府が直轄していた**蝦夷地は松前藩に返還**されます。しかし，今度はイギリスのちっちゃな船なんかがさかんに近づいてくる。1824 年には**イギリス船の船員**が，常陸大津浜に上陸するという事件が起こり，それから 3 カ月後には，イギリスの捕鯨船員が薩摩の宝島に上陸するという事件など，同様の事件が続発する。

　幕府は，トラブルを恐れて，法令を出します。

**Q** 1825 年，清・オランダ以外の外国船は無条件に撃退せよと命じた法令は？

──異国船打払令

## ■「異国船打払令」(「無二念打払令」)

史料をチェック。

---

🔍 **史料**

### 22 異国船打払令

をろしや船の儀に付ては，文化の度改て相触候次第も候処，
ロシア船については，「文化の撫恤令」が出ているが，最近，イギリスの船が長崎湾に乱入して，

いぎりすの船，先年長崎に於て狼藉に及び，　近年は所々え小船にて
乱暴狼藉，不法行為を働いて帰っていった（フェートン号事件）。さらにその後も，あちこちに

乗寄，薪水・食料を乞，……一体いぎりすに限らず，南蛮・西洋の儀は，
小さな船でイギリス人がやってくる。そこで，イギリスに限らず西洋の国は日本ではよくない

御制禁邪教の国に候間，　以来，何れの浦方におゐても，
宗教として禁止されているキリスト教国が多いから，今後は，どこの港においても，

異国船乗寄候を見受候はば，其所に有合候人夫を以，有無に及ばず，
外国の船が近寄ってきたら，近くにいる人みんなで協力して，ともかく無条件に打ち払って

一図に打払，逃延候はば，追船等差出すに及ばず，……二念無く，打払ひ
しまえ。　ただ，逃げていく船を追っかけることはない。　あれこれ考えずともかく

を心掛け，……
追い払うように。

---

大事なところは，末尾の「二念無く」──「あれこれ考えないで」，打ち払ってしまえというところです。要するに「文化の撫恤令」をやめて強引な政策に転換した。「いぎりすの船」と書いてあるのはもちろんフェートン号。

年号はゴロ合わせです。幕府は強引ですね。ともかく追い払え。そこで，

```
          1 8 2   5
「いやに強引（ごういん），異国船打払令」
```
ゴロ 》》　→ 1825 年，異国船打払令（無二念打払令）

### ■シーボルト事件

その後,1828年,長崎のオランダ商館に雇われていたドイツ人の医者,シーボルトが追放されるシーボルト事件が起こった。

船が難破して,シーボルトがヨーロッパに送ろうとした荷物から日本地図が見つかり,シーボルトは追放されます。

**Q** シーボルトに持出し禁止の地図をプレゼントし,処罰された幕府天文方の役人は?
——高橋景保

### ■商船モリソン号の事件

続いて今度は**アメリカ**が登場。モリソン号事件が起こる。1837年。注意するのは,これは商船です。このモリソン号もまた,日本人漂流漁民を,中国あたりの港から乗っけて送り返してあげますという友好的な姿勢でやって来た。ここは第39回でやったところですよ(p.117)。

ところが,運が悪かった。「異国船打払令」です。浦賀に近づいてきたモリソン号にいきなり大砲を撃ちました。相手はびっくりして,「じゃあ鹿児島へ行こう」と,薩摩の山川という港に近づくと,薩摩藩も大砲を撃ちかけてきた。「なんじゃこれは!?」ということで,帰っていった。これが**モリソン号事件**です。

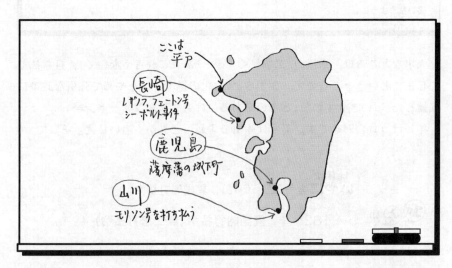

この話が幕府の役人から民間に漏れて，江戸の洋学者のグループ，尚歯会のメンバーの中心だった渡辺崋山や高野長英がそれを知った。そこで，漂流民を送り返してくれた船にいきなり大砲を撃つなんて，世界から見たらとんでもない国だと批判したんですね。

**Q** 高野長英が書いた批判の書は？　　　　　　　　　——『戊戌夢物語』

**Q** 渡辺崋山が著した書物は？　　　　　　　　　　——『慎機論』

### ■『戊戌夢物語』（高野長英）

史料をチェックしましょう。『戊戌夢物語』から。

🔍 **史料**

#### 23　鎖国批判(1)／『戊戌夢物語』

　イギリスは日本に対し，敵国には之無く，謂はば付合も之無き
イギリスは，日本とはとりわけ敵対しているわけでもない。いわば，つき合いのない他人

他人に候処，今般漂浪人を憐み，仁義を名として，態々送来候者
のような国だ。　そのイギリスが，日本人の漂流民を憐れんで，人道的な意味でわざわざ

を，何事も取合申さず，直に打払に相成候はば，日本は民を憐まざる
送ってきてくれたのを，話も聞かずにいきなり打ち払ったのでは，きっと日本は自国民を憐れ

不仁の国と存ずべく候。
まない，礼儀，道徳のない国だと，外国から見られてしまうだろう。

　アメリカ商船モリソン号を，**誤って聞いてイギリス**としている。ここだけをチェックしておいてください。中身は意訳で OK です。

### ■『慎機論』（渡辺崋山）

　『慎機論』も中身はいっしょで区別がつきにくい（次ページ）。

## 24 鎖国批判 (2) / 『慎機論』

我が田原は，三州渥美郡の南隅に在て，……(中略)……英吉利国人
私の故郷である田原は，三河の国の渥美郡の端っこにある。　　イギリス人

莫利宋なるもの，交易を乞はむため，我が漂流の民七人を護送して，
モリソンが　　　　　貿易を望んでやってくるときに，日本の漂流民を護送してきてくれた。

江戸近海に至ると聞けり。
そして，江戸の近海に来たらしい。

渡辺崋山が三河田原藩の家老だというところから，要するに出身地をヒントに「あ，これは渡辺崋山だ」と気がつかなければいけないのが難関私大です。崋山もまた，同じ情報源ですから，イギリス船だと思っています。

### ■キーワード「戊戌」

さあ，そこで，入試では渡辺崋山・『慎機論』で，高野長英・『戊戌夢物語』という区別がポイントです。

私はいろんなイベントや交流で何度も中国に行きましたが，中国で宴会になると，どう考えても，何を料理したのかわからないような食材が出てきます。アヒルの足の……とか，ヘビ，あるときにはスッポンの目ん玉（のようなもの？）……。おいしいと言えばおいしいんですが，日本人としてはちょっとびっくりするようなものを食べます。

そこで，本場の本格的，豪華な中華料理には注意したほうがいいと。慎重に食べたほうがいいと。

渡辺崋山の「崋」は中華料理の「華」じゃない。上が「山」です。そして，崋山は『慎機論』を書いていますから，そこでこのフレーズを覚えましょう。

「中華料理は慎重に」

いいですね。渡辺崋山の「崋」は中華料理の「華」じゃなくて，「山」カンムリだ。そして，崋山は慎重に，『慎機論』。残ったほうが高野長英で『戊戌夢物語』ですよ。

と，ここで終わるとタダの授業。あと1歩踏み込む。『戊戌夢物語』でピーンとこなきゃ。『戊戌夢物語』ときたときに，ああ，**徳川斉昭**の「**戊戌封事**」ってあったなと思うのが受験生というもので，その「戊戌封事」も，もちろん同じ1838年です。

いいですか。1836年，郡内騒動，三河加茂一揆。翌年が大塩の乱，生田万の乱で，実はその大塩の乱・生田万の乱の年にモリソン号事件が起こっているんだよ。「大(塩)生(田)，モリソン*!*」

1 8 3 7
「（内政・外政）**いやみな**年号，オーイ，モリソン*!*」

➡ 1837年，大塩の乱，生田万の乱
　　モリソン号事件

そして，その翌年，徳川斉昭が「戊戌封事」を書いた同じ年に，その年にだよ，高野長英は『戊戌夢物語』を書いているわけですよ。

だから，1836，1837，1838はちゃんと覚えて。さらに続きます。

**Q** 1839年，幕政を批判したかどで，高野長英と渡辺崋山が処罰された
　　　事件は？
　　　　　　　　　　　　　　　　　　　　　　──蛮社の獄

1 8　　3 9
「**いや**─見苦(**みぐ**る)しい大弾圧」

➡ 1839年，蛮社の獄

これが有名な弾圧事件，「蛮社の獄」ですから，1836，1837，1838，1839年は，まさに入試の焦点です。そして，**みんなが弱くなる江戸の末期**ですから，ここをがっちりと覚えておく。

とくに，**「戊戌」**はキーとなる干支，西暦1838年。

ついでに，1838年ごろまで**天保の飢饉**だったことを思い出してください。

1832〜1833年ごろから始まる天保の飢饉のピークが1837年ごろ。ここで大塩の乱。モリソン号事件。そして，翌年が「戊戌」の年，1838年。いいですね。

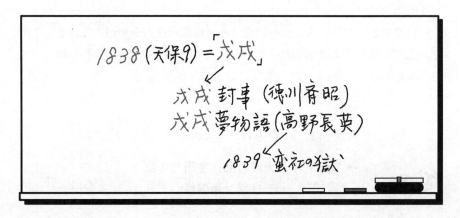

## ■アヘン戦争

はい，続き。「蛮社の獄」の翌年，**アヘン戦争**が勃発する。それが1840年です。そして，このアヘン戦争を聞いて驚いたのは，天保の改革の**水野忠邦**。

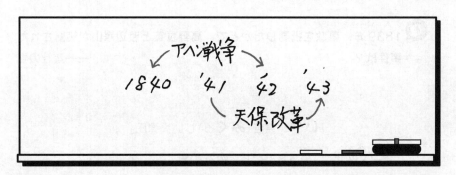

そうすると，こうなりますよ。アヘン戦争が起こったのが1840年。**大御所**が死んで，翌**1841年から天保の改革**が始まる。その天保の改革は上知令で挫折。水野が失脚したのは1843年ですよ。

はい，もう一度，天保の改革は，41，42，43年ですよ。その1842年に，「無二念」はヤバイというので，「**天保の薪水給与令**」を出します。そこで，天保の改革のところに，プラスアルファで，「1842年，天保の薪水給与令」。

■「天保の薪水給与令」

「天保の薪水給与令」の史料をざっと見ておきます。

---

## 🔍 史料

### 25　天保の薪水給与令／「徳川禁令考」

異国船来渡の節，二念無く打払申すべき旨，文政八年仰せ出され候。

外国船が日本に近づいてきたとき，二念なく打ち払えという文政8年の命令が出ている。

然る処，当時万事御改正にて，享保・寛政の御政事に復せられ，何事

しかし，現在は天保の改革の最中である。将軍は，あわれみ深い政治をしたいと思っておられる。

によらず御仁政を施され度との有難き思召に候。……之に依て文化三年

そこで今後は，文化3年

異国船渡来の節，取計方の儀に付，仰出され候趣，相復し候様

の「撫恤令」に戻して，　困っている船には一定の援助を与えて帰ってもらうようにしなさい。

仰出され候……

---

　「二念なく」，「文政八年」が1825年の「異国船打払令」，いわゆる無二念打払令。そして，「万事御改正」が天保の改革をさすこともいいですね。そして，「文化三年異国船渡来の節，取計方」に「相復」すように，というのです。

　「文化三年異国船渡来の節，取計方」というのが，いわゆる文化の撫恤令です。困っている外国船には飲料水や燃料などを与えて帰ってもらうようにという指示です。融和策。これに戻れということです。「薪水」を給与してやれというところから「天保の薪水給与令」と呼んでいるんです。

　いいですか。ところが，「天保の薪水給与令」の翌年，1843年，水野忠邦は失脚。

　年表で復習するとき，1836年から天保の改革まではとくに注意してください。基本史料もいっぱい出てきますから。

```
1836   (甲斐)郡内騒動，(三河)加茂一揆
  37   大塩の乱，生田万の乱，モリソン号事件(11 家斉→ 12 家慶)
  38   徳川斉昭「戊戌封事」，高野長英『戊戌夢物語』，渡辺崋山『慎機論』
  39   蛮社の獄
1840                    ┌────────────┐
                        │ アヘン戦争勃発 │
                        └────────────┘
  41   株仲間解散令         ↓  ←天保の改革始まる   ←大御所家斉没
  42   天保の薪水給与令   ┌──────┐
                        │南京条約│
  43   上知令  ➡水野忠邦失脚 └──────┘
  44   オランダ国王開国勧告
```

## ■オランダ国王の開国勧告

その翌年，1844 年，オランダ国王ウィレム 2 世が，**開国を勧める**手紙を
将軍宛<sub>あて</sub>に寄<sub>よ</sub>こします。

### 🔍 史 料

### 26　オランダ国王の開国勧告

……蒸気船<sub>じょうきせん</sub>を創製<sub>そうせい</sub>せるにより，以来各国相距<sub>このかたかくこくあいへだた</sub>ること遠<sub>とお</sub>くて猶近<sub>なおちか</sub>きに
　　蒸気船が登場して以来，国と国の距離は一挙に近くなった。

異ならず。……独国<sub>ひとりくに</sub>を鎖<sub>とざ</sub>して万国<sub>ばんこく</sub>と相親<sub>あいした</sub>しまざるハ人<sub>ひと</sub>の好<sub>よ</sub>ミする所<sub>ところ</sub>にあらず。
　　（そのような情勢のもとで）自国だけが国を鎖してしまって，世界の人びと
　　との交流を禁じたままでは，外国人からも嫌われてしまうだろう

貴国歴代<sub>きこくれきだい</sub>の法<sub>ほう</sub>に異国<sub>いこく</sub>の人<sub>ひと</sub>と交<sub>まじわり</sub>を結<sub>むす</sub>ぶことを厳禁<sub>げんきん</sub>したまふハ，欧羅巴州<sub>ヨーロッパ</sub>
幕府が代々外国人との接触をきびしく制限されていることは　　　ヨーロッパ

にて遍<sub>あまね</sub>く知<sub>し</sub>る所<sub>ところ</sub>なり。……是<sub>ここ</sub>に殿下<sub>でんか</sub>に丁寧<sub>ていねい</sub>に忠告<sub>ちゅうこく</sub>する所<sub>ところ</sub>なり。
でも皆知っていることです。　　そこで，殿下（将軍家）に開国をお勧めします。

ここには載<sub>の</sub>せませんでしたが，イギリスの世界進出とその脅威を**アヘン戦**

争を例にして述べ，日本が自主的に，平和裡に開国することを勧めてきたわけです。

　幕府はこれを**拒絶**します。しかし，水野失脚の 10 年後にペリー来航。そして，オランダ国王の勧告の 10 年後には，結局，**日米和親条約**を結び，開国ということになります。


　いよいよ近代へ。次回は「開国」です。

# 開国・開港貿易

　いよいよ近代。ペリーの浦賀来航，そして**日米和親条約**を締結して開国。さらに，**日米修好通商条約**を締結し，貿易も始まります。小学生でも知っている基本ですが，ここが大事な近代史の出発点です。

　貿易相手国は，日本を開国に導いたアメリカではなく**イギリス**が第 1 位，当初は**輸出超過**で黒字貿易ということになるわけですが，金貨(小判)がどんどん海外に流出する。貿易の構造も，輸出品の 8 割前後が**生糸**というイビツな構造。輸入は**毛織物・綿織物**が主。それが何を意味するのか。

　ここをしっかりやっておかないと近代史の学習は最初からつまずいてしまう。今回は近代史の学習の基礎です。しっかりやろう。

　外交で言えば，欧米と結んだ条約が**不平等な条約**だったために，明治の末までかかって**条約改正**がやっと達成される。不平等の内容は今回学習しておかなければならない。

　さらに，通貨体制を欧米と同様の**金本位制**にできるのは 1897 年。最初はどのような状態だったか。通貨制度の出発点も今回のテーマ。紡績業中心のいわゆる**産業革命**を理解するためにも今回が大事。貿易構造は，その後，どのような段階を経て，それが産業革命の段階にどう対応するのか。それも，今回の内容がその出発点となります。

　さあ，近現代史を得意分野にするためのスタート！

## ■ペリー, 浦賀に来航

　老中水野忠邦が**上知令**で失敗, 失脚したのは1843年。その10年後, ペリーが浦賀にやってきます。この10年間, アメリカは北米大陸の西海岸に到達し, 目の前に開けた太平洋での**捕鯨業**や**中国貿易**のための船の**寄港地**, **石炭や水の補給**のための港を求めていました。

　1846年にはアメリカ東インド艦隊司令長官ビッドルが**浦賀**にやって来て, 通商, 貿易を始めようと要求します。幕府はこれを断ったんですが, その2年後, 1848年にはアメリカはメキシコから**カリフォルニア**を奪い, 西海岸にも進出します。

　そこで今度は, 東インド艦隊司令長官ペリーが本気でやってくるんです。話し合うだけではダメだ。大砲の威力で交渉しよう。「**砲艦外交**」なんていいますが, ペリーは大西洋まわりで**琉球王国**の那覇に着き, さらに, **浦賀**にやってくるわけです。軍艦4隻を率いての嘉永6年のペリーの浦賀来航です。

　　　1 8　　5 3
「**いや**で**ござ**んす, ペリーさん」

➡ 1853年, ペリー浦賀来航

ペリーは
いろんな風に
描かれた

ペリーは大統領フィルモアの国書を受け取れと，迫ります。

## 「泰平の眠りをさます上喜撰（蒸気船）
## たった四はい（4隻）で夜もねむれず」

というやつですね。実際には蒸気船はその内の2隻だったんですが。

**Q** ペリー来航時の老中首座はだれか？　　　　　　　——阿部正弘

古代の"安倍""阿倍"と違って普通の**"阿部"**さんですね。

で，この阿部正弘，困り果てます。そこで，朝廷，天皇にも報告しよう，従来，まったく全国政治に関わらせなかった外様大名にも意見を聞こうということになった。ペリーが浦賀に現れたとき，将軍は12代徳川家慶だったのですが，直後に家慶が病死。

将軍はその子，徳川家定になっていますが，病弱で，阿部ががんばるしかないという状況です。阿部は思い切って幕府の独裁を破り，みんなに相談をした。そして，とりあえずペリーの国書を受け取り，「来年返事をするからね」といって，帰ってもらった。いいですか。

### ■ついに開国

その直後に，ロシアも開国と国境の確定を要求してきます。

**Q** 1853年，長崎に来航したロシア使節は？　　　　——プチャーチン

ペリーが行ったという話を聞いて，追っかけてきた。ただし，いきなり浦賀ではなく，長崎に来る。

ところが，それを聞いて，今度はペリーがあわてて，ふたたび日本へ来ちゃう。翌1854年，早々にペリーがやって来る。今度は**7隻の軍艦**がやってきた。幕府は，大砲の威力に負けて，黒船にびっくりして，みんなこれといった意見もなく，「しょうがないからつき合うか」ということになった。

1854年，東海道の神奈川宿に近い，今の横浜で日米和親条約が結ばれました。そこで**「神奈川条約」**とも呼ばれます。

日本は開国。もちろんロシアとも，「ちゃんとつき合いますよ」と，日露和

親条約を結びます。アメリカ・ロシアとだけというわけにはいきません。さらにイギリス，オランダとも同じような条約を結んでいます。

### ■「日米和親条約」

さて，日米和親条約は超重要史料です。

---

### 🔍 史料

#### 27　日米和親条約

第一条　日本と合衆国とは，其人民，永世不朽の和親を取結び，場所，
日本とアメリカは，今後永久に仲よくつき合っていきましょう。

人柄の差別之無き事。

第二条　伊豆下田・松前地箱館の両港は，日本政府に於て，亜墨利加船
伊豆の下田港と松前地の箱館港は，日本側からこれを開放し，アメリカの船に，

薪水・食料・石炭欠乏の品を，日本にて調候丈は給候為め，
日本側で用意できる範囲で，薪や水，食料などを供給するために寄港することを許可する。

渡来の儀差免し候。

第九条　日本政府，外国人え当節亜墨利加人え差免さず候廉相免し
日本政府は，今後，アメリカ以外の国に有利な条件を与えた場合は，

候節は，亜墨利加人えも同様差免し申すべし，右に付談判猶予致さず
無条件でアメリカにもその条件を許すことを約束する。

候事。

嘉永七年三月三日
1854年3月3日

---

まず基本は，条約を結んだ双方の担当者。ペリーと大学頭林韑だということ。**第1条**は「**永世不朽の和親**」——これはまあいいでしょう。そして**第2条**，開港地を覚えましょう。

**Q** 日米和親条約で開港した港は？

——下田，箱館

　箱館は現在の「函」ではなくて，竹カンムリの「箱」です。そして，「薪水・食料等の供給」を約束した。

　ここには載せていませんが，「アメリカの外交官，領事が日本に駐在することを許可する」というのもある。「必要があれば」とは書いてありますがね。

　難しいのが**第9条**，「**片務的最恵国待遇**」の**承認**です。「今後日本が，ロシアとかフランスとか別の国に新しい有利な条件を与えたときには，無条件でアメリカにも与えますよ」ということ。アメリカが損をしないように保証する条項です。

　ただし，アメリカが今後どこかの国と条約を結んで，その国にある条件を与えたとしても，日本にも認めてくれるわけではありません。日本だけがそのような義務を負っているという意味で，片方だけが義務を負うから**片務的最恵国待遇**といいます。これは**不平等な条項**として覚えておいてください。

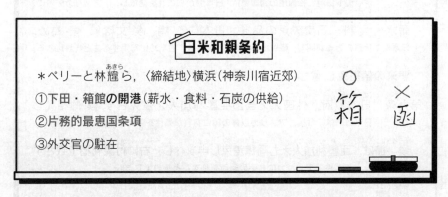

日米和親条約

＊ペリーと林韑ら，〈締結地〉横浜（神奈川宿近郊）
①下田・箱館の開港（薪水・食料・石炭の供給）
②片務的最恵国条項
③外交官の駐在

○箱　×函

　次も重要史料。**日露和親条約**。これには長崎の開港と**国境協定**が加わっています。はい。

■「日露和親条約」

## 28　日露和親条約

第二条　今（いま）より後（のち），日本国（にほんこく）と魯西亜国（ろしあこく）との境（さかい）「エトロプ」島（とう）と「ウルップ」島（とう）
今後，日本とロシアとの国境は，エトロフ島とウルップ島との間に決定する。

との間（あいだ）に在（あ）るべし。「エトロプ」全島（ぜんとう）は日本（にほん）に属（ぞく）し，「ウルップ」全島（ぜんとう）
エトロフから南側はすべて日本領であり，ウルップ島より北の

夫（それ）より北（きた）の方（かた）「クリル」諸島（しょとう）は魯西亜（ろしあ）に属（ぞく）す。「カラフト」島（とう）に至（いた）りては，
千島列島はロシアの領土である。　　　　　　　　　　　　カラフト島は，

日本国（にほんこく）と魯西亜国（ろしあこく）との間（あいだ）に於（おい）て界（かい）を分（わか）たず是迄（これまで）の仕来（しきた）りの通（とお）たるべし。
日本とロシアとの間の国境線を決めず，従来どおり両国民が入り混じって住むこととする。

国境協定は地図で確認してください。

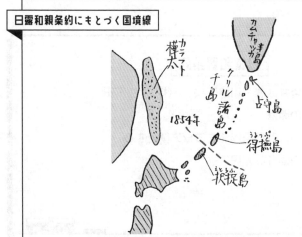

**日露和親条約にもとづく国境線**

① ｛ 得撫島（うるっぷ）以北の千島列島（ちしま）（＝クリル諸島）　→ロシア領
　　 択捉島（えとろふ）から南　→日本領
② 樺太（からふと）（＝サハリン）　→両国（民）雑居

難しいのは樺太の扱いで、「どちらの国のものとも決めるのはやめておきましょうよ」ということになりました。このような状態を、「両国(民)雑居」といいます。入り混じって住むということです。

日露和親条約では、**下田・箱館に加えて、長崎も開港する**こととしています。また、日本側だけに義務がある片務的最恵国条項は日米和親条約などと同じですが、**領事裁判権**については双務的なものとされています。

領事裁判権というのは、領事に、その赴任地での自国民に関する事件などの裁判権を認めることです。ロシア人が日本に来て、日本で犯罪を犯した場合、その裁判権は日本にはなく駐日ロシア領事に裁判権がある。

たとえば江戸の町人がロシア人に殺された場合、日本側、町奉行などは手が出せない。日本国内であっても犯人のロシア人を裁くことができないということです。日本国内でありながら日本の法の支配がおよばないので、「治外法権」とも言います。

日本側だけがロシアにこれを認めると不平等な条項になるわけですが、日露和親条約ではこれを「双務的」——両方、日本にもロシアにも認めているので、不平等な条項ではないのです。お互いに領事裁判権を認めたということです。

---

### 日露和親条約

＊プチャーチン ⇔ 筒井政憲・川路聖謨，〈締結地〉下田

① 下田・箱館・長崎の開港

② 択捉島以南を日本領，得撫島以北をロシア領とする

③ 樺太(サハリン)は両国(民)雑居

④ 片務的最恵国条項

⑤ 双務的領事裁判権

---

## ■ 阿部正弘と「安政の改革」

さて、老中のトップ阿部正弘は**開かれた政治**を始めた。

**Q** 「海防参与」という形で，幕府の顧問格となって幕政に関与した人物は？
——徳川斉昭

すでに藩主は辞めているので前水戸藩主ですが，これまで何度も出てきた斉昭が幕政に参加します。

ほかにも有力大名たちが幕政に参画していく。

**Q** 阿部政権に協力した次の各藩の有力藩主の名を答えなさい。
(1)越前(福井)藩　(2)薩摩藩　(3)宇和島藩
——(1)松平慶永　(2)島津斉彬　(3)伊達宗城

そして，幕府においても，下級武士からでも人材を登用する。さらに，江戸湾に侵入してきた外国船を撃沈する大砲を置くための人工の島，「台場」をつくっていきます。現在，フジテレビの本社がある「お台場」は，その台場の1つがあった場所です。

また，武家諸法度で500石以上の船をつくってはいけなかったのを解禁しています(大船建造の解禁)。

さらに，近代的な軍隊制度をめざして講武所というのを江戸に置く。またオランダから譲られた蒸気の軍艦を使って，近代的な航海術を学ぶ一種の学校，「海軍伝習所」を長崎につくります。また，洋学を本格的に取り入れようとします。

**Q** 洋学教育・翻訳のために設置した機関は？
——蕃書調所

1855年に蛮書和解御用掛を拡充して洋学所としたのですが，安政の大地震で全壊してしまったので，1856年に再建する際に蕃書調所と改称したもので，幕臣だけでなく，広く人材を集めました。

すなわち，阿部は開かれた幕政をめざして洋式軍備を取り入れ，従来幕政に参加できなかった人にも力を貸してもらおうという開かれた政治をめざしたのですが，まもなくこの阿部は引退，没してしまいます。

## ■条約締結までの政局

さあ，そこへ今度はアメリカが，「必要がある」と称して下田に外交官を送っ
てきました。それが，総領事ハリスの着任です。そして，「貿易を始めよう」，
**通商条約の締結を要求**する。

**Q** 阿部正弘に代わって老中のトップは？
——堀田正睦

ハリスは，「**アロー戦争（アロー号事件）**」を背景に通商を迫る。第2次アヘ
ン戦争とも呼ばれるアロー戦争で，ふたたび中国（清）が**イギリス・フランス
連合軍**にコテンパンにやっつけられて**天津条約**を押しつけられる。中国の危
機が幕府に与えた影響は大きい。あの中国がやられている。

堀田は，「もうこうなったら，貿易を認めるしかないだろう」と意思を固め
ますが，阿部のときに朝廷に報告したことを受けて，一応，天皇の許可を得
ようとします。

ところが，京都へ行って許可を求めた堀田に対して**孝明天皇**がなんと，
「ノー」と言った。天皇が拒否をした。堀田は立ち往生してしまいます。阿部
がペリーの来航を朝廷にも報告して以来，朝廷，天皇の国政上の地位が上がっ
ていた。そこで，「ノー」という返事がきた。

その背後に，**雄藩**などの策動があると見た幕府は，ここで逆ギレする。す
なわち，阿部がみんなに相談なんかするから，天皇までが「ノー」なんてこと
を言い出したんだと。もとの幕府独裁に戻ろう。

**Q** 堀田正睦のあとをうけて，独裁政治への復帰をめざした大老は？
——井伊直弼

これは有名ですよね。**大老井伊直弼**の登場。天皇の許可がないまま（「**無
勅許調印**」あるいは「**違勅調印**」），天皇の意向なんか無視して**修好通商条
約**を結んだわけです。アメリカに続いて，オランダ，ロシア，イギリス，フ
ランスとも同様の条約を締結していきます。

「いいなおすけ」と言えても，書けない人がときどきいます。念のため，

井伊直弼

■「日米修好通商条約」

いよいよ貿易が始まる。まず，日米修好通商条約を確認しましょう。

## 史料

### 29 日米修好通商条約

第一条　向後日本大君と，亜墨利加合衆国と，世々親睦なるべし。

今後，将軍と合衆国は仲よくやっていきましょう。

第三条　下田箱館港の外，次にいふ場所を左の期限より開くべし。

下田，箱館以外に，次の場所を開港する。

神奈川…西洋紀元千八百五十九年七月四日

1859年7月4日から

長崎…　同断

同じ

新潟…西洋紀元千八百六十年一月一日

兵庫…西洋紀元千八百六十三年一月一日

神奈川港を開く後六ケ月にして下田港は閉鎖すべし。……此ケ条の内に

神奈川港を開いたあと，6カ月後に下田は閉鎖する。　　　　　　これらの港について

載たる各地は亜墨利加人に居留を許すべし。……双方の国人，品物を

は，アメリカ人には居留地を設けて，そこへの滞在を許可する。日米両国人が商売をする

売買する事総て障りなく，其払方等に付ては日本役人これに立会はず。

ときには，役人は一切これに干渉せず，自由な商売を保証する。

第四条　総て国地に輸入輸出の品々，別冊の通，日本役所へ運上を

輸出入については，別冊で決めたとおりの税率で，運上という関税を払う。

納むべし。

第五条　外国の諸貨幣は，日本貨幣同種類の同量を以て通用すべし。

日本とアメリカの貨幣は，金貨は金貨同士，銀貨は銀貨同士，同じ重さ同士で交換

（金は金，銀は銀と量目を以て比較するを云）……

をする。

第六条　日本人に対し，法を犯せる亜墨利加人は，亜墨利加コンシュル

日本人に対して違法行為を犯したアメリカ人は，居留地のアメリカ領事裁判所で，

裁断所にて吟味の上，亜墨利加の法度を以て罰すべし。亜墨利加人に対し

アメリカの法律をもって処罰をする。　アメリカ人に対して

法を犯したる日本人は，日本役人糺の上，日本の法度を以て罰すべし。

違法行為のあった日本人は，日本の役人がこれを糾明して，日本の法律で裁くこととする。


## ■通商条約の要点

ハリスと井上清直（下田奉行）・岩瀬忠震（目付）のあいだで結ばれました。
内容は，意訳で大部分わかるでしょう。

**第３条**で新しい開港地が決められます。貿易港とされたのは，すでに開港
されている下田・箱館に加えて「神奈川・長崎・新潟・兵庫」。そのうち，神
奈川・長崎が西暦1859年から。そして，**神奈川**が開かれたあと，下田は代
わりに閉鎖されることを覚えておく。そして，神奈川は東海道の宿駅で人々
の往来が激しいので，実は幕府はうそをついて，隣の**横浜**を神奈川だと言っ
て開いたこと。

次に，外国人は自由にそのあたりに住むのではなく，一定の囲い込まれた
範囲内の「居留地」に住むというふうに，日本人と分離して住まわされたとい
うことを覚える。

ハイ，ここは，しっかり声に出して覚えましょう。

かながわ・ながさき・にいがた・ひょうご
かながわ・ながさき・にいがた・ひょうご
かながわ・ながさき・にいがた・ひょうご

復習のときに必ず声に出して確認すること。

## ■「協定関税制」

　そして，自由貿易の協定と，**第4条**で「運上」と呼ばれる関税の納付が規定された。ただし，自由貿易とはいえ，**アヘンの取引，輸入は禁止**されています。税率は，史料にあるように，別冊の「**貿易章程**」という付属の協定書で決められていて，これを**協定関税制**といいます。

　通常の国ならば自由に変えられる**関税の率を固定されてしまった**。つまり，独立国が持っているべき，自国の経済を守るために**関税率を変更する権利（関税自主権）を放棄**して，協定でこれを固定してしまった。しかも，日本側だけがその義務を負ったので，これは重大な**不平等条項**になります。

## ■「領事裁判権」

　さらに**第6条**。居留地内とはいえ，日本の領土内でアメリカ人が犯罪などを犯した場合に，日本側が**日本の法律で裁くことができず**，アメリカの法律を適用するという，法律上の不名誉な地位も甘んじて受け入れてしまいました。「**領事裁判権条項**」といって，これも重大な**不平等条項**です。日露和親条約では，両国とも領事裁判権をもっていたことは先ほど説明した通りです。

　注意するのは，これは**居留地内で日本人に対して法を犯したアメリカ人の話**だということ。居留地で日本人が殺人なんかをやった場合は，日本の役人が日本の法律で裁くんですよ。これらの不平等な条項の存在が明治時代の最大の外交課題の1つになる**条約改正**の原因になるので，しっかり覚えておいてください。

## ■「安政の五カ国条約」

　以下，同様の条約を，この年（1858年）のうちに，**アメリカ**のほか，**オランダ・ロシア・イギリス・フランス**の4国とも結びます。総称して，「**安政の五カ国条約**」といいます。

　さあ，ここも声を出して，

米(べい)・蘭(らん)・露(ろ)・英(えい)・仏(ふつ)
べい・らん・ろ・えい・ふつ
べい・らん・ろ・えい・ふつ

そして，日米両国内の手続きを経て，正式にこの条約にもとづいて貿易を始めましょうという，一種の証明書をお互いに交換します。これを「批准書」の交換といいますが，

**Q** 批准書をアメリカに届けた幕府の外国奉行はだれか？　　——新見正興

ついでに，新見正興に随行して渡米し，さらにヨーロッパを歴訪したのが福沢諭吉です。もう1つ追加。新見が乗ったアメリカの軍艦のうしろから随行船を操っていったのが，咸臨丸の勝海舟です。

さて，このようにして日本はついに，開国のみならず，貿易を開始するということになりました。

## ■開港貿易

いよいよ開港貿易が始まります。

まず，始まったのは1859年，横浜，長崎，箱館の3つの港です。イギリスがほとんど貿易を独占状態で行い，貿易額では横浜が圧倒的に第1位です。アメリカは南北戦争で国内が戦争となり出遅れてしまう。まず，

### 開港貿易…イギリス中心，横浜中心

内容は，居留地での，外国人商人と日本人商人の自由な取引き。取引きはほとんど銀貨で行われました。

## ■後進国型の貿易

次に，輸出入品の品目。**輸出品**は簡単。

**Q** 輸出量の 80％を占めた年もあるメインの輸出品は？　——生糸です。

ほかに，お茶，蚕卵紙，これは蚕の卵をはりつけた紙です。あとは海産物。生糸・茶は絶対覚える。次に，**輸入品**。

**Q** おもな輸入品を 2 つあげなさい。　——毛織物・綿織物

輸入品は，ウール——羊さんの毛でつくった毛織物，それから綿織物。布ですよ。ほかに，武器，艦船などが入ってきます。

農産物を加工した糸，生糸，お茶を輸出し，近代的な工業製品である毛織物，綿織物を輸入するという**後進国型の貿易**です。

初めのうちは生糸などが大量に売れて，輸出が輸入を超えます（出超）が，やがて**輸入が輸出を超えてしまいます**（入超）。

## ■国内経済への影響

さて，貿易が始まった結果，日本国内の経済に影響が出てくる。1 つは，**製糸業**，**製茶業**は発展し，**マニュファクチュア**が広く展開します。

ところが，**絹織物業**は逆に材料の生糸をどんどん外人が買っていってしまうので，材料不足で打撃を受ける。そして何よりも大きいのは，綿織物，綿の布が入ってきてしまうので，綿花を生産する**綿作**，そして国内の綿織物業者が打撃を受けます。

そして，自由貿易であったこともあり，北関東などの養蚕地帯から**在郷商人が直接横浜に物を送ってしまう**。すなわち，江戸の問屋をパスしてしまう。**流通のシステムそのものに大きな打撃**を与えました。

## ■「五品江戸廻送令」

江戸は**品不足によるインフレ**となり，あわてた幕府は貿易の統制を試みます。

**Q** 幕府が生糸などの重要な 5 品目については，まず江戸に送れと命じた法律は？　——五品江戸廻送令

史料をチェックしましょう。

## 30　五品江戸廻送令

神奈川御開港，外国貿易仰せ出され候に付，諸商人共一己之利徳に

神奈川(実際には横浜)が開港され，外国貿易が許可された結果，多くの商人が自分の利益だけ

泥み，競て相場せり上げ，荷元を買受け，直に御開港場所江相廻し候

を考えて，より高い値段で生産地で物を買い集め，　直接開港場所へ運んでしまうので，

に付，御府内入津之荷物相減，諸色払底に相成，難儀致し候趣相聞

江戸に入ってくる荷物がどんどん減っている。そこで，あらゆる物が品不足になって

候に付，当分之内左之通仰せ出され候。

いって，江戸の人々が困っているということを聞いたので，当分のうちは次のようにせよ。

　　　一，雑穀　一，水油　一，蠟　一，呉服　一，糸

右之品々に限り，貿易荷物之分者，すべて御府内より相廻し候筈に

右の5品目については，貿易に回す分はすべて江戸から神奈川に回すようにしなさい。

候間，在々より決して神奈川表へ積出し申間敷候。

農村，生産地から直接神奈川に物を運ぶことは禁止する。

実際には横浜を開きますが，あくまでも建て前は神奈川ですから，史料の穴埋め問題では注意しましょう。

江戸に物が入ってこない。このあたりは意訳でわかりますね。「五品」は単純暗記です。**順序正しく**覚えておく。注意するのは，

**Q**　「糸」はどんな糸か？「水油」は何の油か？

答え。「糸」は生糸。「水油」は菜種油です。

さて結果はというと，若干の効果はありますが，抜本的な解決策にはならず，インフレが続く。

江戸の一般庶民から見ると，開国貿易がもたらした結果は**インフレによる生活苦**。これがすべてでしょう。江戸の町人たちは，これで幕府に対して反

感を持っちゃう。

　もちろん江戸っ子だけじゃありません。経済的な混乱，物価高騰は**攘夷論<ruby>の高揚<rt>こうよう</rt></ruby>**につながっていきます。「攘夷」——外国を追い払え，という声が高まり，尊王論と結びついて**<ruby>尊王攘夷<rt>そんのうじょうい</rt></ruby>**。やがて，**倒幕**という流れが出てくるわけです。

　さあ，ここも暗記。

ざっこく・みずあぶら・ろう・ごふく・いと
ざっこく・みずあぶら・ろう・ごふく・いと

## ■金銀比価問題

　さらに，もう１つ大問題が生じます。通商条約で，金と金，銀と銀という貴金属貨幣は「同じ重さだったら交換しましょうよ」ということになっていましたね。覚えていますか，「<ruby>同種同量交換<rt>どうしゅどうりょうこうかん</rt></ruby>」。

　ところが，ここにとんでもないやっかいな問題が実はあった。すなわち，世界では，“金１：銀15”でだいたい交換が成り立っていました。ところが，長いあいだ海外との本格的な交易が閉ざされていた日本では，なんと“金１：銀５”だったんです。

金・銀の交換比率 ┌外国…1：15
　　　　　　　　 └日本…1：5

　さあ，黒板を見てよく考えてくださいよ。外国人が銀15を日本に持ってくると，どういうことが起こるか。日本国内でも，やはり銀15の重さに変わりはありませんから，それを金に<ruby>換<rt>か</rt></ruby>えると金が３になる。別の言い方をすると，金１を持ってきて日本で金に換えればそれは金１ですが，日本に銀15で持ってくると，日本国内では金が３になるわけですね。その金３を持って帰ってアメリカで銀に交換すると，銀45になります。これが「**金銀<ruby>比価<rt>ひか</rt></ruby>問題**」です。

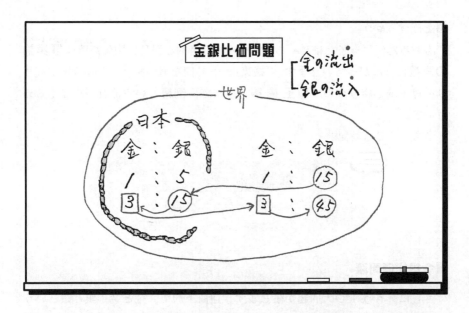

この結果，何が起こったかというと，日本から**金が流出し，銀が流入する**ということですね。外国人が外国の銀貨（洋銀）を持ち込んで，代わりに持ち出した金貨は 10 万両以上と推定されています。もちろん，幕府も事情がすぐわかりましたから，あわてて対策を考えます。

**Q** 外国への金流出をくいとめるため，金銀比価を国際水準に近づけるために改鋳した小判は？
　　　　　　　　　　　　　　　　　　　　　　　——万延小判

すなわち，金の量を思いきり減らして，同じ 1 両とつけておく。だからこれは，財政難からの出目稼ぎの改鋳ではありません。そうやって日本もなるべく 1 対 15 に近づけないと，金の流出が続くからでした。

## ■「インフレ」が庶民レベルの攘夷の契機となる

ところが，一方で，1 枚の小判をそれまでの 3 分の 1 以下の大きさにしてしまうわけだから，国内には高額の額面の金貨が出まわることになる。

仮に金 900 kg が 1 両の小判で 10 万両，市場で流通していたとします。1 両の小判，額面 1 両のままで，含まれている金の量を 3 分の 1 にしたらどうなるか。

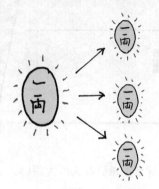

安政小判　　万延小判

　金の量が3分の1になったのに，額面は1両と書いてあるわけですから，金900kgは30万両となり，これが市場で流通することになる。実際にはもっと複雑ですし，そんな簡単に小判が入れ替わるわけではありませんが，理屈だけわかればいい。

　要するに，図のように，1両の価値が下がる。市場に流通する貨幣の額面が増加する。ということは，インフレが起こるということです。それも，**強烈なインフレ**がやってくる。

　品不足によるインフレにこの改鋳が加わってインフレが加速され，一般の人は日常生活物資も買えなくなるような状態になったんだと。
　これが**庶民レベルの反幕府**，**攘夷運動の背景**になったというところが，一番大事な，開国貿易の社会に与えた影響ということになります。

　さて，ここまでが近代史の第1歩。一番大事なところです。年表を見ながら，繰り返し復習してください。

# 幕末の政治過程

　さあ，いよいよ幕末の政治情勢。好きな人は大好き，嫌いな人は大嫌い。混乱につぐ混乱の時代です。

　もう一度，ペリーの来航，イヤデゴザンス（**1853年**）まで戻って，1867年の**王政復古の大号令**，幕府が倒れるまで。できるだけ簡潔にまとめましょう。

　幕府の中枢から言えば，

> 阿部正弘→堀田正睦→井伊直弼→安藤信正→一橋慶喜→徳川慶喜

といった順番です。この間，外国との戦争も起きます。

**阿部正弘** ➡ペリー来航，**日米和親条約**で開国。

**堀田正睦** ➡**ハリス**通商の開始を要求，条約勅許問題で挫折。

**井伊直弼** ➡**大老**として幕府独裁に戻る，**日米修好通商条約**

　　　　　　安政の大獄，**桜田門外の変**

**安藤信正** ➡**公武合体**，和宮降嫁

　　　　　　坂下門外の変

ここまでは簡単。ここからがちょっと複雑。

　そして，焦点は**薩英戦争・四国艦隊下関砲撃事件**。薩摩藩，長州藩が外国と戦って敗北。ここから倒幕に向かうところをしっかりと学習しましょう。

　今回は，前回の第42回と内容はダブります。ダブっても大事なところは，もう一度説明していきます。

## ■阿部正弘

　ペリー来航のときの老中の筆頭は備後福山藩主阿部正弘。居城福山城の天守閣の隣は河合塾福山校。広島県立歴史博物館もあります。郊外を流れる芦田川の三角州から発見された「草戸千軒町」の忠実な復元展示でも有名です（第2巻，p.194の写真はその一部）。

　さて，阿部に始まる内政で一番重要なのは朝廷への報告，そして，外様も含めての有力藩主たちの協力を仰いだこと。結果的に，朝廷，天皇の政治的地位が上昇し，雄藩の意見が政治に反映される契機となったことです。

　開国に踏み切った阿部は人材を登用し，内政改革に乗り出します。いわゆる「**安政の改革**」。復習ですよ。

**Q** 安政の改革で設置された西洋の軍事技術を導入するため，江戸と長崎に置かれた施設は？　　──(江戸)講武所・(長崎)海軍伝習所

**Q** 講武所の教授に登用された，砲術で有名な長崎の町人は？　　──高島秋帆

　高島秋帆は1841年，天保の改革のときに江戸に来て，徳丸原(現在の板橋区高島平)で独自に開発した西洋式の砲術訓練を披露したことで有名です。**アヘン戦争**の情報に危機感をもったのです。

　もちろん，雄藩などでも人材登用が進み，西洋式の軍事技術の導入が始まっています。

## ■堀田正睦

　さて，阿部が病気で引退，39歳の若さで死んでしまいます。次の老中筆頭は堀田正睦。

　安政の改革も，保守派の反発で勢いを失います。そこへ**ハリス**がやって来る。「開港貿易やむなし」ということになったが，条約勅許に失敗して失脚。

第43回　幕末の政治過程

天皇の意向が幕府政治を左右したという結果です。もちろん，その背後に一部の公家や雄藩の思惑があった。

## ■ 将軍継嗣問題

幕府は内部に問題を抱えていました。はい，それが「将軍継嗣問題」です。「継嗣」とは跡継ぎ。すなわち，将軍に跡継ぎとなる男の子がいない。

### Q 堀田正睦が老中筆頭だったころの将軍はだれ？ ——徳川家定

徳川家定は忘れやすい将軍ですよ。ついでに，堀田正睦もけっこう忘れやすい。5代綱吉のときの堀田正俊とまちがえる人もいる。

〇堀田正**睦**

×堀田正**俊**

さて，この家定が病弱で跡継ぎがいない。皮肉な話だ。・家定のあとが定まらない。そこで養子を迎えておこうというときに，候補者が2人いた。

1人は何度も出てきた水戸の徳川斉昭の息子——当時，一橋家を継いでいた一橋慶喜です。阿部正弘以来，発言力を増した親藩・外様たちは，優秀な人物ということで，この一橋慶喜を次の将軍にしたいと考えた。このグループを一橋派と呼びます。

実父の徳川斉昭はもとより，**島津斉彬**，**山内豊信**，そして，越前の親藩松平 慶永などは，英明で有能な将軍を望んだ。

もう1人の候補は，南紀の殿様，三家の紀伊(和歌山)藩主徳川慶福。譜代大名を中心とする保守派，伝統的なグループ南紀派は家定に血縁的にもっとも近い慶福を推した。子供の将軍のもとで譜代大名中心の政治をめざした。

```
┌将軍継嗣問題 ← ┌ 南紀派(徳川慶福)…保守派
│              └ 一橋派(一橋慶喜)…改革派
└条約勅許問題 ← ハリスの通商要求
```

老中首座堀田正睦は，実はどちらでもよいと思っていたようですが，条約勅許問題と将軍継嗣問題が絡んで，一橋派の連中に，どうやら天皇を使ってでも一橋慶喜を将軍にしようとする動きがあると察知した保守派がキレてしまったらしい。井伊直弼の大老就任には，そういう側面もあったといいます。

### ■ 井伊直弼

　そこで井伊は，無勅許つまり，天皇の許可のないまま，幕府の独裁で，修好通商条約を結びました。「違勅調印」などと呼びます。将軍の跡取り問題に，「親藩や外様なんかが口を出すとは何事か！」——幕府は幕府でやっていく。ということで，徳川慶福を将軍継嗣とし，養子で江戸城に迎え入れた。

　まもなく13代将軍家定が死に，この慶福が14代将軍に就任する。将軍になって，慶福は名前を家茂と改めます。将軍継嗣問題のときは，紀州藩主徳川慶福，将軍になって，14代家茂ですよ。そして，井伊直弼は一橋派を弾圧していく。

**Q** 井伊直弼の一橋派に対する弾圧事件を何というか？
——「安政の大獄」

　さすがに，三家水戸の徳川斉昭やその息子の一橋慶喜，親藩越前の松平慶永を死刑というわけにはいきませんので，「家でじっとしていろ」，「息子に代を譲って隠居せよ」——蟄居・隠居・謹慎などの処置をとって政治から遠ざける。区別なんか覚えなくていいよ。

　そして越前の松平慶永の右腕として活躍していた橋本左内，長州の思想家で影響力の強かった吉田松陰，『日本外史』で有名な頼山陽の息子，頼三樹三郎などは死刑。処刑されてしまいます。

　そこで，当然反発がくる。

**Q** 万延元年（1860年），水戸藩の元藩士（浪士）たちの大老井伊直弼暗殺事件を何というか？
——桜田門外の変

　3月3日（お雛さまの日），雪の降る日に，井伊が江戸城に登城する途中，江戸城の門の1つ，桜田門のあたりにさしかかったところを，水戸藩の浪士

たちが襲撃し，井伊の首をハネた。桜田門は，今の警視庁のまん前の門です。幕府としては大ショック。

　3月3日で3が重なるので，「重三の変」なんて呼ぶこともあります。

---

### 井伊直弼の政治

＊大老に就任　➡強硬策

①
- **将軍継嗣問題**…紀州藩主**徳川慶福**に決定　➡ 14代家茂
- **条約勅許問題**…勅許なしで日米修好通商条約を調印

　　　　　　「違勅調印」　➡安政の仮条約，五カ国条約

② **安政の大獄**…一橋派などを弾圧。

③ 桜田門外の変で暗殺される。

---

### ■ 尊王攘夷・公武合体

そんな状況で幕府の権威はグラグラ。そして，尊王攘夷運動が高まってくる。

すなわち，阿部正弘が朝廷にペリー来航などを報告して以来，朝廷の発言力は高まっている。国学，とくに平田篤胤に始まる「復古神道」などもさかんになっている(p.77)。もっと天皇を日本の中心にし，外国を追っ払え，という排外主義が広がります。

庶民たちも経済的な困窮から反発を強める。外国人殺傷事件があいつぐ。アメリカの通訳官ヒュースケンの殺害，あるいはイギリスの仮公使館だった東禅寺が襲撃される東禅寺事件。

### ■ 安藤信正

幕府は，「なんとかみんなでがんばろうね」という体制になります。

**Q** 1860年，井伊直弼の死後，老中首座となった人物は？

——安藤信正

安藤信正は考えた——強硬政治は行き詰まった。将軍と天皇を兄弟にしちゃおう。つまり，天皇の妹を将軍家茂の嫁さんにしようという政治工作を進めます。これが，孝明天皇の——娘じゃないよ，妹，皇女和宮の降嫁です。「降嫁」というのは，天皇家，皇族の身分を捨てて，臣下の徳川家に，身分を下して嫁に来るということです。和宮降嫁が決定しました。

そうすると，尊攘派はますます怒りました。天皇に条約の許可を願い出て「ノー」と言われたら無視して勝手に条約を結び，今度は政略結婚で天皇の権威を利用して将軍の権威を保とうとする。「汚ねえぞ！」。そこで，

**Q** 1862年，和宮降嫁に怒った尊攘派の志士が安藤信正を襲った事件は？

——坂下門外の変

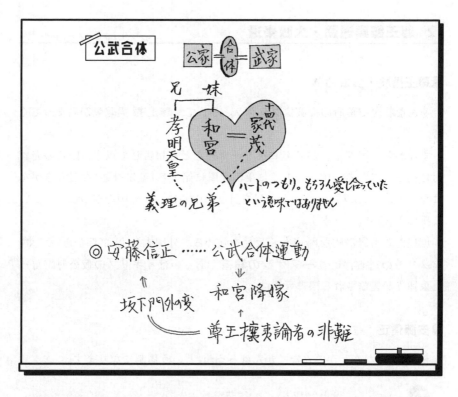

今度は桜田門からほんの歩いて5〜6分の坂下門の前です。**安藤信正**は命は助かりましたけど，権威を失って，失脚。

## ■文久2年（1862年）

ハイ，この1862年（文久2年）が，幕末史の一番やっかいなところです。1862年の一連の動きというのは，順番どおり覚えなきゃいけません。

### ①坂下門外の変

まず，坂下門外の変で安藤信正が失脚する。すると，薩摩藩の**島津久光**が京都に現れます。

久光は，藩主ではありません。前藩主でもありません。当時の薩摩藩主島津忠義のお父さんです。そこで，国の父，「**国父**」といいます。教科書ふうに言うと，「薩摩藩の中心」。実権を握っていた。

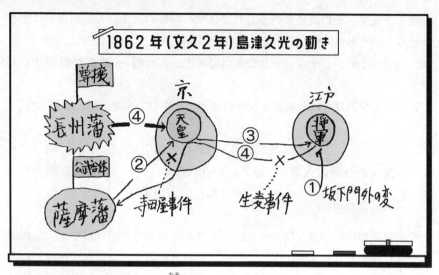

①坂下門外の変…安藤信正，襲われる

②(国父)島津久光上洛　→寺田屋事件

③勅使大原重徳をかついで江戸へ　→文久の改革

④帰途，生麦事件(薩英戦争の因となる)

　このころには長州藩が朝廷を掌握していた。そこで久光は鹿児島に帰る

## ②島津久光上洛　➡寺田屋事件

　久光は何のために京都に現れたのか？――「幕府がまたこけた。ここはわ
しが，京都と江戸，天皇家と将軍家のあいだに入ってまとめてやり，主導権
を握ってやろう」という意欲を持ったんでしょう。

　ところが，薩摩藩のなかにも過激な尊攘派がいる。京都の南伏見にある寺
田屋というちっちゃな旅館に，薩摩藩の過激派も集まってくるんです。

　ところが，久光は，公武合体，すなわち公家と武家をいっしょにする道を
考えています。過激な路線はいけない。

　島津久光は，子分のなかで剣の立つやつに命じて寺田屋を襲撃させ，自分
の藩の尊攘派を切り殺してしまいます。これが寺田屋事件です。薩摩藩の姿
勢を公武合体で一本化したわけです。

## ③文久の改革

　久光は朝廷に働きかけて，孝明天皇の使者，勅使として大原重徳という公

家さんを立て，その護衛という名目で江戸に向かいます。天皇が将軍に使者を送るという名目です。そして，**幕政改革を要求し**，幕府はこれに応じて「**文久の改革**」に着手します。**安政の大獄で弾圧された旧一橋派が復帰**するんです。

この改革で設けられた職名と人物の3点セットは，一発で覚えましょう。

**文久の改革の人事**

| | |
|---|---|
| 松平慶永（越前福井藩主）… | 政事総裁職 |
| 一橋慶喜（一橋家）……… | 将軍後見職 |
| 松平容保（福島会津藩主）… | 京都守護職 |

政事総裁職の「じ」は，政治の「治」サンズイではなくて，「事」ですよ。将軍後見職は将軍を後見するアドバイザー。京都守護職は，京都所司代の上に置かれた特別の職で，この京都守護職の支配下に，後に「**新選組**」という尊攘派制圧部隊が所属します。

また，この改革で，**参勤交代制も緩和**されます。さらに，

**Q** **蕃書調所（1856年）を拡充させて改称したのは？** ──**洋書調所**

## ④島津久光，京都への帰途 ➡生麦事件

さて，久光が，幕府を指導して意気揚々と江戸からもう一度京都へ戻る途中，**生麦事件**が起こります。横浜のすぐそばの**生麦**というところで，馬に乗ったイギリス人と出会ったところ，久光の部下がこれを切り殺した。

イギリス人は怒りました。「出会っただけで何もしてないのに殺すとは何事か！」。薩摩藩ももちろん納得しません。大名行列がやって来たのに，道を譲らずに進んできた一般人を排除するのは当然だ。無礼な外国人をやっつけて何が悪い！ あいだに入って，幕府は右往左往するばかりです。

島津久光が江戸に下向し，帰途，生麦事件を起こし，そのまま京都へ向かっているこのあいだに，なんと京都の**孝明天皇**の朝廷周辺の状況ががらっと変わっていた。

すなわち，**長州藩**が京都に入ってきて，「攘夷をやりましょう」といって，天皇のまわりを固めてしまったんです。天皇のまわりにいる貴族，公家たち

のなかには，**公武合体派**と呼ばれる，幕府と協調する路線をとる穏健派もいれば，三条実美など過激な尊攘派の連中もいる。天皇のまわりを尊攘派が取り囲んじゃった。

　久光の努力は水の泡になり，長州藩によって，京都の朝廷は尊攘派——尊王攘夷派でガチンガチンに固められ，幕府に対して「早く外国を追い払え。攘夷をせよ」という要求がガンガンくる。なんと，今度は三条実美が勅使となって，幕府に攘夷を命じます。こうして激動の**文久2年が終わります**。

## ■ 長州藩の攘夷決行

　将軍後見職になって，事実上，幕府のトップとなった一橋慶喜は困った。天皇からは，「おまえは"征夷大将軍"だろう。夷狄をやっつけろ，攘夷をせよ」。

　将軍家茂とともに京都に呼び出された一橋慶喜は，ついに，**文久3年**の「5月10日」に攘夷を決行することを約束させられてしまう。

　そう言わないと，長州藩にそそのかされた天皇が「幕府がやらないのなら，わしがやる」なんていうことになったらタイヘン。

　もっとも，5月10日が来ても，幕府は何もしませんよ。適当な命令を出して，ごまかしておいた。

　ところが，長州藩だけは本気ですから，文久3年5月10日，関門海峡をとおる船に向かって，ドスーン，ドスーンと大砲を撃ち始めました。これが，**「文久3年5月10日」の長州藩の攘夷決行**です。関門海峡がとおれなくなっちゃった。もちろんイギリスやアメリカはみんな怒りましたが，幕府は止められない。

## ■ 薩英戦争

　長州藩が砲撃で関門海峡を封鎖しようとしだしたころ，今度は，**鹿児島で戦争**が始まります。**薩英戦争**。薩摩対イギリスの戦争です。

　生麦事件に対して幕府が適切な処置をとれないので，1863年，イギリスがついに艦隊を鹿児島湾に送って**薩英戦争**が起こり，**薩摩藩はイギリスに屈服**する。

## ■ 八月十八日の政変

「このままじゃまずいぜ」という話になって，京都の朝廷を改造しようと，今度は公武合体派が巻き返しを図る。

**Q** 公武合体派が天皇周辺の長州藩中心の尊攘派を追い払ったクーデターは？

——八月十八日の政変

薩摩・会津藩兵が，公武合体派の公家と示し合わせて，三条実美ら尊攘派の公家を排除し，長州藩兵を京都から追放した事件です。

そこで攘夷が不可能になったことに絶望した「天誅組の変」（1863年），あるいは「生野の変」（1863年），「天狗党の乱」（これは1864年）など，過激派の挙兵がこのあとあいつぎますが，これは鎮圧されました。ここまでが1863年の動きです。

## ■ 第1次長州征討（1864年）

長州藩を追い払ったあとも，京都に尊攘派の活動家たちが潜入してくる。新選組がスパイ網で察知して，大量に尊攘派を殺した事件が池田屋事件です。これは京都の市内の旅館ですよ。寺田屋と混乱しないように。

そして長州藩は，「もう一度，京都を奪回しようぜ」というので，なんと家老が軍隊を率いて京都に攻め上ります。

**Q** 長州藩兵の上洛を京都御所の各門で幕府側が防いだ戦闘を何というか？

——禁門の変（蛤御門の変）

中でも激戦が繰り広げられたのが蛤御門です。長州藩兵は敗退します。そこで，ようやく幕府は「長州藩をやっつけろ」という命令を出して，第1次長州征討が始まります。

1863年の攘夷決行後の長州藩の状況ですが，米・蘭・英・仏，4カ国の連合艦隊が，1864年，下関を直接，艦隊の砲撃で攻撃して，長州藩の砲台を占拠し，全部撤去してしまいます。これで，**長州藩もギブアップ**。

大事なところですよ，ここは。薩英戦争，四国艦隊下関砲撃事件（下関戦争）

によって，**薩長が攘夷はもう物理的に不可能だと悟った**ということです。

　ところで長州藩は，このとき，長州征討の幕府軍の攻撃も受けていましたが，こちらのほうも戦う前に早々とギブアップ。禁門の変の責任をとって家老が切腹，謝ってしまいます。

　ここは，超重要なところです。完全に，今，暗記してしまう。

**Q** 四国艦隊の四国とは？
　　──米・蘭・英・仏（アメリカ・オランダ・イギリス・フランス）

　いいですか，「**安政の五カ国条約**」の 5 カ国から**ロシア**を抜いて「**四国**」艦隊。

┌─安政の五カ国条約……米・蘭・露・英・仏
└─四国艦隊（下関砲撃）…米・蘭　　英・仏

　下関戦争と薩英戦争という 2 つの戦争が，その後の動き──幕府の滅亡，明治新政府成立の契機になったのです。

┌─────────────────────────────┐
│　1862（文久 2）… **生麦事件**
│　　63（文久 3）… 5.10 **長州藩攘夷決行**　　7 **薩英戦争**
│　　64（文久 4）… 7 **禁門の変**
│　　　　　　　　　8 **第 1 次長州征討　四国艦隊下関砲撃**（米蘭英仏）
└─────────────────────────────┘

### ■ 1865 年，「条約勅許」

　ちょっと 1 つだけ，プラスアルファで覚えておくのが「**条約勅許**」。すなわち，1865 年に列強の艦隊が兵庫沖までやってきたので，その圧力に屈した孝明天皇は条約を許可します。ここで，ようやく「**違勅調印**」の状態が解消されたわけです。

　しかし，通商条約で決められた兵庫の開港日が近づいてきます。経済的混

乱が京阪神地方におよんではえらいことだというので，開港日を延ばしてもらいます。また，下関戦争の賠償金の代わりという意味で，協定関税の輸入税率を5%に下げた。その協約書が改税約書です。貿易では，ますます外国が有利になった。

## ■薩長，攘夷から倒幕へ

さあ，ここからは簡単。薩摩と長州は「攘夷」を捨てて，「倒幕」で一致しちゃう。

一度屈伏した長州藩では，穏健派に代わって，倒幕派の高杉晋作たちが主導権を握ります。

**Q** 高杉晋作が組織した庶民を含む軍隊を何というか？ ——奇兵隊

「農民でも商人でも，やる気のある者は軍人になれ」と言って，自発的な軍隊をつくっていた。その武力を使って藩の権力を奪い，イギリスに接近していく。

薩摩藩でも，西郷隆盛，大久保利通たちが台頭してきて，イギリスに接近する。

イギリスは考えた。薩長のほうが幕府よりはましだ。言うこととやることが，少なくとも一致している。幕府は，決断力も何もない。そこで，イギリス公使パークスは，薩長の支持という腹を固めます。薩長も攘夷を完全に捨て，倒幕に向かっていきます。

このころ，新しいフランス公使ロッシュが着任しますが，ロッシュは「いや，やっぱり日本は幕府が中心だよ」というんで，幕府の支持にまわる。イギリスとフランスの対日外交の姿勢が変わります。

それまでイギリスがリーダーとなって，対日外交で共同歩調をとっていたのですが，イギリスと薩長が接近していくのに対して，フランスは幕府をバックアップするようになるんです。

幕府はすでに海軍伝習所を長崎に設置していて，それにともない，汽船の機関の製造，修理が行えるように工作機械を導入した「長崎製鉄所」という造船所を開設していた。それにつづいて1865年には，**フランス**の援助のも

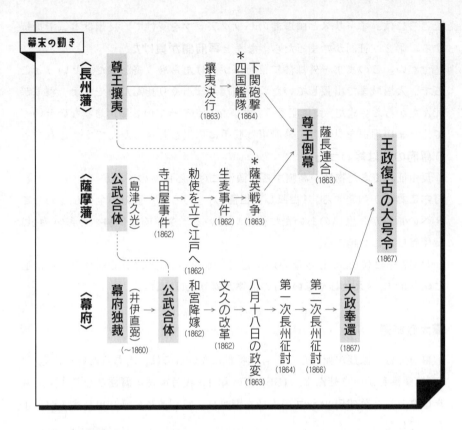

幕末の動き

〈長州藩〉
尊王攘夷 → 攘夷決行(1863) → ＊四国艦隊下関砲撃(1864)

〈薩摩藩〉
公武合体（島津久光）→ 寺田屋事件(1862) → 勅使を立て江戸へ(1862) → 生麦事件(1862) → ＊薩英戦争(1863)

尊王倒幕　薩長連合(1863)

王政復古の大号令(1867)

〈幕府〉
幕府独裁（井伊直弼）(～1860) → 公武合体 → 和宮降嫁(1862) → 文久の改革(1862) → 八月十八日の政変(1863) → 第一次長州征討(1864) → 第二次長州征討(1866) → 大政奉還(1867)

とに「**横須賀製鉄所**」という造船工場を建設することになります。

　一方，**イギリス**は薩摩藩をとおして，長州藩に武器を援助するのです。

## ■薩長連合

　イギリスがバックについた薩摩と長州のあいだを，土佐の坂本龍馬や中岡慎太郎が仲介して，1866 年，秘密のうちに連合を結ぶんです。薩長連合（同盟）。「開国，やむなし」。しかし，幕府は倒して，新しい日本をつくろう。坂本や中岡は，べつに土佐藩の意見としてこれをやったわけではありませんよ。日本全体の立場からこれを進めていった。

　幕府は，そんなことも気づかずに，ふたたび反抗的になった長州をもう一度やっつけようというので，**第 2 次長州征討**を発令しますが，軍隊が集まらない。三家すら協力してくれない。頼みに頼んでようやく第 2 次征討が始まっ

たころには，イギリスと薩摩藩のバックアップを受けて，長州は本気で抵抗する。第2次征討が始まったら，なんと**幕府側が負けた**。

　ヤバい。このまま一外様藩に幕府軍が負けたらもう終わりだ。というところで，大坂城まで出張していた将軍家茂がぽっくり死んだんですよ。将軍が死んだからお葬式だ，喪に服そう，戦争なんかやっている場合じゃないといって，うまい理由を見つけ，幕府軍は勝手に撤退しちゃったんです。これでもう**幕府の命は終わった**。

　長州征討でまた物価が高騰する。政治に対する民衆の不満が高まる。**一揆，打ちこわし**が頻発する。「**世直し，世直し**」といって，世の中全体が変わることへの希望が，庶民のあいだに渦巻いている。爆発的な伊勢への参宮の嵐，**御蔭参り**がまた起こる。

　1867年には「ええじゃないか，ええじゃないか」と言って踊りながら街道に繰り出す，「**ええじゃないか**」の乱舞が繰り広げられる。

## ■大政奉還

　幕府では，家茂が死んだら，もう将軍になれるのは，もちろん将軍後見職一橋慶喜しかいませんよ。1866年，第15代将軍徳川慶喜となります。慶喜はフランス公使**ロッシュ**の支持を背景に，軍制改革に乗り出しますが，手遅れでした。

　なんとか幕府を存続させ，薩長を抑えたいという土佐藩の前藩主山内豊信は，坂本龍馬・後藤象二郎らの意見をとり入れ，徳川慶喜に対して，「この際，名目的に政権だけは天皇に返しちゃいましょうよ」と建白，意見を出す。「そうだな」と言って，慶喜は，将軍就任まもなく，ついに政権を天皇に返します。「**大政奉還**」です。ここに**幕府政治が終わった**ということになります。

　しかし幕府のねらいは，天皇のもとで徳川家が主導権を確保したままの大名会議による政治形態でした。この大名会議による国政をめざす意見を「**公議政体論**」と呼びますが，大政奉還という手段は倒幕論に対抗する方策だったのです。

　ペリーの来航から大政奉還まで。その過程はややこしい。年表と授業ノートを使って，何度か繰り返し，基本だけは必ず暗記してください。

近代（3）

# 明治政府の成立

なんで徳川幕府は滅亡してしまったのか？

　いろいろと理由は考えられるのですが，一番わかりやすいのは，**幕府・将軍が長州藩という一外様大名との戦いに勝てなかった**ことでしょう。第2次長州征討で，幕府軍は洋式軍制を取り入れた長州藩に負け続け，将軍**家茂**が大坂城で急死すると休戦，撤兵した。

　第15代将軍となった**徳川慶喜**はフランス公使**ロッシュ**などの支持を得て列強との関係を修復し，兵庫開港の勅許を得るなど，幕府権威の回復に努めたのですが，結局，政権を天皇に返上する「**大政奉還**」という路線を選びます。

　慶喜を追い込んだのは，あきらかに**薩長**連合の倒幕路線。そして**イギリス**の援助，洋式軍備の増強があった。**フランス**，ロッシュによる幕府支援はまにあわなかった。生き残りのために大政奉還という手段をとった。

　これに対して，薩長側は「**王政復古の大号令**」を発し，臨時政府から徳川慶喜を排除します。そして，**戊辰戦争**が勃発。この内戦に勝って，**薩長中心の藩閥政府**が確立するのです。そして，急激な改革が始まります。

　版籍奉還・廃藩置県，戸籍法と徴兵制，そして，官制の変遷などをしっかり学習していきます。

## ■ 大政奉還の上表

　公武合体運動は、孝明天皇と徳川14代将軍家茂の両方があいついで死んだためにダメになった。そこで「公議政体論」，いわば天皇をかついで大名などの有力者による合議でやっていこうという構想が出てきます。とりあえず政権を天皇に返しちゃおう。そこで，

**Q** 徳川慶喜に大政奉還を建白したのは？　　　　——山内豊信でしたね。

　土佐前藩主山内豊信。前藩主ですよ。

　もともとは，坂本龍馬や後藤象二郎といったところから山内豊信に伝わった構想で，「大政」というのは，全国政治という意味。これを将軍が天皇に「還し奉る」ということです。慶喜はあっさりとこれを受け入れて，1867年，大政奉還を上表。

### 🔍 史料

### 31　大政奉還の上表

臣慶喜 謹 テ皇国時運ノ沿革ヲ 考 候 二，……従来ノ旧習ヲ改メ，
私，慶喜はよく日本のいまの現状を考えたところ，　　　いままでの習慣を改めて，

政権ヲ朝廷二 奉 帰，　　　広ク天下ノ公議ヲ尽シ，聖断ヲ仰ギ，
預かっていた政権を天皇陛下にお返しし，広く人々の意見を取り入れ，天皇の判断を仰いで，

同心協 力共二皇国ヲ保護 仕 候ヘバ，必ズ海外万国ト並立ツベク候。
みんなといっしょにこの日本のために尽くしたいと思います。そうすれば，必ず日本は世界
に並び立つ強国となれるでしょう。

　「上表」というのは，下から上に意見を申し「上」げるという意味です。「臣慶喜」が政権を朝廷に還すというところが読めればOKですが，注意しなきゃいけないのは，「公議ヲ尽シ」て「同心協力」し，いっしょにがんばりたいと

慶喜が言っているところです。

　慶喜は旧幕府，**徳川家の力を温存したままで新政府の下に入っていこうとしたのだ。**土佐の山内豊信も当然それをねらってこの大政奉還を建白したわけです。

## ■公武合体・倒幕

　大政奉還が上表されたのは 10 月 14 日ですが，その同じ日に，実は薩摩・長州側は，「幕府を討て」という天皇の秘密の命令，いわゆる「討幕の密勅」を引っぱり出すことに成功していたといいます。

　すなわち**薩長は幕府を倒してから**新しい天皇政府をつくろうとした。**土佐の山内豊信や慶喜**は，なんとか**天皇政府のなかに旧幕府勢力を埋め込もう**とした。この 2 つの大きな**路線の争い**があったということです。

　徳川慶喜を排除し，旧幕府をはずして政権を握ろうとした薩長側の「討幕の密勅」は，しかし空振りに終わってしまった。政権を返された朝廷のほうでも，だからといって新しい政治を急に始めるという体制もない。準備もできていない。**実際の政治は幕府の時代と何も変わらない。**

　ということは，徳川慶喜たちの思惑どおり，山内豊信のねらいどおり，何となくいままでどおり政治が続いていくわけです。このままでは，結局，責任だけを天皇に押しつけて，実質はいままでと何も変わらないという政治になっていく。合議政治といっても，幕府体制の秩序はそのまま温存される。

## ■「王政復古の大号令」

　そこで，一種のクーデターのような形で，薩長は政権を手中におさめようとします。年末になって 12 月 9 日，「**王政復古の大号令**」という天皇の意志表明，命令を出すわけです。新政府の基本方針を全国に向かって宣言した。

　よく出る史料だから，ちゃんと読んでおこう(次ページ)。

## 32　王政復古の大号令

徳川内府，　　従前御委任ノ大政返上，　　将軍職辞退ノ両条，
<small>とくがわのだいふ　　じゅうぜんごいにんたいせいへんじょう　　しょうぐんしょくじたいりょうじょう</small>

徳川の内大臣慶喜が，今まで委任していた政権を天皇に返し，そして将軍職も辞退したいと
願い出たので，

今般断然　聞食サレ候。　抑　癸丑以来，未曽有ノ国難，
<small>こんぱんだんぜんきこしめ　そうろう　そもそもきちゅういらい　みぞうこくなん</small>

天皇はこれを受け入れられた。　振り返ってみれば，1853年のペリーの来航以来，国家は
苦しい状態に陥った。

先帝頻年宸襟ヲ悩マセラレ候御次第，衆庶ノ知ル所ニ候。　　　之ニ
<small>せんていひんねんしんきん　なや　そうろうおんしだい　しゅうしょ　しところそうろう　　これ</small>

亡くなった孝明天皇は大変悩んでおられたことはみんなよく知っているとおりである。そこで

依リ叡慮ヲ決セラレ，王政復古，国威挽回ノ御基立テサセラレ候間，
<small>よ　えいりょ　けっ　おうせいふっこ　こくいばんかい　おんもといた　そうろうあいだ</small>

（明治）天皇は，決断をされて天皇政治を復活し，失われた国の威信を回復する。そのために
基礎を定められた。

自今，摂関・幕府等廃絶，　　　　　即今先仮リニ総裁・議定・
<small>じこん　せっかん　ばくふとうはいぜつ　　　すなわちいままずか　そうさい　ぎじょう</small>

そこで今後は摂政関白や幕府といったものは認めない。そこでまず仮に総裁・議定・参与の

参与ノ三職ヲ置レ，万機行ハセラルベシ。諸事神武創業ノ始ニ原キ，
<small>さんよ　さんしょく　おか　ばんきおこな　しょじじんむそうぎょう　はじめもとづ</small>

三職を任命し，すべてをここで処理することに決せられた。すべては神武天皇の最初の時代に

縉紳・武弁・堂上・地下ノ別ナク，　至当ノ公議ヲ竭シ，天下ト休戚ヲ
<small>しんしん　ぶべん　どうじょう　じげ　べつ　　しとう　こうぎ　つく　てんか　きゅうせき</small>

戻って，貴族も武士も身分の高い低いに関係なく，すべての人が公に議論をして，天皇は国民と

同ク遊サルベキ叡慮ニ付，　　　　各勉励，旧来驕惰
<small>おなじあそ　　えいりょ　つき　　おのおのべんれい　きゅうらいきょうだ</small>

同じく喜び，悲しむという政治の姿勢をとろうという判断であるから，すべての国民は，良く努力を

ノ汚習ヲ洗ヒ，尽忠報国ノ誠ヲ以テ奉公致スベク候事。……
<small>おしゅうあら　じんちゅうほうこく　まこともっ　ほうこういた　そうろうこと</small>

して，いままでのような，だらしない政治や態度をすべて洗い流して国のために忠節を尽くす
ようにせよ。

「徳川内府」，すなわち内大臣慶喜の大政奉還を受けたあと，ペリーの来航
にさかのぼり，孝明天皇の時代のことから話を進めて，肝心のところはその
あとになります。すなわち，

①天皇直接政治に復活すること（摂関政治や幕府政治の否定）。
②仮政府の中央メンバーとして総裁・議定・参与の，いわゆる三職を置くこと。

## ■ 小御所会議

　問題は，その三職のメンバーです。発足したこの臨時政府は，その日のうちにさっそく最初の会議を開きます。

**Q** 京都御所で開かれた，三職のメンバーによるこの会議を何と呼ぶか？
——小御所会議

**1 8 6 7**
「一夜（**いちや**）でむなしい徳川幕府」

**ゴロ**》》 ➡ 1867年，小御所会議

　しかし，三職のメンバーのなかには，徳川慶喜が入っていない。すべての人が協力して天皇中心に国をつくっていこうと言っておきながら，だれが考えても当時の最有力者の1人である徳川慶喜は外れている。ということは，簡単に言えば，「いじめの構造」ということになる。あるいはケンカを売っている。みんなが入っているのに1人だけ入れない。要するに，薩長側は「おまえだけは絶対に政権には入れないぞ」と宣告した。

　そこで，小御所会議は大もめにもめて，「みずから反省して政権を返していっしょに協力しようと言っている慶喜公を何で外すのだ」という話になりますが，激論の末，慶喜に対して「**辞官納地**」——官職を辞職し，一部の土地を天皇に返させることが決定されます。官職は具体的には内大臣ですよ。「徳川内府」とありましたね。

　旧幕府側は激怒した。当時，大坂城には慶喜とともにたくさんの旧幕府の兵隊がいました。慶喜も怒った。そこで勝負に出た。

## ■戊辰戦争

1868年正月，大坂城から旧幕府兵が京都に向かって進撃する。

**Q** これを迎え撃つ天皇政府軍，「官軍」と最初にぶつかった戦いを何というか？
　　　　　　　　　　　　　　　　　　　　——鳥羽・伏見の戦い

新選組などもがんばったけれども，圧倒的に優秀な武器を持っている新政府軍(官軍)が勝ちました。

> 　　　　　　1 8　　　　　　6 8
> 「嫌(**いや**)がる幕府は**むりやり**倒せ」
> **ゴロゴロ** ≫≫ ➡ 1868年，戊辰戦争始まる

徳川慶喜はあわてて江戸に帰り，謹慎。以後，中央政治には一度も口を出しません。

しかし，旧幕府軍は「賊軍」，国家の反逆者という烙印を押された。薩長側は旧幕府勢力に反逆者の烙印を押すことに成功した。

## ■江戸城の無血開城

そこで旧勢力を一掃するために，新政府軍が江戸に向かって進撃する。途中で自発的に軍隊をつくって官軍に参加するヤツがいっぱい出てきます。その1つ，赤報隊を任された相楽総三は，「偽官軍」事件で有名です。

官軍の先鋒隊として江戸をめざしたのですが，旧幕府領に対し，「新政府になると年貢が半分になるぞ」というキャッチコピーで味方を集めようとした。初めは官軍側もこれを認めていたのですが，軍資金が不足してくる。「やっぱりそれはまずいよ」ということになって，「年貢半減」を唱えている相楽総三は，「うそつきだ，偽の官軍だ」ということで，弾圧されてしまったという事

件です。

　肝心の戦争のほうですが，官軍は江戸に迫ります。有名な**西郷隆盛**と**勝海舟**の会談によって，旧幕府側が江戸城を根拠に戦うことをあきらめて，**無血開城**。戦わずして江戸城を官軍に明け渡します。

## ■戊辰戦争の経過

　納得のいかない若い連中が上野の山にこもって抵抗した「**彰義隊**」の抵抗，いわゆる「**上野戦争**」が起こりますが，これも**大村益次郎**たちの指揮する政府軍によって鎮圧されます。このとき，上野の山にあった**寛永寺**などはすべて焼けてしまいました。

　さあ，江戸も新政府の支配下に入った。しかし，納得のいかない大物がまだいます。

### Q 旧幕府の海軍を率いて，最後は箱館の五稜郭で抗戦した人物は？
────**榎本武揚**

　海軍の副総裁をやっていた榎本武揚は江戸湾から脱出し，東北地方を根拠にさらに抵抗を続けます。このとき，東北地方の親徳川派の大名たちの連合ができます。それが「**奥羽越列藩同盟**」で，中心は**仙台藩**です。

　京都守護職でさんざん尊攘派の志士などを追っかけ回し，弾圧した**会津藩**もこの同盟に加わりますが，コテンパンに攻められます。**白虎隊**で有名な「**会津戦争**」，若松城の攻防戦は激しい戦いとして有名です。

　奥羽越列藩同盟も結局，崩壊し，榎本はさらに軍艦を率いて箱館に逃げ込みます。箱館には，幕末にオランダ式の近代的な築城法でつくった星形の「**五稜郭**」という有名な城があり，ここに立てこもって榎本は抵抗を続けますが，**明治2年**，西暦でいえば，**1869年の5月に降伏**します。

　以上の1868年1月から翌年の5月までの1年半弱の戦争を，始まった年の干支をとって「**戊辰戦争**」と呼びます。

## ■新政府の発足

　さあ，そこで 1868 年は明治元年です。「明治」とともに，戊辰戦争のなか
から天皇政府が発足していくわけですが，1 月には諸外国に天皇政府の成立
とその外交権の確立を告げています。そして 3 月，天皇は，国民に向かって，
今後どのように政府は政治をやっていくかという方針を，神々に誓う，誓い
の言葉として発表します。これが「五箇条の誓文」です。

　もともとは由利公正・福岡孝弟らが，大名たちが集まった会議を想定して
つくった規則だったのを，木戸孝允が語句を修正し，天皇の誓いの言葉とし
て使ったものです。

## ■「五箇条の誓文」

### 33　五箇条の誓文

一，広ク会議ヲ興シ万機公論ニ決スヘシ

　これからは何事も会議によって，みんなの話し合いで物事を決定していくようにせよ。

（中　略）

一，知識ヲ世界ニ求メ大ニ皇基ヲ振起スヘシ

　知識を広く世界に求めて，大いに天皇中心の日本を立派な国にしていこう。

　「五箇条の誓文」は，もちろん 5 カ条あるわけですが，出るのはほとんど最
初の 1 条目だけ。入試ではどのように出るのかというと，実は先ほど言った
もともとの草案では，第 1 条目が，

　「列侯会議ヲ興シ……」

ということになっていた。「列侯」は諸侯，大名たちという意味です。という
ことは，これからは大名会議によってすべての政治をやっていこうというこ
とになっていました。要するに，天皇のもとでの大名による合議政治，「公議
政体論」にもとづくものだったわけです。

　しかし，長州の木戸孝允や薩摩の大久保利通たちは，新しい日本を大名会議によって運営しようとは思っていなかった。もっと近代的な国にしていこうと思った。しかし，彼らはおのおの，長州，薩摩などの家臣，殿様の家来ですから，殿様たちをいきなり，「おまえたちは要らないよ」というわけにはいかない。

　かといって，天皇の言葉で，「今後の日本は大名会議で運営するよ」といえば，大名たちは，「それはそうだろう，おれたちが日本の支配者だ」ということになってしまう。それじゃあ，徳川慶喜を，旧幕府を倒しただけで，あとは江戸時代のままみたいになってしまう。

　そこで，これはあとでやる「廃藩置県」で，最終的に藩，藩主という支配体制は打破したい。そうするために，この段階では，ボヤッと，

　　「広ク会議ヲ興シ……」

としておこうということです。

　由利公正・福岡孝弟らの草案，原案から木戸孝允の修正案という人名がらみで必ず聞いてくるところです。

## ■「五榜の掲示」（1868年，3月）

　そしてその翌日，今度は庶民に向けてわかりやすい具体的な法律として出たのが，「五榜の掲示」です。五榜の「ボウ」というのをニンベンにしないように，木ヘンですからね。ハイ，これも史料（次ページ）。

## 34　五榜の掲示

第一札　定

一，人タルモノ五倫ノ道ヲ正シクスヘキ事

　　　人として生まれたからには，儒教の倫理を守って正しい人となれ。

第三札　定

一，切支丹宗門ノ儀ハ，堅ク御制禁タリ。若シ不審ナル者コレ有ルハ

　　　切支丹は従来から禁止された良くない宗教である。もし切支丹らしい者がいた場合には，

其ノ筋ノ役所へ申出スベシ。御褒美下サルベキ事。

すぐに密告しなさい。　　　　　　　　その場合はご褒美をあげますよ。

　「五榜の掲示」の内容の基本は，**江戸時代と変わらない**ということです。第一札にある「五倫の道」，要するに江戸時代と同じ「儒教道徳を守れ」という民衆への命令に象徴される姿勢です。

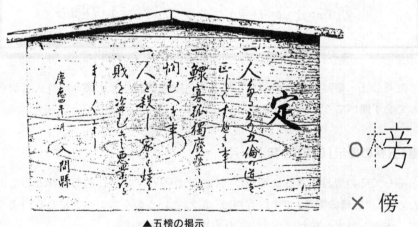

**▲五榜の掲示**
徳川幕府と同じ「高札」という形で出されている。

○榜
×傍

　形だけじゃない，内容も江戸時代。1条目は「五倫の道」を守れ。君臣父子の別などをもとに，親には孝行，主君には忠義といった儒教道徳を守れ。

2条目には「鰥寡孤独」の者──要するに社会的弱者にはやさしくしろ。これも儒教的な考え。

3条目に至っては，人を殺してはいけない，放火はするな，物を盗むな。律の基本ですね。要するに，**民衆に対する姿勢は江戸時代のまま**というわけです。

具体的なものとしては，第三札の「キリスト教の禁止」も注目です。これも江戸時代のまま。

隠れキリシタンやキリスト教の信者たちは，幕府が滅亡して近代国家になったから，てっきりこれでわれわれの時代が来たと思って，教会をつくったりしたら，いきなり弾圧を受けてしまった。「浦上信徒（教徒）弾圧事件」（1868〜1873）などが起こります。

ただし，列強，ヨーロッパ諸国のものすごい反発と抗議を受け，キリスト教禁止条項の部分は，**1873（明治6）年に撤回**します。ここはしっかり覚えておきましょう。

### ■政体書

さて，次です。「三職」体制で出発した臨時政府を本格的なものにしなければいけない。そこで「五箇条の誓文」を前提に，本格的に最初の日本の近代政府の枠組みを決めたのが「政体書」です。

---

### 🔍 史料

#### 35　政体書

政体

一，大ニ斯国是ヲ定メ制度規律ヲ建ツルハ，御誓文ヲ以テ目的トス。（誓文略）
この国家の基本方針を決める基となったのは，五箇条の誓文である。

一，天下ノ権力総テ之ヲ太政官ニ帰ス。　即チ政令二途ニ出ルノ患
すべての権力を太政官に集中して，中央集権体制をとる。命令があちこちから出ないように

---

アメリカ合衆国憲法などを参考に，完全なものではありませんが，三権分立的な組織をめざしている。

大事なのは，当時の行政区画が「府」と「藩」と「県」になっていることです。「府藩県三治制」などと呼びます。府は，旧幕府の支配地の内，江戸時代の三都，江戸を改め東京，京都，大阪などの要地。ほかは県に分けられました。いまでも京都・大阪は「府」ですね。いま東京は「都」になっていますが，初めは「府」です。

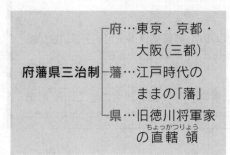

府藩県三治制
- 府…東京・京都・大阪（三都）
- 藩…江戸時代のままの「藩」
- 県…旧徳川将軍家の直轄領

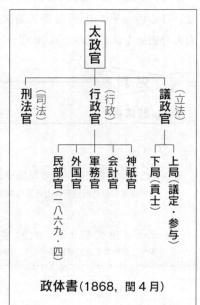

太政官
- 刑法官（司法）
- 行政官（行政）
  - 民部官（一八六九・四）
  - 外国官
  - 軍務官
  - 会計官
  - 神祇官
- 議政官（立法）
  - 上局（議定・参与）
  - 下局（貢士）

政体書（1868，閏４月）

立法機関は議政官と呼ばれ，上局と下局がありました。そのうち下局は各府・藩・県から選ばれてくる，いわば今で言う国会議員に当たる「貢士」で構成されました。また，高級官僚は任期4年とし，互選で交代することとされています。

## ■「明治」と改元（1868年）

9月には「明治」と元号も変わったんですが，さらに天皇1代のあいだは元号を1つに固定し，途中で変えないことにします。「一世一元の制」と言いますが，これを「一世一代の制」と勝手な読みかえをする人がいますから注意してください。

また1868年には「神仏分離令」という宗教政策にも着手しています。「神社のなかの仏教的な要素を取り除け」，「寺院のなかの神道的な部分は分離せよ」という命令です。この結果，文字どおり「嵐のような」，廃仏毀釈という宗教運動が起こっていきます。漢字の書き取り。「毀」は破壊するという意味です。めったに見ない字ですから，必ず一度，書いておく。

## ■版籍奉還（1869年）

さて翌年。

**Q** 1869（明治2）年，藩主たちが土地と人間を天皇に返すと願い出て許された。これを何というか？
——版籍奉還

薩長土肥4藩主が，1869年1月に願い出た。天皇は願い出を**聞いておく**だけです。そして，ほかの藩もマネをして「奉還」を願い出てきたところで，「受け取った」と明言した。これが6月ですから，半年かかっています。**半年かけて版籍奉還**ですよ。

1869年5月に，箱館で五稜郭戦争が終わる。すなわち**戊辰戦争が終わって版籍奉還が最終的に実現**したということです。

版籍の「版」というのは「版図」，土地，領土という意味。「籍」は「戸籍」の籍で人間という意味です。土地と人間を天皇に返すということですが，具体的

に何が変わったか。実は名目が変わっただけで，事実上ほとんど何も変わらない。すなわち旧藩主たちは知藩事と名称は変わりますが，あいかわらず城に住んでいるわけです。

## ■ 廃藩置県（1871年）

ということは，次に廃藩置県が必要になってくる。1年おいて1871（明治4）年，御親兵の武力を背景に，一挙に行われます。藩が廃止され，県が置かれた。

<br>

　　　　　　　　　　　１　８　７　１
「（これからは）藩とは言（い）わない廃藩置県」

**ゴロゴロ** ›››　➡ 1871（明治4）年，廃藩置県

<br>

単純に言えば1日で終わり。その廃藩置県を断行するための1万弱の天皇の最初の軍隊が**御親兵**で，薩長土3藩から選ばれて天皇直属の軍隊となったものです。この兵力を背景に，「廃藩置県の詔」を出して，一挙に藩をなくしてしまいました。

<br>

　　┌1869（明治2）年…版籍奉還　◎半年がかり
　　│　　（1月，薩長土肥4藩主 → 6月，勅許）
　　└1871（明治4）年…廃藩置県　◎1日で
　　　　　（7月，廃藩置県の詔：
　　　　　　　御親兵 ← 薩長土3藩から）

<br>

廃藩置県の直後，全国は開拓使が置かれた今の北海道と，府，そして県，合わせて1使3府302県に日本は分けられた。なんと県が302もあった。

これを年末までに **3 府 72 県** に統廃合し，最終的には 1888 年，**3 府 43 県** で落ち着きます。1 使，開拓使は変わりません。

1869 年に置かれた開拓使は 1882 年に廃止され，北海道は 3 つの県に分かれますが，1886 年には 1 つになり，「北海道」となります。そこで，1888 年には，**1 道 3 府 43 県** となる。志望校の過去問を見て，細かい数字まで聞いてくる傾向があったら覚えてください。

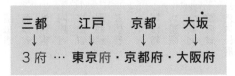

> (1871 年，7 月)　　(同年末)　　　　　(1888 年)
> **1 使 3 府 302 県 ➡ 1 使 3 府 72 県 ➡ 1 道 3 府 43 県**

1 使が開拓使，1 道が北海道。3 府は江戸時代の「三都」を思い出して，

> 三都　　江戸　　京都　　大坂
> ↓　　　↓　　　↓　　　↓
> 3 府 … 東京府・京都府・大阪府

東京都じゃなくて東京**府**ですよ。また，大坂は明治になって大**阪**という字となりますから，

> × **大坂府**　　○ **大阪府**

です。京都府は今も京都府。ここは覚えておきたいところです。

殿様（旧藩主）たちはいきなり，知藩事の地位を奪われ，年金をもらって，東京で生活をすることになった。そこで知藩事に代わって，

**Ｑ** 府と県を統治するために中央政府から派遣された行政長官をそれぞれ何というか？　　　　　　　　　——府知事，県令

中央の組織も，「政体書」体制から，版籍奉還後には，神祇官・太政官がトップにくる復古的な「二官六省制」。廃藩置県後にはこれを修正し，神祇官は神祇省に格下げされ，太政官に正院・左院・右院を置くという「三院制」へと変化していきます。立法機関は議政官から翌年には公議所，さらに集議院と変化し，三院制で**左院**となります。

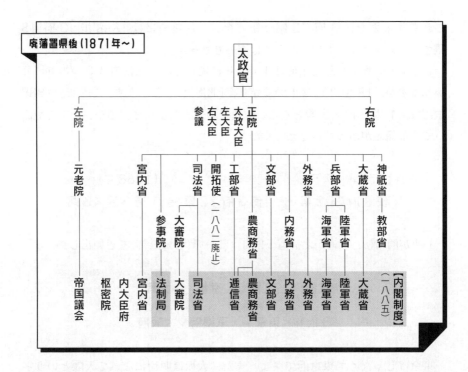

廃藩置県後（1871年〜）

太政官

左院 ― 元老院 ― 帝国議会

参議
右大臣
左大臣
太政大臣
正院

宮内省 ― 宮内省
参事院 ― 内大臣府
大審院 ― 枢密院
司法省 ― 司法省 ― 大審院
開拓使（一八八二廃止） ― 法制局
工部省 ― 逓信省
農商務省 ― 農商務省
文部省 ― 文部省
外務省 ― 内務省 ― 内務省
兵部省 ― 海軍省 ― 外務省
　　　　陸軍省 ― 海軍省
大蔵省 ― 大蔵省 ― 陸軍省
神祇省 ― 教部省 ― 大蔵省

【内閣制度】（一八八五）

## ■ 藩閥政府の成立

こうしてできあがった政府は，岩倉具視などの薩長と親しい一部の公家と薩長土肥出身の実力者が政府中枢を独占しました。そこで，これを「藩閥政府」といいます。公家たちは，ほとんど，そのまま京都に住み続ける。中央政府に参加する者は皆無に近い。

今すぐに覚える必要はありませんが，三院制の導入の段階での，薩長土肥出身の政府の要人を授業ノートに載せておきますから，一度，見ておいてください（授業ノート，p.50）。

## ■ 四民平等

その間，明治政府は，近代化に向けていくつかの基本的な政策を打ち出していきます。1つは「四民平等」。士農工商の4つの身分に差別はなく平等だという意味です。

もちろん完全に平等になったわけではありません。「華族」と呼ばれる高級

貴族や大名。それから一般の貴族や武士，「士族」。そして下級の足軽などの「卒族」というのをその下に置く場合もあります。そして一般の農・工・商が「平民」です。華族・士族・平民と大きく3つのグループに分けたので，「三族籍」などと呼びます。**90％以上が「平民」**であったことは知っておいてほしい。

| 三族籍 | ①華族…旧大名や上層の公家（＝貴族）<br>②士族…旧幕臣や諸藩の武士<br>　（卒族…一時置かれた下級の武士）<br>③平民…農・工・商 |
|---|---|

ただ，たとえば商人の娘と大名の息子が結婚してもいい。農民も苗字をつけていい。平民に苗字が許され，華士族との通婚，要するに結婚が自由になります。さらに職業，居住が自由になります。農民が役人になってもいいし，武士だった人が商人になってもいい。農民が都市に住んでもいい。

また，えた・非人と呼ばれて差別を受けていた人々の呼称は廃止されますが，実質的な差別は強く残ります。

このような中央政府による国民掌握のための根本的手段となったのが，1871（明治4）年の「戸籍法」です。ここで，個人は華族・士族・平民のどれに属するかが決められるのです。

**Ｑ** この戸籍法にもとづいて，1872年につくられた最初の近代的戸籍は？
——「壬申戸籍」

### ■士族の解体

さてそこで，特権階級だった**士族はこのあとどうなったのか**。答えは簡単。士族は解体されていく。

最初のうちは一種の年金をもらって生活は保障されています。封建的な給料，これを「秩禄」と呼びます。中身は「家禄」，「賞典禄」というような形で与

えていく。家禄は江戸時代の石高などを基準に与えられたもの，賞典禄は戊辰戦争や王政復古の**功労者**に対するものです。

しかし，近代国家が，いつまでも旧支配者層の生活を保障し続けるわけにはいかない。なにしろ，国の支出の約30%が秩禄というのは困る。そこで，これを打ち切ったのです。これを「秩禄処分」といいます。聞き慣れない言葉だから必ず書けるように。

最初は「秩禄奉還の法」で，「もう自分でちゃんと生きていける，稼げる人は秩禄の受け取りを辞退してくれ」という法律を出しますが，もちろんあまりうまくいきません。「もう要りません」という人はほとんどいない。

そこで1876（明治9）年になって一挙に**秩禄の支給を打ち切ってしまった**のです。一種の退職金を与えて，「もう来年からは生活保障はしないよ」とやりました。そのときに，政府は貧乏なので退職金をお金では払えない。そこで，

**Q** 秩禄廃止の代償に，政府が華士族に支給した一種の債券を何というか？
——「金禄公債証書」

今で言えば，国債を発行し，これを退職金として与えた。

そこで士族たちは，どうしたか。その金禄公債証書を安い値段で売って，商売を始めて失敗する。いわゆる「**士族の商法**」で没落する者が続出する。華族などは比較的多額の公債を与えられましたが，武士の多くは**没落していきます**。

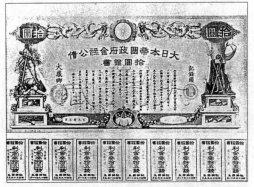

▲金禄公債証書

## ■国民皆兵

　次の問題は，武士がいなくなったあとの軍隊をどうするかです。1869年，兵部省を置き，一部の武士を採用して各地の鎮台に配置し，反乱などに備えた。翌1872年には兵部省を陸・海軍省の2つに分離します。そして，国民に「兵役として戦争に従事してくださいよ」という話になります。1872年，天皇が国民に兵役に就くよう命じた詔書，「徴兵告諭」が発せられます。

　国民すべてが兵隊となるという意味で「**国民皆兵**」などと呼ばれます。ただし，女性は対象になっていません。

### 🔍 史料

#### 36　徴兵告諭

我朝上古ノ制，海内挙テ兵ナラザルハナシ。……凡ソ天地ノ間，一事
日本の古代には，すべての国民が兵役を負担していた。　　　この世の中に存在するもの

一物トシテ税アラザルハナシ，以テ国用ニ充ツ。　　然ラバ則チ
にはすべて税金が掛かるものである。　それで国に必要なものを賄っている。そこで人である

人タルモノ，固ヨリ心力ヲ尽シ，国ニ報ゼザルベカラズ。西人之ヲ称シテ
以上，全力を尽くして国のために報いるのは当然のことである。　　　ヨーロッパの人は，

血税ト云フ。　　其生血ヲ以テ国ニ報ズルノ謂ナリ。
兵役を血税と呼んでいるぐらいだ。それは血を持って国に対して報いるから，そのような言葉が生まれているのである。

……西洋諸国，数百年来，研究実践以テ兵制ヲ定ム。……故ニ今其
西洋では数百年来，この徴兵制の研究，実施が進んでいた。　　　そこでいまその

長ズル所ヲ取リ，古昔ノ軍制ヲ補ヒ，海陸二軍ヲ備ヘ，全国四民男児
よいところを取り，日本の古い軍制を補って，陸・海2軍を持つこととする。すべての男子

二十歳ニ至ル者ハ，尽ク兵籍ニ編入シ，以テ緩急ノ用ニ備フベシ。……
20歳以上にことごとく兵役を課し，国家の危険を防止するための軍隊として，これに備えることとした。

## ■血税一揆

「血税」という語句を見て強制的な献血運動だと思う人まであらわれて,「血税一揆」という「徴兵反対一揆」が起こります。

律令の古代においては,当然,律令農民は兵役義務があった。そこで,これからは徴兵制をとるから国のためにがんばれということです。兵役の義務は20歳から。ただし,20歳に達した男子がすべて実際の軍務についたわけではありません。選抜された者が3年間の兵役に服することになります。古代の防人と期間はいっしょだね。そして,翌1873(明治6)年,具体的な規則である徴兵令が出されます。

**Q** 幕末の奇兵隊の経験から徴兵制を発案した長州藩士は?

―――大村益次郎

しかし大村は暗殺されてしまったので,そのあと同じ長州の山県有朋らが実現したものといわれています。

国民はすべて兵隊だ。「国民皆兵」の方針です。ただ当初は,「家」を守るために家父長である戸主と嗣子,跡継ぎの長男など,さらに役人,高等教育を受けている学生,および金持ちのうち,代人料270円を払った者は義務を免除されました。

やがてこの免役規定はドンドンなくなっていきますが,当初は江戸時代以来の儒教的な「家」制度を守るために,あるいは金持ち優遇もあり,きわめて免役規定が幅広く認められていたのです。


## ■警察制度

士族が解体されて,警察制度も新設されました。東京府に1871(明治4)年邏卒が置かれて以降,翌年には司法省が全国の警察を統轄することになります。しかし,1873(明治6)年に,国内の産業の近代化を進めるために内務省が設置され,翌1874年から警察も内務省が管轄することとなり,首都東京にはこの年に警視庁が置かれます。このときに邏卒は巡査と改称されました。内務省は,今後,思想弾圧のたびに登場することになります。

近代 (4)

# 経済の近代化

　幕府が消滅して明治政府が発足。それにともなって江戸時代の基本的な制度は抜本的に改正されていきます。そのなかで，今回は**経済関係**を学習していきます。

---

### 経済の近代化

| 徳川幕府 | | 明治政府 |
|---|---|---|
| 石高制・村請制 | ➡ | 地価 |
| 年貢（現物納） | ➡ | 地租（金納・地価×3%） |
| 三貨（金・銀・銭） | ➡ | 新貨条例（円・銭・厘） |

---

　江戸時代の**石高制**をもととする**大名知行制**が解消され，現物納の年貢もなくなって，土地の価値は「～円」といった金額で表す「**地価**」となり，その地価に**定率**の**地租**が課されることになります。その金額は三貨ではなく，新たに決められた統一的な単位「**円・銭・厘**」で表示されることになります。

　陸上交通は**鉄道**が走り始める。海運では**蒸気船**が導入される。飛脚がなくなって，**郵便制度**が創始される……。

　そして産業，生産方法も，政府が先頭に立って近代国家にふさわしいものに変わっていく。**政府が税金を使って近代的な産業を導入**します。「**殖産興業**」という，**上からの近代化**をめざし始めます。

　何が何に代わっていったか。その過程と新しい内容をしっかり確認していくのが今回の目標です。

## ■近代的な土地税制

　さて，地租改正から。地租の「地」は土地の「地」，「租」は租税の「租」です。**土地に対する税制**を変えるということです。

　江戸時代の**石高制**，年貢などを全部チャラにして，新しい近代的な土地税制をつくっていこう。そのためにまず 1871 年，**作付け制限を廃止**する。**田畑勝手作りの許可**と言ってもいっしょです。どんな作物を栽培してもよい。「自分の土地は自由に使っていいよ」ということ。

　翌年には，**田畑永代売買の禁止も解禁**。ということは土地の所有権を認めた。土地が私有財産となったということです。その代わり，「金持ちはドンドン土地を買い集めなさい。貧乏になったらドンドン売ってしまいなさい」ということです。そして土地の価値を米の量で表す石高に変えて，価格，お金の額で表すようにします。それを「**地価**」といいます。そして，土地の所有権を証明する証書，**地券**を発行していきます。

　そして，その地券には税額もちゃんと書いてあります。史料を確認しましょう。「地租改正条例」の第 6 章です。

## 🔍 史料

### 37　地租改正に関する太政官布告及条例

　第六章　従前地租ノ儀ハ自ラ物品ノ税，家屋ノ税等，混淆致シ居候ニ付，
　　　　　今まで土地にかかる税金には，物品税や家屋に対する税などが入り混じって課税
　　　　　されていた。

　改正ニ当テハ判然区分シ，　　　　　　地租ハ則地価ノ百分ノ一
　このたびそれを改めて，しっかり区別をすることにした。そこで土地に対する税金は，地価の

　ニモ相定ムベキノ処，　　　　未ダ物品等ノ諸税目興ラザルニヨリ，
　100 分の 1（1%）にしたいところであるが，まだ物品税等の近代的な税制が整っていないので，

　先ヅ以テ地価百分ノ三ヲ税額ニ相定候得共，……
　とりあえずは 100 分の 3（3%）を地租と定める。

## ■出題のポイント

　土地に対する税金を一新し，「地価」に課税する。地価の100分の1が目標だが，100分の3をとりあえず取ろう。「地価の3%を地租とする」ということです。

$$地価 \times \frac{3}{100} = 地租$$

　課税基準が「地価」，土地の値段になった。そして税率は地価の「100分の3」です。そして納税方法は，江戸時代のように米俵に米を詰めてではありません。お金で払いなさい。「金納」です。そしてだれがそれを払うのかというと，納税者は，地券をもらった人，「地券所有者」です。

> 　　　　１　８　７　　３
> 「嫌（**いや**）な税は**3**％で始まる」
>
> ゴロゴロ》》　➡ 1873年，地租改正条例

　**律令制**の租も，収穫の3%。戦後史でやりますが，今の消費税も最初は3%です。税について3回も「3%」が出てくる。

## ■「小作農に近代は来ない」

　何しろ政府は貧乏ですから，せめて従来の国家収入と同じくらいは徴収したい。農民からすれば，ほぼ**税負担は変わらなかった**ということになります。

　「だれがその地券をもらえたか」というと，江戸時代に**年貢を納めていた人**です。そうすると，江戸時代の土地に対する税は**高請地**，すなわち石高のある土地にかかりますから，入会地のような，みんなで共同で使っていた土地の多くは国家が没収してしまいます。これは農民にとって大変迷惑な話でした。

第**45**回　●——　経済の近代化

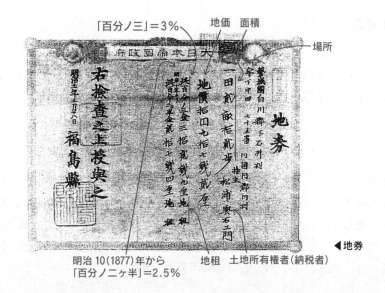

「百分ノ三」＝3%　　地価　面積

場所

明治 10(1877)年から　　地租　土地所有権者(納税者)
「百分ノ二ヶ半」＝2.5%

◀地券

　さらに，江戸時代に年貢を払っている人に地券を与えたということは，いわゆる**小作人**は年貢を払っていないわけだから，地券をもらえない。土地の所有を認められたのは江戸時代からの豊かな農民。すなわち**地主**や**自作農**などで，幕府や大名に税金を払っていた証明書を持っていた人々。地券が与えられたのは豊かな農民だった。

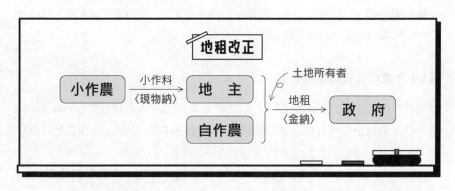

　そこで，「俺たちに明日はない」というアメリカ映画がありましたが，「**小作人に近代は来ない**」といったところでしょうか。
　そこで，小作人と地主の関係は江戸時代のまま。第２次世界大戦後の民主化のなかで**農地改革が実施される**まで，高率の現物小作料を払いつづけ

るということになります。

### ■ 地租改正反対一揆

　もっとも，土地の所有権を認められた農民も楽なわけではない。税率が結局は江戸時代とほとんど変わらない。米で払っていたのがお金で払う，**金納<ruby>きんのう</ruby>に変わっただけです**。

　ところが，これが大問題。収穫<ruby>しゅうかく</ruby>した米を売って定額の地租<ruby>ちそ</ruby>を金納するので，米価<ruby>べいか</ruby>の変動によっては，江戸時代よりもかえって**税負担は重くなることもある**。そこで，茨城県から始まって，東海地方などで地租改正反対の大一揆<ruby>ちそかいせい</ruby>が起こります。

　政府は 1877（明治 10）年に農民たちの不満を少しでも和<ruby>やわ</ruby>らげるために，地租を減額しています。

**Q** 1877 年に，地租は 3％からいくらに改定されたか？　　──2.5％

---

### 地租改正による変化

1871 作付制限廃止　　➡　　　1872 田畑永代売買解禁，地券発行
　　（勝手作りの禁を解く）1873 地租改正条例

⋯⋯⋯⋯⋯⋯⋯⋯⋯⋯⋯⋯⋯⋯⋯⋯⋯⋯⋯⋯⋯⋯⋯⋯⋯⋯⋯⋯⋯

↓

|  |  |  |  |
|---|---|---|---|
| | （石高制＝検地帳） | ⟶ | （近代的私有制度＝地券） |
| 【土地の価値】 | 石高 | ⟶ | 地価 |
| 【税】 | 現物納，収穫高 | ⟶ | 金納，定率（地価の 3％） |
| 【納税義務】 | 名請人・高持百姓　＝　地券所持者（年貢納入者）＝　地主・自作農 | | |
| | 高率の年貢負担　＝　**負担率はほぼ同程度** | | |
| 【地主制】 | （現物・高率）小作料　＝　（現物・高率）小作料 | | |

---

　そう，0.5％下げた。こうして，この地租改正という大事業が進められ，ほぼこれが完了したのは 1881（明治 14）年でした。これで，石高制という近世の基本的な制度は完全に解消されたということです。ただし，地主・小作

人関係はそのまま近代に持ち込まれた。いいですね。

　地租改正は論述問題の定番ですから，結果，意義についてもしっかりつかんでおきましょう。

---

### 地租改正の結果・意義

①（近世の石高制が解消され）近代的土地私有制度の成立。

②歳入（国家財政）は安定（定額・金納で豊凶に左右されない）。

③地主・小作人関係は持続。

---

## ■不安定な通貨制度

次に通貨制度，貨幣制度。

戊辰戦争が始まったとたんに官軍は資金不足。「**なんで政府は貧乏なんだ**」という疑問がわくでしょうが，そもそもが貧乏な幕府や大名を倒してつくった政権ですから貧乏なのです。

そこでどうしたか？　紙に10両とかと書いてお札をつくってしまえばいいということになります。太政官札（1868年）や民部省札（1869年）です。安易な話で，紙とインクがあればいいわけです。

▲太政官札

そこで，紙幣を発行しすぎると，あっという間にその価値は下落する。10両紙幣が，実際には小判10両と同じでは通用しなくなってしまいます。たとえば，小判で10両が，紙幣だと11両，あるいは12両でしか通用しない。もちろん物価は上昇，インフレになります。

現在のように1000円札と100円玉10枚を法律によって強制的に同額で通用させるというわけにはいかないんです。それで，これは**安定した通貨制度にはならない**。

## ■「新貨条例」

しかも，江戸時代の通貨体制は複雑です。そこで，

**Q** 1871（明治4）年，通貨制度を改革するために出された法律は？

——新貨条例

三貨体制を改めるために，まず，「**円・銭・厘**」と，**通貨の単位を統一**します。ちょっと復習ですよ。

**Q** 江戸時代の三貨とは？

——金・銀・銭ですね。

金貨は何両何分何朱，両・分・朱の4進法の計数貨幣。銀貨は秤量貨幣。銭は1枚1文，1000枚で1貫文。そこへ藩札といったような紙幣まで加わっている。ともかく**お金の単位を統一しよう**ということになった。

通貨の単位を**円・銭・厘**に統一し，**10進法**にした。これが現在につながる通貨単位です。4進法は難しいから10進法にした。そして，金貨，銀貨，銅貨を鋳造し，お札も発行しようとします。同時に，欧米のまねをして「**金本位制**」を取り入れ，紙幣と金属貨幣を一体化しようとしたんです。100円のお札——紙幣100円が100円の金貨といつでも交換できるという制度をとろうとした。

これを金本位制といって，金貨のほうを「正」しい「貨」幣，「**正貨**」と呼び，その正貨と引きかえることができる紙幣を「**兌換紙幣**」——とくに金の場合には「金兌換券」，「金兌換紙幣」といいます。正貨が銀貨の場合は「銀本位制」，紙幣は「銀兌換券」というわけです。

## ■金銀複本位制

ところが何度も言うように，政府は貧乏ですから，交換のための金貨をそんなにたくさん保有しているわけではありません。持っている金貨の量が少ないので，しょうがないから，貿易でさかんに使われていた銀貨にも100円という単位をつけて，「100円の紙幣と100円の銀貨との交換でもいいよ」ということにした。そこで，実際は「**金銀複本位制**」——金貨との交換，銀貨との交換，どちらでもいいよという制度になったわけです。

しかし，それでもダメ。銀貨を入れても足りない。しかも，開港貿易のところでやったように，金銀比価は変動する。100円金貨と100円銀貨が常に等しい価値で通用するわけではない。

世の中をちゃんと動かしていくだけのお金，**通貨が不足すれば経済は崩壊**してしまいます。金本位制や銀本位制をとると，**正貨準備**といって，紙幣との交換に備えて

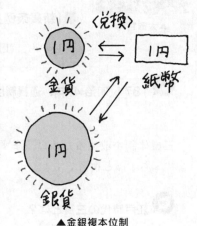

▲金銀複本位制

218

金貨，銀貨を用意しなければいけないわけですね。当時の政府には，そんな大量の正貨準備はそもそもできなかった。

ここではこれ以上難しく考えないようにしておきますが，貧乏な政府は，**必要な兌換紙幣を発行する力はなかった**ということだけは覚えておいてください。そこで太政官札・民部省札，さらに，これに代わる政府紙幣を発行しますが，すべて不換紙幣です。

### ■「国立銀行条例」

しかし，お金は要る。そこで，アメリカの制度を参考に導入を進めたのが，翌1872（明治5）年の「国立銀行条例」です。

新貨条例もそうですが，大蔵省の役人だった渋沢栄一が中心となってこれをまとめた。国の法律で認められた**民営銀行に兌換紙幣を発行させよう**というものです。アメリカの National Bank を渋沢が「国立銀行」と訳してしまったといわれているんですが，「国立」だからといって**国の経営する金融機関ではありません**よ。

国の法律で設立を認められた民間の銀行から兌換券を発行させよう。

**Q** 1873年，最初に国の認可を受けて開業した国立銀行の名称は？

——第一国立銀行

以下，認可を受けた順番に二，三，四，五……というふうにナンバリング，数字がついていきますが，認可を受けた5行のうち，実際に営業を開始したのは4行です。

### ■経営難に陥った国立銀行

しかし，**この制度もうまくいきません**。まず，民間にもそれほどの金持ちがいなかった。

また，この兌換制度が一般にはあまり理解されない。国立銀行の発行した兌換券を受け取った人が，紙幣に書いてある文字をよく見ると，「この紙幣を持ってきた人には金貨いくらといつでも交換します」なんて書いてある。とりあえず，金にかえておけばいいだろうというんで，必要もないのに交換に来

たから，準備しておいた正貨（せいか）がドンドン出ていってしまう。たちまち**国立銀行は経営難**。

　第一国立銀行は**三井（みつい）・小野（おの）組**が共同出資（しゅっし）して設立されたんですが，打撃（だげき）を受けて経営が悪化し，小野組のほうは破産（はさん）してしまいます。結局，**兌換制度は確立しなかった**ということです。

## ■不換紙幣の発行

　ところが，1876（明治9）年になって，**国立銀行条例は改正**され，なんと，兌換しなくてもよいことになる。**兌換義務を外した**。

　政府の発行した紙幣であるとか，前回出てきた「金禄公債証書（きんろくこうさいしょうしょ）」のような，政府の発行した，いわば債券（さいけん）を資本にして銀行をつくってお札を発行してもいいということにしました。

　そうしたら，雨後（うご）の竹（たけ）の子（こ）のように，いき場のない金禄公債証書などが資本金になって，文字どおり，全国に6，7，8，9，10……なんと**153行**までいってしまいました。今でも各地に数字のついた銀行が残っていますが，これは名前だけが残った当時の国立銀行の，いわば現在の姿です。

　大事なのは，1876年の改正によって兌換義務が外れた。一定量の金や銀と交換できない紙幣，「不換紙幣（ふかん）」だった。今の一万円札も五千円札もみんな不換紙幣です。

　そうすると，諸君の素朴（そぼく）な質問がくる——「一万円札で金（きん）は買えますよ」。金の相場（そうば）は絶えず変動しているのであって，それは，そのときそのときの相場で金が買（か）えるというだけのことです。

　もう一度言うと，「たとえば100円に対して，必ず75グラムの金貨と交換しますよ」と固定しているのが兌換制度，兌換紙幣です。**一定の純度，一定の重量の金との交換券**ということです。そのような保証のない紙幣は要するに「**不換紙幣**」です。

## ■国家財政にインフレの圧力

　そこで1876（明治9）年の改正以降，153もの銀行が不換紙幣を出しまくったので，想像すれば日本中を大量の不換紙幣がぐるぐるぐるぐると渦巻（うずま）いた。

経済がそれほど大きく成長しているわけでもないのに紙幣がどんどん増えていくと，いわゆる**インフレ**が起こります。

すなわち物の値段が上がっていく。物価が上がっていく。これが**悪性のインフレ**です。

そして，インフレは政府を苦しめる。ちょっとここで図を見てください。

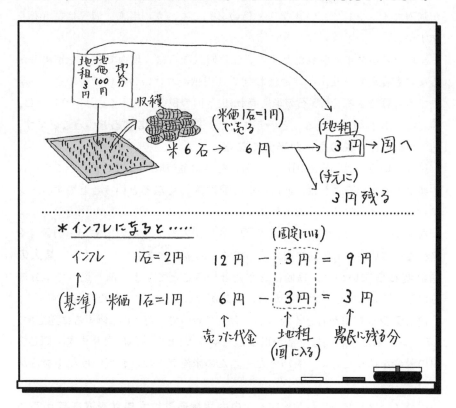

ある土地で米をつくった農民が，その米を売って地租を払います。当時の実際よりは安めですが，わかりやすく米1石の価格が1円ということにします。6石の米を収穫した農民が地租3円を払うために，1石1円ならば，その3石分を売らなければいけません。ここまではだれでもわかりますね。

ところが，地券には「**税金はお金で納めろ**」，そして「**3円払え**」と書いてあります。もう1回地券の写真を確認してください（p.214）。「地租いくら」とはっきり書いてありますから，これはもう固定されて変わりませんよ。そ

こで3円払わなければいけない。

　江戸時代はというと，ちょっと重いが，いろいろ合わせて，米でだいたい3石の税金を払っていた。それを今度はお金で払うから，3円だということになる。そうすると，負担は江戸時代と同じということになります。

　ところが，**インフレがきたらどうなりますか**。たとえば1石の米の値段が強烈なインフレで，いきなり2倍の2円になった。さあ，農民はどうなりますか。

　6石の米が今年も取れたとする。江戸時代ならば，現物で3石を納めるからなにも変わりませんが，今はお金で3円納めればいいわけですから，小学生でも計算できる。1.5石の米を売れば，3円の税金が払える。ということは，手元に4.5石の米が残る。ということは，**農民は楽になる**ということです。端的に言えば，**税の負担が半分になる**。

　税制というのは国家と国民とのあいだのお金の取りっこです。そこで農民が楽になるということは，逆にいうと**国は苦しくなる**ということです。インフレになると国は苦しくなってくる。

　なぜかというと，国には一定の額，3円が入ってくるのですが，物価は2倍になっている。1年間に国に入ってくるお金を歳入といいますが，**歳入の額は変わらない**のに，物価は2倍だということですよ。前と比べて半分のものしか買えなくなるわけだから，財政が苦しくなるのは当たり前です。

　逆に**デフレ**が来たらどうなるかも考えておいてください。要するに逆です。「デフレが来たら農民は生活が崩壊しちゃうよ」という話になります。同じ3円の税金を払うために，もっとたくさんの米を売らなければいけなくなるからね。

　このインフレとデフレが次回やる**自由民権運動に大きな影響を与える**ことになる。これをちょっと頭に入れて，いまの理屈だけを覚えてもらえばいいです。数字はもちろん適当な数字ですから覚える必要はありません。

　基本的な構造はしっかり把握しておきましょう。いいですか，米価の変動と地租の関係。とくに，重大な意味を持つのは，地主などの富裕層と国家の関係です。

```
┌─────────────────────────────────────────────────────┐
│          ╱米価の変動と地租                            │
│                                                       │
│ ┌─米価上昇 ➡ 地主の負担は軽減，国家財政はマイナス（減少）│
│ │                   └──→ インフレ（明治10～14年）      │
│ └─米価下落 ➡ 地主・自作農は負担増，国家財政にはプラス（増加）│
│                     └──→ デフレ（明治14～18年）        │
└─────────────────────────────────────────────────────┘
```

　これから出てくる**インフレ**の時期が**明治10～14年**，デフレが**明治14～18年**あたりです。

　すべては，地価が基礎となって，その地価に対する定率（3％→2.5％），定額の地租は，米価の上昇と下落でまったく逆の効果をもたらすわけです。

さて，明治政府が掲げた大目標は「富国強兵」「殖産興業」。経済的に豊かな国として強い軍隊を持つこと。そのためには，政府が先頭に立って，近代的な産業を育成していかねばならないという意味です。

じっと，民間産業の成長を待っているわけにはいかない。早急に，欧米に対抗できる国をつくるためには，税金を使ってでも，近代的な経済体制を導入するしかない。要するに，**上からの近代化**をめざしたわけです。その中心となったのが**工部省**でした。

### ■封建的諸制度の撤廃と官営事業

まずは古い制度は撤廃する。**関所・宿駅・助郷制度の撤廃**。**株仲間の独占の廃止**や，さまざまな身分的な制約の除去など。もちろん，今やった土地・税制の大改正。

また，**工部省**は旧幕府の**佐渡・生野**，藩営の**高島・三池**などの鉱山や兵庫造船所などを接収して**官営事業**として経営していきます。

そして，外国人の技術者・教師，いわゆる「**お雇い外国人**」を招いて，欧米の技術・学問を直接，学んでいきます。

### ■鉄道事業

陸上交通で言えば，いつまでも籠や馬で旅行していてはまずい。**鉄道**を敷こう。蒸気機関車の時代だ。そこで**工部省**が中心となって鉄道事業が始まります。

**Q** **新橋**（東京）～**横浜**間の鉄道の**敷設**を支援してくれた国は？

——**イギリス**です。

正確には新橋～桜木町間ですけどね。これは東海道線を敷くにあたっての最初の試みとして，貿易港である**横浜**と東京（**新橋**）をつないだものです。**1872年**です。そして**1889年**には東海道線が全通します。

東海道線が全通した1889年という年は「大日本帝国憲法」が発布された年です。憲法ができるまでには完成させようというので，1889年に全通にこぎつけた。

　また，当初は官営鉄道，政府直営の鉄道でしたが，やがて日本の鉄道は民営が主力になっていきます。

**Q** 1881年に，最初の民間鉄道会社として発足したのは？

——日本鉄道会社です。

## ■海運事業

　次が海運。風を待って，海が平穏なときに，船頭さんが「行くぞ」という東廻り，西廻りの木造船では，もう海運業はやっていけない。近代的な鉄の船，蒸気機関で進む船を導入しなければならない。とりあえずは沿岸航路に就航する近代的な船会社をつくりたい。

　土佐藩の船を借りて，岩崎弥太郎が九十九商会という船会社を始めていました。これが後の三菱です。ちょっと覚えておいて。これを保護したのが，当時，政府の財政担当者であった大隈重信です。この大隈と岩崎の関係は今後ずうっと出てきます。1877（明治10）年の西南戦争に際しての輸送などで大もうけしたのが岩崎の郵便汽船三菱会社です。そもそも，三菱に保護を与えたのは，戦時の軍事輸送に協力させることが目的でした。

　そして，1881（明治14）年に大隈重信が政府から追い払われたあと，政府は大隈の資金源となっていた三菱をつぶすために，対抗馬として共同運輸会社という会社を，三井などの出資を求めて設立させます。この両社が猛烈な価格の引下げ競争をやって，両方がつぶれそうになる。

　そこで，

**Q** 1885（明治18）年に，郵便汽船三菱会社と共同運輸会社が合併して，日本最大となった船会社は？　　　——日本郵船会社です。

### ■通信・郵便制度

通信の近代化も早々に着手されました。1869年には**東京～横浜**間に電信線が引かれ，さらに国内だけでなく**長崎～上海**間にも架設されます。

また，飛脚に代わるものとしては，郵便制度が導入されました。

**Q** 郵便制度を建議したのはだれか？　　　　　　　　　　——前島 密

入試では，郵便ときたら**前島密**以外に出たことがない。もちろん**万国郵便連合条約の加盟**の年，**1877**（明治10）年なども出ることがありますが，ともかく"郵便＝**前島密**"。1円切手は今でも前島密，「日本の郵便制度の父」ということになります。それと，郵便は**全国均一料金**制度だったことも覚えておきましょう。

では，工部省にひきつづき，

**Q** 国内の民間産業，在来産業の近代化のために設置された「省」は？　　　　　　　　　　　　——内務省

### ■軽工業

政府は殖産興業政策の一環として，国内の発明・発見を奨励するための「**内国勧業博覧会**」なども開いていますが，そこでは**臥雲辰致**という人が発明した**ガラ紡**という紡績機械などが注目を集めました。

軍事産業も幕府や藩から引き継いだものから始まり，東京・大阪の**砲兵工廠**が兵器の生産を始めます。「工廠」というのは，工場という意味。さらに，**生糸輸出**をもっと伸ばそうというので，

**Q** 1872（明治5）年，**フランス**の技術・機械を導入して設立された，製糸の官営モデル工場となったのは？　　　　　　　——富岡製糸場

群馬県で開業します。これはモデル工場で，近代的な製糸業の技術を「**富岡工女**」と呼ばれた**士族の娘たち**に学ばせたものです。**フランス式**の製糸業を

導入し，指導者としてフランス人**ブリューナ**が招かれています。

## ■北海道の開拓

また，農業・牧畜についても，**駒場農学校**や**三田育種場**が開設されて，西洋技術の導入をめざしました。

農業・牧畜では北海道がとくに重視され，**アメリカ式大農場経営**の移植を図ります。完全に成功とまではいきませんが，ある程度，定着していきます。

**Q** 北海道開拓のための太政官直属の役所を何というか？ ——**開拓使**

そして北海道では，国境警備を務める一方で，3年間の食糧や道具の援助を受けながら，開拓を進めていくという国境警備隊兼開拓農民のような，めずらしい「**屯田兵**」制度が導入されました。一種の**士族授産**，職を失った武士に仕事を与えるという意味を持った制度です。

**Q** 北海道近代化のためのさまざまなプランを立てたお雇い外国人は？

——**ケプロン**

アメリカ人**ケプロン**のアイディアで学校も創立されました。これが**札幌農学校**で，ここに一時赴任したのが"Boys, be ambitious."（少年よ大志を抱け）という言葉で有名なアメリカ人**クラーク**です。

近代（5）

# 明治初期の外交と自由民権運動

　明治政府が抱えた外交課題はやっかいです。前代の「**四つの口**」と呼ばれた変則的な外交関係をスッキリさせて，**中央政府が外交権を確立**しなければならない。そこで，まず，2つの課題。

(1) **蝦夷地とアイヌの人びととの関係とロシアとの国境**
(2) **琉球王国との関係**

　松前口・薩摩口を担っていた松前藩・薩摩藩が廃止され，代わって，北海道・沖縄方面を中央政府はどのように統治しようとしたか？　日本史の最重要テーマです。

　同時にそれは，隣国との関係にかかわる問題です。国交のなかった清国，および徳川幕府との外交関係のあった朝鮮とどのような関係を築いていくか。

(3) **朝鮮・清国との外交**

　さらに，対欧米外交では，

(4) **条約改正**

という大問題も控えている。そして，日清両国の対立が深刻化して**日清戦争**へとつながる。

　もう1つは，もちろん国内政治。自由民権運動の展開。岩倉使節団の帰国後，政府が分裂し，いわゆる「**自由民権運動**」が起こります。**不平士族**の反乱，**西南戦争**。さらに，松方デフレを背景とする**激化事件**。政局の展開も目まぐるしい。

　このような，**外交・内政・経済が密接に関連している**ことを理解して，スッキリとさせることが明治初期の学習のポイントです。

## ■ 2つの外交課題

　明治政府の外交の基本は「**開国**」と「**和親**」。かつての攘夷論は捨てて世界の国と仲良くやっていこうという方針です。

　そのためには，中央集権国家としての外交体制を整えるために，徳川幕府の体制を是正しなければならない。大きく言って，**対東アジア外交**と**欧米との不平等条約の解消**，この2つの課題を克服しなければならないわけです。

　対欧米外交の基本は条約を改定して対等条約にする。いわゆる「**条約改正**」です。これは回を改めてやります。

## ■ 東アジアとの外交

　そこで，最初に東アジアとの外交を見ていきましょう。まず，東アジア外交で言えば，江戸時代の変則的な関係を**一元的**に中央政府が掌握しなければならない。

**Q** 江戸時代の「四つの口」とその担い手は？

　　　　　——【**長崎口**】幕府【**対馬口**】対馬藩（宗氏）

　　　　　【**薩摩口**】薩摩藩（島津氏）【**松前口**】松前藩（松前氏）

　そこで，おのおのがどのように整理されていったか，見ていきましょう。まず，**長崎口**は幕府が滅亡して，その権力は明治政府が奪ってしまうから，大きな変更は必要なし。

## ■ 琉球処分

　次に，**沖縄**を含む南西諸島。ここは島津氏，薩摩藩の植民地のような立場を強いられていたわけですが，れっきとした国家，**琉球王国**が存在していますし，琉球王国は中国の清に朝貢し，冊封されているという立場です。

　明治政府は，この琉球王国を天皇政府の支配下に組み込もうとします。そ

こで，1871（明治4）年の廃藩置県で幕藩体制が崩れて藩がなくなったあとの翌1872（明治5）年に，新たに藩を誕生させているんです。すなわち，琉球王国を，「今日からは琉球藩だ」と日本政府は強制したわけですよ。廃藩置県で藩がなくなった翌年に「琉球藩」という藩が誕生した。そこで，琉球王国を否定したので国王も否定され，称号が変わる。

**Q** 「藩王」と称号を改めさせられた琉球国王は？　　　　　──尚泰

それから7年たって，**1879年に「沖縄県」が置かれる**のです。すなわち，藩をつくっておいてから，あらためて廃藩置県をしたような形になります。つまり，沖縄はほかの藩・県とずれるわけですよね。ここは絶対覚えて。

┌琉球藩設置…1872年（藩王尚泰）
└沖縄県設置…1879年

警察，軍事力を使った圧力のもとで領土に組み入れた。**清国**はあわてて，「おかしいじゃないか。琉球は独立国だろう。わが国の宗主権下にある国だ」と言い出します。

そこで当時，アジアを歴訪していたアメリカ前大統領の**グラント**があいだに入りますが，日本側はその調停を拒否しています。この一連の，明治政府が琉球王国を1つの県として日本領土に組み込んでいく過程を，「**琉球処分**」といいます。

中央政府の，その後の沖縄支配のキーワードは「**旧慣温存**」──「江戸時代のままにしておけ」というのが基本方針なんです。これに対して，宮古島，八重山群島などで，**人頭税の廃止運動**や，入会地を奪うのはやめてくれというような反対運動が起こりますが，「旧慣温存」の方針のもとに，沖縄では高等教育すら導入されません。そんな状況のなかで，

**Q** 沖縄の自由民権運動の指導者として活躍した人物は？　　──謝花　昇

沖縄出身で初めて東大を出た**謝花昇**は，県民の地位向上のために尽くしますが，弾圧されて不遇な一生を終えてしまいます。

沖縄に「府県制」が本土並みに実施された 1909 年，「衆議院議員選挙法」が
施行された 1912 年。これは年号問題で聞かれます。

```
┌「府県制」施行………………（本土）1891 年↔（沖縄）1909 年
└「衆議院議員選挙法」施行…（本土）1890 年↔（沖縄）1912 年
```

### ■ 北海道とアイヌの人びと

　さて，次は蝦夷地を改めて北海道。幕府の直轄を明治政府が引き継いで，
開拓使を置いた。これはやりましたね。廃藩置県後の，「1 使」から「1 道」を
思い出しましょう（p.204）。

　1882 年に開拓使が廃止されたあと，函館，根室，札幌という 3 つの県が
置かれますが，うまくいきません。

**Q** 1886 年，北海道経営のための行政機関として設置されたのは？
　　　　　　　　　　　　　　　　　　　　　　　　——北海道 庁

　そして，民間資本を導入しつつ，アイヌの人びとに対しては同化政策をとっ
ていきました。

**Q** 1899 年に制定されたアイヌの人びとに対する同化政策の法令は？
　　　　　　　　　　　　　　　——「北海道旧土人保護法」

　これが同化政策の象徴として悪名高い法律です。

### 史料

### 38　北海道旧土人保護法

　第 1 条　北海道旧土人ニシテ農業ニ従事スル者又ハ従事セムト欲スル
　　　　　アイヌの人びとのうち，農業に従事したり，従事しようと思うものについては，

　　者ニハ一戸ニ付土地一万五千坪以内ヲ限リ無償下付スルコトヲ得
　　　1 軒について土地 1 万 5000 坪以内を無料で与えることとする。

狩猟，漁労を中心とするアイヌの人々を**無理やり農民化する**ための政策です。「土人」という名称ももちろん差別的な表現です。これによって**アイヌ民族の文化が破壊**されていったのです。

同法が廃止されたのは，なんと 1997 年のことです。「**アイヌ文化振興法**」が施行されましたが廃止され，現在は「**アイヌ施策推進法**」が施行されています。

## 北海道と沖縄に対する施策

| 北海道 | 沖縄 |
|---|---|
| 同化政策 | 旧慣温存（策） |
| 1899　北海道旧土人保護法 | 地租改正（土地調査事業） |
| （1997　アイヌ文化振興法） | 謝花昇（県政刷新・参政権獲得） |
| | 1909　府県制実施 |
| 1902　衆議院議員選挙法施行 | 1912　衆議院議員選挙法施行 |

次は国域の問題。日露和親条約のときに，領土関係はどうなりましたか。はい，得撫島から北の千島列島は**ロシア領**，択捉島から南は**日本領**，樺太は「**両国（民）雑居**」。いいですね。

そして，開拓使を置いて中央政府直轄で北海道を開拓していく。しかし，明治政府はなんたって貧乏です。とても樺太には手が出ないから，「もう樺太はロシアにあげて，その代わり，千島列島を全部もらおうよ」というのでロシア側と話がつき，1875 年，「樺太・千島交換条約」が結ばれました。

**Q** 全権となってロシアに出向いて条約を調印した人物は？

——榎本武揚

樺太・千島交換のアイディアを出したのは黒田清隆です。旧幕臣の榎本は北海道開拓に熱意を示していた。史料をチェックしておきます。

## 史料

### 39　樺太・千島交換条約

第一款　大日本国皇帝陛下ハ，其後胤ニ至ル迄，現今樺太島 即 薩哈嗹島
だいかん　だいにほんこくこうていへいか　そのこういんいたまで　げんこんからふととうすなわちさがれんとう

大日本国皇帝陛下は，　　　　子孫に至るまで，　　　現在の樺太についてのあらゆる

ノ一部ヲ所領スルノ権理 及 君主ニ属スルー切ノ権利ヲ，全魯西亜国
いちぶしょりょう　けんりおよびくんしゅ　ぞく　いっさいけんり　ぜんろしあこく

権利を　　　　　　　　　　　　　　　　　　　　　　　　全ロシア国皇帝

皇帝陛下ニ譲リ,而今而後樺太全島ハ 悉 ク魯西亜帝国ニ属シ「ラペルーズ」
こうていへいか　ゆず　じこんじごからふとぜんとう　ことごと　ろしあていこく　ぞく

陛下に譲る。　　　　　そこで，今後は，樺太全島はすべてロシア帝国に所属することとし，

海峡ヲ以テ両国ノ境界トス。
かいきょう　もっ　りょうこく　きょうかい

国境線はラペルーズ海峡とする。

第二款　全魯西亜国皇帝陛下ハ，第一款ニ記セル樺太島 即 薩哈嗹島ノ
だいかん　ぜんろしあこくこうていへいか　だいかんき　からふととうすなわちさがれんとう

全ロシア国皇帝陛下は，　　　前条に記した樺太島，すなわちザハリン島の権利

権理ヲ受シ代トシテ，其後胤ニ至ル迄，現今所領「クリル」群島，即チ
けんり　うけかわり　そのこういんいたまで　げんこんしょりょう　ぐんとうすなわ

を受け取った代わりに，　　　その子孫に至るまで，　現在のクリル群島（千島列島）すなわち，

第一「シュムシュ」島……第十八「ウルップ」島共計十八島ノ権理及ビ
だいとう　だい　とうともけいとう　けんりおよ

占守島から得撫島までの18島のすべての権利を日本の天皇に譲る。

君主ニ属スルー切ノ権理ヲ大日本国皇帝陛下ニ譲リ,而今而後「クリル」
くんしゅ　ぞく　いっさいけんり　だいにほんこくこうていへいか　ゆず　じこんじご

そこで，今後はクリル

全島ハ日本帝国ニ属シ,柬察加地方「ラパッカ」岬ト「シュムシュ」島ノ
ぜんとう　にほんていこく　ぞく　カムチャツカちほう　みさき　とう

全島（千島列島全島）は日本帝国のものであり，国境線は，カムチャツカ地方のラパッカ岬

間 ナル海峡ヲ以テ両国ノ境界トス。
あいだ　かいきょう　もっ　りょうこく　きょうかい

と占守島のあいだの海峡とすることで合意した。

　樺太・千島交換条約は簡単で，注意するのは，**樺太**が，「ザハリン」，ある
いは「サガレン」と，表記がいろいろになることです。**千島列島**もまた，クリ
ル諸島，クリル群島という場合があります。
　そしてあとは，**歯舞・色丹・国後・択捉・得撫・占守島・樺太**というと
はぼまい　しこたん　くなしり　えとろふ　うるっぷ　しゅむしゅ　からふと

ころを地図で確認しておいてください。

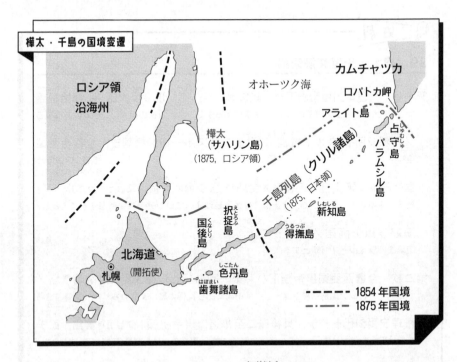

樺太・千島の国境変遷

ロシア領
沿海州

オホーツク海

カムチャツカ

ロパトカ岬

アライト島

占守島

パラムシル島

樺太
（サハリン島）
(1875, ロシア領)

千島列島（クリル諸島）
(1875, 日本領)

新知島

得撫島

択捉島

国後島

北海道

札幌（開拓使）

色丹島

歯舞諸島

-------- 1854 年国境
-·-·-·- 1875 年国境

　ついでに，といってはいけませんが，小笠原諸島の問題。ここはトラブルもなく，アメリカ，イギリスが，日本の領土であることを承認してくれて，国際的にも問題は起こっていません。欧米系の住民がいましたが，1876 年に内務省が出張所を置いて統治を再開しました。

## ■ 朝鮮との外交

　さて，次は日朝関係。

　徳川幕府はなくなってしまったわけですが，朝鮮側は何も変わっていない。朝鮮の外交の基本は「海禁政策」。日本で言う鎖国のような政策を江戸時代ずっととっていますが，幕府とは対馬藩宗氏を介して通信使を送っていたんですよね。

　朝鮮は，外交関係の慣例，伝統を破った明治政府からの直接の国交開始の呼びかけを拒否します。

日本としてはなんとか国交を開きたいが，なかなか糸口がつかめない。一方で，欧米との不平等条約を改正しなければならない。いわゆる「**条約改正**」ですが，改正交渉を始めることができる 1872（明治 5）年 5 月が近づいてきます。

　そこで，その予備交渉などを目的とする**岩倉使節団**が，1871 年にアメリカに向けて出発し，ヨーロッパをまわって 1873 年秋に帰国します。ここは，条約改正のところでもう一度やりますが，この期間，日本に残っていた政府，いわゆる「**留守政府**」が対アジア外交を担う形になり，その中心が**西郷隆盛**でした。

　西郷が本当に戦争をしかけようと思ったかどうかは別として，武力で威嚇しても，あるいは武力を使ってでも開国させて，日本と条約を結ばせようと，いわゆる「**征韓論**」を主張します。

　しかしこの西郷の朝鮮派遣は，大久保たち，帰って来た**洋行派**の反対で止められます。征韓派は，ほかの参議たちも一斉に下野。**明治六年の政変**です。そして，後でやる民権運動が始まる。

### ■江華島事件

　1875 年に「**江華島事件**」が起こります。1875 年といえば，**5 月に樺太・千島交換条約**が締結された年。同年 **9 月**に江華島事件が起こった。

　首都漢城のすぐそばの海に浮かんでいる江華島という島があるんですが，日本の軍艦「雲揚」が海路調査の途中で近づいていってボートを下ろし，水兵がこの島に向かって漕いでいった。ハッキリ言って挑発した。そうしたら江華島の砲台の大砲がこれに発砲してきました。

　「しめた。向こうから手を出してきた」というので，逆に江華島砲台に砲撃を加え，上陸して，となりの永宗島という島を占領しちゃったんです。

### ■「日朝修好条規」

　そして，**黒田清隆**と**井上馨**が朝鮮に船で乗りつけて，「いま日本の港には続々と軍隊が集まって，おまえの国を攻めようとしているぞ」，「ここで早く国交を開いておかないと，戦争になるかもしれないよ」などと**脅迫**した。そ

して，あわてた朝鮮政府に「日朝修好条規」という不平等条約を押しつける
ことに成功したんです。

黒船に驚いた幕府が不平等条約を押しつけられたように，朝鮮政府に対し
て今度は日本が**不平等条約**を押しつけた。

当時，朝鮮は，明，続く清と，中国の王朝から，いわば国王の地位に任命
してもらうという従属関係にありました。清は，朝鮮に対して，いわば本家
と分家，親分子分のような関係で「宗主権」を主張していた。

日本は朝鮮に対して，「独立して中国と手を切り，日本とつき合え」と，清
の宗主権を否定させ，さらに，協定関税制どころではなくて，「関税をかける
な」という，いわゆる「**無関税特権**」を認めさせた。日本との貿易で，朝鮮の港
では関税をかけないことを納得させ，釜山・仁川・元山という港も開かせま
した。さらに，**領事裁判権**も一方的に認めさせます。

すなわち，日本は，欧米から与えられた不平等条約の中身を，さらに不平
等性を強くして朝鮮に押しつけた。ここは，しっかり史料をチェックしてお
こう。

## 🔍 史料

### 40　日朝修好条規

第一款　朝鮮国ハ自主ノ邦ニシテ，日本国ト平等ノ権ヲ保有セリ。嗣後
　　　　朝鮮国は独立国であって，　　　　日本国と平等の権利をもつ国であり，　今後

両国和親ノ実ヲ表セント欲スルニハ，彼此互ニ同等ノ礼儀ヲ以テ相接待シ，
両国は仲よくしていくために，　　　　同等の礼儀でもって外交関係を続けていこう。

毫モ侵越猜嫌スル事アルベカラズ。……
そして，お互いに疑ったりすることがないようにしましょう。

「**日朝修好条規**」は意訳を読むと，平等で対等な条約のように見えますが，
省略した後半で，中身が**めちゃめちゃ不平等**になっています。

そして，何よりも，ここの史料で大事なのは，「**朝鮮国は自主の国だ**」と
しているところです。これは，実際上，「清国の支配下から脱出しなさい。清
国の影響力を受ける国であってはならない」と強要したことになります。

朝鮮が「自主」の国，立派な独立国であるということは，清国の宗主権などは認めない，一人前の国なのだということです。しかし，清はそんなこと認めない。ここがポイントね。

### 清国は「日朝修好条規」を認めない。

基本的に，これがのちに日清戦争の最大の原因となります。

## ■「日清修好条規」

　さあそこで問題は，清との関係ですが，1871 年，明治 4 年，廃藩置県の年，岩倉使節団の出発の年に，「日清修好条規」という条約を一応結んでいます。

**Q**「日清修好条規」の両国の代表は？　　　──伊達宗城・李鴻章

　これはちょっと変な条約で，領事裁判権の規定があるんですが，相互にこれを認めているので，**平等な条約**です。日本人が中国へ行って犯罪を犯しても日本の法律で裁くことができる代わりに，清国の人が日本へ来て日本で何か犯罪を犯したら，清国の法律で裁いていいよ。だから，これは一応，対等条約です。

## ■台湾出兵

　ところが，清国とのあいだで外交問題が発生します。**明治 4 年に琉球の漁民が難破して台湾に漂着し**，現地で保護されたんですが，翌日，怖くなって逃げ出して，一部の人が殺されたという事件(**琉球漂流民(漁民)殺害事件**)です。

　日本と清国のあいだにトラブルが発生するわけです。日本側は，「あなたの国の領土である**台湾**で，琉球漁民が被害を受けた。**琉球は日本の領土なのだから**」という論理で，被害者に対する賠償，謝罪などを，清国政府に要求した。

　ところが，当時の清国政府は，「いや，あそこは野蛮人がうようよ住んでいるところだから，不運だと思ってあきらめてください」なんていうわけのわか

らない弁明をしたらしい。

そこで,「責任を取れないのだったら,現地の住民に日本が直接,正義を教えてやろう」という名目で,1874年に,西郷従道が軍隊を率いて台湾に攻め込むんです。

## 台湾出兵(1874年)…近代日本最初の海外派兵

**近代日本の最初の海外派兵を日清戦争だと思わないこと**。西郷従道は,西郷隆盛の弟ですよ。

日本の台湾出兵にあわてた清国は,イギリス公使のウェードに頼んで,日本とのあいだを取りもってもらい,日本側の要求を受け入れて謝罪し,事実上の賠償金を払うという形で決着しました。

ただ,この問題が大変やっかいなのは**琉球王国の帰属問題**が絡まっているところです。そもそも,琉球王国は薩摩藩に支配されているとはいえ,**独立した王国**だった。その琉球王国の漁民が,清の支配下にある台湾で被害にあった。これは,冷静に考えれば,清国政府と琉球王国政府の問題だった。

ところが,琉球の漁民の被害を日本政府として清国に抗議し,清国がこれに対応したということは,形から言えば,**琉球王国が日本政府の支配下にある**ということを清国政府が認めたということになるわけです。

ちょっとここで,授業ノートの年表で,1868(明治1)年から1881(明治14)年あたりまで,ザーッと見ておくこと。

　これからの話は政治史中心ですから，ともかく事項の順番を整理していくことを心がけてください。「明治4年」は1871年です。西暦から67を引くと，明治の元号になることを覚えておいて。

**明治元年＝1868年　　明治＋67＝西暦**

### ■明治4年

　さて，次は国内政治。藩閥政府と自由民権運動，そして士族の反乱という激動期を，年を追って見ていきます。

　**明治4年**の廃藩置県を断行した政府は，年末，幕末の不平等条約を改正する，いわゆる条約改正の予備交渉のために，「岩倉使節団」を送り出します。アメリカでの予備交渉そのものには失敗しますが，その後，ヨーロッパに回って，明治6年の秋に日本に帰ってきます。ここから国内政治が大きく動いてきます。

### ■明治六年の政変

　まず最初が「明治六年の政変」です。岩倉使節団の一行を当時「洋行派」，日本に残った政府のほうを「留守政府」などと呼びました。

　留守政府の中心の主要人物は，**西郷隆盛・板垣退助・後藤象二郎・江藤新平・副島種臣**ら。では，

**Q**　岩倉使節団のうち，岩倉具視以外の主要メンバーを3名あげなさい。
　　　　　　　　——**大久保利通・木戸孝允・伊藤博文**

　さて，帰って来た使節団と留守政府とのあいだで，アジア外交をめぐって問題が起こります。

　朝鮮との関係がうまくいっていない。明治政府との国交開始を拒絶している。そこで留守政府の中心であった**西郷隆盛**が，直接，朝鮮に乗り込んで朝

鮮との国交開始の糸口をつかもうとします。これが西郷の朝鮮派遣問題です。

　これに対して，一刻も早く日本の国内の近代化をやらなくてはならない。朝鮮ともめて戦争にでもなって，お金がかかっては大変だ。大久保たちは，「内治優先」，国内の近代化を優先するべきだとして西郷の朝鮮派遣に反対し，派遣は中止になりました。

　「さあ，いよいよ懸案のアジア外交に乗り出そう」と思った西郷隆盛たちは，面目まるつぶれで，プライドを傷つけられ，下野。板垣らも一斉に政府を辞めてしまったのです。

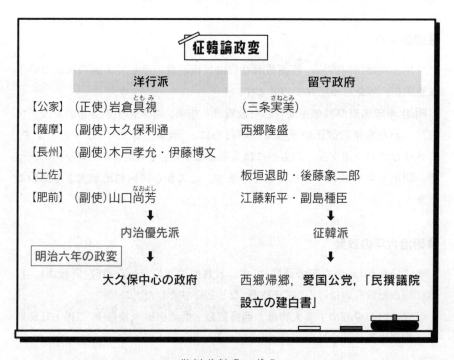

| 征韓論政変 | | |
|---|---|---|
| | **洋行派** | **留守政府** |
| 【公家】 | （正使）岩倉具視 | （三条実美） |
| 【薩摩】 | （副使）大久保利通 | 西郷隆盛 |
| 【長州】 | （副使）木戸孝允・伊藤博文 | |
| 【土佐】 | | 板垣退助・後藤象二郎 |
| 【肥前】 | （副使）山口尚芳 | 江藤新平・副島種臣 |
| | ↓ | ↓ |
| | 内治優先派 | 征韓派 |
| 明治六年の政変 | ↓ | |
| | 大久保中心の政府 | 西郷帰郷，愛国公党，「民撰議院設立の建白書」 |

　これが「明治六年の政変」の「征韓派参議の下野」で，政府が分裂した。「下野」というのは，「野に下る」。役人を辞めて民間人になるということです。これを「シモツケ」とか「シモノ」と呼んだ人がいるから，注意。

### ■大久保利通の政権

　「内治優先」を唱えた大久保利通は，民間産業の近代化を推進するために内

務省を設置し，みずから長官の内務卿に就任します。一方，下野した板垣たちは翌明治7年から，いよいよ反政府運動に乗り出す。そして，これが「自由民権運動」の契機となります。

　下野した征韓派の参議たちのうち，西郷隆盛は郷里の鹿児島へ帰ってしまいますが，板垣退助らが活動を始める。

**Q** 板垣退助・後藤象二郎などが，当時の立法機関であった左院に提出した国会開設の意見書を何というか？

——「民撰議院設立の建白書」

史料を読んでおきましょう。

---

**🔍 史料**

## 41　民撰議院設立の建白書／「日新真事誌」

臣等伏シテ方今政権ノ帰スル所ヲ察スルニ，　上帝室ニ在ラズ，下人民
われわれが最近の政治権力のあり方を見ていると，　天皇陛下にもなく，　国民にも

ニ在ラズ，　而独有司ニ帰ス。　……天下ノ公議ヲ張ル
その権力はない。そして一部の政府の役人たちが権力を握っている。　世論政治を実現するため

ハ，　民撰議院ヲ立ルニ在ル而巳。
には，国民の選んだ議員による議会を開く以外に方法はない。

---

板垣たちは「有司専制」を非難し，選挙と議会の開設を要求した。

**Q** 「民撰議院設立の建白書」を出した板垣らの結成した団体を何というか？

——愛国公党

西郷隆盛は入っていませんよ。念のため。

　建白書は，当時，イギリス人ブラックという人が日本で発行していた日本語新聞「日新真事誌」に載りました。これが政治に不満を持っていた武士，旧士族たちの共感を呼んだ。「広く会議を興すはずなのに，なんで大久保たちが勝手に政権を握っているんだ！」という話になります。

## ■「政社」の結成

　板垣はこの運動を広げようというので，故郷の土佐に戻って，旧士族たちの団体をつくります。それが立志社で，社長は片岡健吉です。社長といっても営利事業の株式会社の社長ではありません。

　西日本にも同じような政治結社，士族結社が生まれたので，みんなでこれを全国組織にしようということになって，大阪に集まって愛国社というのをつくります。

> 愛国公党…板垣らが東京で結成した日本最初の政社
> 愛国社……板垣らが大阪で結成した士族結社の全国組織

## ■台湾出兵で政局混迷

　明治8年になると，大久保利通は四面楚歌，孤立していきます。長州の大物，木戸孝允も台湾出兵に反対して下野してしまうし，西郷は鹿児島から動かない。そこで，大久保は政局打開のため，板垣や木戸と会談し，妥協します。それが，大阪会議と呼ばれるものです。

　木戸孝允は，もともとは岩倉使節団の副使だったのですが，大阪会議のときには反政府側にまわっていることに注意してください。

## ■「漸次立憲政体樹立の詔」

　大阪まで行って大久保は板垣・木戸と妥協した。そこで「ちゃんと憲法をつくって議会を開くことを天皇の言葉として発表しましょう」ということになった。これを「漸次立憲政体樹立の詔」（1875年）といいます。また，憲法をつくるために元老院という立法機関を設置する。

　そして，裁判所の頂点に大審院，今でいう最高裁をつくる。さらに，地方官たちを中央に集めて，国会開設の準備のための議会を開きましょう。地方官会議というんですが，その開催を約束します。そして板垣や木戸は政府に復帰することで合意した。

## ■大久保の言論弾圧

　板垣・木戸という大物と話をつけた大久保は，一方で言論に対する弾圧立法（りっぽう）を出します。それが「讒謗律（ざんぼうりつ）」と「新聞紙条例（しんぶんししじょうれい）」です。讒謗律の「ザン」は1回なぞって書いておいてください。

　史料をチェックしましょう。

---

### 🔍 史料

#### 42　讒謗律

第一条　凡（おお）ソ事（じ）実（じつ）ノ有（う）無（む）ヲ論（ろん）セス，人（ひと）ノ栄（えい）誉（よ）ヲ害（がい）スヘキノ行（こう）事（じ）ヲ摘（てき）発（はつ）
おおよそ事実であってもなくても，人の名誉を傷つけるようなことを公に発表

公（こう）布（ふ）スル者（もの），之（これ）ヲ讒（ざん）毀（き）トス。人（ひと）ノ行（こう）事（じ）ヲ挙（あぐ）ルニ非（あら）スシテ悪（あく）名（みょう）ヲ以（もっ）テ
した者は讒毀である。　　　　　　　　人の行ったことを誉めるのではなく，悪口を言って

人（ひと）ニ加（くわ）ヘ公（こう）布（ふ）スル者（もの），之（これ）ヲ誹（ひ）謗（ぼう）トス。……
人に害を加える場合は誹謗である。

---

## ■出題ポイント

　史料の出方は簡単で，出だしのみ。「**凡ソ事実ノ有無ヲ論セス**」という大（だい）胆（たん）な表現のところのみで，「**讒謗律**」とわかればOKです。

　こんな権力者にとって都合のいい弾圧立法というのは，江戸時代の影響の強い当時だからこそ許されたものです。「**新聞紙条例**」のほうは，史料としてはめったに出ません。

---

## ■明治7・8年のキーワード「士族民権」

　はい，ここまでが1つのブロックです。明治7・8年。

明治7・8年　┌民撰議院設立の建白書（みんせんぎいんせつりつけんぱくしょ）
　　　　　　　↓
　　　　　　└大阪会議の妥協

いろいろな学説がありますが，一応ここまでは，おもに旧士族たちが政治に対して発言したというので，「士族民権」，士族中心の民権だというふうに区分する場合があります。

## ■不平士族の反乱

続く明治9年・10年は「不平士族の年」と覚えてください。

士族たちはもちろん不満です。「有司専制」だ。大久保たち，薩長土肥の一部の連中だけが政権にズーッといすわっている。

そこへ，**秩禄処分**と**廃刀令**が加わります。政府は**明治9年**，旧支配者層にはもう経済的保障，いわば年金の支給はしませんよ。**金禄公債証書**という証券を与えます。「いずれこれでお金を払いますが，しばらく我慢してがんばってね」というものでしたね。

「廃刀令」は，刀を差して外を歩いてはいけないという法令。最初のうちは「散髪脱刀令」といって，「ちょんまげを切ってもいいよ。刀は差さなくてもいいよ」だったのが，・差すな・ということになります。

経済的な保障がなく，「帯刀」，刀をさして町を歩く特権——武士の名誉も奪われていく。そこで守旧派の武士たちはキレた。これが「士族の反乱」の背景です。

### ▶佐賀の乱（明治7年）

「民撰議院設立の建白書」を出したあと，前司法卿の江藤新平は故郷の佐賀に帰って，不平士族の仲間，征韓党のトップにかつがれ，佐賀の乱という反乱事件の首謀者として死刑にされています。

これは1874年。早い例ですが，あとは3つ，明治9年に起こっている。「敬神党の乱」，「秋月の乱」，「萩の乱」です。

### ▶敬神党の乱→秋月の乱→萩の乱（明治9年）

**Q** 「神風連の乱」とも呼ばれる熊本の「敬神党の乱」の中心人物は？
——太田黒伴雄

**Q** 福岡の「秋月の乱」のリーダーは？
——宮崎車之助

244

これは、「敬神党の乱」に呼応して、福岡のすぐそばの旧秋月藩で起こった反乱です。さらに、中央の権力を握っている長州藩の城下町でも、不満はかえって高まっている。

**Q** 「萩の乱」を起こした前参議、長州藩の大物は？ ──前原一誠

この3つは必ず矢印で順番を覚えましょう。

## ■西南戦争（明治10年）

さらに不平士族の不満がドカーンと大爆発したのが翌年、明治10年の西南戦争だ。大物中の大物、西郷隆盛は下野して鹿児島へ帰っていましたが、その西郷さんをかついで「私学校」の生徒たちが反乱を起こした。

2月から9月まで、**九州は大戦争**です。政府はようやくこれを鎮圧しました。徴兵制の軍隊が旧士族軍を破った。しかし、戦費に困った。

そこで政府は、第十五国立銀行という国立銀行をつくらせて、そこから発行された1500万円の紙幣を全部借りて使ってしまいます。さあ、ここで、地租改正のところでやったインフレが問題となってきますよ。

## ■農民一揆

士族の反乱だけでなく、農民たちも**義務教育**に反対する。当時は義務教育は有償で、お金がかかりますから、「**学制反対一揆**」、そして例の「血税」という言葉がきっかけになった「**血税一揆**」や「**地租改正反対一揆**」なども起こっています。

明治9年には**米価が低落**したため、茨城県や、三重・愛知・岐阜・堺の各県で、軍隊まで出動する規模の地租改正に対する一揆が起こったんです。

## ■民権運動の高揚

一方、**民権運動**が再び活発になってくる。明治10年以降の**インフレ**を背景に、士族に加えて富裕な農民などが加わってくる。「**豪農民権**」と呼ぶこともあります。

豪農というのは有力な大型の農民ですよ。土地をたくさん持っています。たとえば米が6石取れました。そのうち3石を1石1円で売って3円の税金を払っていました。この話を覚えていますか。

　ところが，インフレで米価が上がる。米が高く売れるから，米価が2倍になれば3円の地租を払うために，半分の米を売れば，税金が払えてしまう。地租は**定額**で金納です。ということは手元にいっぱい残る。そこで**豪農たちは余裕が出てくる**。

### ■豪農層が反政府運動に参加

　経済的に余裕の出てきた豪農たちは，やがていろいろな思想に目覚めて，「オレたちの意見が国政において尊重されてもいいんじゃないか。**政治に参加させろ**」ということになってきます。

　士族たちの武力反抗の失敗を受けて，**反政府運動が言論に集中したこと**もあって，豪農や商工業者のような，今で言う事業家たちも政府に対して，「もっと地租を安くしろ」と言い出す。金持ちというのはもうかるともっともうけたいから，もっと安くしろと言うんですよ。明治10年1月には，政府は**地租を3%から2.5%に軽減**しているんですが，まだまだ重すぎる。

### ■「地方三新法」

　政府は「ある程度地方のことは地方にやらせて，なんでもかんでも中央に文句をつけるのをやめさせよう」というので，1878(明治11)年に地方行政制度を改変します。

　「**地方三新法**」と呼ばれる体制が取られるわけですが，その3つの法令は超単純暗記で必ず覚えてください。

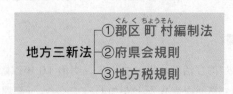

地方三新法
①郡区町村編制法
②府県会規則
③地方税規則

中身は簡単に覚えて。①は，江戸時代の伝統的な地域の枠組みで「郡区町村」を編制してよろしい。廃藩置県のときの地方行政区画である**大区・小区制**というのは**画一的**（かくいつてき）なものだった。

　②は，「府会」，「県会」を開いて，ある程度，自分たちの地域のことは自分たちで決めなさい。府県予算案について，部分的ですが，民会に審議権を認めた。

　そのための税金については，③「地方税規則」でちゃんと整（ととの）えてあげますよ。

　ひとことで言えば，地方の不満をすべて中央に持ってこられないように，**地方にある程度の権限を与えようとしたものです。**

　ところが，この「地方三新法」は，裏目（うらめ）に出ます。すなわち，このような府県会などに入ってくる地方の連中というのは，おおむねその地方の有力な豪農層が中心になります。そして，いわゆる思想家たちの宣伝活動もあって，「そうだ，オレたちが国会の代表者になって，国政（こくせい）を運営すべきだ」というふうになってきます。

　そこで，府県会が政治的関心の結集点となって，**豪農たちが反政府運動に加わっていく。**

### ■「集会条例」

　さて，1877（明治10）年の西南戦争の最中に，立志社は片岡が代表となって国会を開けという意見（**立志社建白**）を政府に提出しようとしますが，政府は，太政官も元老院もこれを受け取らない。しかし，**大阪会議**のあと，しばらく活動を休止していた**愛国社**（あいこくしゃ）が1878年に再興されて活動を再開し，大阪で再興大会が開かれます。

　最初のように西日本の一部の**士族**たちだけではなくて，**豪農**たちも加わってくる。中心人物の1人**河野広中**（こうの　ひろなか）は，福島県出身の有名な政治活動家です。そこで，「国会開設要求のための組織をつくろう」という話になって，

**Q** 1880年，愛国社の呼びかけで生まれた全国組織は？

——国会期成同盟（き せい）

　国会期成同盟は「国会を開け」という請願書（せいがんしょ）を出そうとしますが，政府はこ

れを受け取ろうとせず，1880 年，逆に，「集会条例」でこれを弾圧しよう
とします。

　集会条例はあまり史料では出ませんが，一応読んでおかないとまずいので，
チラッと意訳を読んでおいてください。

🔍 **史料**

## 43　集会条例

　第一条　政治ニ関スル事項ヲ講談論議スル為メ公衆ヲ集ムル者ハ，開会
　　　　　政治についての集会を開いたり，宣伝をしようとする場合は，　　　その

三日前ニ講談論議ノ事項，講談論議スル人ノ姓名住所，会同ノ場所
開会の 3 日前までに，どのような内容で，だれがそれを主催し，発表するかをくわしく年月

年月日ヲ詳記シ，其会主又ハ会長幹事等ヨリ管轄警察署ニ届出テ，
日まで書いた上で，　　その責任者が警察に届け出て，その許可を受けなさい。

其認可ヲ受ク可シ。

　「政治に関する集会等について，**警察の管轄指導を受ける**」というところ
を読んだら，集会条例で OK です。

### ■紀尾井坂の変（明治 11 年）

　しかし，集会条例で抑えられるほど，運動は簡単に沈静化しません。政府
は財政的にもインフレの進行によって苦しい。そして，政府側の内部も大き
く変化し，動揺していたんです。その原因は，1878 年，明治 11 年，大久
保利通が暗殺されたことです（紀尾井坂の変）。
　「維新の三傑」という言葉があって，実際上，明治政府を動かしていたのは，
3 人の重要人物だという意味です。

| 維新の三傑…大久保利通 ・ 西郷隆盛 ・ 木戸孝允 | | |
|:---:|:---:|:---:|
| ↓ | ↓ | ↓ |
| 1878 | 1877, 9 | 1877, 5 |
| 紀尾井坂の変 | 西南戦争 | 病死 |

西郷隆盛は明治10年に西南戦争で敗北，腹を切って死んでいます。木戸孝允も同年，西南戦争の最中に病死。そして翌11年，大久保が「**紀尾井坂の変**」で暗殺される。

　明治10年，11年に，それまでずうっと政府を実際に動かしてきた薩長の大物が3人とも死んでしまうのです。はっきり言って，その後はドングリの背比べ。主導権を発揮するものがいない。

### ■ 大隈重信 vs 伊藤博文

　そこへ肥前の**大隈重信**が台頭してくる。そのときに財政を担当していた参議の大隈重信が，「もう国会を開いてしまえばいい」と言い出した。それが大隈の「**即時国会開設**」という意見です。

　一方，**長州**の中心人物の1人，**伊藤博文**は漸進論。「徐々に環境を整備してからでないと，選挙や国会はまずい。オレたちの政権はぶっ飛んじゃうぜ」という意見です。

### ■ 開拓使官有物払下げ事件

　そこにさらにやっかいな話が起こる。「**開拓使**」を覚えていますね。北海道方面開発のための機関ですよ。1000万円以上の金を注ぎ込んだ**北海道開拓事業**にともなう政府所有の工場などの官有物を，もうこれ以上維持できないし，一応計画も終わったから，**民間に払い下げよう**ということになった。それ自体は別に問題はない。予定どおりです。

　ところが，開拓使の長官**黒田清隆**という**薩摩**のボスが，同じ薩摩出身の実業家の大物**五代友厚**という人物が設立した関西貿易社という会社などに，ただ同然の安い価格で官有物を払い下げようとしていることが，マスコミを通じて暴露された。

　「おまえたち，薩摩だけうまいことをやってるんじゃないよ」という非難が，当然高まる。これが1881年，「**開拓使官有物払下げ事件**」です。

### ■ 明治十四年の政変

　薩長勢力は追い込まれ，思い切った打開策をとります。まず，元凶である

大隈重信の首を切るしかないという話になった。

**Q** 1881 年，参議大隈重信を天皇の名前で政府から追い出した事件を何というか？

——「明治十四年の政変」

「明治六年の政変」に続いて，ふたたび大きな政変が起こった。大隈を罷免。**薩長は政権を守ろうとした**わけです。大隈さんは佐賀県，肥前の出身ですよ。そして，政府は天皇の名で「10 年後の明治 23 年に国会を開きます」と公約します。ハイ，これが「国会開設の勅諭」です。これはよく出る史料ですから，しっかり読んでください。

**史料**

## 44 国会開設の勅諭

朕祖宗二千五百有余年ノ鴻緒ヲ嗣キ，……又夙ニ立憲ノ政体ヲ建テ
神武以来の天皇の地位を継いできた私は，　　　すでに憲法と国会を軸とする国家

後世子孫継クヘキノ業ヲ為サンコトヲ期ス。
体制をつくることを，目標として掲げてきた。

……

顧ルニ立国ノ体，国各宜キヲ殊ニス，　　　非常ノ事業実ニ
よく考えてみると，国のあり方は，国によっておのおのが違っている。簡単に国の基本体制を

軽挙ニ便ナラス。　　　……将ニ明治二十三年ヲ期シ，議員
決めるというようなことは戒めなければならない。そこで明治 23 年を期して，選挙を行い，

ヲ召シ国会ヲ開キ，朕カ初志ヲ成サントス。……
議員を召して国会を開き，私の初志を達成したいと思う。

これでいよいよ**憲法体制の確立**，そして議会の開催が具体的に決まった。ただし足かけ 10 年後の**明治 23 年**からだ。

```
┌─────────────────────────────────────┐
  明治十四年の政変

 ①開拓使官有物 払下げ中止。
 ②参議・大蔵卿大隈重信を罷免。
 ③国会開設の勅諭。
└─────────────────────────────────────┘
```

## ■ 政党の結成

　さっそく，板垣退助たちは，1881年，「自由党」をつくって議会に備えます。首を切られた大隈は，翌1882年「立憲改進党」をつくります。政府賛成の**保守的政党**も要るぞというので，福地源一郎を中心に政府賛成派の「**立憲帝政党**」という政党が発足します。

```
                ┌ 自由党………板垣退助
  初期の政党 ─┼ 立憲改進党…大隈重信
                └ 立憲帝政党…福地源一郎
```

　政府は集会条例を改正して政党の支部設置を禁止するなどの弾圧を強め，一方では板垣たちをまるめ込もうとする。三井から金を出させて板垣・後藤をヨーロッパに行かせます。これを立憲改進党が批判すると，自由党も大隈と三菱の金のつながりを批判する（**板垣洋行問題**）。要するに政党が足の引っぱり合いを始めるんです。

　ハイ，ここまでの流れはいいですか。

さて，いよいよ議会の開設が決まった。政党が結成された。ところが，「松方財政」にともなう「松方デフレ」です。

明治9年の国立銀行条例の改正以来，とくに西南戦争を契機に不換紙幣を増発して**インフレ**が起こった。物価が騰貴していった。国の収入，歳入は変わらないのに物価だけが上がる。皆さんで言うと，おこづかいの額は変わらないのに，缶ジュースが240円になるみたいな。

歳入の主要部分が定率の金納の地租，入ってくる額が一定なので，インフレが起こると，**財政の危機**が深刻化してくるんです。

しかも，1866年ごろから貿易は赤字が続いたまま。輸入超過（**入超**）が続くと，正貨，すなわち金貨・銀貨がどんどん外国に流出していく。ほっておけば日本には金・銀が無くなってしまう。

このころの紙幣は，国立銀行条例が1876年，明治9年に改正され，兌換制度が廃止されていたから，兌換に備える金貨・銀貨がなくても発行できることになっていた。そこで，政府は西南戦争のための巨額の戦費が途中で尽きてしまった。そこで第十五国立銀行から多額の資金を借りるなど，借金でまかなった。

それで西南戦争には勝ったが，巨額の借金が残った。1880年，大蔵卿**大隈重信**は酒造税などを増徴し，運営にお金のかかる官営工場を払い下げる計画を立てます。ところが，大隈は**明治十四年の政変**で罷免されてしまった。

そこで，大蔵卿に就任した**松方正義**がこの状況に対処することになりました。

### ■ 松方財政

松方正義は大蔵卿に就任すると，**緊縮財政**で，「軍事費を除く歳出」を抑制。国が1年間に使うお金，**歳出を抑制**し，一方で増税します。

出すものを減らして，取るものを増やそう。デフレ策を徹底するが，軍事費はケチらない。ここが注意点ですよ。

**財政余剰**，余ったお金で**不換紙幣を減らして**いく。これを「**紙幣整理**」とい

います。そして，余裕が出た分で，金貨・銀貨を買い集め，蓄積する。正貨を蓄積すれば兌換紙幣の発行も可能になる。

## ■日本銀行

　世の中からお札がどんどん減っていくと，紙幣の価値そのものが上がっていきます。単純に考えて世の中というものは，少なくなっていくものに対しては価値が上がりますよ。どんどん増え続けるものの価値は下がる。

　ということは，緊縮財政で紙幣を整理していくと，デフレが進み，**紙幣の価値が上がっていく**。そして，**国立銀行**に認めていた**紙幣の発行権を奪い**ながら，1882年，中央銀行として創設されたのが**日本銀行**です。

　その**日本銀行だけがお札を発行できる**ということにしていく。**国立銀行条例を再改正**して国立銀行からお札の発行権を取り上げ，普通の銀行にします。日本銀行だけに発券，紙幣発行を認める。

　そして，「**兌換銀行券条例**」を制定して，1885年，日本銀行から，銀貨100円と交換できる**銀兌換券**がようやく発行されるんです。これで，「**銀本位制**」が確立するわけです。金貨との兌換としたいのですが，金貨はまだまだ不足。銀貨なら可能だったんです。この年号も絶対に覚えてもらいます。

　また，政府は，特定の目的をもった銀行，たとえば貿易などの長期の融資をめざす**横浜正金銀行**などの特殊銀行も設立していきます。

## ■官営事業の払下げ

　さらに，お金のかかる国営事業，当時でいう**官営事業を払い下げ**ていきます。

　1880年，官営事業の払い下げを実施するために「**工場払下げ概則**」を発します。ところが条件がきびしすぎて，払い下げを受けようとする民間人があまり出てきません。そこで1884年に同法を廃止して，安くてもいいからともかくどんどん民間に売ってしまうことにした。すると，一挙に払い下げが進みます。

　払い下げを受けたのは，主として「**政商**」と呼ばれる，薩長藩閥政府の要人と個人的な交友関係のある商人で，先ほど出てきた**五代友厚**もその1人です。

そして内務省から農商務省を分離し，民間産業の育成などの経済関係を農商務省に管轄させます。

## ■ 松方デフレ

さて，強烈なデフレがやってきた。今度は定額の地租を払う農民の側が苦しくなる。次は，「寄生地主制」の成立というのが経済に関するテーマです。

デフレで米価・繭価が下落する。すると**地租は重税**になってくるんですよ。中レベル以下の農民は，はっきり言って税金が払えない。土地は売ってもいいことになっていますから，借金が返せず土地を手放すことになる者が増える。

一方で，インフレのときにたくさんお金を貯めておいた一部の豪農や地主たちは，ただ同然で没落した農民の土地を買い集めることができる。そこで**高利貸や地主に土地が一挙に集中する**。ほとんど農業にはタッチしないで，現物小作料を巻き上げるだけの「寄生地主」が各地域に現れてくるのです。

一方，反政府運動は最後の段階を迎えます。松方財政のもとでのデフレ，いわゆる「**松方デフレ**」が深刻化したなかで，貧農が決起する。この最後の抵抗運動の時期を「**農民民権**」期と呼ぶ人もいます。貧農中心の民権運動です。

民権運動の中心だった板垣や後藤が，三井からの金をもらってヨーロッパに遊びに行ってしまったことが象徴するように，貧農たちの側に立つ政治指導者もいない。生活の破綻した農民たちが，ある意味で，江戸時代の農民一揆，百姓一揆のように，**暴力をともなった蜂起**に追い込まれていくんです。いわゆる「**激化事件**」と呼ばれる反政府運動です。

## ■ 激化事件

早い段階の福島事件。これは，1882 年，県会議長河野広中らを県令三島通庸が弾圧した事件ですが，これも県レベルの過酷な税制に対する反発が契機です。福島は自由党や改進党の強い地域で，県会の多数を河野広中らが占めていた。

そして，翌 1883 年には，新潟県で高田事件が起こります。江戸時代でやった越後高田騒動（p.61）と同じ地域ですよ。そして，このような「**激化事件**」

が集中するのが，明治17（1884）年です。翌明治17年，1884年に入って群馬事件，そして加波山事件。そして，一部の自由党の過激な急進派などが，この加波山事件などに絡んだりしたこともあって，**加波山事件の直後に自由党は解散してしまいます**。

そして，最大の反乱が起こります。これは，有名でしょう。

> **Q** 1884年，埼玉県で約1万の農民が困民党を組織して蜂起した事件は？
> ——秩父事件

**軍隊まで出動**して，ようやく秩父事件は鎮圧されます。

こうして，自由党は解散。大隈もみずからつくった**立憲改進党**から脱党し，政党のほうも国会開設を待たずに解散したり，休眠状態になってしまった。また，

> **Q** 1885年，民権運動のため，大井憲太郎らが朝鮮に渡ってその近代化をめざした事件を何というか？
> ——大阪事件

計画は未然に発覚し，大阪で逮捕されます。

### ■大同団結運動

そしていよいよ本当に国会開設が近づいたころ，デフレだった世の中も少し落ちついてくると，「もう一度，なんとかみんなでがんばろう」という「**大同団結運動**」が起こります。

星亨の呼びかけに後藤象二郎が応じて，かつての民権派の活動が組織されていき，自由民権運動の最後の一花みたいな運動が盛り上がる。外務大臣**井上馨**の条約改正，有名な**鹿鳴館外交**に対する政府内外の反対運動が盛り上がり，井上が辞任に追い込まれると大同団結運動はますます勢いづいて，「言論・集会の自由」を守れ，「地租」を軽減せよ，さらに「屈辱的な外交」をやめろと，具体的な要求を掲げます。

> **Q** この，①「言論・集会の自由」，②「地租軽減」，③「外交失策の回復」を掲げた運動は何と呼ばれたか？
> ——三大事件建白運動

ここは単純暗記です。では，

**Q** 1887 年，政府がその対策として発布した弾圧法規は？

――保安条例

## ■ 保安条例

政府は「保安条例」でこれを蹴散らしてしまう。後藤象二郎は大臣のポストという飴をなめさせられ，裏切って政府に入り，大臣になってしまいます。
保安条例の史料を確認しておきましょう。

 **史料**

### 45　保安条例

第四条　皇居又ハ行在所ヲ距ル三里以内ノ地ニ住居又ハ寄宿スル者ニ
　　　　天皇陛下のおられる皇居や旅行先の宿泊場所から，3 里以内の地に住んでいたり，

シテ，内乱ヲ陰謀シ又ハ教唆シ又ハ治安ヲ妨害スルノ虞アリト認ル
泊まっている者，そのなかで内乱を陰謀したり，それをそそのかしたり，治安を妨害する可能性

トキハ，　　　　　　　　警視総監又ハ地方長官ハ内務大臣ノ認可ヲ経，
のある者がいた場合には，警視総監，または地方長官は内務大臣の許可を得て，

期日又ハ時間ヲ限リ退去ヲ命ジ，三年以内同一ノ距離内ニ出入・寄宿
期日，時間を限って退去を命じることができ，その者は，3 年以内は 3 里以内に出入りしたり，

又ハ住居ヲ禁ズルコトヲ得。
その 3 里以内の地に宿泊してはいけない。

キーとなるのは，「3 里」，「3 年」。3・3 が「保安条例」の史料のポイントです。天皇のまわり，今でいうならば，だいたい「12 キロ半径以内から出ていけ」といって，反対分子を強制的に追い払った。なかなか荒っぽい弾圧立法です。そして難関私大の場合は，「内務大臣」がアンダーラインです。
内務省，内務大臣は，やったばかり。「明治六年の政変」で，政府に残った大久保が「内治優先」のためにつくったのが「内務省」ですね。みずから内務

```
┌─────────────────────────────────────────────────────────┐
│           📐 工部省と内務省                                │
│                                                           │
│  ┌工部省…1870年設置 ➡ 1885年廃止                           │
│  │                                                        │
│  │ ＊殖産興業のため。伊藤博文が中心。鉱工業・鉄道・港湾関係を担  │
│  │   当する。内閣制度の発足とともに廃止。                    │
│  │                                                        │
│  └内務省…1873年設置 ──────────→ 1947年廃止                 │
│                    └─→ 1881年，農商務省（経済関係を分離）    │
│                                                           │
│     ＊初代「内務卿」は参議大久保利通                         │
│      殖産興業 ➡ 思想・民衆支配，警察などの最大の官庁へ       │
│                                                           │
└─────────────────────────────────────────────────────────┘
```

卿になります。1885年の内閣制度の発足にともなって，長官は**内務大臣**に
なります。

　内務省は，中央集権的な全国支配のために，治安，警察，思想，宗教をす
べて扱う最大の官庁になり，先ほど触れたように経済関係は農商務省とい
うのを別につくって分離したことをもう一度確認しておきましょう。

　「弾圧」に関する問題では必ずといっていいほど**内務省**や**内務大臣**を聞い
てくるので，しっかり頭に入れておいてください。

　さて，だいぶ頭がグチャグチャになってしまったでしょうから，今回もしっ
かり授業ノートの年表で，政局の展開を繰り返し確認しましょう。

大日本帝国憲法の制定過程とその内容を学習します。

**明治十四年の政変**で，早期の国会開設を主張する大隈重信を排除した伊藤博文・山県有朋・黒田清隆・松方正義らは，**国会開設の勅諭**に合わせて，まず**内閣制度**を導入して政権を確保し，天皇の名で憲法を制定，発布し，国家運営の基本的な制度を固めてしまいます。選挙で選ばれた議員が憲法をつくるのではない。

　　　選挙　→議会（国会）　→憲法

という流れを否定して，

　　　**憲法　➡選挙　➡議会（国会）**

という流れで，自分たちが主導権を握ったまま近代国家の体裁を整えていくのです。もちろん，自由党などもあるべき憲法を示していきます。最終的には，天皇がつくり，これを国民（「臣民」）に与える憲法，「**欽定憲法**」として大日本帝国憲法が発布されます。

　現在に続く内閣制度は，憲法に先だって 1885（明治 18）年に発足していることに注意。**憲法制定の前に内閣制度**。初代の総理大臣は**伊藤博文**。次が**黒田清隆**内閣……。長州，薩摩，長州，薩摩と交代でいく。

　そして，1889（明治 22）年 2 月 11 日，大日本帝国憲法が発布され，翌年，選挙。そして帝国議会が開かれるのです。

　　　国会開設の詔 ➡内閣制度 ➡憲法 ➡帝国議会

### ■憲法草案

　まず，大日本帝国憲法が制定されていく過程のチェック。

　大阪会議で設置が決まった元老院は，やがて「日本国憲按」という，憲法草案を作成しますが，伊藤博文や岩倉具視たちが「これは使えない」と言って廃案にしてしまいます。

　次に，

**Q** 明治十四年の政変後，出された詔は？　　——「国会開設の勅諭（詔）」

　はい，このなかで「明治23年を期して国会を開く」ことが宣言された（p.250）。

　当然その前提として憲法をつくらなければなりません。

　伊藤たちはドイツ流，あるいはプロイセン流といわれる，皇帝の権限の強い，そして，天皇がつくって国民に与える「欽定憲法」という形をめざしました。

　その強い皇帝の地位を日本の天皇の権限にダブらせれば都合がいいだろうという考え方です。これに対して，民間からもさまざまな憲法の私案が発表されます。これを総称して「私擬憲法」という。「私擬」の「ギ」は擬人法の「擬」，今ふうに言うと「憲法私案」という意味です。では，

**Q** この名称の語源にもなった，交詢社が出した私案は？

——「私擬憲法案」

　1881年に，福沢諭吉ら慶應義塾出身者らが創設した交詢社の憲法案です。それでは，

**Q** 土佐の立志社が提案した私案は？　　——「日本憲法見込案」

**Q** 植木枝盛が出したもっとも急進的な私案は？

——「東洋大日本国国憲按」

交詢社の「私擬憲法案」は議院内閣制，国務大臣の連帯責任制を規定するものですが，「東洋大日本国国憲按」は人権を広く保障し，議会も一院制とし，政府が圧政を行った場合，国民は武器をもって抵抗してもよい，あるいは革命を起こす権利を認めるという急進的なものでした。

　「日本憲法見込案」も，植木案ほど急進的ではありませんが，同じ系統のものでした。細かい話ですが，「東洋大日本国国憲按」の「按」に注意してください。

〇
按
×
案

　この憲法案は，国民の権利をできるかぎり尊重することを目標とする，フランスを手本にしようとするもの。革命によって王政が否定された，君主のいない国，**共和制**の国の民主政治を理想とする。もちろん，天皇を否定しようと言うわけではありませんが，結果的には天皇の統治権を前提とはしないで，国民主体の政治をめざす。

　また，東京近郊の農村の青年たちが学習グループをつくって作成した「五日市憲法草案」など，民衆レベルのものもありました。

## ■伊藤博文の憲法調査

　もっとも，伊藤博文は，そういうことにはお構いなしに，「明治十四年の政変」の翌年の明治15年に，ドイツ流の憲法理論を学ぶためにヨーロッパに渡り，ベルリン大学のグナイストやウィーン大学のシュタインといった大物の憲法学者からドイツ流憲法理論を聞いて帰ってきます。

　難関私大だと，グナイストとシュタインの区別をつけてもらわなければいけませんので，変なゴロ合せですが，「ベリーグッド」と覚えて，ベルリン大学のグナイスト，ドイツ流憲法。「ウッシシ」と覚えて，ウィーン大学のシュタインと区別しておいてください。

　帰国した伊藤は，まず「制度取調局」を設け，みずから初代長官となります。そこに伊藤の優秀な子分たち，いわゆる伊藤派の官僚と呼ばれる井上毅，金子堅太郎，伊東巳代治たちが集まる。

　**Q** アドバイザー，法律顧問として，憲法草案づくりに尽力したお雇いドイツ人は？

――ロエスレル

ちょっとここで整理しておきます。

　伊藤は**ドイツ**に行った。君主権の強い憲法をめざした。これに対して，交
詢社案は**イギリス**，大英帝国を目標とした。君主は君臨するが，議会制，民
主制というスタイルをとることをめざした。そして，立志社や自由党，土佐
の急進的な思想家植木枝盛は，**フランス**を目標にしていた。厳密にはいろい
ろな違いはあるでしょうが，大枠で，このように区分しておきます。

　政党で言えば，**立志社・自由党がフランス流**。**立憲改進党がイギリス流**。
**薩長藩閥政府はドイツ流**ということになります。人権をどこまで広く認め
るか？ 皇帝権，日本で言えば天皇の権利をどのように規定するか？

　当時，**社会進化論**という考え方が広がっていました。生物の進化と同じよ
うに，社会もまた進化するんだ。社会の変化を，「野蛮から文明へ」，「君主制
から民主制へ」といった発展段階で捉えようとする考え方です。その段階でい
うと，封建制度を解消したばかりの日本は，欧米に比べて遅れた段階だとい
うわけです。だから，これに追いつかなきゃいけないという発想になります。

　そこで，藩閥政府は，まず，**ドイツ**に追いつこう。立憲改進党は**イギリス**
を目標としよう。自由党は一挙に**フランス**をめざそうということになった。
そう考えておきます。もちろん，そんな単純なものではありません。また社
会進化論そのものが，思想としてどこまで妥当かは別問題ですが。

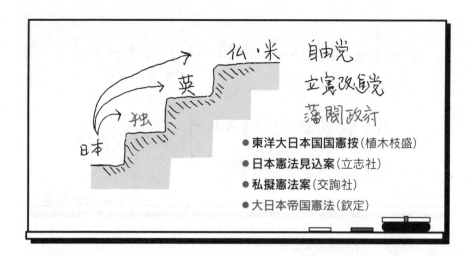

- 東洋大日本国国憲按（植木枝盛）
- 日本憲法見込案（立志社）
- 私擬憲法案（交詢社）
- 大日本帝国憲法（欽定）

### ▮「華族令」

　では，具体的に見ていきましょう。政府としては，憲法に付随するさまざまな法律，とりわけ天皇に関わる法律を決めておかなければいけない。たとえば，皇室財産というものをしっかりと決める。

　さらにその天皇を守る，いわゆる「皇室の藩屏」といわれる天皇の親衛隊のような支配者層を整備しておかなければならない。そこで，1884年に華族令を制定します。

　公・侯・伯・子・男の五爵という特権身分を定めた。侯爵の「侯」を「候」とまちがえないように。タテ棒がないからね。

$\bigcirc$ 侯爵　　×候

　明治4年の戸籍法によって，「三族籍」——華族，士族，平民という3つの区分があったわけですが，そのうちの華族をさらに細かく分けて，公爵をトップに，以下，侯爵，伯爵，子爵，男爵という5段階をつけます。

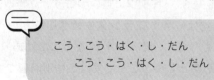

こう・こう・はく・し・だん
こう・こう・はく・し・だん

　これは選挙なしで，そのような人々を中心に貴族院という，上院に当たる議会の議員を選出するための母体を準備しておくという意味を持ったもので

す。大事なのは，爵位は，大名・公家たちだけではなく，**維新政府の功労者**などにも与えられることになったことです。下級藩士出身の藩閥政府の大物や，学者なども華族になれることになった。

## ■内閣制度

次に太政官のような律令以来の古い体制ではまずいというので，近代的な行政府として，**内閣制度**が発足します。華族令の翌年，1885年，明治18年の末です。太政官制を廃止し，行政府を強化して，簡素な強い政府にしよう。

そのために天皇の私的な生活の部分と公的な国家支配に関わる部分を分けよう。天皇の私的な部分を「**宮中**」，天皇の公の任務，業務を「**府中**」と分け，「**宮中・府中の別**」をはっきりさせた。

そのために，従来，太政官のなかに入っていた**宮内省**を内閣から外し，さらに宮中に**内大臣府**というのを置いて，常に天皇のそばに仕える体制をつくります。**行政府は簡素化**され，**宮中と分離**されます。そして伊藤が，初代の総理大臣に就任します。薩長が要職を占める，いわゆる**薩長藩閥政府**です。薩長以外の大臣は，土佐の谷干城（農商務）と旧幕臣の榎本武揚（逓信）の2人だけ。

宮中・府中の別 ┌ **宮内省**が内閣から分離・独立。
　　　　　　　└ 宮中に**内大臣府**を設置。

## ■「政府組織の変遷」をチェック！

ようやく近代行政府が整いますが，ここで，それまでの政府組織の変遷，移り変わりについて要点を整理しておきます。

授業ノートの64ページの組織の変遷図を参考にしてください。

①**三職**（1867年）　「王政復古の大号令」とともに設置された臨時の三職。三職とは，総裁・議定・参与（p.195）。

②**政体書**（1868年）　「五箇条の誓文」に対応する「**政体書**」で，議政官とい

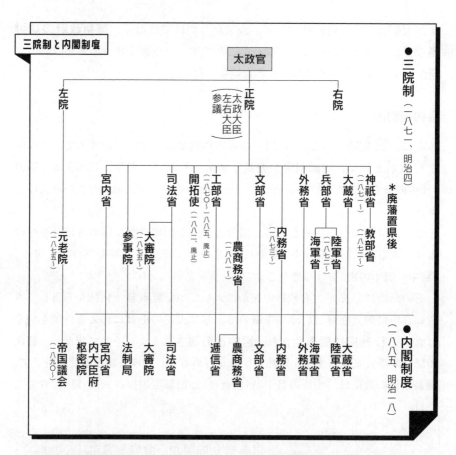

**三院制と内閣制度**

● 三院制 （一八七一、明治四）

＊廃藩置県後

太政官

左院　　正院　　右院
　　　参議
　　　左大臣
　　　右大臣
　　　太政大臣

宮内省　司法省　開拓使（一八七〇〜一八八二、廃止）　工部省（一八七〇〜一八八五、廃止）　文部省　外務省　大蔵省（一八七一〜）　兵部省（一八七一〜）　神祇省（一八七一）教部省（一八七二〜）

元老院（一八七五〜）　参事院　大審院（一八七五〜）　農商務省（一八八一〜）　内務省（一八七三〜）　陸軍省（一八七二〜）海軍省

● 内閣制度 （一八八五、明治一八）

帝国議会（一八九〇〜）　内大臣府　枢密院　宮内省　法制局　大審院　司法省　逓信省　農商務省　文部省　内務省　外務省　海軍省　陸軍省　大蔵省

う二院制の立法府が設けられ，その下局の議員が「貢士」です。アメリカ合衆国憲法を参考に**三権分立的な体制**をとった。

**③二官六省制（1869年）**　版籍奉還に成功した明治2年には「二官六省制」。神祇官・太政官をトップに置くという非常に復古的な体制をとります。評判が悪い。

**④三院制（1871年）**　そこで廃藩置県後，「三院制」といって，正院，左院，右院という3つの組織で政府を構成することにした。神祇官はこのとき「省」に格下げになります。

　そして，三院のうち**左院**が**立法**を担当しました。**正院**が政府です。その左院に向かって，明治7年に出されたのが「**民撰議院設立の建白書**」ですよ。

⑤**内務省（1873 年）** 「明治六年の政変」後，**大久保利通**がみずから長官の卿となって**内務省**が発足しています。そして大阪会議の結果，**大審院・元老院の設置，地方官会議の開催**が決定された。

⑥**内閣制度（1885 年）** そしてついに明治 18 年暮れ，**内閣制度**が発足するわけです。宮中，府中が分離された。**宮内省**が独立し，宮中に新たに**内大臣府**が設置されます。このとき，初期の官営事業などを扱っていた**工部省**が廃止になっています。

　ハイ，ここまでいいですか。そこで，いよいよ憲法制定が本格化してきます。

### ■「大日本帝国憲法」の発布

**Q** 天皇の諮問機関（天皇が相談する機関）として置かれたのは何か？
——枢密院

**Q** 初代の枢密院議長に就任したのはだれか？
——伊藤博文

　例によって伊藤です。伊藤は総理大臣を薩摩の黒田清隆に譲ります。例の「開拓使官有物払下げ事件」のときの黒田清隆です。

　そして，枢密院での審議を経て，1889年2月11日——2月11日といえば，現在の建国記念日です。当時の「紀元節」，神武天皇が即位したとされる日ですが，この日を選んで，天皇の名前で，「**大日本帝国憲法**」が発布されます。天皇がつくり，国民に与える，「**欽定憲法**」という形です。

> 　　　　　　1　8 8 9
> 「**いち**早（**はや**）**く**つくってしまった欽定憲法」
>
> ゴロ ゴロ ≫≫　➡ 1889年，大日本帝国憲法発布

　国家の主権者は，憲法をつくった**天皇自身です。天皇主権**が大前提です。
　同時に，皇位継承や摂政の制度など，天皇・皇室に関する「**皇室典範**」が制定された。これは，「臣民」が知る必要はない。そんなことに興味をもつなどとんでもないというので**公布されません**。制定され，そのまま施行というめずらしい法律です。
　また，憲法で選挙と議会制度が規定されたのにあわせて，議院法・衆議院議員選挙法・貴族院令も同時に制定，公布されました。

### ■「大日本帝国憲法」のおもな条文

　さあ，ここで大日本帝国憲法の重要な条文をざっと見ておきます。1度や

２度ではわかりません。慣れですから，繰り返し声を出して読んでください。

## ┌─🔍 史料 ─────

### 46-(1) 大日本帝国憲法

第１条　大日本帝国ハ万世一系ノ天皇之ヲ統治ス
　　　　大日本帝国は神武天皇以来絶えることのない，天皇がこれを統治するのである。

第３条　天皇ハ神聖ニシテ侵スヘカラス
　　　　天皇は神聖な存在であって，不可侵である。

第４条　天皇ハ国ノ元首ニシテ統治権ヲ総攬シ此ノ憲法ノ条規ニ依リ
　　　　天皇は国家元首であり，統治権全体を束ねて，これを支配，行使する。そして，

　　　　之ヲ行フ
　　　　この憲法の規定にしたがって，統治権を行使する。

第８条　天皇ハ公共ノ安全ヲ保持シ又ハ其ノ災厄ヲ避クル為緊急ノ必要
　　　　天皇は緊急の際，

　　　　ニ由リ帝国議会閉会ノ場合ニ於テ法律ニ代ルヘキ勅令ヲ発ス
　　　　帝国議会が閉会しているときには，法律に代えて，勅令という法律を発することができる。

では，意訳を読んで，ポイントを確認していきます。

　第１条。「万世一系の天皇」——神武・綏靖以来，一度も絶えることのない天皇が大日本帝国を統治する。

　第３条。「天皇は文字どおり神である」という規定です。ゆえに，神ではない一般人は，これに代わることができないというところが大事。

　第４条。天皇は統治権の主体であり，国家元首である。そして近代的な君主であるから，何をやってもいいというような専制的な君主ではなくて，憲法の規則を守って，統治権を行使する。

　第８条。いわゆる「緊急勅令権」といわれる規定です。立憲君主ですから，通常の立法は議会に委ねますが，緊急の際，議会を召集しているとまにあわない場合には，「緊急勅令」を出すことができる。国会だけが立法機関なのではなく，**天皇にも立法権が認められる**。

## 46-(2)　大日本帝国憲法

第11条　天皇ハ陸海軍ヲ統帥ス
　　　　天皇は陸軍および海軍の軍事指揮命令権を行使する。

　天皇は大元帥として陸海軍軍人のトップですが，実際に軍隊を動かす（統帥）仕事は，「参謀本部」──のちには陸軍の参謀本部と海軍の軍令部が天皇に代わって行います。

　これらを「統帥機関」といいます。内閣には軍事指揮権はなく，独自の機関が設けられて天皇に直属していた。わかりやすくいえば，軍隊に対する「止まれ，打て」といった指揮命令権は，内閣総理大臣にはありません。参謀本部が天皇を助けて（「輔弼」），これを行使する。参謀本部は，すぐに陸軍参謀本部と海軍軍令部に分かれます。

## 46-(3)　大日本帝国憲法

第12条　天皇ハ陸海軍ノ編制 及 常備兵額ヲ定ム
　　　　天皇は，陸軍および海軍の構成の中身，および常に備えておく軍事力の量について決定する。

　これが「編制権および常備兵額の決定」という問題です。受験では自分の受ける大学に合わせて勉強の中身が変わるように，近代国家の軍隊の場合は，戦う相手がどこかによって，軍隊の中身が違ってきます。

　それに合わせて陸軍および海軍の内容，構成をどうするか──すなわちその「編制」は，周囲の国などの状況を把握し，専門的に分析しなければならない。

　そして常にどれくらいの軍隊を持っておくべきか。戦争のときではなく，普通のとき，すなわち平時に準備しておく「常備」の軍事力，軍隊の量も決めておかなければいけない。

このような編制，「常備兵額」については，政府，内閣が天皇に代わって事実上判断します。「内閣の輔弼事項」といいます。

第11条の統帥権と第12条の編制権の区別は，今後近代史の基本的な問題になってきますので，くれぐれも注意しておいてください。

┌第 11 条…統帥権（→陸軍参謀本部・海軍軍令部）
└第 12 条…編制権（→内閣が輔弼）

1930 年の**ロンドン海軍軍縮条約**をめぐって「**統帥権干犯問題**」という大問題が起こりますから，まず，統帥権と編制権との違いをここでしっかり覚えておきましょう。

### 46-(4)　大日本帝国憲法

第 13 条　天皇ハ戦ヲ宣シ和ヲ講シ及諸般ノ条約ヲ締結ス
天皇は宣戦・講和を決定し，条約を締結する。

戦争を始めるのは，国家のイチかバチかの一大事ですから，主権者たる**天皇に決定権**があります。もっとも，実際上は天皇以下みんなで集まって決定しますが，基本的には戦争を始めるのもやめるのも天皇の権限です。

それに**条約を結ぶ**のも天皇です。もちろん，通常は外務大臣とか内閣が外交を担当し，条約を結びますが，最終的には天皇が OK を出さないと，条約は効力を発揮しません。

## 46-(5)　大日本帝国憲法

第28条　日本臣民ハ安寧秩序ヲ妨ケス及臣民タルノ義務ニ背カサル限
　　　　日本国民（臣民）は，平和や秩序を乱さないかぎり，また，臣民としての義務に

　　　ニ於テ信教ノ自由ヲ有ス
　　　　背かない範囲以内において信教の自由を持つ。

近代的な国家として**信教の自由**が認められました。しかし，重大な制限が
ついている。「安寧秩序を妨げない」というのはいいでしょうが，「**臣民たる
の義務に背かない**」という条件がやっかいです。

## 46-(6)　大日本帝国憲法

第29条　日本臣民ハ法律ノ範囲内ニ於テ言論著作印行集会及結社ノ
　　　　日本の臣民は法律の範囲内において，思想・信条・言論の自由を持つ。

　　　自由ヲ有ス

これまた臣民については，**法律の範囲内**で，いわゆる思想・信条の自由，
あるいは出版の自由を認めるという規定です。法律が何か出れば，いくらで
も制限されるということになる。

このあたりは入試頻出です。近代的な国民の権利が認められたが，実際に
は大きく制限されていた。「**信教の自由**」「**言論（集会・結社）の自由**」がどの
ように制限されたか？

　┌**信教の自由** …………「臣民タルノ義務ニ背カサル限リニ於テ」
　└**言論・集会の自由** …「法律ノ範囲内ニ於テ」

とくに，「**法律ノ範囲内**」という部分は注意。1925年に公布される**治安維**

持法（じほう）など，思想弾圧（しそうだんあつ）のための法律が制定されると，法律の許可しない思想や政治活動は「言論」や「集会」の自由を認められない。弾圧されることになります。

　学校で言えば，「校則の範囲内」で生徒の「服装や部活の自由が認められる」というのでは，「〜は許可しない」といった校則をつくれば，簡単に「自由」は認められなくなってしまうということです。

### 46-(7)　大日本帝国憲法

第33条　帝国議会（ていこくぎかい）ハ貴族院（きぞくいん）衆議院（しゅうぎいん）ノ両院（りょういん）ヲ以（もっ）テ成立（せいりつ）ス
帝国議会は二院制を取り，貴族院，衆議院を設置する。

　順番をまちがえないで。**貴・衆両院**という言い方をします。貴族院・衆議院（ぎいん）の二院制をとる。貴族院はもちろん上院（じょういん）に当たるもので，**選挙がありません**。先ほどの華族令（かぞくれい）の適用者や学識経験者（がくしき）などから，天皇が任命する議員，あるいは**多額納税議員**（たがく）といって，大金持ちのなかから選ばれた議員で構成されます。

　衆議院のほうはあとでやりますが，法律にしたがって**選挙**が行われて，議員が選ばれます。公選制だったのは衆議院だけです。

### 46-(8)　大日本帝国憲法

第39条　両議院（りょうぎいん）ノ一ニ於（おい）テ否決（ひけつ）シタル法律案（ほうりつあん）ハ同会期中（どうかいきちゅう）ニ於（おい）テ再（ふたた）ヒ
貴族院・衆議院の一方において否決した法律案は，その会期中には，ふたたび
提出（ていしゅつ）スルコトヲ得（え）ス
国会で審議してはいけない。

　今に比（くら）べると上院の**貴族院の権限（けんげん）が非常に強い**ことの根拠の１つになる条文です。選挙で選ばれた国会議員で構成される衆議院が可決（かけつ）しても，貴族

院が"No!"と言えば，その法律案は無効になり，二度とその会期中には審議ができないということになっています。

国務大臣は，現在は総理大臣の部下として連帯して内閣を構成し，**国会に責任を負います**が，帝国憲法では，各国務大臣，外務大臣なら外務大臣として，外交上の責任を天皇に対して負うのだ。

すなわち国務各大臣は，**個別に天皇に対して**責任を負い，これを輔弼，助けるという形になっています。こ
れは，現在の内閣制度や大臣の性格とは大きく違う点です。現在の日本国憲法はもちろん，国会に対して個別にではなく，**連帯責任**を負うんですよ。

輔弼——すぐに書いておこう。

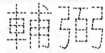

枢密院はそのまま憲法上の機関として残ります。その枢密顧問官たちは，天皇から重要なことについて相談を受けると，審議して意見を言います。
第8条の緊急勅令を出すかどうか，第13条の外交条約を認めるかどうか。天皇が迷って枢密院に「諮詢」すると，審議を行うわけです。

## 46-(11)　大日本帝国憲法

第57条　司法権ハ天皇ノ名ニ於テ法律ニ依リ裁判所之ヲ行フ……
司法権は天皇の名前で法律に従って，裁判所がこれを実施する。

司法権は独立していますが，あくまでも**天皇の名前における裁判**で，実際には裁判所がこれを行います。

## 46-(12)　大日本帝国憲法

第65条　予算ハ前ニ衆議院ニ提出スヘシ
予算案の審議は必ず衆議院が優先して行うこととする。

これは今の憲法でも認められていますが，大日本帝国憲法ではめずらしく**衆議院に優先権**を認めた条文です。

　第65条の予算案に関連して，衆議院で可決されても貴族院が否決すると，葬り去られることになります。あるいは，衆議院がいきなり予算案を否決する場合があります。その場合に備えた規定が，次の第71条です。

　ここも入試ではおなじみ。**初期議会**では，この予算案をめぐって，**民党が政府に抵抗**します。

## 46-(13)　大日本帝国憲法

第71条　帝国議会ニ於テ予算ヲ議定セス又ハ予算成立ニ至ラサルトキハ
帝国議会において，予算案が確定しなかったり，成立しなかった場合，

政府ハ前年度ノ予算ヲ施行スヘシ
政府は前年度と同じ予算を執行すること。

予算がなければ国家が運営できませんから，予算案が成立しない場合は，**前年度予算を執行する**ことになっています。

以上が大日本帝国憲法の主要な条文です。これは繰り返し見て，重要な語句を暗記してしまうこと。

## ■ 近代的法典の整備

憲法は一番重要な，基本的な法ですが，もちろん，**刑法・民法**などが揃わなければ意味がありません。そこで，憲法前後の諸法典の成立を見ておきましょう。

あまり細かく覚える必要はありませんが，ポイントがいくつかあります。

まず，日常的に一番必要なのは，刑法とその裁判に関する刑事訴訟法です。刑法は**条約改正のためにも**早急に，近代的なものが必要だった。そもそも，江戸時代のままでは，幕府は幕府，また藩は藩ごとにバラバラ。しかも，残虐な刑罰がいっぱいある。

そこで，統一された，全国対象の**新律綱領**が1870年に成立していますが，まだまだ前近代的な，江戸時代や中国の**律**をベースにしたものでした。近代的な法律は，何が犯罪で，そのおのおのについてどのような刑罰が課されるかを法文で明示しておかなければなりません。これを「**罪刑法定主義**」といいます。もちろん，残虐な刑罰，「火あぶり」とか「晒し首」などもいけない。

そこで，条約改正で**治外法権を撤廃するため**の前提としてまず求められた，近代的な**刑法・治罪法（刑事訴訟法）**が1880年に公布された。

あと，刑法で注意しておかなければならないのは，**天皇・皇族に対する犯罪**が規定されたことです。

> ─**大逆罪**…天皇・皇族に危害を加えたり，加えようとした場合。
> ─**不敬罪**…天皇・皇族や伊勢神宮・天皇 陵 等に対する不敬な（礼を失する）行為。

次に定められたのが**憲法**です。同時に，**議院法・衆議院議員選挙法**。これがないと憲法で決められた議会を構成することができません。また皇室典範も同時です。

しかし，1890年の段階ではまだ民法はできあがっていない。これは，日常生活のすべての分野に関わる。刑法に比べて圧倒的に量も多くなるし，たいへんな作業です。

## ■「民法典論争」

とりあえず，お雇い外国人ボアソナードのアドバイスを基本に民法をつくってしまったのが，そもそもの問題の発端です。当時，世界でももっとも先進的だったフランス流の民法を導入し，超先進国並みの民法ができてしまったのです。「ボアソナード民法」などと呼ばれる，最初の民法です。ところが，

**Q**「民法出デゝ忠孝亡ブ」という論文でこれに反対した法律学者は？
——穂積八束です。

こんな急進的な民法を使ったら，忠義，孝行という日本人の美風，よい習慣がなくなってしまうと言って批判しました。
大騒ぎになって，論争が起こります。これを「民法典論争」という。梅謙次郎などの賛成派もいますが，反対派も多い。そこで，第三議会で，商法とともに施行，実際に法を使うのは延期ということになってしまいます。

> 民法典論争 ┌ 反対…穂積八束「民法出デゝ忠孝亡ブ」
> 　　　　　　└ 賛成…梅謙次郎

そこで穂積八束の兄の穂積陳重とか，賛成派の梅謙次郎などが委員となって，「法典調査会」が設けられ，結局，大幅に修正され，憲法と同じドイツ流で，夫の権利，一家の主である「戸主権」のきわめて強い，江戸時代の家族制度を温存するような民法に修正されます。
こうして1898年，ようやく修正された形で，民法が完全に施行されます。商法も修正され，1899年から施行される。**憲法よりはるかに遅れて民法・商法が施行された**ということにくれぐれも注意しておいてください。

## 史料

### 47　明治民法

第749条　家族ハ戸主ノ意ニ反シテ其居所ヲ定ムルコトヲ得ス。
家族は戸主の同意がなければ勝手に自由なところに住んではいけない。

第750条　家族カ婚姻又ハ養子縁組ヲ為スニハ戸主ノ同意ヲ得ルコト
ヲ要ス。
家族の婚姻や養子縁組はすべて戸主の同意がなければ成立しない。

第801条　夫ハ妻ノ財産ヲ管理ス。
妻の財産は夫が管理する。

史料は簡単に。ポイントはたった1つ。「戸主権」だけです。

戸主およびそのあと継ぎ（一般的に長男）の権限が強い。妻の権利もきわめて弱かった。

## ■ 中央集権的「地方自治制」の成立

あとは地方行政制度です。「府藩県三治制」に代わったのが「地方三新法」。

**Q** 「地方三新法」とは何だったか？
　　　──①「郡区 町 村編制法」，②「府県会規則」，③「地方税規則」

　ここは復習ですよ。府県会は民権派の集合場所になった。第46回でやったところ (p.246)。

　ところが，地方行政制度は最終的にはまた変更されて，結局はドイツ流のものになります。ドイツ人のモッセの助言を得て，山県有朋が中心となってまとめたものです。モッセは**グナイスト**の弟子です。

　「市制・町村制」が1888年，2年おいて「府県制・郡制」が制定されます。憲法制定の1889年をはさんで，前の年と翌1890年です。中央の権限が強い中央集権的な，いわゆる「地方自治制」が成立しました。いいですか，**憲法も地方行政もドイツ流**に落ち着くというわけです。

# 初期議会・条約改正

　1890（明治23）年の第一議会から1894（明治27）年の第六議会までの議会を「**初期議会**」と呼びます。日清戦争以前の議会です。内閣でいうと，第1次山県有朋・第1次松方正義・第2次伊藤博文内閣——長州の山県・伊藤と薩摩の松方が交代で首相を務める**藩閥政府**です。

　しかし，**予算案の先議権**をもつ**衆議院**は，藩閥政府に反対する自由党などの「**民党**」，あるいは政府の条約改正案に反対する「**対外硬派**」が過半数を占めるという状態で，それが日清戦争が勃発するまで続きます。

　一方，岩倉使節団の予備交渉失敗後も，**条約改正の交渉**が各国と続いています。第1次伊藤内閣の外務大臣井上馨の「**鹿鳴館外交**」は有名ですね。井上馨は批判を浴びて辞職。大隈重信が外務大臣として交渉を続けます。

　さらに，青木周蔵外務大臣のときに有名な**大津事件**が起こる。そして，第2次伊藤内閣の陸奥宗光外務大臣のときに，ついに**第1次条約改正**が実現する。その直後に，日清戦争が勃発します。

　今回はこの初期議会と条約改正の経過を学習します。時期は，両方とも**日清戦争勃発の直前まで**。重要なテーマですが，内容は単純。軽くクリアーできるテーマです。

政党？そんなもの無視、無視

黒田清隆

### ■黒田清隆首相「超然主義」

　2代目の総理大臣黒田清隆のもとで憲法が発布されます。次はいよいよ議会だ。黒田は，役人に対して「超然主義」演説と呼ばれる方針を示します。

　「政党なんかあったって関係ないよ。政府は超然としていくんだよ」。**政党がどんな意見を言っても，政府は一定の方向をとる**から心配するなと言うわけです。

---

## 🔍 史料

### 48　黒田首相の超然主義演説

　……所謂政党ナル者ノ社会ニ存立スルハ亦情勢ノ免レザル所ナリ。
政党というものが社会に生まれてくるのも，やはり情勢上，免れないところである。

然レドモ政府ハ常ニ一定方向ヲ取リ，　　　　超然トシテ政党ノ外ニ
しかし，政府は常に世論に惑わされず，一定の方向をとって，超然とした態度で政党の影響

立チ，　　　至公至正ノ道ニ居ラザル可ラズ。
は受けない。そして，われわれこそが公で正しい道にいるのだ。

---

　こんなことが言えるのは，もちろん大日本帝国憲法のもとでの政府だからですよ。衆議院がどうなろうと気にしなくていい。いざとなればなんとでもなる。史料は一読しておけばOK。

　「政党」なんていうものが存在するが，これはしょうがない。政府は「政党」とは距離を置いて，正しい政治を続けていくだけだ。……と開き直った。

### ■有権者は全人口の1.1%

　しかし，立法は国会の仕事なので，政府は国会を無視するわけにはもちろ

んいかない。そこで，問題は国会，とくに，衆議院議員を選ぶための「衆議院議員選挙法」です。1889 年，憲法と一体のものとして制定されたその内容は制限選挙でした。直接国税（こくぜい）15 円以上を納（おさ）める満 25 歳以上の男子。なんと，選挙権を持っていたのは，全人口の 1.1％でした。100 人に 1 人のお金持ちの選挙，しかも**男子のみ**ということになっていました。

## ■「民党」vs「政府・吏党」

経済的に豊かな人というのは，世の中があまり変わらないほうがいい，「今のままでいいよ」と思うのが普通ですが，なんと 100 人に 1 人のお金持ちの選挙でも，実際やってみると，**政府賛（さんせい）成という人たちは過半数に達しない**ということになります。

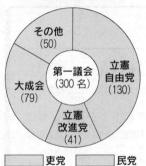

**第 1 回総選挙**（1890）

その他
（50）

大成会
（79）

立憲
自由党
（130）

第一議会
（300 名）

立憲
改進党
（41）

吏党　　民党

第 1 回衆議院議員選挙は，1890 年 7 月に行われましたが，民党（みんとう）と呼ばれる自由民権運動の系統，すなわち反政府・反薩長藩閥の系統の立（りっ）憲自由党（けんじゆうとう）・立憲改進党（りっけんかいしんとう）が，合わせて過半数を占（し）めてしまいました。円グラフでしっかり確認してください。

一方，政府寄りの政党，吏党（りとう）は大成会（たいせいかい）。第 2 位ですが，こちらは全然過半数に達しません。政府が政党を無視するといくら言っても，法案がとおらなければどうにもならない。「民党（みんとう）」vs「**政府および吏党**」との激（げき）突（とつ）で始まったのが初期の議会です。

政党の名称に気をつけてください。自由党は 1884 年に解党（かいとう）。立憲改進党は大隈重信（おおくましげのぶ）らが脱党（だっとう）。政府側の立憲帝政党は初めから党員が集まらず，1883 年には解党。大隈は，伊藤内閣から黒田内閣にかけて外務大臣として条約改正に取り組んでいます。

選挙で当選した旧自由党系が結成したのが**立憲自由党**。**大成会**は吏党。立憲帝政党の系統です。

## 政党の復活

自由党 　　　➡ × 1884　　　　1890 **立憲自由党**（91 自由党）➡

立憲改進党 ➡ ▲ 1884（大隈らが脱党，1891.12 大隈復党）➡

　　　　　　　＊大隈は第 1 次伊藤・黒田内閣の外務大臣。

立憲帝政党 ➡ × 1883　　　　1890 **大成会**（91 解党）➡ 1892 **国民協会**

### ▶第一議会…第 1 次山県有朋内閣

軍艦建造！ 海軍増強！

山県有朋

　第一議会。内閣が代わりました。第 1 次山県有朋内閣。長州の，伊藤と並ぶボスの 1 人です。地方行政制度のときにも出てきました。山県もまた**超然主義**で行くしかない。

　そこで，軍事予算を大幅に認めさせようとして，「**主権線**」・「**利益線**」という防衛の考え方を表明します。領土だけを守っていては足りない。朝鮮半島にも影響力をおよぼすべきだ。国家主権を守る線を「**主権線**」と呼び，朝鮮半島を含む周辺地域を守る線を「**利益線**」と呼んで海軍力の増強などを訴え，膨大な予算を要求しました。

　要するに，巨額の海軍予算を認めろということです。今で言えば，国境線を守る専守防衛では国の安全は守れないというところです。

　その山県内閣に対抗して，

### Q 民党が掲げた 2 つの要求は？ ——「**政費節減**」・「**民力休養**」

　民党は「もっと倹約しろ。政治のために使う費用を節約して減らせ」「税金が高すぎる。もっと税を軽減して国民生活を楽にさせろ」と言って抵抗します。

　要するに予算を削減し，減税しろというわけです。しかし，1 回目からいきなり予算案が不成立ではまずい。困った政府は，立憲自由党の土佐派と呼ばれる一部のグループと話をつけて，その妥協を引っぱり出し，1 回目だけは予算案を成立させました。

第 48 回　初期議会・条約改正

281

欧米列強から見て，いきなり混乱というのではマズイというような事情を自由党の土佐派が考えて，妥協したのでしょう。裏取引きもあったでしょう。

「第一議会，あっというまに日（**ひ**）は暮（**く**）れる」

» → 1890年，第1回帝国議会

## ▶第二議会…第1次松方正義内閣

品川やりすぎ

松方正義

そこで，第二議会を迎えました。1891年，また内閣が代わって，第1次松方正義内閣。例の松方財政の中心人物だった人ですよ。薩摩の出身。

今度は予算案を大幅に削減して，金持ちの有権者たちに応えたいと，民党はがんばりました。ところが軍事予算，とくに海軍予算が削られそうになり，海軍大臣樺山資紀がいわゆる「蛮勇演説」でひらきなおった。「日本を守っているのは，おれたち海軍なんだ。おまえたち素人は黙っていろ。海軍が要ると言ったものは要るんだから，黙ってとおせ」とやった。

民党は怒って「もう絶対とおさねえぞ」という話になります。そこで，政府は天皇の名前で衆議院を解散します。

そして1892年2月，2度目の総選挙。「総選挙」というのは議員全員を入れかえる選挙です。現憲法でも衆議院選挙を「総選挙」と言いますね。

政府は警察官を大動員して，死者20数名といったような**民党候補者の大弾圧**をやった。「**選挙大干渉**」と呼ばれる，民党に対するものすごい弾圧。でも，挙句の果てに，選挙でまた民党が勝って，過半数を占める。

**薩長藩閥政府がいかに世論とかけ離れたところで政権を維持してきたか**がはっきりわかる選挙でした。

**Q** 第2回総選挙で民党を弾圧した内務大臣は？

——品川弥二郎

はい，「弾圧」とくれば内務大臣。

### ▶第三議会…第1次松方正義内閣

選挙で衆議院が新しい構成となって特別国会が開かれます。第三議会です。ボアソナード民法を施行延期とした議会ですが（p.275），松方内閣は，民党からぎんぎん攻撃されて，総辞職。

### ▶第四議会…第2次伊藤博文内閣

元勲総出じゃ

**伊藤博文**

そこで，もうイチかバチか，もう一度**伊藤博文**だ。この内閣は「元勲総出」の内閣。**元勲内閣**なんて呼ばれます。大物，薩摩・長州の総力をあげてできあがった内閣です。

そして，第四議会。もちろん民党から予算案の削減を要求され，「内閣はけしからん」という上奏案が可決される。そこでついに伊藤は，やってはいけない禁じ手を使った。それが「**建艦詔勅**」。**天皇の名前で議会を乗り切ったんです。**

なんと天皇が生活費を切り詰める。宮廷費，要するに生活費を節約して，6年間，毎年30万円ずつこれを軍艦建造費にまわす。さらに，公務員の給料も10%カットして，ともかく，「軍艦を買おう，議会の諸君もよろしくね」という詔勅を出しちゃった。こうなると，例によって天皇の言葉でチャンチャン，ということになる。議会の抵抗は抑え込まれてしまいます。

ハイ，この第四議会までが1つのブロックです。

### ▶第五・第六議会…第2次伊藤博文内閣

そして，第五，第六議会になると，第2次伊藤内閣は，どんなに民党が反対しようと居座り続けて，解散→選挙→負ける，でもやめないという強硬姿勢で乗り切ってしまう。

ところが，この第五，第六議会では，予算案をめぐる争いに代わって，またまたやっかいな対立が起こります。**民党が分裂**し，**自由党**が伊藤内閣の賛成にまわり出すんです。立憲自由党は，すぐに「立憲」が取れていますから，このときは「**自由党**」です。

**立憲改進党**のほうはそのまま反政府です。ところが，従来，政府賛成だった吏党が政府反対にまわってしまうんです。最大の吏党，**大成会**は，この時

点では国民協会となっています。

国民協会は**西郷従道・品川弥二郎**をリーダーとする団体で，旧大成会グループも入っています。台湾出兵を断行した西郷従道，選挙大干渉をやった品川弥二郎がリーダーですから，本来，完全に吏党の系統，というか，もっとも国粋主義的な団体です。ところが，これが**立憲改進党**とともに反政府にまわるのです。

そこで，第五，第六議会は，**立憲改進党**と**国民協会**などが過半数を超える勢力を形成し，政府に抵抗します。このグループが「**対外硬派連合**」というやつです。ハイ，対外硬派連合は政府の**条約改正交渉**に反対したんです。

立憲改進党・国民協会などの6つの会派，「硬六派」が連帯して，政府が外国に認めようとしている「**内地雑居**」などに反発します。「**現行条約励行**」，すなわち，「今の条約のまま，これを守っていればいい。改正なんかする必要はない。居留地に閉じ込めておけば外国のほうから苦しくなって頼んでくるだろうから，改正交渉はそれからでいいじゃないか」と，改進党なども主張するんです。

そこで，第五，第六議会は，「**対外硬派連合**」vs「**政府**」で，政府はあいかわらず衆議院で過半数の賛成が得られない。

ところが，第六議会が終わったその年，1894年になんと**日清戦争**が始まります。はい，そこで**第七議会は日清戦争の最中**で，大本営が広島に置かれたので，国会も**広島**で開かれます。まったく対立なく，満場一致で臨時の軍費に賛成します。そこで第一から第六議会までを**初期議会**と呼んでいます。

さあそこで，初期議会にも関わるもっと大きな問題が**条約改正**です。

### ■条約改正の目標

幕末の不平等条約を対等のものに改正しよう。明治政府にとって朝鮮問題と並ぶ，もう１つの重要な課題です。

改正しなければならない条項が３つ。

①**領事裁判権の撤廃**──居留地のなかで日本の法律が使えず，外国人の犯罪者を日本の法律で裁けない。これは不名誉なことだ。領事裁判権を撤廃して名誉を守ろう。これを「**法権**」の問題，「法権の回復」ということがあります。

②**関税自主権の獲得**──日本の港で，輸出入品に自由に関税をかけることができない。関税率を自由に変えられない。「**協定関税制**」を撤廃して自由に関税率を変えられるようにしたい。これが「**税権**」の問題，「税権の回復」。

③**片務的最恵国待遇の解消**──今後，日本が，新しい有利な条件をどこかの国に与えたら，あなたの国にも与えますよ。これをなんと言いました？「**最恵国待遇**」だったよね。その義務を，日本だけが負っている。これを，双務的なもの，平等なものにしたい。

では，条約改正交渉の中心となった人物を中心に整理していきます。

### ①岩倉具視：予備交渉で失敗

まず，**岩倉具視**を特命全権大使とする，いわゆる**岩倉使節団**が，明治４年の暮れに出発して６年に帰ってくる。

### **Q** 岩倉使節団の副使（4名）は？

　　　　　──**木戸孝允・大久保利通・伊藤博文・山口尚芳**

留学生約60名を含めて総勢110名ほどの大使節団でした。

岩倉使節団のキーポイントは，「予備交渉」であるというところです。はい，「予備」がキーワード。条約改正の本交渉は，**1872（明治5）年7月以降**とい

うことになっていますので，その予備交渉です。

　まず，アメリカに行くんですが，その予備交渉で**失敗**するんですね。手続きが整っていなくて，恥かいてオシマイ。そのあとは，視察。ヨーロッパを回って帰ってくるわけね。

**Q** 随行した久米邦武が編集した，このときのくわしい記録は？
——『**米欧回覧実記**』

　アメリカからヨーロッパを回ったので，「**米欧**」ですよ。

　このときに，留学生として使節団といっしょに行った８歳の少女，後に女子英学塾をつくった**津田梅子**や**山川（大山）捨松**，いっしょに渡航した**中江　兆民**も忘れないように。中江はフランスに行きます。

### ②寺島宗則：税権の回復

　次，寺島宗則外務卿の交渉。これは「**税権**」回復を第１目標にしました。実は，法権・税権を同時に両方とも解決するのはちょっと厚かましい。そこで，寺島は税権回復を第１目標にした。

　**「税権」を第１目標にしたのは，寺島宗則だけ**だからね。

　さて，寺島の交渉では，なんと**アメリカ**が「いいよ」と言ったんですよ。ところが，当時，日本との貿易額がもっとも多かった**イギリス**および，新しく日本との貿易に参入した**ドイツ**が反対した。

　アメリカとのあいだでは，「ほかの国もOKを出したら，自主権を認めよう」という条件がついていたので，**英・独の反対**により，結局，実際の効力を発揮せずに終わってしまった。

### ③井上馨：鹿鳴館外交

　そこで，次が**井上馨**。どこかの国がOKと言っても，どこかの国がNoと言ったら，結局全部ダメ。

　そこで，「**一括交渉**」で行こうということになりました。今度は「**一括**」交渉が特徴。**これは井上だけ**です。ほかはみんな国ごとに別々に交渉するんですよ。

　井上は東京に列国の代表を**招**いて，改正のための会議を開きます。1882

年から予備会議，そして1886年から正式の会議が始まります。

　さて，井上馨外務卿は伊藤より先輩の，長州の超大物。途中で内閣制度が発足しますので，外務卿から**外務大臣**になります。

　だから，第1次伊藤内閣は，内閣としてはあまり重要なことは出てこなかったけれども，実は**井上馨の交渉まっさかり**だということを覚えておく。伊藤内閣ですが，井上内閣と言われたぐらい。

　そして，井上の交渉というと，別名，「**鹿鳴館外交**」です。

**Q**「鹿鳴館」を設計したイギリス人は？　　　　　　　──コンドル

　そして，ヨーロッパの社交界のまねをして，極端な**欧化主義**で近代化をアピールした。これに対する反発がものすごい。

　さて交渉の内容です。**まず外国からの要求**もあることに注意しなきゃいけない。

### ▶内地雑居
　その中心が第五・六議会で**対外硬派連合**が反発した「**内地雑居**」の要求です。居留地のような閉じ込められたところではなくて，日本国内に自由に住まわせろ。これを認めろ。

### ▶外国人判事任用
　そして，**治外法権**条項は撤廃してもいいが，日本人の裁判官が少なくて，まだ近代的な法律もよくわかってないこともあるだろう。そこで，外国人が日本で裁判を受けたときに変な裁判を受けないように，外国人の裁判官，「**外国人判事を採用しろ**」と言ってくる。

　「殺人」といったって，日本人にはわからないだろう。たとえば，妊娠している女性のおなかを蹴って胎児が死んじゃったら「殺人」なのかどうか。「殺人」の「人」とは，法律上，一体どこからなんですか。オギャーと産声を上げた時点で「人」？　母体から一部が出たら人？　いや陣痛が始まったら，その胎児は人？　こういう，日本人には判断しきれないことがいっぱいありますよと。

　法律家がちゃんと養成できるところまでいっていない日本側としては，「イヤ，だいじょうぶ」とは言えない。そこで，「**外国人判事の任用**」を認めざるを

得なかった。近代的な法典、とくに刑法や治罪法（刑事訴訟法）が早急に必要だったというところはやったばかりですよ（p.274）。

この井上条約改正案に対して、**政府内部からも反対**する者が現れる。土佐出身の農商務大臣谷干城が辞任、フランス人のお雇い法律顧問、ボアソナードも反対を表明します。名誉に関わる治外法権条項を撤廃しておいて、自分の国の裁判を外国人の裁判官に委ねるんじゃ、それこそかえって恥じゃないの。法律的におかしいんじゃないの。

大同団結運動が盛り上がって、ついに条約改正会議は停止、井上は辞任に追い込まれます。三大事件建白運動。はい、復習です。

**Q** 三大事件とは何を指すか？
　　　──①言論・集会の自由、②地租軽減、③外交失策の回復

この③「外交失策の回復」という要求が出たのは、井上が辞任したあとなんですが、これは、いわゆる「名誉ある外交をやれ」という意味です。鹿鳴館で「チャラチャラ踊りを踊っているんじゃねえよ」。

あと１つ、井上が辞任に追い込まれることとなる事件が起こっています。イギリスの貨客船、「ノルマントン号事件」。

和歌山沖でイギリスの船が沈んで、お金を払って乗っていた日本人の乗客は全部溺死、見殺しにされ、船長以下のイギリス人はボートで助かったという事件です。「なんだ、あいつらは！」と国民は怒った。

ところが、**これを日本の裁判所は裁けない**。イギリス人を裁けるのはイ

**◀ノルマントン号事件**
船長以下30人は脱出、日本人乗客25人は全員水死。イギリス領事館での海難審判で船長は無罪とされた。

ギリス。日本で起こった事件なのに……。「こんな恥ずかしいことをいつまで
も容認するのか」と法権回復の声が高まった。こういう事態が重なり，**井上
は辞任**に追い込まれ，**三大事件建白運動**が盛り上がるという話です。いい
ですね。

### ④大隈重信：大審院

　そこで代わった外相大隈重信は，治外法権 条 項撤廃——法権回復を第一目
標にし，秘密にやっていこうということにします。が，まだ外国人判事を拒
否はできないので，「**大審院に限って外国人判事を任用しよう**」とした。「**大
審院に限定**」というところが特徴。

　あとは井上案と同じです。そして，アメリカ・ドイツ・ロシアとのあいだで，
新条約をまとめるところまでいきました。ところがその内容を，「ロンドン・
タイムズ」がスクープして，書いちゃった。これが日本の新聞に転載されて大
隈案がバレちゃった。なんだかんだいって，結局は外国人の裁判官を認めて
いるじゃないか……，ということです。

　大隈に対する反発が高まるなかで，右翼的な団体である**玄洋社**の社員**来島
恒喜**に，大隈は爆弾を投げつけられ，片足を失ってしまいます。ついに，大
隈は辞職に追い込まれます。

### ⑤青木周蔵：大津事件

　そこで，大隈に代わって長州藩出身の外交官，**青木 周蔵**が外相に登場する
と，憲法上からももう外国人判事は任用しないということになります。天皇
陛下の裁判を裁判所が代わりに行う。**天皇陛下の司法権を外国人が担うと
いうのは，憲法違反**だ。

　そして，**イギリス**もようやくこれに同意してくれそうになった。イギリス
は当時，シベリア鉄道計画を立てていたロシアの東アジア進出を警戒して，
日本にあまりきびしい態度をとるのは得策ではないと考えていた。言いかえ
ると，ロシアのおかげでイギリスが姿勢を変えて，ようやく，一番の問題で
あった**イギリスとのあいだで話がまとまった**。

　ところが，そのシベリア鉄道の建設計画がいよいよ実行されることとなり，
アジア側の起工式，工事の開始を祝う式典に出席する途中，日本に立ち寄っ
たロシア皇太子を，琵琶湖畔の大津で，警備の巡査津田三蔵が襲うという事

件が起こってしまいます。これが「大津事件」です。

　裁判所は刑法の原則を守って，この犯人を，通常の処罰，今で言う懲役刑にしか処しません。日露関係の悪化を恐れた政府が圧力をかけて死刑にさせようとしたのを，大審院長児島惟謙が「司法権の独立」を守ったというので有名な事件です。皇族に対する大逆罪ではなく，単なる殺人未遂ということで，犯人の津田は無期徒刑となります。まさに**司法の独立**と**罪刑法定主義**が現実に，有効に働いたというわけです。

　外務大臣青木周蔵は，責任をとって辞めざるを得ない。治安上の責任をとって内務大臣西郷従道も辞職します。青木はその後，ドイツ公使，イギリス公使となります。西郷従道は？　やったばかりですよ。品川弥次郎といっしょに**国民協会**ですよ。

## ⑥榎本武揚

　そのあとが**榎本武揚**。例の戊辰戦争で最後まで抵抗したあと，降伏して一時服役していましたが，許されて政府に復帰した。元幕臣の榎本が外務大臣をやりますが，このときにはあまり進展はありません。一応担当者の1人として覚えておいてください。

## ⑦陸奥宗光：「日英通商航海条約」を締結

　そして陸奥宗光が登場します。ちなみに陸奥についても出身地が要注意点で，薩長土肥の出身ではありません。和歌山出身です。「剃刀陸奥」とあだ名のある，めちゃめちゃ頭の切れる外務大臣。反対派をおさえ，自由党の支持を確保して改正交渉を進めました。

　イギリスとはほとんど話は決まっているし，さらに，外務大臣を辞めた青木周蔵は，昔ドイツに留学したことがあったので，ドイツ公使とイギリス公使を兼任することになった。

　陸奥が外務大臣ですが，実際上は青木周蔵がロンドンで最後の詰めを行って，ついに1894年，「日英通商航海条約」が調印されました。

**日英通商航海条約**（1894年）
　「領事裁判権」を撤廃する。
　「内地雑居」を認める。

このときの史料は，日清戦争のところでまとめてやりますから，そこでもう一度復習してもらいます。

いいですか。政府のこのような改正交渉に対して，第五，第六議会で対外硬派連合が反対したんですよ。**立憲改進党・国民協会**など**硬六派**は，「内地雑居」に反対し，「**現行条約励行**」を唱えて第五・六議会で政府を批判するんです。

### ⑧小村寿太郎：関税自主権の回復

さて，残った税権の回復，「**関税自主権の回復**」については，この新条約の有効期限が切れた1911年の時点で解決します。そのころには日本はもう世界の列強の一員として認められていますので，なんの問題もなくアメリカ以下が応じてくれて，これは**スムーズに実現**します。

これが第2次条約改正，すなわち「関税自主権の回復」で，小村寿太郎外務大臣のもとで1911年に達成されます。最初は「**日米通商航海条約**」から各国と新条約を結んでいきます。ちなみに，ちょっと覚えておいて。

> ┌第1次条約改正…日英から調印が進む。（1894，日英通商航海条約）
> └第2次条約改正…日米から調印が進む。（1911，日米通商航海条約）

イギリスからかアメリカからかというのは，本当はあまり問題ではないんですが，入試的には覚えておくこと。

では，**条約改正の過程**を，内閣と担当者，そして，キーワードとともに整理しておきましょう。次をワンセットで覚えておく。

---

#### 条約改正のキーワード

①「予備」**交渉**…岩倉具視 　②「税権」**回復**…寺島宗則

③「一括」**交渉**…井上馨 　④「大審院」…大隈重信

⑤「大津事件」…青木周蔵 　⑥「第1次条約改正」…1894，陸奥宗光

⑦「第2次条約改正」…1911，小村寿太郎

「予備」交渉に失敗の「予備」から，**岩倉使節団**。「税権」回復を第1目標ときたら，**寺島宗則**。「一括」(鹿鳴館)で**井上馨**。外国人判事を「大審院」に限定と来たら，**大隈重信**。「大津事件」で辞任，**青木周蔵**。そして**陸奥宗光外相**のときに「第1次条約改正」。ついでに，第2次条約改正で関税自主権が確立したのは，1911年で外相は**小村寿太郎**ですよ。

　あと，井上馨の「かおる」・「馨」に注意。「薫」じゃないよ。

　しっかり，細かいところも復習してください。
そして，できれば次回の日清戦争もすぐに学習してしまうこと。そのほうが，全体を見とおせるので，ぜひあいだを空けずに進んでください。

# 第49回

# 日清戦争

　明治の日本は，ほぼ10年ごとに海外に軍隊を送って戦います。

　近代最初の海外派兵は**台湾出兵**(p.237)。その10年後は戦争ではありませんが，朝鮮で甲申事変が起こり，その事後処理のために日本と清国は**天津条約**を結びます。そして，この条約にしたがって，日清両国は朝鮮に軍隊を派遣し，1894年，**日清戦争**。日本が勝って，**下関条約**。そして，10年後，**日露戦争・ポーツマス条約**です。今回は**日清戦争**がメインテーマです。

---

### 📎 明治時代の海外派兵

1874年　**台湾出兵** ← (1871)琉球漂流民(漁民)殺害事件。
　⇩　　　　　　　　＊近代日本の最初の海外派兵。

1884年　**甲申事変** ← 金玉均ら開化派のクーデタ。
　　　　　　　　　　　＊清軍が鎮圧，日本も派兵。

　85年　**天津条約** ➡ 日清両国の朝鮮支配についての合意。
　⇩

1894年　**日清戦争** ← 甲午農民戦争，天津条約にもとづき日清両軍が出兵。

　95年　**下関条約** ➡ 賠償金，遼東半島・台湾などの割譲，
　⇩　　　　　　　　　　三国干渉(露・独・仏)

1904年　**日露戦争** ← 北清事変(義和団戦争)，ロシアの満洲占領。

　05年　**ポーツマス条約** ➡ 日本の韓国支配，長春以南の鉄道経営権。

---

　日露戦争の**10年後**に**第1次世界大戦**ですから，大きな戦争3つを，こうやって覚えておきます。

$$1894 \xrightarrow{10年} 1904 \xrightarrow{10年} 1914$$

　日清戦争　　　　日露戦争　第1次世界大戦

さて，いよいよ日清戦争ですが，まず復習から。

**Q** 1871年の琉球漂流民（漁民）殺害事件の処理をめぐる日清間の交渉が行きづまり，明治政府は1874年，海外派兵に踏み切った。当時，「征台の役」と呼ばれた台湾出兵，これを主導したのはだれか？

——西郷従道

**Q** 台湾出兵の事後処理で仲介役を果たしたイギリス公使は？

——ウェード

清国は日本の台湾出兵を認めるとともに，事実上の賠償金を支払ったんですね。

**Q** 台湾出兵の翌年に，日露間で締結された条約は？

——樺太・千島交換条約

そして，その年に起こったのが江華島事件でしたね。

**Q** 江華島事件の事後処理について，1876年，日朝間で結ばれたのは？

——日朝修好条規

1876年は，国内では秩禄処分・廃刀令を契機に不平士族の反乱が起こった年。翌1877年，西郷従道の兄，西郷隆盛と明治政府との戦争は，西南戦争ですね。

### ■「日朝修好条規」

さて，「日朝修好条規」で朝鮮が認めた内容を確認しておきましょう。

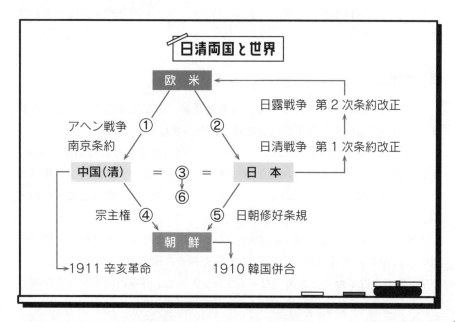

**日朝修好条規**

①釜山・仁川・元山 3 港の開港・自由貿易

②（日本の）領事裁判権

③（貿易）無関税特権　　　→　**不平等条約**

清国はこの条約を認めません。条文には最初に，

「**朝鮮国ハ自主ノ邦ニシテ，日本国ト平等ノ権ヲ保有セリ**」

とあった。朝鮮国と日本国は平等。もちろん両国とも「自主」の国，一人前の独立国である。ところが，「そりゃそうだ……」とはいかない。内容は**不平等条約**だった。朝鮮の朝貢をうけ，冊封する形をとっている清国からすれば，そもそも朝鮮は「自主」の国ではない。**清の支配下にある朝貢国**という位置づけからして，この条約を認めるわけにはいかない。

ひとことで言えば，朝鮮を支配下に置くのは日本なのか，清国なのか？

ちょっと黒板の概念図を見てください。

**日清両国と世界**

欧　米

アヘン戦争　①　②　　　　　日露戦争　第 2 次条約改正

南京条約　　　　　　　　　　　日清戦争　第 1 次条約改正

**中国（清）** ＝ ③ ＝ **日　本**

　　　　　　　⑥

宗主権 ④　　⑤ 日朝修好条規

**朝　鮮**

→ 1911 辛亥革命　　1910 韓国併合

①について。清は**アヘン戦争**で**香港**を奪われている。②日本は不平等条約を欧米に強いられている。これは江戸時代末の話です。これを引き継いだ明治政府が欧米に追いつくためにがんばったのが**条約改正**ですね。第1次，第2次の2段階で。清は1856年の**アロー号事件**でさらに英仏に攻められ，イギリスに**九竜半島**を奪われています。

まず，日本も清も，欧米の軍事力に負けて，下位，支配される立場にある。そして，東アジアのなかでいうと日本と清は対等の立場。それが，③です。

**❓ 日清間で明治4年に結ばれた，対等条約は？　　——日清修好条規**

「日清修好条規」は対等の関係で国交を開いたものですね。

次に朝鮮。それが④と⑤です。**宗主権**を主張する清と**日朝修好条規**という不平等条約を朝鮮と結んだ日本。両国とも朝鮮を支配しようとする，上位に立っているという構図です。東アジアのなかでは，両国とも朝鮮の上位にいることを当然だとする。

日本も清も，**世界的には欧米の支配に屈した下位の国**であり，**東アジアのなかでは朝鮮の上に立つ国**だった。もう1つ，日本も清も朝鮮も，西洋の軍事技術，**洋式軍備**を取り入れていく。これも共通の政策です。

そして，この日本と清が戦い，日本が勝って⑥，**下関条約**が結ばれるわけです。

## ■壬午軍乱

さて，「日朝修好条規」によって，日本は**漢城**に公使館を設置し，貿易も始まる。開国を強要された朝鮮政府は近代化をめざします。

当時，権力を握っていたのは，若い国王**高宗**の奥さんである**閔妃**の実家，**閔氏**一族です。国王の奥さんの実家ですから，日本でいうと摂関家，藤原氏にあたる**外戚**です。高宗は養子で朝鮮国王を継いでおり，実のお父さんの**大院君**という人は，当時は政権から排除されていた。

大院君は王族ですが，国王になったことはありません。とはいえ，国王の実父。日本で言えば天皇の父として実権を握る，院政の主のような立場で，事実，権力を握ったこともあったのですが，失脚し，外戚の閔氏が権力を握っ

ていた。

　閔氏政権は開国を受け入れ，日本と同じように近代化をめざします。軍隊も新式，洋式に変えていきます。1881年には洋式の軍隊が発足し，旧式の軍隊の兵士たちの待遇は悪化していった。これに目をつけた大院君が，翌1882年7月，不満を持つ旧式軍隊の兵隊を使って起こしたのが，壬午軍乱（壬午事変）と呼ばれるクーデターです。

　旧式軍隊の兵士は日本公使館を襲撃し，閔氏政権の要人を殺して閔氏政権を倒し，**大院君が政権を奪う**。開化策に反発した，反日的な旧軍人の反乱でした。しかし，翌月には**清国軍が朝鮮に入り，閔氏政権が復活**。大院君は捕らわれて清国に連れて行かれます。日本も派兵したのですが，大軍を送った清が大院君を排除したのです。

## ■ 清国の朝鮮支配

　クーデターで日本公使館も襲われ，みずから火を放って逃げるような事態となった。その損害の賠償など，あと始末の条約として，日本と朝鮮とのあいだで「済物浦条約」という条約が結ばれますが，その後，朝鮮政府は清国に接近し，**反日的になっていく**。壬午軍乱を宗主国として清が鎮圧したことで，閔氏政権は清を頼るようになります。清の宗主権が強化され，**日本の朝鮮への影響力は後退**した。

　閔氏政権は**親清的**になり，それまでの開化策も後退していく。保守的な政治に戻るということになったわけです。

　しかし，閔氏政権が保守的になって，半人前扱いでもいいから，清の宗主権に頼ろうという姿勢をとると，反発も起こってきます。それまで近代化路線を支持してきたグループは当然，反発します。彼らは閔氏一派を「**事大党**」と呼び，これを批判する。

　アヘン戦争で香港を取られるなど，欧米列強に侵略され，領土まで奪われている清国のさらに子分では，将来がない。日本も，不平等条約で苦しんでいるが，独立国として近代化を進めようとしているじゃないか。朝鮮も独立国として自主的に近代化を進めるべきだという改革派の彼らは「**独立党**」と呼ばれますが，日本が好きか嫌いかは別にして，彼らは日本から見れば「**親日派**」ということになります。

| 朝鮮国内の対立 | 事大党…（閔氏）現政権・保守的・**親清派** |
|---|---|
| | 独立党…（金玉均ら）反政府・改革的・**親日派** |

　そこで日本は，この独立党グループを支援して，裏からさまざまな援助を与えます。そこへ，1884年に清仏戦争が起こりました。

## ■甲申事変

　フランスが**ベトナム**を植民地化するため軍隊を送ると，清が宗主国としてこれを阻止しようとして派兵。1884年8月に戦争になったんです。翌年6月に停戦となり，結局，ベトナムは**フランスの保護国**となります。清は宗主権を維持できなかった。

　これをチャンスと捉えて，**独立党**の急進派，**金玉均**らがクーデターを起こした。日本公使と結んで，日本公使館の守備兵と政府軍の一部で王宮を制圧したのです。しかし，またしても清軍の攻撃を受け，3日間で崩壊し，金玉均・朴泳孝は日本に亡命します。

　日本は朝鮮とのあいだで漢城条約を結び，謝罪と損害の賠償を認めさせますが，清国とのあいだで話がつかない。

　このクーデターのときの日本側の工作があまりにも露骨だったので，国際的にも苦しい立場になってしまった。

　国内も騒然としています。1884年は明治17年。はい，明治17年ときたらなんですか？　すなわち，激化事件があいついで自由党が解散した秩父事件の年です。そして，清仏戦争の最中でもあった。

## ■福沢諭吉の「脱亜論」

　年が明けて1885年になっても，日清間で交渉が続いています。そのころ福沢諭吉が日本の外交について論じた有名な論説が，「脱亜論」と題するものです。

**史料**

## 49 福沢諭吉の「脱亜論」／「時事新報」

今日の 謀 を為すに，我国は隣国の開明を待て，共に亜細亜を興す

現在の日本の大きな国家方針を考えた場合，隣の国（朝鮮）の近代化を待って，いっしょに

の猶予ある可らず，寧ろ其伍を脱して西洋の文明国と進退を共にし，

アジアを豊かにしていこうという猶予はない。むしろ，アジアの一員であるということを捨てて，
西洋の列強と同じような態度をとるべきで，

其支那朝鮮に接するの法も隣国なるが故にとて特別の会釈に及ばず，

中国や朝鮮に対する外交も，隣の国だからといって遠慮することはない。

正に西洋人が之に接するの風に 従 て処分す可きのみ。

まったく西洋の列強と同じようにアジアの国に接し，断固たる処置をするのがよいだろう。

悪友を親しむ者は共に悪名を免かる可らず。　　我れは心に於て亜細亜

悪い友達と仲良くしていると，自分もまわりから悪く思われる。われわれは，心のなかでは，

東方の悪友を謝絶するものなり。

この東アジアの近代化をしない悪友とは，もう絶交してしまおうではないか。

福沢自身主宰の「時事新報」に載せた 1885 年 3 月 16 日付の論説です。

朝鮮が壬午軍乱・甲申事変と 2 度のクーデターの結果，清国の支配下に入ることで満足している。独立国としてやっていく気がない。「そんな国にいつまでも関わっていると，日本もいっしょに近代化に失敗してしまうよ」ということを，ちょっと興奮して書いているわけです。

　それまで，福沢は，朝鮮の改革派，開化派を支援していた。その独立党のクーデターが失敗に終わった。

　日本も自分を「亜細亜」の一員だと思うのはやめて，西洋の国と同じようにアジアの国に接していこう。要するに**朝鮮を日本の支配下に置いてもさしつかえない**のだと主張しているんです。

■「天津条約」

　この「脱亜論」が書かれたころ，中国の天津で，伊藤博文は李鴻章との交渉で苦労していましたが，

**Q** 甲申事変の後始末について妥協が成立し，1885年，日清間で結ばれた条約は？　　　　　　　　　　　　　　　　　　——天津条約

　これは有名な条約です。全権は，**伊藤博文**と中国側は**李鴻章**。漢字で書けるように。
　日清両国の軍隊が朝鮮から撤兵すること。そして，その次の部分の史料を見てください。

🔍 **史料**

**50　天津条約**

一，将来朝鮮国若シ変乱重大ノ事件アリテ，日中両国或ハ一国兵ヲ
　将来朝鮮でふたたび変乱が起こって，日本および中国，または一方の国が軍隊を朝鮮に

派スルヲ要スルトキハ，応ニ先ヅ互ニ行文知照スベシ。
　派遣せざるを得ない場合，　　必ず派兵前に相手国に知らせることにしよう。

　これは，ある国にほかの国が軍隊を派遣することについて約束をしたというめずらしいもので，「今後ふたたび日本または中国が朝鮮に軍隊を派遣するときには，黙ってやらないで，**事前に連絡をしてから軍隊を入れましょう**」という，まさに**帝国主義的な条約**ということになります。「応ニ先ヅ互ニ」というところが，「派兵の前に」，すなわち「事前に」という意味です。

■**防穀令事件**

　さて，その後も日本と清国の朝鮮をにらんだ対立が続くわけですが，このあいだも朝鮮からは，穀物などが日本にどんどん輸入されてきます。そのうち朝鮮で飢饉が起こり，餓死者が出る可能性もあるというので，朝鮮政府は

日本に対する穀物輸出を禁止しました。

「朝鮮防穀令」，あるいは単に「防穀令」と呼んでいます。そこで日本が，「被害を被った日本の商人などの損害を賠償せよ。日本に約束したとおりの食糧を輸出せよ」といって圧力をかけ，朝鮮政府を屈服させた事件が起こった。これが「(朝鮮)防穀令事件」です。

### ◢甲午農民戦争

このような状況のなかで，1894年，ついに朝鮮の人々が立ち上がります。「東学(党)の乱」とも呼ばれる農民の大反乱です。

**Q** 東学という民族的な宗教的結社が核になって拡大した幅広い農民の反政府運動を何と呼ぶか？
——甲午農民戦争

この甲午農民戦争による騒乱状態を理由に，**日清両国は軍隊を派遣**します。もちろん互いに事前通告し，朝鮮に派兵する。そして，まもなく反乱は鎮静化します。**全琫準**の率いる農民軍はあわてて朝鮮政府と和解してしまった。日本の大軍がやって来た！

そのあとは**日清両方の軍隊が朝鮮半島でにらみ合う**ということになります。

### ◢『蹇蹇録』

その，にらみ合っているところへ，ここは劇的な話ですが，駐英公使の青木周蔵から電報が来るんです。受け取ったのは外務大臣陸奥宗光。

次ページの史料の『蹇蹇録』は，外務大臣陸奥宗光の回顧録。次の箇所にこのときのことが述べられています。陸奥は条約改正で出てきましたね。薩長土肥ではなく，和歌山出身。

## 史料

### 51　条約改正と日清戦争／『蹇蹇録』

明治二十七年七月十三日付を以て，青木公使は余に電稟して曰く，
明治27年（1894年）7月13日付。駐英公使青木周蔵から，外務大臣である私（陸奥）に向かって電報が来た。

「本使は明日を以て新条約に調印することを得べし」と。而して余が
その電文は，「明日，日英が新条約に調印することに合意した」と。そして，その青木からの電報

電信に接したるは抑々如何なる日ぞ。　　　　鶏林八道の危機方
を私（陸奥）が受け取ったのは，一体どういう状況のころであったか。朝鮮の危機がまさに最終

に旦夕に迫り，　　　余が大鳥公使に向ひ，「今は断然たる処置を施すの
段階になっていたところだ。外務大臣として，私は，朝鮮公使大鳥圭介に対して，「いまは断固

必要あり，何等の口実を使用するも差支なし，実際の運動を始むべし」と
たる処置をとれ。どんな口実を使ってもいいから，実際の運動を始めよ」と，

訣別類似の電訓を発したる後僅に二日を隔つるのみ。
最後の訣別のような電報による指示を出した，わずか2日後の話であった。

### ■『蹇蹇録』のポイント

要点は簡単。**第1次条約改正**がロンドンでいよいよ決着して調印だという，いわば喜ばしい電報が外務大臣陸奥に届いた。そのとき，朝鮮の情勢は危機一髪のところだった。

ここからはちょっと難しいのですが，**甲午農民戦争の騒動は収まっ**ちゃったんです。もしもそのまま何もなく帰ってくるとどうなるか。

初期議会で政府は息もたえだえ。このまま何もせずに軍隊が朝鮮から帰ってきたら，予算のむだ使いでどうにも弁明が立たない。そもそも，この日のために無理をして海軍予算を注ぎ込んできた。もう清国との戦争に持ち込んで決着をつけるしかない。「訣別類似の電訓」というのは，「**どんな工作をしても戦争に持ち込め**」というふうに読むのが正しい読み方でしょう。

### ■日清戦争

　そこで，朝鮮公使大鳥圭介は，なんと，朝鮮政府に対するめちゃめちゃな内政改革の要求を突きつけ，ともかく清国，朝鮮を怒らせて，戦争に持ち込もうという手段に打って出ます。

　清国側が，あわてて救援の部隊を朝鮮に派遣するところをねらって，海で艦隊同士がぶつかった。「豊島沖海戦」という日清戦争の最初の戦いが起こります。日本政府の思惑どおり，戦争状態に入ったわけです。こうして，**日清戦争が勃発**した。

　戦争の経過を細かく問うような問題はありません。平壌および旅順の占領で，遼東半島を制圧し，黄海海戦，威海衛の攻撃で，清国が誇っていた唯一の近代的海軍，北洋艦隊（水師）を壊滅させて圧勝。

　地図を見て世界の人はびっくりした。あのでかい中国にちっちゃな島国，日本が圧勝した。

### ■「下関条約」

　講和会談は李鴻章を下関に呼んで，今度は伊藤博文がギシギシいじめたわけです。天津条約と同じ組み合わせで，場所が変わって「下関条約（日清講和条約）」が結ばれました。会議場の「春帆楼」は，現在も保存されています。

**◀春帆楼（山口県）**
春帆楼は有名なフグ料理屋さん。その別館だった会議場は当時のまま保存されている。

　下関条約の内容は1つ1つ史料で確実に覚えてもらいましょう（次ページ）。

**史料**

## 52-(1) 下関条約

第一条　清国ハ朝鮮国ノ完全無欠ナル独立自主ノ国タルコトヲ確認ス。
　　　　清国は宗主権を放棄し，朝鮮国が自主独立の国であることを認める。

　　　因テ右独立自主ヲ損害スベキ朝鮮国ヨリ清国ニ対スル貢献典礼等ハ，
　　　そこで，その独立自主を傷つけるような，朝鮮国から清国に対する朝貢儀礼は一切廃止する。

　　　将来全ク之ヲ廃止スベシ。

　第1条が基本ですよ。「日朝修好条規」で日本が言った，**朝鮮国は自主の国である**という主張を清国が認めた。すなわち，宗主権を放棄したということです。朝貢的な儀礼は廃止。

## 52-(2) 下関条約

第二条　清国ハ左記ノ土地ノ主権竝ニ該地方ニ在ル城塁，兵器製造所
　　　　清国は，次の土地の主権，およびあらゆる建物等を永久に日本に割譲する。

　　　及官有物ヲ永遠日本国ニ割与ス

　　　一，左ノ経界内ニ在ル奉天省南部ノ地……
　　　　　　　　　　　　　　　　（遼東半島南部）

　　　二，台湾全島及其ノ付属諸島嶼
　　　　台湾全島および付属の島々

　　　三，澎湖列島……

　第2条は領土の割譲です。「奉天省南部の地」というのは，地理的にいうと，遼東半島を指します。ここに注意してください。
　台湾および付属の島，そして澎湖列島（諸島）。これもいいですね。澎湖列島は台湾海峡にある島々です。

## 52-(3) 下関条約

第四条　清国ハ軍費賠償金トシテ庫平銀二億両ヲ日本国ニ支払フヘキ

清国は，賠償金として庫平銀2億両を日本国に支払う。

コトヲ約ス。

そして，賠償金2億両。邦貨（日本の円）で約3億1000万円。

史料に載せていませんが，ほかに，重慶・沙市・蘇州・杭州の4つの港を日本に対して開く。そして，最恵国待遇を日本に与える。

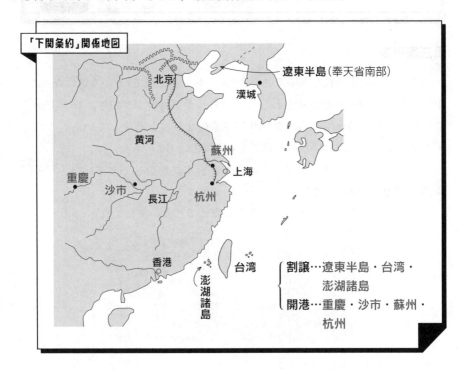

「下関条約」関係地図

北京
遼東半島（奉天省南部）
漢城
黄河
蘇州
上海
重慶
沙市
長江
杭州
香港
台湾
澎湖諸島

割譲…遼東半島・台湾・澎湖諸島
開港…重慶・沙市・蘇州・杭州

これが下関条約の内容です。

```
┌─────────────────┐
│   下関条約       │
└─────────────────┘
```

【全権】日本…伊藤博文・陸奥宗光　清国…李鴻章

【内容】

①清国は朝鮮が独立国であることを認める（日朝修好条規を認める）。

②遼東半島・台湾・澎湖諸島を日本に割譲。

③日本に賠償金として庫平銀２億両（邦貨約３億1000万円）を支払う。

④沙市・重慶・蘇州・杭州の開市・開港。

　＊遼東半島は三国干渉により，清国に有償返還。
　　還付代金3000万両（邦貨約4500万円）。

## ■三国干渉

ところが，小・中学校でもやりましたね。「ちょっと待て」という話になった。中国東北部や朝鮮のあたりをねらっている一番手はロシアです。ロシアがこのへんに興味を持っている。シベリア鉄道の建設にも着手している。これをイギリスが警戒したという話を覚えているでしょう。

ロシアは，フランス・ドイツを誘って，日本に勧告してきました。「**遼東半島を戻せ**」。はい，これが「**三国干渉**」です。

この３国は忘れたらタイヘン。すぐに覚えてしまいましょう。

> ロシア（露）・フランス（仏）・ドイツ（独）
> ロシア（露）・フランス（仏）・ドイツ（独）
> 　　　または
> 「露・仏・独（ろ・ふつ・どく）」
> 「露・仏・独（ろ・ふつ・どく）」

どっちで覚えてもいいですよ。

全力を使って戦いきった日本は，もうまったく余力が残っていない。結局あきらめて，遼東半島を返すわけです。

**Q** このときのくやしさを表した有名な標語といえば？ ——「臥薪嘗胆（がしんしょうたん）」

薪（たきぎ）の上に寝て，胆（きも）をなめる。「どんな苦しいことがあってもここは我慢（がまん）」という標語です。

難関私大用に，日本が得た金額をチェックしておきましょう。賠償金は日本円にすると約3億1000万円。これに，遼東半島を還付（かんぷ）した際に還付代金として3000万両，日本円で約4500万円ですから，合わせて，**2億3000万両＝邦貨約3億5500万円**ということになります。条約での賠償金だけを問われたら，邦貨で約3億1000万円ですよ。

> 【賠償金】　　　【遼東半島還付代金】
> 約3億1000万円 ＋ 約4500万円 ＝ 約3億5500万円

そこで，巨額（きょがく）の賠償金は，ほとんどをロシアとの戦争のための準備にまわして，しばらく我慢ということになります。賠償金特別会計のうち，80％強は軍備拡張費（かくちょうひ）・臨時軍事費に充（あ）てられているのです。

### ■台湾の植民地支配

さて，遼東半島は還付しましたが，忘れてはならないのは台湾（たいわん）です。台湾は，三国干渉の対象になっていませんので，**日本の植民地（しょくみんち）支配が始まります。**

**Q** 1895年に，台湾統治（とうち）のため台北（たいべい）に設置された機関は？
——台湾総督府（そうとくふ）

**Q** 初代の台湾総督はだれか？
——樺山資紀（かばやますけのり）

聞いたことあるね。はい，第二議会の**蛮勇演説（ばんゆうえんぜつ）**の海軍大臣。薩摩出身の軍人で，若いころには台湾出兵にも従軍（じゅうぐん）。その後，政治家として頭角（とうかく）を現（あらわ）した人物。

もっとも，スムーズに統治が始まったわけではありません。清国政府はわれわれを切り捨てた。清国から独立しようとして，台湾の人々は「**台湾民主国（みんしゅこく）**」の独立を宣言して抵抗するんです。

そこで，台湾では，下関条約締結後も戦闘が続きます。日本は，台湾の独立運動を武力で抑えて，ようやく統治を始めるんです。

以後，台湾総督には陸海軍の大将・中将が任命されることとなります。台湾経営はほとんど利益を産みませんが，1898年以降，総督児玉源太郎のもとで後藤新平が民政を整備し，土地調査事業などを行います。また，金融の中心として台湾銀行や台湾製糖会社なども設立されていきました。

さて，ここまでが，まず**明治外交の前半のヤマ場**。外交だけピックアップして，授業ノートの年表をチェックしておいてください。

# 日露戦争

さて，明治時代もだいぶ話が進んできました。
このまま進むと皆さん崩壊しますから，はい，前回と同じ。基本の確認から。

## 10年ごとに戦争！

1874 台湾出兵　1884 甲申事変　1894 日清戦争　1904 日露戦争

　75 江華島事件　　85 天津条約　　95 下関条約　　　05 ポーツマス条約

　　1884 年，**甲申事変**が起こって，翌年，**天津条約**です。そこからちょうど10 年単位で，10 年たつと，**甲午農民戦争**から**日清戦争**が勃発して，翌 95 年が**下関条約**です。前回がここまで。

　　そして，日清戦争から 10 年たって，**日露戦争**勃発。勝って翌年，**ポーツマス条約**です。

　　今回は，まず，**日清戦争後の国内政治**。藩閥政府と政党との接近から，第 1 次大隈重信内閣を経て第 1 次**桂 太郎**内閣の登場まで。

　　政党の動向とともに，そのプロセスを学習します。

　　そして，外交。列強の「**中国分割**」から**日露戦争**まで。1902 年の**日英同盟**の締結から日露開戦まで。ここはスッキリ，簡潔に……というわけにはいきません。アメリカ，清，朝鮮などとの関係も含めて，ていねいに，しっかり学習する覚悟が必要です。

## ■第 2 次伊藤博文内閣（自由党と提携）

　日清戦争後の国内政治をさっと整理しておきます。日清戦争前までが初期議会。日清戦争が始まったあとの第七議会は広島で開かれ，満場一致で臨時の予算をとおしてチャンチャンでしたね。国会は東京だけじゃなくて，広島で開かれたこともあるんです。

　戦争が終わっても，まだ第 2 次伊藤博文内閣ですが，第五議会以降，伊藤内閣に近づいていった自由党が公然と伊藤内閣と提携し，板垣退助が内務大臣で入閣します。

## ■第 2 次松方正義内閣（松隈内閣）

　日清戦争の処理が終わって伊藤が退き，松方正義が再登場，第 2 次松方正義内閣。今度は自由党と対立していた進歩党が提携関係を結んで協力します。

> ┌第 2 次**伊藤**内閣…自由党と握手（内相板垣退助）
> └第 2 次**松方**内閣…進歩党と握手（外相大隈重信）

　立憲改進党は，日清戦争後，例の「対外硬派連合」，ただし国民協会を除く対外硬派連合が合体して，名前が進歩党に変わっています。**進歩党は政党史の頻出ポイント！**

　党首は大隈重信。その大隈重信が外務大臣で入閣しますので，松方の「松」と大隈の「隈」をとって，この第 2 次松方内閣は，**「松隈内閣」**と呼ばれます。

　ところが，日清戦争が終わって，次はロシアとの戦争だ。賠償金を使っても全然足りない。増税しよう。そこで，進歩党との提携が破れて，この内閣は総辞職します。

## ■第 3 次伊藤博文内閣

　すると，また伊藤博文。第 3 次伊藤内閣ですが，伊藤は正面から地租増

徴，増税案を持ち出します。こんなところでまた伊藤に増税を実現されたら，金持ちの支持者に顔向けできない。危機感に襲われた自由党と進歩党は，今度は手を結びます。

**Q** 1898年，自由党と進歩党が合同してできた政党は？　　——憲政党

## ■第1次大隈重信内閣（最初の政党内閣）

早稲田大学を作ったのは私ですよ

大隈重信

　すると，伊藤はあっさりと内閣を投げ出して，そして，なんと，憲政党の一応トップに立った大隈重信に総理大臣のイスをまわします。これが**日本最初の政党内閣，第1次大隈重信内閣**です。

　もちろん母体は**憲政党**。首相兼外務大臣が大隈で，板垣は**内務大臣**で閣内に入っています。

### ▶文相尾崎行雄の「共和演説事件」

　ところが，この内閣は，文部大臣尾崎行雄が，ある会合で，「**共和演説事件**」というのを起こします。「もしも日本に天皇がいなかったら」，「日本がアメリカやフランスのような皇帝のいない**共和制**の国だったら」，と仮定して，「三井や三菱のような大金持ちが政権を握ることになる」と，いわゆる金権政治批判をやった。

　文部大臣ともあろうものが，仮定法とはいえ，「**もしも天皇がいなかったらとは何事だ**」と大騒ぎになって，文部大臣の地位を投げ出さざるをえなくなった。

　そこで，後任の文部大臣のポストをどちらが取るかという，政治家にありがちなポスト争いで，なんとアッという間に分裂しちゃうんです。そこで，「隈板内閣」と呼ばれるこの第1次大隈内閣は，**なんにもやらなかった内閣**です。ケンカだけしました。

### ▶憲政党の分裂

　まず最初にこぶしを上げたのは旧自由党系で，自分たちだけで**憲政党大会**

311

を開いた。そこで怒ったのは大隈たちで,「おれたちが本流の憲政党だろう」。そこで「本」をつけた。それが,「憲政本党」。温泉地などでよくある「元祖温泉まんじゅう」vs「総本家温泉まんじゅう」みたいな,「うちが本家だ」,「うちは元祖だ」という争いです。

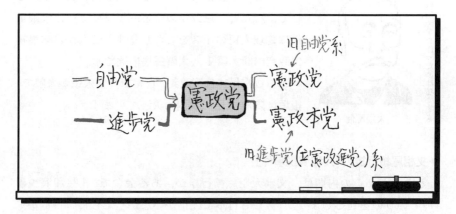

## ■第2次山県有朋内閣

そこで登場したのが,第2次山県有朋内閣。はい,キャッチコピー,

● **必ず出る**第2次山県有朋内閣
● **必ず出る**1900年

すなわち,明治時代の内閣のなかでは,もっとも出題頻度が高いといっても言い過ぎではない内閣です。とくに,**重要事項は1900年**に集中しますが,それ以前からいくつかありますので,年次を追ってしっかり覚えてください。

### ▶地租増徴(1898年)/「文官任用令」改正(1899年)

まず,なんと憲政党が協力して**地租**は増徴され,3.3%になる。念のため,この憲政党は旧自由党系の憲政党ですよ。

「文官任用令」の改正，および「文官分限令」の公布によって，政党の影響力が官僚におよばないようにします。すなわち，高級官僚を採用するときに，政党員が官僚になりにくくした。

### ▶「衆議院議員選挙法」改正（1900年）

いよいよ1900年，まず「衆議院議員選挙法」の最初の大改正を行い，選挙人の資格として必要な納税制限の額を，「15円以上」から「10円以上」へと引き下げます。そして，**被選挙人の納税資格は廃止**します。

難関私大で注目するのは，このときに山県有朋は，選挙区制度を，「小選挙区」から「大選挙区」に変えたことです。はい，授業ノートの72ページの選挙法主要改正表で，「大」に変えたところにマーカーを塗る。そして，選挙権者は2.2%となり，2倍強に増えます。

「大選挙区制度」というのはどういうものかというと，1つの選挙区から3名，4名の当選者を出そうという制度です。小選挙区というのは一番単純な場合，1つの選挙区から1人を選ぶんです。

小選挙区だと，支持率1位の政党がだいたい勝ちますね。第一党の支持率が25%，第二党は20%，第三党15%でも，基本的に25%の政党が勝つ。隣の選挙区でもまた25%の政党が勝つ。**小選挙区制**というのは，比較して一番支持率の高い政党（**比較第一党**）に，支持率以上の大量の当選者が生まれるという選挙区制度です。

ところが，大選挙区制度にすると，たとえば3人区のところで1つの政党がどうしても候補者を2人立てないと過半数が取れないので，票が割れて，片方が票を取りすぎると，もう1人のほうが落ちますから，残り2議席を，第二党，第三党が取れる可能性が非常に高い。ということは，**多党乱立**になりやすい。少数者の意見が議席に反映されやすい制度になります。

そこで，大選挙区に変えることによって，衆議院に藩閥政府に抵抗する**巨大政党が生まれにくくなる**。多党乱立でバラバラになること，そこを山県はねらったのでしょう。

### ▶治安警察法／軍部大臣現役武官制（1900年）

次に，いわゆる思想弾圧系統の立法のまとめ，「治安警察法」を制定します。労働運動や女子の政治活動を禁止・弾圧する法律です。

そして，「軍部大臣現役武官制」。陸軍大臣・海軍大臣は，**現役の大将・中将でなければいけない**。今で言うと，防衛大臣は現役の自衛官のトップ層からしか選べない，陸海軍大臣には政党員や引退した軍人もなれないという制度です。

そうしますと，現役の陸海軍のボスたちが，一致してだれも陸軍大臣あるいは海軍大臣を引き受けなければ，内閣が倒れる。すなわち，**軍部が一致すれば，いつでも内閣は倒せる**ということになっていって，後のファシズムの最大の原因となった制度です。

### ▶北清事変・義和団戦争（1900 年）

そして 1900 年，中国で「義和団戦争」が起こります。義和団という，一種の宗教性を帯びた団体が，「扶清滅洋」すなわち「清を助けて外国を追い払え」と主張しながらだんだん大きくなって，大農民反乱となった。清朝政府が義和団を認め，これに賛成するという態度をとったために大混乱となり，北京に向かって義和団の軍隊が攻め込んでくるという大事件に発展した。

そこで，日本・フランス・アメリカなどの列国の公使館の外交官や自国民を助けるために，**8 カ国が連合して軍隊を北京に送って救出する**という大事件になります。これが**義和団戦争**，日本で言う「北清事変」です。

### ■立憲政友会の結成（1900 年）

1900 年はこれで終わりかというと，次の項目，「立憲政友会」の成立，これも 1900 年。あっさり第 3 次内閣を投げ出した伊藤博文が，政党を結成する。すると，伊藤に近い官僚などとともに，従来から提携関係を結んでいた自由党系の憲政党員が，こぞってこの伊藤の政党に入ってしまいます。

さあ，この状況を見て，当時発行部数を誇っていた黒岩涙香の経営する日刊新聞「万朝報」に幸徳秋水が書いた「自由党を祭る文」，これがまた基本史料ですから読んでおく（次ページ）。

## 53　幸徳秋水の「自由党を祭る文」/「万朝報」

歳は庚子に在り八月某夜,　金風淅瀝として露白く天高きの時,　一星
1900 年 8 月,　　　　　　　秋風の吹く空に流れ星が見えた。そのとき,このような

忽焉として墜ちて声あり。
声が聞こえた。

嗚呼自由党死す矣。　　而して其光栄ある歴史は全く抹殺されぬ。……
ああ,自由党は死んでしまった。その名誉ある歴史は消え去ってしまった。

　明治美文調の典型的な文章です。オーバーな表現は全部無視して,ポイン
トは1つ。「嗚呼自由党死す矣」——きょうは自由党の葬式だ。

　もちろん,自由党という政党は当時はない。実際には憲政党を指している。
すなわち,分裂したあとの憲政党,旧自由党です。

　後半の史料はカットしましたが,自由党はずっと光栄ある自由民権運動の
歴史をになってきた。自由党は,もっとも国民の側に立って,薩長藩閥政府
と戦った光栄ある歴史を持つ政党ではないか。

　その自由党が,一番の敵であった薩長のボス中のボスの伊藤の政党にみん
なで入った。「きょうは専制に対して自由を求める精神が死んだ,その葬
式の日だ」ということです。

　当時,この「万朝報」紙上では,堺利彦,内村鑑三たちも論陣を張っていた
ということをちょっと覚えておいてください。

　さあ,ここまでが1900年! 1900 年と言われた瞬間に,サーッといま
話したことが全部出るようにしてください。ちょうどきりがいいですから,
ゴロ合わせはなし。1900ぴったし。

## ■第4次伊藤博文内閣(立憲政友会)

　さて,第2次山県内閣は,やるだけやって,立憲政友会を結成した伊藤に
政権を譲った。これが立憲政友会をバックとする第4次伊藤博文内閣です。
　ところが,この内閣は貴族院が伊藤の政党結成に反発して反対に回ったた

めに，結局何もできないで総辞職に追い込まれます。

　さて，立憲政友会が成立したところで，**政党の変遷**を確認しておきましょう。内閣との関係を確認しながら覚えていく。

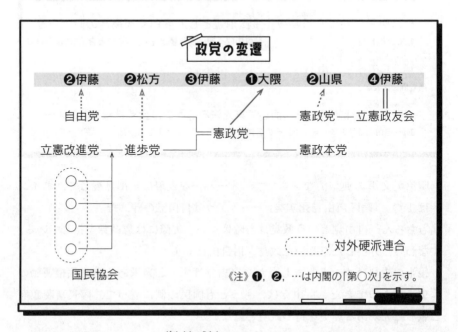

　日清戦争が終わると，「臥薪嘗胆<sup>がしんしょうたん</sup>」。軍備拡張が進められます。第2次伊藤内閣に自由党から板垣退助が内相で入閣。次が進歩党と提携した第2次松方内閣に大隈重信が外相で入閣。軍備拡張が進みますが，さらなる軍備拡張のために地租増徴<sup>ぞうちょう</sup>をめざし，提携が崩<sup>くず</sup>れる。

　そして，超然主義に戻って第3次伊藤内閣。これに対して，自由党・進歩党が合同して憲政党が成立。第1次大隈内閣が成立します。

　**最初の政党内閣**ですが，大隈は肥前出身，明治政府の要職を歴任していますし，衆議院議員でもない。そこで，大正時代の**原内閣のような本格的な政党内閣とまでは言えない**。しかも，何も成果を出すことができず，共和演説事件を機に憲政党は分裂，4カ月で総辞職してしまった。

　そして，揺り戻<sup>もど</sup>しというか，反動的というか，**第2次山県内閣**が誕生すると，政党の影響を排除するための施策<sup>しさく</sup>がつぎつぎと繰<sup>く</sup>り出されるわけです。山県はやるだけやって，伊藤の政友会結成を見て総辞職し，第4次伊藤内閣。

ところが，政党が大嫌いで，山県につながる議員も多い**貴族院が反発**。貴族院の支持が得られないために，伊藤は政権を投げ出さざるを得なくなってしまったんです。

---

## 日清戦争後の政党と内閣

❷**伊藤博文内閣**…自由党，板垣退助内相，軍備拡張予算承認。

❷**松方正義内閣**…（松隈内閣）　進歩党，大隈重信外相，軍備拡張。

❸**伊藤博文内閣**…超然主義，地租増徴をめざす。

❶**大隈重信内閣**…憲政党，旧自由党・進歩党の対立，共和演説事件，分裂。

❷**山県有朋内閣**…地租増徴 3.3%　←憲政党（旧自由党系）支持。

❹**伊藤博文内閣**…（←立憲政友会）　貴族院の反対。

---

いいですか，政党変遷表とともに，このあたりの内閣の展開を繰り返し確認してください。

そして，**第 2 次山県有朋内閣**については完全に暗記してしまう。とくに，1900 年は重要事項が頻出ですよ。

---

## 必ず出る！(?)　第 2 次山県・1900 年

1898　地租増徴 3.3%　＊憲政党の支持　←──── 難関大では

1899　文官任用令改正，文官懲戒令，**文官分限令**←──── ここも注意！

．．．．．．．．．．．．．．．．．．．．．．．．．．．．．．．．．．．．．．．．．．．．．．．．

1900　**治安警察法**

　　　**衆議院議員選挙法改正**（直接国税 10 円以上）

　　　**軍部大臣現役武官制**

　　　北清事変（義和団戦争）派兵

　　　（伊藤博文）**立憲政友会**

「必ず出る……」は言い過ぎですが，失点してはいけない事項ばかりですから，本気で暗記です。

## ■第1次桂太郎内閣（桂園時代始まる）

世代交代だ

桂太郎

第4次伊藤内閣が貴族院の反対によって総辞職。

そのあと，いろんな人が候補に上がったんですが，結局は**世代交代**ということになって，**山県有朋**の後継者である，陸軍・長州出身の**桂太郎**の内閣が登場します。**1901年**のことです。

桂内閣のあとが**西園寺公望**内閣で，そのあとまた桂→西園寺と繰り返すので，この時期を「**桂園時代**」と呼びます。

**20世紀とともに…桂園時代**

そこで，大きな声で，「20世紀とともに桂園時代」と5回ぐらい声を張り上げて。

20世紀とともにケイエン時代
20世紀とともにケイエン時代

20世紀最初の年，1901年，明治政府の世代交代，「桂園時代」が始まる。そして，その最初の第1次桂太郎内閣が「**日露戦争**」に踏み切るわけです。

さて，次に日清戦争後の国際情勢。

### ■中国分割

　**日清戦争後のアジア**をちょっと見ておきましょう。日本に負けた中国で，列強は利権をあさる。縄張り争いの場となっていく。これを「中国分割」と表現します。

---

**📋 列強の中国分割**

- **ドイツ**……1898，山東半島の膠州湾
- **ロシア**……1898，遼東半島の旅順・大連
- **イギリス**…1898，九竜半島，山東半島の威海衛
- **フランス**…1899，広州湾

---

　**ドイツ**など列強が租借地を獲得していくのは1898年。**フランス**の広州湾租借が翌年，1899年です。おのおの，租借地を拠点として，港湾の整備，鉄道建設，鉱山経営など，競って中国大陸に利権を獲得していく。

　ただ，注意しておかなければならないのは，マカオ，香港。**マカオ**は大航海時代，南蛮貿易のところで出てきたものですから，はるか昔の話です（第2巻，p.231）。

　それから**香港**（島）は，アヘン戦争で負けた清国が，1842年，南京条約で**イギリス**に割譲しています（p.296）。その後，アロー号事件の結果，1860年，香港島の対岸，大陸側の**九竜半島**の南の部分もイギリスに割譲されています。もちろん，江戸時代の話です。そして，中国分割では九竜半島の残りの部分もイギリスの租借地となっています。

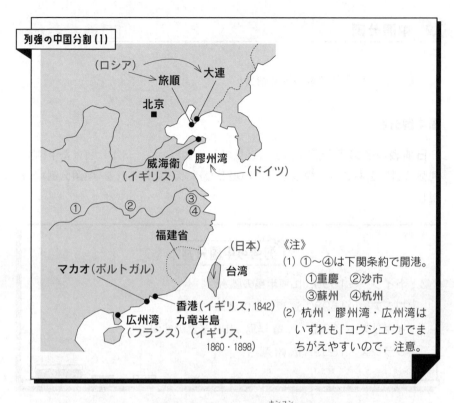

列強の中国分割（1）

（ロシア）　→大連
　　→旅順
　北京■
威海衛　膠州湾
（イギリス）　（ドイツ）

③
①　②　④

福建省
（日本）

マカオ（ポルトガル）　台湾

香港（イギリス, 1842）
広州湾　九竜半島
（フランス）　（イギリス,
　　　　　　　1860・1898）

《注》
(1) ①〜④は下関条約で開港。
　　①重慶　②沙市
　　③蘇州　④杭州
(2) 杭州・膠州湾・広州湾は
　　いずれも「コウシュウ」でま
　　ちがえやすいので，注意。

　ハイ，地図で確認していこう。九竜半島は香港の向かい側にありますよ。
列強はこれらを，いずれも租借する。簡単に言えば「借りる」ということです
が，事実上占領する。
　乗り遅れたアメリカは，国務長官ジョン＝ヘイが，「中国を勝手にみんなで
独占するんじゃないよ」と，やはり，中国への意欲を示します。

**Q** アメリカの国務長官ジョン＝ヘイが提唱した中国対策の２つの基本方
　針とは何か？　　　　　　　　　　——「門戸開放」，「機会均等」

　中国市場を特定の国々が独占するべきではない。開かれているべきだ。「**機
会均等**」とは，「商業・工業など，中国との経済関係は平等に扱え」というこ
とです。
　もともと，アメリカの外交政策は「**モンロー宣言**」，1823年の大統領モン
ローの宣言で，ヨーロッパ諸国の紛争などには介入しない代わりに，ヨーロッ

パ諸国がアメリカ大陸に介入することも拒否するという，一種の孤立主義だったんですが，そんなことは言ってられない。

中国にはアメリカも参入するぞ。特定国だけが中国の利権を独占することは認めない。というので，中国市場は外に開かれているべきだ――「**門戸開放**」。中国との貿易や，中国での経済活動を展開するチャンスはどの国にも与えられるべきだ――商業・工業の「**機会均等**」というわけです。

もう1点。列強の中国分割が一挙に進んだ1898年，アメリカは太平洋方面で，**ハワイ**を正式に併合，アメリカの領土に組み込み，さらに，**フィリピン**の統治権をスペインから奪い，植民地支配に乗り出しています。

> アメリカ…1898　ハワイ併合。
> 　　　　　1899　（国務長官）ジョン=ヘイ
> 　　　　　　　　　「門戸開放・機会均等」を提唱。

「清国をたたいたのはウチなのにな」――日本はなんのことはない，結果として列強を一挙に中国に進出させてしまった。あわてた日本は，植民地とした台湾の向かい側の「福建省は，絶対，優先的に日本に利権をよこせ」と要求し，「**福建省の不割譲**」を中国に認めさせた。

地図で見てください（次ページ）。中国のど真ん中の華中は**イギリス**の縄張り。北の方は**ロシア**の縄張り。山東半島一帯は**ドイツ**の縄張り。そして，南中国は**フランス**の縄張り。

縄張りを決めておいて，今後中国がなんらかの利益を外国に与える場合，「このあたりはウチが優先」というふうに，利権を求めていきます。

このようななかで，先ほど話した義和団の蜂起があるわけです。

そこで，声を出して，**日・英・米・仏・露・独・伊・オーストリア**。ハイ，もう一度，声を出して。

> 日・英・米・仏・露・独・伊・オーストリア（墺）
> 日・英・米・仏・露・独・伊・オーストリア（墺）

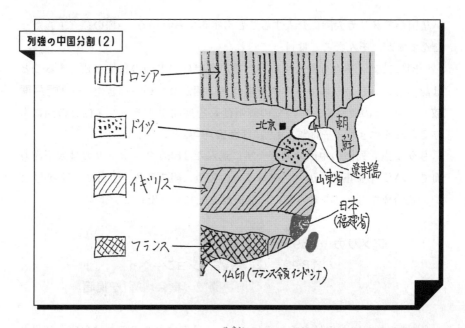

列強の中国分割（2）

ロシア
ドイツ
イギリス
フランス

北京
朝鮮
遼東半島
山東省
日本（福建省）

仏印（フランス領インドシア）

これら8カ国が連合軍をつくって北京に入り，義和団の攻撃から自分たちの外交官や国民たちを救ったのが北清事変（義和団戦争）ですよ。

### ■「北京議定書」

翌1901年，屈服した清国は，巨額の賠償金と，公使館守備のための軍隊駐留権を列強に約束します。これが1901年，「北京議定書」。

はい，「20世紀とともに，桂園時代・北京議定書」ということです。さらにこのころになると，社会主義思想が具体的な姿をとるようになる。「資本主義の発達」は第4巻の最初の重要テーマですが，貧富の差がはっきりしてくる。「無産」階級などと呼ばれた多くの人びと——労働者と，株主・地主など——資産家との経済的格差が歴然としてくる。

そうすると，不平等を是正する政策，労働者保護のための施策を要求する政党も生まれてきます。その最初，社会民主党の結成も1901年です。もっとも，結党直後に，治安警察法によって社会の安寧・秩序を害するものとされ，禁止されてしまいます。

社会民主党は，後で出てくる日本社会党と混同してしまう可能性が大です

から，ここでしっかり暗記してしまいます。

20世紀とともに，桂園時代・北京議定書・社会民主党
20世紀とともに，桂園時代・北京議定書・社会民主党

　この「北京議定書」によって北京郊外に駐屯することになった日本の軍隊が後に，**1937年7月7日**，**盧溝橋事件**を起こすんですよ。ちょっと頭に入れておいて。

## ■ロシアの朝鮮・満洲進出

　さて，問題は**朝鮮**です。清国の宗主権を日本が日清戦争で解消したあと，朝鮮は思惑どおり日本の支配下に入ったか？　もちろん入りません。

　ロシアの影響力が強くなってきます。日清戦争の末期の段階で，すでに朝鮮政府とロシア政府が接近していく。

　あせった日本は，国王の奥さん，**閔妃**を暗殺します。三国干渉以後，朝鮮政府の親露派が台頭してきたことに腹を立てて，日本公使**三浦梧楼**が日本軍を使って**閔妃を暗殺**。脅しと暗殺によって日本の言うことを聞く政府にしようとするんですが，大失敗。逆に，一挙に**ロシアが朝鮮に進出**してくる。

　朝鮮の民族運動も激化します。「大日本帝国」に対抗するように，1897年，朝鮮は国の名前を「大韓」，「**大韓帝国**」と改めます。そして，ロシアに近づいていく。ロシアが露骨に朝鮮政府をコントロールし始めるんです。

　さらに，**ロシアは北清事変**，すなわち義和団戦争をきっかけに，中国東北部に軍隊を入れたまま居座った。そのまま**中国の東北部を事実上占領**してしまおうとした。

　一挙に日本にとっての危機が訪れたわけです。**朝鮮半島のみならず，中国東北部もロシアの支配下に入る。**

## ■「日露協商論」・「日英同盟論」

　そこで，「**元老**」という地位を与えられて，表舞台からは一応去っていた伊藤博文や井上馨たちは，なんとか話し合いでロシアとの対立を解消しようと

します。いわゆる「日露協商論」です。中身は，よく入試で書かせられる「満韓交換」論。「中国東北部，いわゆる満洲地域はもうロシアにあげよう。その代わり，韓国はもらおう」。注意してください。ここからは，朝鮮と呼ばないで韓国と呼んでいますから，満韓交換ですよ。

結果的に，ロシアに相手にされません。

> ┌ 日露協商論（満韓交換の妥協策）…伊藤博文・井上馨
> └ 日英同盟論（日露戦争を想定）……山県有朋・桂太郎・小村寿太郎

一方，20世紀とともに出発した桂太郎内閣。外務大臣小村寿太郎たちは，ロシアとの対立をやむを得ないものと考え，「場合によっては戦争だ」という姿勢でいきます。そのバックには山県がいる。

ただ，さすがに単独でロシアと戦うのはコワイ。そこで世界の最強国イギリスとの同盟を考えます。これが，桂たちの「日英同盟」論です。そして，こちらが実現した。

> 1 9 0 2
> 「（シベリアの）遠（とお）くをにらむ日英同盟」
> ゴロ合わせ ))) → 1902年，「日英同盟」締結

当時イギリスは，「名誉ある孤立」，あるいは「光栄ある孤立」——一番強いイギリスには同盟国は要らないという誇り高い外交政策をとっていました。ところが，イギリスがその方針を捨てた。ロシアの本格的極東進出を見て，ついに孤立策を捨てて，日英同盟に乗ってきた。

そこで，以後，この日英同盟が日本外交の基本となり，「帝国外交の骨髄」と呼ばれるようになります。そこで，史料「日英同盟協約」（次ページ）。

### ■日英同盟

日英同盟は，外交条約の特徴ですが，意味がとりにくい。そこで逆に中身を覚えてから史料を読んでください。

まず，第1条は，「清国および韓国における日英両国の利益をお互いに守ろう」。これはまあ簡単です。

史料

## 54-(1)　日英同盟協約

第一条　……即チ其利益タル大不列顛国ニ取リテハ主トシテ清国ニ関シ，
イギリスにとっては清国における利権，

又日本国ニ取リテハ其清国ニ於テ有スル利益ニ加フルニ，韓国ニ於テ
日本にとっては清国のみならず韓国における政治・商業・工業上の利権，

政治上並商業上及工業上格段ニ利益ヲ有スルヲ以テ，……
政治上並びに商業上及び工業上格段に利益を有するを以て，

両締約国孰レモ該利益ヲ擁護スル為メ必要欠クヘカラサル措置ヲ執リ
これについて，両国はこれらの利益を守るために，適切な処置をとることを認め合うこと

得ヘキコトヲ承認ス
とする。

第2条は，事実上ロシアを念頭に置いて，たとえばロシアと日本が戦争をした場合には，**イギリスは厳正中立を守る。**

そして，フランスとかドイツ，ほかの国がロシアといっしょになって日本に戦争をしかけないように，イギリスは圧力を加えようということです。

## 54-(2)　日英同盟協約

第二条　若シ日本国又ハ大不列顛国ノ一方カ上記各自ノ利益ヲ防護スル上
日本またはイギリスは，上記の利益を守るために，どこかの国と戦争を始めた場合，

ニ於テ別国ト戦端ヲ開クニ至リタル時ハ他ノ一方ノ締約国ハ厳正中立ヲ
一方の締約国は，厳正中立を守って，その

守リ併セテ其同盟国ニ対シテ他国カ交戦ニ加ハルヲ妨クルコトニ努ムヘシ
同盟国に対してほかの国が戦争に加わることを防ぐように努力する。

第3条は，さらにもっと踏み込んで，日本に対して，ロシアだけではなくて，たとえばフランス，さらにはドイツといったように，複数の国が日本に対して戦争をしかけた場合，つまり，**日本が単独で複数国と戦争になった場合には，イギリスは日本側に立っていっしょに戦う**ということです。

## 54-(3)　日英同盟協約

第三条　上記ノ場合ニ於テ若シ他ノ一国又ハ数国カ該同盟国ニ対シテ
さらに上記の場合において，もし日本またはイギリスが，単独で2カ国以上と

交戦ニ加ハル時ハ　　　　　他ノ締約国ハ来リテ援助ヲ与ヘ協同戦闘
戦争をせざるを得なくなった場合は，一方の国は援助を与え戦争に加わることとする。

ニ当ルヘシ……

　そして，日本はついに1904年，もう最後のチャンスというので，**日露戦争に踏み切った**わけです。もちろん，イギリスは中立を守り，日本とロシアの2国間で戦争が起こったんです。

### ■日露戦争の勃発（1904 年）

　1904 年 2 月，日本から戦争を仕掛けます。これ以上待っていると，**シベ
リア鉄道**の整備，複線化などで，ロシアの陸軍がいくらでもアジアに鉄道で
やってくる。そんなことになったら手も出せない。今のうちだ，というのが，
決断の理由でしょう。もちろん，**勝てる見込みはだれにもなかった**。

### ■非戦論・反戦論

　この間，国内では，戦うべきだ，いや，戦争はやめよう，いろんな議論が
ありました。

**Q** キリスト教的人道主義の立場から戦争に反対した人物は？
——**内村鑑三**

**Q** 社会主義の立場から非戦論・反戦論を唱えた人物を 2 人あげなさい。
——**幸徳秋水，堺利彦**

　幸徳らは，いずれにしろ戦争で被害をこうむり命を失うのは，労働者，一
般庶民で，金をもうけるのは資本家だという**社会主義**の立場から反対します。
　そして，大事なのは例の「自由党を祭る文」が載った「**万朝報**」の紙上で，
日露非戦論・反戦論が唱えられたこと。しかし，元気のない非戦論ではどん
どん読者が離れていく。過激なほうがジャーナリズムというのは売れるんで
すよね，昔から。
　そこで，「万朝報」の社長**黒岩涙香**は，「明日から，うちは日露主戦論でいく
よ」とコロリと変わった。当時の新聞というのは主張がはっきりしているんで
すよね。で，これは思想・信条の問題ですから，**内村鑑三・幸徳秋水・堺利
彦**の 3 人は「万朝報」を辞めてしまいます。

**Q** 1903 年，幸徳秋水・堺利彦らが組織した社会主義団体は？
——**平民社**

ここから「平民新聞」という新聞を発行して，反戦論を，日露戦争中もずっと続けて主張します。ただし，**内村鑑三はこの平民社には入っていない**ことに注意しておいてください。

非戦論・反戦論では，「**君，死にたまふこと勿れ**」というフレーズで有名な，**与謝野晶子**，あるいは「**お百度詣で**」という歌集で有名な**大塚楠緒子**などの，女性の立場，文学をとおしての活動もあります。

## ■大多数の開戦論者

しかし，世論は圧倒的に**開戦論**です。「ロシア討つべし」。とくに東京帝国大学の**戸水寛人**たちは，「**七博士意見**」(「**七博士建白**」)という対露強硬論を提出する。また，近衛文麿のお父さん，**近衛篤麿**たちの「**対露同志会**」など，民間あるいは有力者たちにも主戦論が高まっていきます。**徳富蘇峰**の「**国民新聞**」も主戦論の代表です。

## ■日露戦争の経過

さて，日露戦争の経過，具体的な戦闘については簡単にしておきましょう。

まず，大きな戦闘３つに絞ろう。焦点の１つは三国干渉で返した**遼東半島**。ここにはロシアが築いた軍港があります。それが**旅順**の軍港。**大連**のほうは，国際貿易港，「**商港**」として整備されています。

この旅順を攻めたのがいわゆる「**旅順攻防戦**」。多大の被害，損害を出しましたが，ようやくこれを制圧しました。

そして，陸での大戦争が「**奉天会戦**」。主力がぶつかりあい，1905年３月，日本はかろうじて勝利。そして，３つ目が「**日本海海戦**」。ヨーロッパからアフリカの南端を経てはるばる回航してきたロシアの**バルチック艦隊**に，**東郷平八郎**率いる連合艦隊が圧勝した海の戦いです。

日本海海戦での日本の勝利を一番喜んだのは世界最大の海軍国**イギリス**だったでしょう。イチかバチかで同盟を結んだら，やったじゃないかという話になりました。

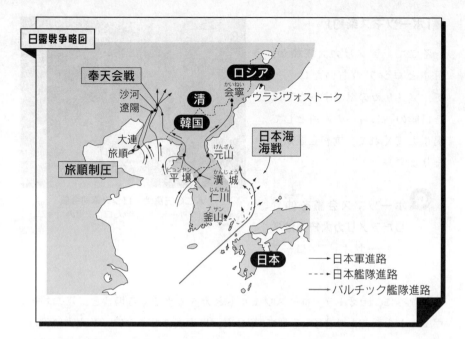

日露戦争略図

奉天会戦
沙河
遼陽
ロシア
会寧（かいねい）　ウラジヴォストーク
清
韓国
大連
旅順
旅順制圧
元山（げんざん）
平壌（ピョンヤン）
漢城（かんじょう）
仁川（じんせん）
釜山（プサン）
日本海
海戦
日本

→ 日本軍進路
---→ 日本艦隊進路
→ バルチック艦隊進路

## ■借金漬け財政

　このように 1905 年の前半に
起こった大きな戦いは日本の勝
利で終わったわけですが，日本
はこの段階でもう**借金漬け**。戦
費約 17 億円のうちのかなりの
部分は外国からの借金，**外債で
約 7 億円**。そして，国内での
借金，内債（ないさい）も**約 6 億円**。それ
に増税で**約 3.2 億円**。かかっ
たお金は，全部で**約 17 億円**。
日清戦争の約 9 倍かかってい

港への入口

▲二〇三高地から旅順港を見る
「二〇三高地」は，旅順にある標高 203 メートルの高
地で，日露戦争の激戦地。港への進入口が狭く，守
りやすい旅順の軍港を見下ろす丘。

る。これではもう，財政的にもちません。
　アメリカやイギリスの金融界（きんゆうかい）などが好意的にお金を貸してくれたおかげで
戦えたということです。

### ■「ポーツマス条約」

そこで，アメリカ大統領が，日本とロシアのあいだに入って，アメリカの軍港ポーツマスを日露の話し合いの場所として提供してくれて，講和会談が始まります。

**Q** ポーツマス会議を仲介したアメリカ大統領は？
——セオドア゠ローズ
ヴェルト

▲二〇三高地・ロシア軍司令部
部厚いコンクリートで築かれたロシア軍の司令部。

ちなみに，セオドア゠ローズヴェルトとカタカナでくる場合と，Ｔ・ローズヴェルトの両方あります。そして，第２次世界大戦のときのアメリカ大統領は，フランクリン゠ローズヴェルト，Ｆ・ローズヴェルトですから，ＴとＦを区別すること。

**Q** 1905年，ポーツマスで開かれた講和会議の日露両国の全権はそれぞれだれか？
——小村寿太郎，ウィッテ

小村は外務大臣です。

条約内容の重要なところは史料でいきます（次ページ）。

## 55-(1) ポーツマス条約

第二条　露西亜帝国政府ハ，日本国ガ韓国ニ於テ政事上・軍事上 及
　　　　ロシア帝国政府は，日本が韓国に対する政治的・軍事的な圧倒的な利益を持って

経済上ノ卓絶ナル利益ヲ有スルコトヲ承認シ，日本帝国政府ガ韓国ニ
いることを認める。　　　　　　　　　　　　　　　そして，日本国政府が，韓国

於テ必要ト認ムル指導・保護 及 監理ノ措置ヲ執ルニ方リ，之ヲ阻礙シ
を指導・保護・監理することに対して，一切邪魔をしない。

又ハ之ニ干渉セザルコトヲ約ス。

　　第2条。韓国に対して日本が指導権を持つことをロシアが認める。ロシ
アは韓国における，日本の優先的な地位を認めた。韓国は日本の保護国とさ
れた。

## 55-(2) ポーツマス条約

第五条　露西亜帝国政府ハ，清国政府ノ承諾ヲ以テ，旅順口・大連
　　　　ロシア帝国政府は，清国政府の承諾の上で，旅順口・大連およびそれに付属する

並 ニ其ノ附近ノ領土及ビ領水ノ租 借 権及ビ該租 借 権ニ関連シ又ハ
あらゆる権利を，日本帝国政府に譲る。

其ノ一部ヲ組成スルー切ノ権利・特権及ビ譲与ヲ日本帝国政府ニ移転
譲 渡ス。

　　次は第5条。旅順・大連の租 借 権を日本に譲る。

## 55-(3)　ポーツマス条約

第六条　露西亜帝国政府ハ，長春（寛城子）・旅順口間ノ鉄道及ビ其ノ
ロシア帝国政府は，東清鉄道南部支線の長春・旅順口間の鉄道経営権およびそれに

一切ノ支線並ニ同地方ニ於テ之ニ附属スル一切ノ権利・特権及ビ財産
付属するすべての権利を，なんの補償もなく，ただし清国政府の承諾の上で，日本帝国政府

及ビ同地方ニ於テ該鉄道ニ属シ又ハ其ノ利益ノ為メニ経営セラルル
に移転譲与する。

一切ノ炭坑ヲ，補償ヲ受クルコトナク且ツ清国政府ノ承諾ヲ以テ，

日本帝国政府ニ移転譲渡スベキコトヲ約ス。

さらに，第6条では，長春以南の鉄道の経営権と付属する利権を日本
に譲る。第5条および第6条に述べられているのは，そもそも清国の領土内
の利権ですから，清国の承諾が必要ですが，莫大な借金を抱えている清国は，
これを断れるわけがない。

## 55-(4)　ポーツマス条約

第九条　露西亜帝国政府ハ，薩哈嗹島南部及其ノ付近ニ於ケル一切ノ
ロシア帝国政府は，樺太（サハリン島）の北緯50度以南の部分を日本帝国に割譲

島嶼並該地方ニ於ケル一切ノ公共営造物及財産ヲ完全ナル主権ト
する。

共ニ永遠日本帝国政府ニ譲与ス，其ノ譲与地域ノ北方境界ハ北緯

五十度ト定ム。

つづいて第9条。北緯50度から南，樺太の南半分を日本に割譲する。
そのほかにも，沿海州およびカムチャツカの漁業権を日本に認めることが

約束されています。

　そして，大事なのは，「お金だけは1円も払わない。賠償金は絶対払わない」——これは一貫したロシア側の主張で，これにこだわると講和は決裂する。もう戦争はしたくない。実はロシア側も，国内が相当ガタガタしてきまして，戦争を継続する条件はあまりなかったのですが，結局，小村は決断してこの「ポーツマス条約」が調印されました。戦争の長期化は絶対に避けなければならなかった。

## ■日比谷焼打ち事件

　ところが，日清戦争で得た巨額の賠償金に慣れた国民は，「賠償金を取るまでもう一発たたけ」と言って，警察署や政府系の新聞社，徳富蘇峰の国民新聞などを襲ったりして大騒ぎをします。1905年，**日比谷焼打ち事件**です。これは戒厳令を出して，警察・軍事力で鎮圧しました。

## ■出題のポイント

　ポーツマス条約の内容は史料でも頻出です。条約ですから，語句に注意してください。

　第2条では，朝鮮と呼ばないこと。「韓国」になっている。**韓国に対する指導権**を認めた。

　第5条の旅順口・大連は，地図でチェック。

　第6条は，ロシアが中国東北部に引いていた東清鉄道の南に延びた支線，南部支線の**長春・旅順口間の鉄道経営権**，ここも地図で確認。1906年に発足する**南満洲鉄道株式会社**の路線にあたります。

　第9条が，これまた「サハリン」，「ザハリン」，あるいは樺太，「サガレン」と呼び方はいろいろですが，**南樺太の割譲**のところです。地名の表記にだけ注意すればOKでしょう。そして，念のために境界線の「**北緯50度**」を覚えておくこと。

　このように，日清戦争から10年後，日本は日英同盟を背景に日露戦争に勝った。

333

条約の内容を整理しておきます。人名・国名に注意して，しっかり暗記してください。

---

### ポーツマス条約

【全権】日本…小村寿太郎　　　〈仲介〉米大統領 T. ローズベルト

　　　　ロシア…ウィッテ　　　　　　　×F. ローズベルト

【ロシアが日本に与えた内容】

　①韓国に対する日本の優越的な指導権。　×朝鮮

　②旅順・大連(関東州)の租借権。

　③長春・旅順口間の鉄道と付属する権益。

　④南樺太(北緯 50 度以南)の割譲。

　⑤沿海州，カムチャツカ周辺の漁業権。

　＊賠償金はゼロ　➡日比谷焼打ち事件

---

　今回はここまでにします。

　あまり時間を置かないで復習してください。できれば 49 回と 50 回は続けて復習するよう心がけましょう。もちろん，年表を繰り返し見ておくこと。

近代 (10)

# 桂園時代・韓国併合

今回は，日露戦争以後，**明治時代の締めくくり**です。メインテーマは，日露戦争後の内政と**韓国併合**の過程を整理することです。

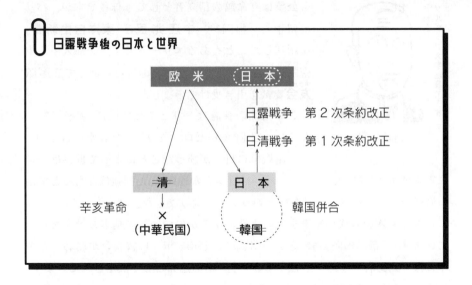

**日露戦争後の日本と世界**

欧　米　　日　本

日露戦争　第2次条約改正

日清戦争　第1次条約改正

清　　　　日　本

辛亥革命

×

（中華民国）　　　　韓国併合

韓国

日清戦争に勝って，台湾を清国から奪い，欧米列強と同様，植民地を手に入れた大日本帝国は，**日英同盟**を結び，**日露戦争**に勝ったことで世界の強国の仲間入り。そして，ついに**韓国併合**を強行します。維新以来の朝鮮支配をめぐる清国，ロシアとの対立に決着をつけたわけです。

そして，欧米列強に強いられていた不平等条約の改正についても，**第2次条約改正**が実現して欧米と対等の関係に立つこととなります。

今回は，日露戦後の内政を概観したあと，1910年の韓国併合と翌年の第2次条約改正について見ていきます。

### ■ 第1次西園寺公望内閣（日露戦後経営）

　日露戦争を戦った内閣は，20世紀とともに発足した第1次桂太郎内閣。これが長い内閣になった。

　日露戦争を戦い終わって，ようやく退陣。**公家階級出身**の西園寺公望が登場。西園寺家は，承久の乱後，九条家に代わって権力を握った北家藤原氏の有力な系統で，摂関家に次ぐ家柄でした。

ソルボンヌ大学出身でーす

**西園寺公望**

　公望は立命館の創立者としても有名ですが，パリに留学し，帰国後，**中江兆民**と「**東洋自由新聞**」を創刊したこともあるエリートです。文部大臣，枢密院議長を歴任し，伊藤博文の後継者として**立憲政友会**総裁を引き受けていました。

　この内閣の課題は，ひとことで「日露戦後経営」。なにしろ賠償金がゼロ，財政的には非常に苦しい。

　日露戦争に日本が勝ったことによって世界は一挙に軍備拡張時代に入ってしまった。「**日本海海戦**」を見た列強は，もっとでかい戦艦をつくらなきゃいけないということになりました。

　日本でも次の時代の軍備をどのようにするかについての基本方針をまとめています。「**帝国国防方針**」という計画で，1906年，日露戦争が終わった翌年には，元帥府，軍部を中心とするトップ層の意見として決定されています。

　内容は「陸軍25個師団，海軍8・8艦隊」。陸軍の師団数を現状の**17から25に増やす**。そして，**戦艦および装甲巡洋艦**という中核となる軍艦をおのおの8隻建造し，新しい強力な海軍をつくろうという計画です。内閣は直接関与はしていませんが，これが軍備の目標になった。ところが，お金がないから，これがどうにもならないということになります。

　さて，この第1次西園寺内閣のもとでは，日本社会党が1年間存続を許されたとか，あまり**きびしく締めつけるような内閣ではなかった**ということを覚えておけばOKでしょう。

| 社会民主党 | ➡ | 日本社会党 |
|---|---|---|
| 1901 結党，直後に禁止 | | 1906〜7結党，約1年（合法的に存続） |
| 安部磯雄・片山潜・幸徳 秋 水 | | 堺 利彦・片山潜・幸徳秋水 |

　いいですか，社会民主党は直後に禁止。簡単に言ってしまえば，1日で終わり。日本社会党は1年間で終わり。日本社会党も**治安警察法**によって結社禁止となったんですが，翌1908年，ある社会主義運動家の出獄歓迎会の際に，町に出て赤旗を振りながら革命を呼びかけたというので検挙された「赤旗事件」という騒ぎがあって，これが西園寺内閣の融和的な姿勢を批判する声をさらに大きくし，ついに西園寺は総辞職に追い込まれてしまいました。

## ■第2次桂太郎内閣（韓国併合 / 第2次条約改正）

　そこで，もう一度桂太郎ということになって，第2次桂太郎内閣が登場します。

　この内閣のもとで，「韓国併合」に踏み切ります。もう1つは，これは自然の流れのなかで「第2次条約改正」が達成された。内政では，ややゆるんだ政治を思い切り引き締めた。

　日露戦争後の国民のいわゆる「意識の多様化」などに対応して，天皇の名で「戊申詔書」を発します。「教育勅語の精神に戻れ，**勤勉そして忠実な国民になれ**」と，天皇が命じたものです。

　また，内務省を中心に地方自治体の財政再建と農業振興などを推進する「地方改良運動」，あるいは，1910年には「帝国在郷軍人会」を設立し，町村ごとの在郷軍人会を統括します。在郷軍人会というのは引退した軍人さんたちの組織です。

　そして，第2次桂内閣の弾圧策の代表が大逆事件です。1910年，社会主義者の幸徳秋水・管野スガたちを天皇暗殺計画の名目で刑法の大逆罪を適用して死刑とした事件です。

　あと1点，この時期には労働者の劣悪な労働環境，労働条件が問題になって，

戦前，ほぼ唯一の労働者保護立法である「工場法」が1911年に制定されていることも覚えておいてください。

　社会主義や労働運動を弾圧することに躊躇しなかった内閣が労働者保護をめざしたというのは，ちょっと理解しにくいところがあるでしょうが，桂内閣の施策ですよ。あまりに劣悪な労働によって，日本人の体力，体格が貧弱になってしまっては，徴兵制による国家軍そのものを弱体化してしまうという危機感に対応するものだったと考えてください。

　ただ，実際にこの工場法を施行するのは1916年からです。いわゆる資本家，社長や工場主たちの抵抗で，**施行は1916年にずれ込んでいる**というところまで注意しておくこと。

### ■満洲経営

さて，日露戦争後の重要なテーマの1つが満洲経営です。ポーツマス条約を思い出してもらって，旅順・大連の租借権と，長春・旅順口間の鉄道経営権を譲られた。

そこで日本政府は，1906年に「関東都督府」というのを置いて，遼東半島，すなわち「奉天省南部」の租借地——ここを日本では「関東州」と呼びますが，ここを統治するための機関を確立します。

そして，1906年に半官半民，半分は政府，半分は民間の資本で，大連に南満洲鉄道株式会社(満鉄)を発足させます。

一方，同じ1906年には，国内でも，主要な鉄道の幹線を全部国有鉄道(国鉄)にしようということで，「鉄道国有法」が制定されます。幹線が当時で言う官営鉄道になる。そこで近代の鉄道史にとって，1906年はまさに象徴的なビッグイベントの年になります。

> 1906年は「鉄道」の年…「鉄道国有法」，「満鉄」発足

ちなみに，満鉄の初代総裁は後藤新平で，この人は台湾統治で活躍し，後に関東大震災後の首都復興の中心としても出てくる人物です。

### ■日米関係の悪化

次に，日露戦争後の欧米との外交関係はどうなったか。

ポーツマス条約で獲得した長春・旅順口間の鉄道経営についてですが，借金漬けの日本政府が果たして中国で長距離鉄道の経営ができるかどうか。そこへ，アメリカの鉄道王，巨額の資本を持っているハリマンが来日し，共同経営を申し入れてきます。桂首相はこれに同意します。「桂・ハリマン覚書」と呼ばれるものです。

ところが，ポーツマス条約調印後，しばらく体調をくずしていた小村寿太郎がアメリカから帰ってきまして，頑強にこれに反対し，覚書は破棄するこ

とになります。

　アメリカの資本を満洲に入れると，せっかく日露戦争で勝ちとった植民地の利益が，やがてはアメリカに全部取られちゃうよと言って，小村が強硬に反対した。そこで，1906 年，**半官半民**の南満洲鉄道株式会社が**アメリカなどの資本参加を拒否**する形で設立されたんです。

　これは頭のなかによくインプットしてください。これはその後の**日米関係悪化の契機**となるできごととなりました。

## ■アメリカの日本人移民排斥

　もう１つやっかいな事情があります。日本の農村人口が非常に多いこともあり，貧農層を中心にアメリカに移民する人がたくさんいたわけです。アメリカというのは，ある意味でそのような移民を受け入れることによって発展した国で，**日本人移民**も非常に多い。

　幕末から明治にかけても，ハワイへの移民が激増し，さらにアメリカ本土，とくに西海岸への移民も増加していきます。中でも**カリフォルニア**あたりに日本人がたくさん行っているわけです。

　ところが，日本は「**桂・ハリマン覚書**」を破棄した。満洲にアメリカが出ていくことを日本が断った。

　ここで思い出さなければいけないのは，ジョン＝ヘイと言えば，「**門戸開放**」・「**機会均等**」ですね。すなわち，「中国市場を開放せよ。アメリカもほかの列強と平等な立場で中国に参入したい」という意見を表明していた。アメリカは1909 年にも**満鉄を中立化**しようと列国に呼びかけます。

　そのアメリカの対アジア外交の基本からすれば，日本政府はこれを無視している。そのような状況のなかで，カリフォルニアで日本人の小学生なんかが公立学校での学習を拒否される，**日本人学童排斥事件**が起こったり，州レベルで排日的な立法がさかんにとおったりします。

　背景はいろいろあります。日本人労働者は安い賃金で働き，アメリカの労働者の職を奪っていく。キリスト教徒にとって大切な安息日，日曜日にも日本人は教会へ行かないで働く。さまざまな反発から白人・黒人の労働者層などを中心に，**反日機運**が盛り上がる。

　両国政府がそれほどきびしく対立したわけではありませんが，日本政府は

アメリカ政府とのあいだで「日米紳士協約」という協定を結んで，日本は移民の自主規制などの対応処置を約束せざるを得なくなります。

## ◾第3次日英同盟

このようなアメリカとの関係の悪化は，日英関係に影響を与えます。日英同盟をアメリカが嫌がるようになる。

当時そういう危険が具体的にあったわけではないのだけれども，万が一，日本とアメリカが戦争になったときに，これは日英同盟の史料を思い出してもらえばわかりますが，下手するとイギリスは日本側につくわけだから，やっかいなことになると。

しかも，**日英同盟は実は日露戦争の最中に強化**されていて，より軍事同盟的な面が強くなっています。これをなんとかしろというアメリカの強い意向で，日英両国が妥協します。これが1911年に結ばれた「第3次日英同盟」で，**日英同盟の効力の対象からアメリカを外す**という改定がなされます。

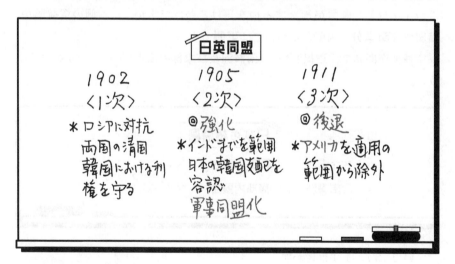

## ◾日露間が急接近

このあたりは構造的に覚えてもらいましょう。日米関係が悪化していく。日英同盟がトーンダウンする。そのときに，日露戦争後はしばらく対立の姿勢をとっていた**日露が今度は接近する**んです。やっかいな話なんですが。

戦ってみて，お互いにえらいことになって，金はかかった。ロシアも大損害。日本も，植民地を得たとはいえ，借金ばかり残ってしまった。

　そこで，今後，満洲や内蒙古といった中国の領土を奪っていくに際して，同じところをねらうとケンカになるから，線を引いて「**お互いの縄張りを決めようぜ**」という話し合いが始まるんです。

**Q** 1907年，日露間で結ばれた満蒙に関する協定とは？
　　　　　　　　　　　　　　　　　　──「(第1次)日露協約」

　以後，第1次世界大戦中の1916年まで，4回にわたって，日本とロシアは，満洲・内蒙古における日露両国の権益範囲，すなわち植民地的な利益を得る地域を確定し，話し合うという関係になります。大事なところは秘密にされますが。

　日露協約は基本だけ覚えておいてください。具体的には「**南満洲**」「**東部内蒙古**」がキーワードです。満洲について，日露は話し合いで権益を設定する地域を区分し，両国が衝突するのを避けるわけですが，日本側の権益圏が，満洲では**南半分**。内蒙古については**東側**です。

　空欄補充問題で，選択肢から「南満洲及び東部内蒙古」がしっかり選べるように。

日本の権益圏

×北満洲　　×西部内蒙古　　×
　　　　　　　　　　　　　　　＼→アメリカ
○南満洲　　○東部内蒙古　　×

　いいですね。まずは迷わず，

みなみまんしゅう・とうぶうちもうこ
みなみまんしゅう・とうぶうちもうこ

とすぐ出てくるようにしてください。

　そして，日露が提携した大きな理由が，**アメリカの満洲などへの参入を防ぐ**，「門戸開放」要求を阻止するものだったということです。そこで「日露戦争後」といったら，「**日米関係が悪化していく**」。それを補う形で「**日露が接近していく**」というところをしっかり頭に入れておいてください。

　　　　　　　　　日米関係…ハネムーンから対立へ
　日露戦争後
　　　　　　　　　日露関係…対立から話し合いへ

　それまで親密だった日米関係は，どんどん対立していく傾向。戦争で戦った日露両国は話し合い，協調の時代となっていったのです。

### ■日・清・露の韓国をめぐる攻防

さあそこで，最大のテーマ「韓国併合」です。

日本は，朝鮮への宗主権を主張する清国を日清戦争で破った。不謹慎な言い方ですが，サッカーふうに言えば，まあ，アジア予選の決勝に日本が勝ったと。すると，今度はいよいよワールドカップの本戦ということになるわけです。そして，最初に当たったのはロシア帝国ということになります。

日清戦争後，露骨にロシアが朝鮮に介入してくる。なんとか朝鮮政府を親日的にしようと思うけれども，うまくいかない。

日本は朝鮮をめぐって，ロシアとのあいだで妥協せざるを得ない状況が続きます。「**小村・ウエーバー覚書**」，「**山県・ロバノフ協定**」，そして，「**西・ローゼン協定**」といったような，朝鮮に関する協定を結んで，なんとか利権を確保しようとします。

ところが，義和団戦争が終わったあとも，ロシアが中国東北部に軍隊を入れたまま動かない。そこで，日本は**日英同盟**に踏み切って，**日露戦争**に勝った。

そこで，ロシアは韓国から手を引いた。そして，今やったばかり，日露は逆に，1907年以降は提携して，「清国から満蒙を奪い取っていこう」という協定を結んでいくわけです。で，「**アメリカを排除しよう**」。そこで，韓国の扱いについて，日露間ではもう大きなトラブルが起こらないんです。だから，話の筋は単純です。

### ■「日韓議定書」

さあそこで，1904年の2月に戻って史料をチェックしていきます（次ページ）。ここは繰り返し，1週間ぐらいは毎日年表音声で確認する。

まず，1904年2月。日露開戦後，2週間足らずのうち——「**直後に**」というキーワードで，「**日韓議定書**」という協定を韓国に強要します。

## 史料

### 56 日韓議定書

第四条　第三国ノ侵害ニ依リ若クハ内乱ノ為メ大韓帝国ノ皇室ノ安寧
<small>だい じょう　だい ごく　しんがい　よ　もし　ないらん　た　だいかんていこく　こうしつ　あんねい</small>
<small>第三国（事実上はロシア）の侵害によって，大韓帝国が危険にさらされた場合は，</small>

或ハ領土ノ保全ニ危険アル場合ハ大日本帝国政府ハ速ニ臨機必要ノ
<small>あるい　りょうど　ほぜん　きけん　ばあい　だい に ほんていこくせい ふ　すみやか　りん き ひつよう</small>
<small>日本はすぐに必要な処置をとるであろう。</small>

措置ヲトルヘシ……大日本帝国政府ハ前項ノ目的ヲ達スル為メ軍略上
<small>そ ち　だい に ほんていこくせい ふ　ぜんこう　もくてき　たっ　た　ぐんりゃくじょう</small>
<small>日本は，そのために，朝鮮半島内において，軍略上必要な地点を</small>

必要ノ地点ヲ臨機収用スルコトヲ得ル事
<small>ひつよう　ち てん　りん き しゅうよう　う　こと</small>
<small>いつでも利用することができる。</small>

　ポイントは決まっています。「**軍略上**」というところにアンダーラインを引きなさい。「日露戦争にとって必要な場所は，自由に使うぞ」という意味です。
　一般的な表現で言うと，**日露戦争開戦直後に，大韓帝国政府に戦争協力を強要した**，ということです。

### ■「第1次日韓協約」

　そして，開戦から半年後，同じ 1904 年の 8 月に，「第1次日韓協約」を強要します。史料です。

## 史料

### 57 第1次日韓協約

一，韓国政府ハ日本政府ノ推薦スル日本人一名ヲ財務顧問トシテ韓国
<small>かんこくせい ふ　に ほんせい ふ　すいせん　に ほんじん　めい　ざい む こ もん　かんこく</small>
<small>韓国政府は，日本政府が推薦する財政顧問をみずから招き，すべてその意見にしたがって</small>

政府ニ傭聘シ財務ニ関スル事項ハ総テ其意見ヲ詢ヒ施行スヘシ。
<small>せい ふ　ようへい　ざい む　かん　じこう　すべ　その い けん　と　しこう</small>
<small>財政を運用すること。</small>

一，韓国政府ハ日本政府ノ推薦スル外国人一名ヲ外交顧問トシテ外部ニ
<small>かんこくせい ふ　に ほんせい ふ　すいせん　がいこくじん　めい　がいこう こ もん　がいぶ</small>
<small>韓国政府は，日本政府の推薦する外国人 1 名を外交の顧問としてみずから招き，外交に</small>

　この史料も簡単です。**財務・外交の「顧問」の派遣**というキーワードで
OK。韓国政府は，「日本の都合のいいようにお金を使え」，「日本の都合のい
いような外交を行え」ということです。顧問を派遣することによって，俗な言
い方で言うヒモをつけた。

　くわしく説明しますと，お金の使い方については日本人の顧問の意見どお
りにしろ。外交についてまで日本人だと露骨なので，外交顧問については「外
国人」，これはほかの国という意味で，実際にはアメリカ人を推薦します。も
ちろん日本の意見をそのまま実行するようなアメリカ人ですけどね。

　これで，韓国は自由な外交やお金の使い方ができなくなった。

## ■米・英・露3国が日本の韓国支配を承認

　そして，1905年に入って，旅順の攻防戦・奉天会戦・日本海海戦と，前
半に大きな戦いが起こる。いずれも日本の勝利に終わった。そこで，**ポーツ
マス講和会議**が始まります。それに前後して，日本は，戦争終了後の韓国支
配についての外交的な準備をします。

　ここが大事ですよ。先ほどの話と混乱しないように。

**Q** 1905年，アメリカのフィリピン統治と日本の韓国支配を相互に認め
　　合った覚書は？　　　　　　　　　　　──「桂・タフト協定」

アメリカは，日露戦争終了後，日本の韓国に対する植民地支配を黙認する
代わりに，アメリカが当時進めていた**フィリピン統治を日本は邪魔しない**
という協定です。

　そして，先ほどちょっと触れましたが，日本は翌月には「第2次日英同盟」
を結んで，「**インドから東のイギリスの利権は日本の海軍が守りましょ
う**」と，日英同盟を強化して，はっきりと提携関係を打ち出します。そして，
日本の韓国支配をイギリスも認めた。

そして，そのうえでポーツマス条約が結ばれ，**ロシアが日本の韓国指導権・監督権を認める**んです。

## ■「第2次日韓協約」

さらに，同じ1905年のうちに，「**第2次日韓協約**」を結びます。「**韓国保護条約**」ともいいます。史料で確認しましょう。

### 58　第2次日韓協約

第一条　**日本国政府ハ，在東京外務省ニ由リ今後韓国ノ外国ニ対スル**
日本国政府は，東京の外務省で今後，韓国外交をすべて行う。

**関係及ビ事務ヲ監理指揮スベク，日本国ノ外交代表者及ビ領事ハ外国**
日本の外交代表は，外国においても，韓国の人々

**ニ於ケル韓国ノ臣民及ビ利益ヲ保護スベシ。**
の利益を保護することとする。

第三条　**日本国政府ハ，其代表者トシテ韓国皇帝陛下ノ闕下ニ一名ノ**
日本国政府は，その政府代表者として，韓国皇帝のもとに統監を置く。

**統監**（レヂデントゼネラル）**ヲ置ク。統監ハ専ラ外交ニ関スル事項ヲ**
韓国統監は，韓国の外交について，これを

**管理スル為メ京城ニ駐在シ親シク韓国皇帝陛下ニ内謁スルノ権利ヲ**
管理するために京城に駐在し，常に韓国皇帝陛下に面会することができる。

**有ス。**

**韓国の外交権を奪った**条約です。「**在東京外務省**」というキーワードで，年号と名前が出てこなきゃいけません。在東京外務省で韓国の外交をやる。東京に韓国の外務省があるわけはないので，当然，これは日本の外務省です。

ということは，韓国には外交は要らないということですから，「**韓国の外交権を接収した**」というような言い方をします。そして「**第2次日韓協約**」にもとづいて，

**Q** 首都漢城に設置された日本政府の代表機関，および初代のトップは？
——統監府（韓国統監府），伊藤博文

統監には，例によって「なんでも最初はオレだ」というんで，伊藤博文が就任します。

## ■ハーグ密使事件

さてその後，1907年に，「ハーグ密使事件」が起こります。主要な国が集まり，戦争を避けるため，あるいは戦時の国際法について話し合いをしようということで始まった，「万国平和会議」の2回目がオランダのハーグで開かれるんですが，そこへ外交権を奪われた韓国皇帝高宗が秘密の使いを派遣するんです。そこで，「密使」事件と言います。外交権がないのだから，非公式な，秘密のものだというのが日本側の立場です。

外交権を回復しようとして派遣された韓国皇帝の使節だったのですが，列強は，実際，外交権がないのだから国際会議に参加する資格はないという理由で，韓国の使節を排除しました。この1907年というのは，まさに日露協約が結ばれた年です。

## ■「第3次日韓協約」

しかし，日本は，国際会議の舞台で恥をかいた。要するに，日本風に言えば統治が甘かった。そこで，とって返して日本は高宗を退位させるだけでなく，さらに「第3次日韓協約」を強要します。

### 🔍 史料

#### 59　第3次日韓協約

第二条　韓国政府ノ法令ノ制定 及 重要ナル行政上ノ処分ハ予メ統監
韓国政府の発する法律およびさまざまな行政については，すべて統監の承認を

ノ承認ヲ経ルコト。
経なければならない。

> **第四条** 韓国高等官吏ノ任免ハ統監ノ同意ヲ以テ之ヲ行フコト。
> 韓国の高級官僚の任命および罷免については，統監の同意が必要である。

これまたずいぶん単純で，韓国政府が法律を出したり政治を行うときに，**統監の承認**がいる。高級官僚の任免も**統監の同意**が必要である。日本の許せる範囲の法律しか出してはいけない。日本に有利な仕事をする役人しか，採用してはいけないよということですから，完全に「**内政権を奪った**」というのがキーワードです。

さらに日本は，韓国の**軍隊を解散**させます。その結果，解散させられた韓国軍隊の一部がゲリラとなって反日運動を展開します。彼らを「**義兵**」と呼びます。

そして，1909 年，伊藤博文が，ロシアとの秘密の話し合いのため，満鉄に乗って**ハルビン**まで行ったところで暗殺されるわけです。

**Q** 伊藤博文を暗殺し，韓国独立運動の英雄とされる人物は？

——**安重根**

伊藤暗殺後には憲兵隊を大量に送りこんで，韓国の警察権も奪ってしまいます。

◀「**女ずき者の最後**」
（伊藤の影が「女」という字になっている。何とも痛烈な風刺）

＊清水勲著
『風刺漫画人物伝』より

## ■「韓国併合条約」

そして，その翌年，内政権まで奪って，事実上，国としてもう存在していないんだから，五十歩百歩だということで，**韓国を日本の領土内に組み込んでしまおう**と決断します。そこで，1910年，「**韓国併合条約**」が結ばれて，ついに地球上から1つの国を消し去ったということになるわけです。

このときの石川啄木の歌に，こういうのがあります。

「地図の上，朝鮮国にくろぐろと
　　　　墨をぬりつつ秋風を聴く」

韓国併合条約も，もちろん史料は頻出です。

### 60　韓国併合条約

第一条　韓国皇帝陛下ハ，韓国全部ニ関スルー切ノ統治権ヲ完全且ツ
韓国皇帝陛下は，韓国に関するすべての権利を含む統治権を，完全かつ永久に

永久ニ日本国皇帝陛下ニ譲与ス。
天皇陛下に譲る。

第二条　日本国皇帝陛下ハ，前条ニ掲ゲタル譲与ヲ受諾シ，且ツ全然
天皇は前条の譲与を受諾し，韓国を日本帝国のなかに併合することを承諾する。

韓国ヲ日本帝国ニ併合スルコトヲ承諾ス。

向こうから，「さしあげますからもらってください」，「うん，受け取ろう」という形になっています。

以上の韓国との協定，条約が国際法上どこまで合法的なものかについては多くの議論があるところですが，日本が軍事力を背景に**韓国を併合するに至った**ことは，歴史的な事実です。

## ■併合後の朝鮮経営

そこで，併合後，日本は，**大韓帝国**という国名が消滅したということで，

ふたたび地域名として「朝鮮」という言葉を使うことにします。首都の「漢城」は「京城」と変わります。

**Q** 統監府に代わって，その京城に置かれた統治機関は？
——朝鮮総督府

**Q** その初代総督となった人物は？
——寺内正毅

　併合のとき統監であった陸軍大将寺内がそのまま初代の朝鮮総督になります。朝鮮総督府は**天皇に直属**する機関で，総督は**陸海軍大将から任命**されました。

　そして，事実上，軍隊が警察の役割を担います。こういうのを「**憲兵政治**」といいます。要するに，通常のお巡りさんではなくて，**軍人が警察官を兼ねる**というような形だと思えばよろしい。

　朝鮮の人々の権利・自由はきびしく制限され，日本の地租改正のような事業，いわゆる「**土地調査事業**」を強行し，権利の証明されない多くの土地を没収していきます。そうした多くの土地をそのまま引き継いで，

**Q** 1908 年，朝鮮における最大の，巨大な寄生地主となった，日本の植民地支配のための国策会社は？
——東洋拓殖会社です。

　最後に，**日露戦争**から**韓国併合・第2次条約改正**にいたる国際関係の推移を国別だけでなく，相互に関連するものとして，その構造をしっかりと認識しましょう。

　授業ノートの 78 ページには，外交関係を国別に分けたかたちの年表を示してありますから，復習のときに必ず見てください。

　では，ポイントをまとめておきます（次ページ黒板）。

## 日露戦争以後の外交関係の要点

① 日露開戦からポーツマス条約までのあいだ
- アメリカ・イギリス・ロシアが日本の韓国支配（韓国指導権）を容認。

  桂・タフト協定➡第２次日英同盟➡ポーツマス条約

② ポーツマス条約以後のアメリカ・イギリスとの関係
- アメリカとの関係の悪化と日英同盟の弱体化。

  桂・ハリマン覚書破棄➡日本人移民排斥運動➡日米紳士協約

  ➡第３次日英同盟➡アメリカの満鉄中立化案

③ 日露戦後の日露関係
- 日露は接近，満洲・内蒙古の日露両国による権益の拡大。
- アメリカの満洲進出の阻止。

  第１次（1907）〜第４次（1916）日露協約

④ 明治外交の帰結
- 韓国併合…日韓議定書➡第１次日韓協約➡第２次日韓協約

  ➡（ハーグ密使事件）➡第３次日韓協約➡（伊藤暗殺）➡韓国併合
- 条約改正…日米新通商航海条約以下の条約改正（税権の回復）

　さあこれで，４分の３が終わりました。とりあえず，江戸時代中期から明治時代までの復習をすませて，その後で，もう一度，古代から明治までの基本を復習しましょう。

　授業ノートと年表音声を使った学習を，時間の許すかぎり繰り返してください。

近代 (11)

# 明治時代の文化

　明治時代の**文化史**分野を学習します。時代は明治全体ですから，明治時代のほかの分野の復習を兼ねる部分がたくさんあります。具体的には，政治や外交，社会の変容といった，**既習部分と重なり合うところ**がいっぱい出てくる。ということは，入試でも頻出の事項がつぎつぎに出てきます。

　主要な項目は，

　　(1) **文明開化と西洋思想の流入**
　　(2) **国家主義の台頭と社会主義思想の登場**
　　(3) **教育・宗教・学問**
　　(4) **ジャーナリズムの発達**
　　(5) **文学・演劇・音楽・絵画・彫刻・建築**

　現在の文化，制度，社会の基本の多くがこの時期に形成されたわけですから，学習内容は多岐にわたる。負担が重いですが，重圧に負けず，基本をしっかりと覚えておけば，入試では圧倒的に有利になるところばかりです。

　外国人も多く登場します。その際，アメリカ人かイギリス人か，ドイツ人かフランス人か？ 必ず，**国名と一緒に覚えていく**ことに留意してください。

では，いよいよ**明治初期の文化**です。最初のキーワードは「**文明開化**」。思想から日常生活まで，あらゆる分野で「欧米のものを取り入れよう」ということになります。

## ■西洋近代思想

法律であれ，なんであれ，欧米の思想，学問にもとづくものを導入して対抗しなきゃいけない。そこでまず最初は，政府がみずから先頭に立って，「**近代化を進めよう！**」ということになる。

儒教道徳，身分制といった古い考え方を否定して，自由主義・個人主義などの西洋の思想を導入しようということになります。

そして，洋学のところで「**オランダ(阿蘭陀)正月**」というのをやりましたが(p.74)，正式に**太陽暦**が採用されることとなりました。**明治5年(1872年)12月3日**。難関大では日付まで出ます。12月3日が明治6年の元旦になります。

陰暦だとしばしば1年が13カ月になります。ときどき13カ月にしないと，だんだん1年が短くなって季節が合わなくなってくるんですね。

で，明治5年12月3日，いきなり「**今日から太陽暦で元旦です**」とやった。

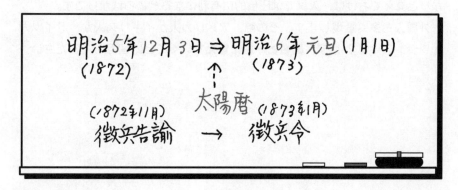

ちなみに，**明治5年の11月**に，「**徴兵告諭**」が出て，天皇が国民に徴兵制を施行することを説明しますが(p.209)，具体的な法令，「**徴兵令**」が出たの

は翌明治6年になるんです。

「江戸時代のあなたたちの古い常識はもう時代遅れですよ，文明開化の世の中ですよ」と気づかせてやらないといけない。西洋思想を学んだ人々は，啓蒙——「蒙を啓く」といいまして，世間のよくわかっていない人たちを目覚めさせてやろうとします。このような思想家たちを啓蒙思想家と呼びます。

#### ▶イギリス功利主義

もちろん西洋と言ったって，思想はいろいろ違いがある。たとえばイギリスの功利主義といったような社会思想を学ぶ人が現れる。ミルとかスペンサーとかベンサムなんかの思想です。あるいはフランス流，そしてドイツ流など。

第1次伊藤博文内閣で初代の文部大臣になる森有礼が中心になって，福沢諭吉や中村正直，加藤弘之たちが集まった啓蒙団体が，明治6年に結成された明六社です。翌明治7年から『明六雑誌』という雑誌を刊行しながら，啓蒙思想をさかんに唱えた。

---

### 西洋近代思想

┌イギリス功利主義（ミル，スペンサー，ベンサム）
│　森有礼・福沢諭吉・中村正直・加藤弘之
│　➡立憲改進党に連なる。国権主義に転換する者も多い。
└フランス自由主義（ルソー，モンテスキュー）
　　中江兆民・馬場辰猪・大井憲太郎
　　➡自由党に連なる。天賦人権論は民権運動の急進派の理論。

---

一方で，たとえば田口卯吉が『日本開化小史』という本を書いていますが，これもいかに西欧が文明に優れていて，日本がまだそれに追いついていないか——いわゆる西洋中心の文明史観と呼ばれる考え方から書かれたものです。福沢諭吉の『文明論之概略』も同じような著作です。

#### ▶フランス自由主義

フランス流の思想としては，ルソーとかモンテスキュー。日本史では細か

く知らなくてもいいですが，いわゆる天賦人権論の中心となる考え方です。天賦の「賦」というのは「配る」という意味ですから，人間の権利は「おぎゃー」と生まれた瞬間から，「天」が1人ひとりに配った，与えたものなんだという意味です。

　**生まれながらにして人間には天から与えられた権利がある**んだ。その権利をもった人間が集まって国をつくってるんだ。だから国の中心は権利を持った1人ひとりの個人，国はその集合体だ。

　そこで選挙によって代表を選び，その代表者たちが国を運営すべきだとして，議会開設や憲法制定を求める「**自由民権運動**」の基礎となる主要な理論的根拠になっていきます。

　この天賦人権論は土佐の**中江兆民**などが，その代表的な思想家として有名ですが，ほかに**馬場辰猪，大井憲太郎**などという人々が唱えました。

　ちょっとやっかいなのは**加藤弘之**です。ドイツ学を学び，後に，東京大学が設立されたときのトップ（綜理）となった学者ですが，初期には天賦人権論や立憲政体などを唱えていたものの，「**民撰議院設立の建白書**」には反対の立場をとり，**天賦人権説から社会進化論へ**と転換していきます。

　まだ，日本人には選挙・議会という政治形態は無理だ。国民の意識がもっと進歩してからでなければならない。まさに，ドイツ，イギリス，フランスという段階を意識するようになったということです。そこで，著作名とともに，次の黒板の内容をしっかり覚えてください。

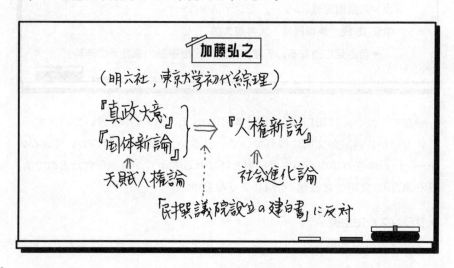

加藤弘之

（明六社，東京大学初代綜理）

『真政大意』
『国体新論』　⇒　『人権新説』

天賦人権論　　　　　社会進化論

「民撰議院設立の建白書」に反対

## ■ ジャーナリズムの発達

さて，このような西洋思想が幅広い自由民権運動とか国民的な政治運動に影響を与えるためには，当然，媒体，メディアがなければならない。すなわちジャーナリズムの発達が必要です。

江戸時代にも瓦版といったような，速報性のある，今でいう新聞の号外のようなものは出ていますが，本格的なジャーナリズムとしての新聞・雑誌が登場するには，印刷の技術的進歩が条件です。これが整わなけりゃダメ。鉛を使って活字をつくれるようになって，これが可能になった。

**Q** 幕末に鉛製活字の鋳造に成功したのはだれか？　——本木昌造

活字というのは１つひとつの文字がバラバラになっているのを組み合わせるので，漢字だとものすごい量が要る。これを鉛で簡単につくることに成功したわけです。

この本木昌造の鉛活字によって新聞・雑誌がワーッと出てきて，明治の最初のころの政治に大きな影響を与えます。では，

**Q** 1870 年，日本で最初に発行された日刊新聞は？

——横浜毎日新聞

> 鉛活字＝本木昌造　　最初の日刊紙＝「横浜毎日新聞」

ここは，セットで覚えるところですよ。新聞の歴史は後でまたやりますので，ちょっと頭に入れておいてください。

さて，次は教育。これは政府主導で近代化が進みます。

### ■学制

まず**明治4年**（1871年）に**文部省**が設置されて，そのもとで国家的な教育制度の改革が行われます。目標は「**国民皆学**」——すべての国民が義務教育を受けること，これが目標だった。

江戸時代の**寺子屋**の普及によって，「**読み・書き・そろばん**」の，いわゆる初等教育はかなり普及はしているんですが，まだまだ「国民皆学」にはほど遠い。

翌1872年，「**学制**」が公布され，ここで国民皆学が宣言されますが，

**Q** 学制の手本となった学校教育制度はどこの国のものか？

——フランス

その最大の特徴は「**実学主義**」です。1人ひとりの個人にとって，生徒にとって，実際に役に立つ基礎教育。その意味ではフランス式学制というのは，**天賦人権論**といっしょで，**個人，1人ひとりの人間を主体として考えていく教育思想**にもとづくものだった。

学制…実学主義

### ■「学事奨励ニ関スル被仰出書」

その学制の趣旨を天皇の言葉で示したのが「**学事奨励ニ関スル被仰出書**」です。これは基本史料。

## 61 学事奨励ニ関スル被仰出書

人々自ラ其身ヲ立テ，其産ヲ治メ，其業ヲ昌ニシテ，以テ其生ヲ遂ル
人が一人前の社会人となり，財産を形成し，職業を確立して立派に一生を過ごすために必要

所以ノモノハ他ナシ，身ヲ修メ，智ヲ開キ，才芸ヲ長ズルニヨルナリ。
なのは何か。　　　　　　それは，道徳を身につけ，知識をつけ，技術を磨くことである。

而テ其身ヲ修メ，智ヲ開キ，才芸ヲ長ズルハ学ニアラザレバ能ハズ。
そして，そのような道徳・知識・技能は学習によってのみ身につくものである。

是レ学校ノ設アル所以ニシテ　……之ニ依テ，今般文部省ニ於テ学制
これこそ学校というものが必要な理由である。そこで，今度，文部省を設置し，学制を定め，

ヲ定メ，追々教則ヲモ改正シ，布告ニ及ブベキニツキ，自今以後，一般
教育についての規則も順次，布告することとした。　　　　　　そこで，今後は四民

ノ人民（華士族農工商及ビ婦女子）必ズ邑ニ不学ノ戸ナク，家ニ不学ノ
すべて，女子も教育を受け，村に学校に行ったことがない家がなく，一軒の家に教育を受けた

人ナカラシメン事ヲ期ス。……
ことのない人がいないようにしたいものである。

### 「必ズ邑ニ不学ノ戸ナク，家ニ不学ノ人ナカラシメン事ヲ期ス」

のところを覚えます。「邑（村）のなかに不学，学校に行ったことのない人がいるような家がないようにしよう。一軒の家のなかに学校に行ったことのない人がいないようにしよう」。ひとことで言えばまさに「国民皆学」ということです。

### 「学事奨励ニ関スル被仰出書」…国民皆学

　注意しておかなければならないのは，**女子も対等に義務教育の対象と**していること。ここはしっかり覚えておく。

　高等教育のほうでは，1877年に東京大学が設立されます。このときはまだ東京帝国大学じゃありません。東京大学です。

**Q** 東京大学の初代綜理（総理）は？

——加藤弘之

いいですね。

## ■「教育令」

さて，文部省を置き，学制を公布して，国民皆学，フランス式をめざした義務教育制度はそのまま定着はしません。1879年に至って，学制が改正され，各地方，**地域の自主的な教育**をある程度生かしていこうという「教育令」が出されます。

**Q** 教育令が参考にした自由教育制度はどこの国のものか？

——アメリカ

ところがこれはうまくいかない。「地域差があるのはよくない。全国統一でないとまずいぞ」というような反省もあって，やがて内閣制度，憲法の制定という流れのなかで，「国家主義的教育」が一挙に強化され，明治の憲法体制に合致した教育制度ができていきます。

ちなみに，**民間における高等教育機関**も出てきます。

```
┌─────────────────────────────┐
│      民間の高等教育機関        │
│ ①慶応義塾…福沢諭吉  →後の慶応義塾大学 │
│ ②同志社英学校…新島襄  →同志社大学 │
│ ③東京法学社  →法政大学 │
│ ④明治法律学校  →明治大学 │
│ ⑤東京専門学校…大隈重信  →早稲田大学 │
└─────────────────────────────┘
```

## ■「学校令」

さてそこで，国家主義的な教育の強化という流れのなかで制定された一連

の法律を「学校令」と呼んでいます。明治 19 年(1886 年)。**第 1 次伊藤博文内閣の初代文部大臣**は,例の明六社の中心であった森有礼。

「小学校令」,「中学校令」,「帝国大学校令」,「師範学校令」などを総称して「**学校令**」といいます。いいですか。

で,小学校は尋常科・高等科に分かれて,「通算で **4 年間**を義務教育として受けなさい」と定められた。**1907 年**,日露戦争後には義務教育は **6 年**になりますが,このいわゆる学校令が実際の教育制度として定着していきます。

---

**教育制度**

(1871)　　(1872)　　(1879)　　(1886)　　(1890)

文部省 → 学制 → 教育令 → 学校令 → 教育勅語

〈国民皆学〉〈フランス流〉〈アメリカ式〉〈国家主義〉

「学事奨励ニ関スル
被仰出書」

---

### ■「教育勅語」

そしてその学校令によって具体化されていく教育の理念は,先ほどの「学事奨励ニ関スル被仰出書」とはコロッと変わって,1890 年の「**教育勅語**」に代表される「**忠君愛国**」をめざす教育に変わっていきます。

教育勅語…忠君愛国

はい,これも基本史料,「**教育ニ関スル勅語**」,いわゆる教育勅語です。

## 62　教育ニ関スル勅語

朕惟フニ我カ皇祖皇宗国ヲ肇ムルコト宏遠ニ徳ヲ樹ツルコト深厚ナリ。

天皇たる私が考えるところ，神武天皇以来の先祖の長い国家経営とその徳の深いことに思い至る。

我臣民克ク忠ニ克ク孝ニ億兆心ヲ一ニシテ世々厥ノ美ヲ済セルハ此レ

天皇の支配下にある臣民たちが，忠孝を守り心を一つにして，立派な文化を築いてきたことは

我カ国体ノ精華ニシテ，　　　　教育ノ淵源亦実ニ此ニ存ス。

この国のすばらしいあり方の現れであり，教育というものの必要もこのような伝統に深く関わってきた。

爾臣民，父母ニ孝ニ兄弟ニ友ニ夫婦相和シ朋友相信シ恭倹己レヲ持シ

臣民たるお前たちは，親に孝行し，兄弟や夫婦は仲良く，友とは信じ合い，自分をよく管理して

博愛衆ニ及ホシ，　　　　　　学ヲ修メ業ヲ習ヒ以テ智能ヲ

正しい生活を守り，人々のために役立たねばならない。そのためにも，勉強，訓練に努めて徳

啓発シ徳器ヲ成就シ，進テ公益ヲ広メ世務ヲ開キ，常ニ国憲ヲ重シ国法ニ

のある人となり，　　　　国のため社会のために奉仕し，　　　憲法などの法律を守り，

遵ヒ，一旦緩急アレハ義勇公ニ奉シ以テ天壌無窮ノ皇運ヲ扶翼スヘシ。

もしこの国に危険が迫ったときは，正義のために勇気を出し，天皇の支配するこの国を救わなければならない。

ここもまた太字の「一旦緩急アレハ義勇公ニ奉シ以テ天壌無窮ノ皇運ヲ扶翼スヘシ」を覚える。「一旦緩急アレハ」というのは，「国が危機に陥ったときには」。外国が攻めてきたときなどは，正義のために勇気をふりしぼって，「公」——国家・天皇のために立ち上がり，天の神からこの日本の支配を委託された天皇の支配を助けるような臣民を育てるのが教育の目的であるというわけです。

天皇に対する忠義，そして国家のために命を投げ出す思想を義務教育段階で与えておくんだというのが，この教育勅語の思想です。

**Q** 教育勅語の起草者を2人あげなさい。　　　　——元田永孚・井上毅

教育勅語は天皇の御真影，今でいう肖像写真とともに全国の学校に配布され，始業式とか卒業式のような日には必ず，御真影の礼拝と勅語の奉読を行いました。

　「個人が生活をして一人前になるためには義務教育が必要だよ」というフランス式の実学主義の最初の教育思想とは，まったく打って変わって，教育勅語の忠君愛国の教育理念が前面に出てきた。

　これはまさに**天皇を頂点とする大日本帝国憲法体制**を教育の場面に適用したものです。「お父さん，お母さんを大事にしよう。夫婦は仲良くしろ」，「友達同士は信じ合え」ということは良いことに違いない。しかし，それが天皇陛下のためにはいつでも命を投げ出すことが国民の一番大事な義務であるという思想につながっていくところが教育勅語のポイントです。

　そこでもちろん，第2次世界大戦後，否定されて，今日では「**教育基本法**」による民主主義教育が理念になっています。


## ▮内村鑑三不敬事件

　ところで，教育勅語と関連してよく出題される事件があります。熱心なキリスト教信仰者であった第一高等中学校の教師**内村鑑三**が，教育勅語に拝礼することを拒否して弾圧された事件です。

　キリスト教徒として，天皇を神として拝礼するわけにはいかないというので，教職を追われた。1891年，「**内村鑑三不敬事件**」と呼ばれます。

　義務教育制度についてあと少し。汚職事件が1つのきっかけとなって，1903年からは**国定教科書制度**も発足しています。


## ▮女子高等教育

　また，女子と男子は等しく教育を受けるべきだということでしたが，女子教育については，とくに中等，高等教育になると，キーワード，「**良妻賢母**」が目標になります。

　すなわち外で働くのが男，そしてそれを支えるのは良き妻であり，賢い母となるのが女子教育の目標である。明治憲法体制下における**男女不平等な教育理念**というのが全面に出てきます。

## 女子教育の理念…良妻賢母

義務教育については，就 学 率(しゅうがくりつ)のグラフを確認しておきましょう。

### 義務教育における就学率の向上

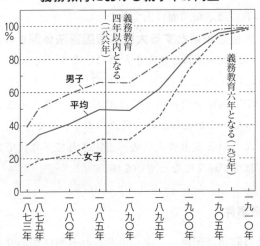

就学率では**男子のほうが常に女子より高いこと**。**明治の末に義務教育，国民皆学の目標はほぼ達成された**ことを確認しておくこと。

## ■宗教

### ▶神道

　次に宗教。江戸幕府が仏教を保護し，統制しつつ，一方で，儒学というものを朱子学を中心に支配の根拠にしていった。ところが尊王攘夷論に乗っかって，薩長中心の勢力が幕府を倒し，天皇政府が登場した。

　平田派の国学＝復古神道，あるいは水戸の後期水戸学などのなかから，天皇を中心に，**国粋主義的な精神を大事にしよう**という機運が非常にさかんですので，新しい天皇政府は仏教や儒教ではなく，**神道，日本の固有の信仰**というものを**政権のバックボーン**にしようという動きが出てきます。「**王政復古**」・「**祭政一致**」がキーワードです。

> ### 神道の推進…「王政復古」・「祭政一致」

　天皇の直接政治のもとで政治と祭祀は一体化する。そこでまず，**神仏習合**の状況をなんとかスッキリさせようということになった。

　そこで，神社のなかにあるお坊さんくさいもの，仏教系統のものをすべて排除せよ。仏教寺院のなかにある神社なども分離せよという「**神仏分離令**」が出されます。

　そして，神仏分離令は幕末以来の民衆の動向に合致したために，圧倒的な支持を受け，全国で「**廃仏毀釈の嵐**」が吹き荒れました。ここは決まった表現で，廃仏毀釈とくれば"嵐"とくるんです。

### ▶神道国教化のもくろみ

　で，この神仏分離令にともなう廃仏毀釈運動が盛り上がったことに気をよくした明治政府は，**神祇官**を置き，「**大教宣布の詔**」を発布して，神道を国の基本宗教にするという，**神道国教化のもくろみ**を表明します。

　ただこれに対しては，島地黙雷という近代宗教学を学んだ僧侶や，井上円了といった人々の反発が起こり，神道一本槍の完全な国教化策は後退します。**神祇官**は明治4年（1871年）には**神祇省**に格下げになる。

しかし，その後も天皇を「神」とする大日本帝国憲法体制は着々と整えられていって，主要な神社は国家経営になり，その神主さんも国家公務員のようになっていきます。

それから日本の神道や神話にもとづいて祝祭日が決められていく。

**Q** 天皇誕生日に当たる国の祝日は何と呼ばれたか？ ——天長節

**Q** 神武天皇即位の日に当たるとされた祝日は？ ——紀元節

紀元節や天長節は今でも「建国記念の日」とか，あるいは「天皇誕生日」という形で，名前を変えて定着しました。

一方，金光教，黒住教，天理教などの教派神道も政府の公認を得て活動を継続します。

## ▶仏教・キリスト教

仏教は廃仏毀釈の嵐で一時打撃を受けましたが，島地黙雷たちの努力によって，その後も広く民衆に受け入れられた江戸時代の状態が続きます。

そこへ今度はキリスト教が再び入ってきます。明治政府が最初に民衆に示した指示は「五榜の掲示」でしたね。このなかに，「キリスト教は邪教であるからいけない」という江戸幕府とまったく同じ命令が出ていました。

そして，江戸時代からたびたび「隠れキリシタン」としての弾圧を受けていた肥前の浦上の信徒たちへの弾圧は明治になっても続けられました。すなわち，1865年に大浦天主堂が建てられ，隠れていたキリスト教信者が活動を始めると，長崎奉行がこれを弾圧し，明治政府もこれを続けた。

これが浦上信徒（教徒）弾圧事件と呼ばれる事件ですが，欧米の国々が黙っているわけがありません。プレッシャーをかけられた政府は，1873年，五榜の掲示のキリスト教禁止の部分だけは削除することにします。

## ▶プロテスタント宣教師の活躍

やがて公然とキリスト教の布教が再び起こってくる。とくに，プロテスタント，新教が積極的に布教を始めます。もちろん旧教もありまして，たとえばイエズス会は今でも上智大学を経営しています。ただ明治以降になると，プロテスタント，新教の宣教師の活躍が目立ちます。

キリスト教的な人道主義も受容されていく。ローマ字の創始で有名なヘボン，フルベッキ，ジェーンズといったような人々が日本にやってきて，植村正久，新島襄，海老名弾正，内村鑑三といった熱心な信者を育てていく。

## ■生活

さて，次は文明開化と風俗。

ガス灯

煉瓦造

鉄道馬車　　　　　　　　　　　　人力車

▲文明開化の東京銀座周辺

チョンマゲを切り落としたザンギリ頭。1871 年の**散髪脱刀令**で，今と同じ髪型が登場する。**廃刀令**で，刀をさして外を歩けなくなる。そして，洋風の煉瓦造の建物，**人力車**，**ガス燈**，**鉄道馬車**などが新しい，めずらしいものとして人々の目を驚かせた。

で，そういう新しい様子がすぐ絵になりました。錦絵ですよ，浮世絵ですよね。こういうのを「開化絵」といいまして，たとえば東京の銀座の文明開化の様子——人々が洋服を着，ちょんまげを切り，人力車や鉄道馬車に乗ってるといった絵がさかんに描かれたのもこの時代ということになります。

では，次に，啓蒙主義や近代思想の流入以降の動向を整理しましょう。

## ■「民権論」vs「国権論」

「天賦人権論」などを背景とする自由民権運動が盛り上がってくると，一方で，「そんなこと言ったって，国がなくなっちゃったら個人の権利もへったくれもないよ。まず国がちゃんと独立の基礎を固めることが先決だ」という主張も高まる。**国民の権利の確立を優先**する「民権論」に対して，**国家を確立することを優先**し，重点的に考えようという主張を「国権論」と呼びます。

先ほども触れた加藤弘之が，最初，天賦人権論を唱えていたが，やがてこれを捨てて，これはまちがった考え方だ，順序が逆だと，『人権新説』で社会進化論をとり入れ国権論に転換したのもその一例です。

## ■「国家主義思想」の台頭

このような国家主義思想が 1887 ～ 1889 年ぐらいに出てきます。民権論に対する反発，あるいは政府の欧化主義に対する反発と捉えればいいでしょう。鹿鳴館外交に対する反発もその背景となったのです。で，ここがまた，入試のやっかいなテーマなんです。

### ▶平民主義：徳富蘇峰

徳富蘇峰は「平民主義」を唱え，民友社という団体をつくって，1887 年に『国民之友』という雑誌を発行します。

「鹿鳴館外交で示されたような，政府の高官や金持ちがマントを着，ステッキを持ち，奥さんと腕を組み，舞踏会に行って西欧音楽を聞く——そんなものは真の欧化ではない。労働する人間こそが，ズボンやスカートをはき，布団を上げ下ろししないですむベッドにすれば，労働は軽減される。一部の支配者ではなく**一般的な人々，平民の欧化こそが真の欧化**なんだ。それを重視せよ」という，「平民的欧化主義」と呼ぶことのある主張です。

### ▶国粋保存主義：三宅雪嶺・志賀重昂

　翌1888年には，「国粋保存主義」を唱えて，三宅雪嶺や志賀重昂が政教社から『日本人』という雑誌を刊行します。

　「このまま近代化が進んでヨーロッパの文化が入ってくると，日本のピュアーなもの，日本にしかない一番良いものがどんどん，なくなっていくんだ。**日本の良いところを守れ**」という主張だった。

　たとえばこの『日本人』の創刊された1888年の雑誌には，高島炭鉱鉱夫虐待事件なんかも出てきます。炭鉱が近代化して，蒸気ポンプが入ったせいで，労働者はかえって深い炭鉱の穴のなかで過酷な労働を強いられているじゃないか。近代化イコール国民みんなのしあわせというわけじゃないという，もっともな意見ですね。

### ▶国民主義：陸羯南

　さらに1889年には，読み方が難しい人ですが，陸羯南が「日本」という新聞を発行して，「伝統文化を守れ」と「国民主義」を唱える。そして1900年の義和団戦争以降になると，「もっと強い軍隊を持ち，朝鮮，中国を支配してでも，日本の独立と繁栄を確保すべきだ」というふうになっていきます。

### ▶日本主義：高山樗牛

　次は時期がずれますので注意して，1895年。すなわちこれは下関条約の年ですからかなり遅れて，高山樗牛は「日本主義」を唱え，雑誌『太陽』で活躍します。後にはニーチェを賛美するなど，なかなか忙しい人です。

### ■「国家主義思想」の覚え方

　このあたりの日本主義，国民主義，国粋保存主義の違いなんてのは，ほとんど判別不可能です。団体の名前と雑誌，および新聞の名前をチェックしておいてください。**新聞は「日本」だけ**。あとはどれも雑誌。

## 国家主義思想

| 平民主義 | 雑誌『国民之友』 | 民友社 | 徳富蘇峰 |
|---|---|---|---|
| 国粋保存主義 | 雑誌『日本人』 | 政教社 | 三宅雪嶺・志賀重昂 |
| 国民主義 | 新聞「日本」 | | 陸羯南 |
| 日本主義 | 雑誌『太陽』 | | 高山樗牛 |

- **平民主義**………平民的欧化主義を唱える。徳富蘇峰の主張は，貴族的な欧化ではなく，「平民」にとっての欧化こそが必要であるというもの。
- **国粋保存主義**…欧化主義に反対し，伝統文化の保存を主張。
- **国民主義**………義和団戦争を機に帝国主義を認める。
- **日本主義**………日本の大陸進出を支持。

このあたりの暗記はツライ。でも，ちょっとポイントがあります。最初に言った平民主義，国民之友，民友社と徳富蘇峰のところに注目して。

いいですか，ここには**「日本」という文字が入っていない**。ほかは全部，「日本」という文字が入っている。そこで，平民主義の「民」，国民之友の「民」，民友社の「民」，"民，民，民"というところを○で囲って，そしてまあ，柱かなんかにちょっとつかまって，"ミーン，ミン，ミン"とセミのように鳴いて。

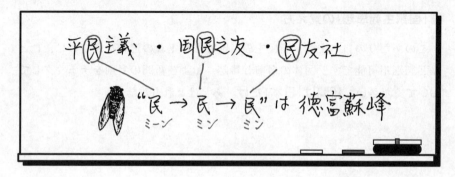

平民主義　・　国民之友　・　民友社

"民→民→民" は 徳富蘇峰
　ミーン　　ミン　　ミン

ミーンミンミン　ミーンミンミン
ミーンミンミン　ミーンミンミン

## 平民主義―国民之友―民友社―徳富蘇峰…平民的欧化主義

と，まずこれを覚える。ここで「日本」という言葉がどっかに紛れ込めば誤文。逆に平民主義，民友社，国民之友がほかのところへ入れば，そちらが誤文。**1つのことをしっかり覚えると，飛躍的に正誤問題を解く力がつく。**

　人間全部覚えられればしあわせだけれども，忘れることは当然ある。そこで，最終的にここだけは忘れてはいけないというところを決めといたほうが，より実戦的です。

　そこでもう一度，はい，みなさんで，"ミーン，ミン，ミン"。

　あとは"国粋保存主義―『日本人』―政教社―三宅雪嶺"で，ついでにプラスして高島炭鉱鉱夫虐待事件がここで取り上げられたことを覚える。

　それから，高山樗牛は学生のころからデビューした小説家として有名で，『滝口入道』という作品があるとか，プラスアルファで加えておいたほうがいいかもしれません。

### ■日露戦争後の社会と思想

　少し時間が経って，議会が開かれ，初期議会。そして日清戦争に勝ち，さらに日露戦争に勝つ。この，2度の大きな戦争に勝ったころになると思想は多様化してきます。「戦争に勝って，ボクたち一般的な国民は幸せになったの？」税金は重くなる，借金はかさんでいる，希望が見えない。「今まで国ぐるみ，みんなでがんばったけど，なんだったんだろうか」という，一種の反動が来ます。

　これが日露戦争後の思想です。**思想が多様化する。**青年たちが悩む。そうすると，「もういいや，楽しければいいや」みたいな享楽主義に走る連中が出てくる。「国のために努力なんて言ったって，結局オレたちは全然豊かになん

かなってないじゃないか」というのが多くの国民たちの実際の感覚だったでしょう。

　そこで「これはイカン！引き締めよう」というのが第2次桂太郎内閣。

**Q** 日露戦争後の国民の個人主義的，享楽的傾向を正そうとして，天皇の名前で発布されたのは？
　　　　　　　　　　　　　　　　　　　　　　　　──戊申詔書

　「もう一度まじめな態度に戻って，質素な力強い生活をせよ」と呼びかけた。この詔書は日露戦争後のときに，必ず第2次桂太郎内閣がらみで出てきます。

　ここは入試でまさに頻出。一度，ていねいに書いておこう。戊辰戦争の「**辰**」じゃない。「**申**」ですよ。

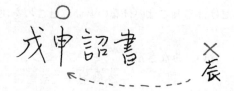

### ■「社会主義思想」の成長

　金持ちと貧乏人の差がハッキリ目に見えてくる。金持ちの子供に生まれた者に普通の一般家庭の子供が追いつくことはありえない。偏ってしまった富を強制的に国家が分配すべきだということで，「社会主義思想」がだんだん台頭してくる。安部磯雄，片山潜，幸徳秋水，あるいは堺利彦。では，

**Q** 1901年に結成された最初の社会主義政党の名称は？
　　　　　　　　　　　　　　　　　　　　　　　　──社会民主党

**Q** 同党は結党直後に結社禁止とされたが，その根拠となった法律は？
　　　　　　　　　　　　　　　　　　　　　　　　──治安警察法

**Q** 1906年から日本社会党が約1年間存続したが，これを許した内閣は？
　　　　　　　　　　　　　　　　　　──（第1次）西園寺公望内閣

　このうち，幸徳秋水や堺利彦たちのように，やがて「政府というものは，結

局国民のためになんにも役に立たない。政府を潰したほうがよっぽど国民は自由だ」みたいな，極端なアナーキズム（無政府主義）なんかに走っていく者も現れる。そして，大逆事件なんかで弾圧されていく。

　あるいは石川啄木も社会主義に近づいていく。民衆側に立って社会主義などをめざした政党を無産政党と総称しますが，つぎつぎと弾圧を受けたわけです。

　下に「近代思想の流れ」をまとめておきます。

---

### 近代思想の流れ

**明治初期** **啓蒙主義**（欧米思想が本格的に流入。啓蒙思想が普及）

⬇　　…民権論と国権論の対立。

**明治20年代** **国家主義**（日本の国益を重視する思想）

⬇　　…平民主義・国粋保存主義・国民主義・日本主義

**明治30年代** **社会主義思想の成長，国家主義に対する疑問**

⬇　　…政府は国民道徳を強化し，社会主義などを弾圧。

**大正時代** **大正デモクラシー**（第1次世界大戦後の民主主義的思潮）
　　　…民本主義・天皇機関説

## ■学問の発達

　次は教育とも関わりの深い，学問の発達です。教育機関をつくり，留学生を送ってゆっくり学んで……，なんていう暇がないので，外国人を呼んできて直接習っちゃおうと，大量の「お雇い外国人」が招かれます。技術指導だけでなく学者も来ます。

　そのお雇い外国人教師の伝えた近代の学問を習得した日本人の初期の学者たちを見ておかなければならない。外国人の名と，その仕事を引き継いだ日本人をセットで覚えていきます。

## ■お雇い外国人の活躍

　外国人は，名前だけでなく**国籍をいっしょに覚える**こと。

### ▶法制

　まず，法律学では，

**Q** フランス流の民法を日本に導入した人物は？　　　　——ボアソナード

　フランス人ですね。民法典論争が起こって，結局ボアソナードの草案，フランス風民法は使われませんでした。では，

**Q** 政府顧問として明治憲法の制定に尽力したドイツ人は？

　　　　　　　　　　　　　　　　　　　　　　　　　——ロエスレル

　憲法ほか，近代法の制定に大きな影響を与えた人です。

### ▶美術

　次に文芸・美術関係では，**フェノロサ**。**アメリカ**からやってきて岡倉天心といっしょに日本の古美術を再発見した人。もともとは哲学の先生。

　次は**ラグーザ**。この人は**イタリア人**で，工部美術学校で近代彫刻を教えた。

同じく，イタリアからやってきて，やはり同じ工部美術学校で教えたのは**フォンタネージ**。これは日本に洋画を本格的に導入した人。

　お札の印刷や細密な銅版画を伝えたのは**キヨソネ**で，これもイタリア人です。

## ▶文芸・教育・宗教

　文芸のほうで有名なのが**ラフカディオ=ハーン**。日本名小泉八雲，『怪談』の著作があります。ギリシア生まれでイギリス人。

　それから札幌農学校で内村鑑三や新渡戸稲造ら多くのキリスト教信者を育てた札幌バンド（「団」の意味）の産みの親であるアメリカ人，**クラーク**。例の「少年よ，大志を抱け」という言葉を残したことで有名な人です。

　**ジェーンズ**は熊本洋学校，「熊本バンド」と呼ばれる熱心なキリスト教信者を育てたアメリカ人。**ヘボン**もアメリカ人で，同じくプロテスタントの伝道にあたるとともに，ヘボン式ローマ字で有名です。

　**フルベッキ**はオランダ人で，明治の元勲たちに英語を教えたことでも有名ですが，岩倉使節団の派遣を勧めたというようなことまで出題されたことがあります。

## ▶自然科学・産業・建築

　自然科学のほうでは，なんといってもまず，**モース**。日本にやってきたアメリカ人の生物学者，動物学者です。古い動物を研究した人で，**大森貝塚**を1877年に発見し，日本近代考古学の開祖になった。

　**ナウマン**はドイツ人の地質学者で，ナウマン象のネーミングの元になった人。それから東京大学の医学部の基を築いた**ドイツ人のベルツ**は『ベルツの日記』という日記を残しています。

　もう1人，クラークの影に隠れてあまりみんな覚えないんだけども，

**Q** 北海道開拓の基本計画を立てたアメリカ人は？　　　——ケプロン

　ケプロンの北海道開拓計画の一環としてつくられた札幌農学校に来たのが，クラークです。

　次は建築。イギリス人の**コンドル**は井上馨の条約改正交渉の舞台になった

<ruby>鹿鳴館<rt>ろくめいかん</rt></ruby>の設計をした人です。

　また，富岡製糸場に技術指導のために招かれた，フランス人のブリューナは第4巻の最初で出てきます。

## ■自然科学の研究

　さて，次に日本人によるおもな自然科学研究。<ruby>北里柴三郎<rt>きたざとしばさぶろう</rt></ruby>，<ruby>志賀潔<rt>しがきよし</rt></ruby>，以下，だれがよく出題されるか<ruby>焦点<rt>しょうてん</rt></ruby>が<ruby>絞<rt>しぼ</rt></ruby>れません。そこで授業ノートの「自然科学の研究」の表を覚えておいてください。

　<ruby>大森房吉<rt>おおもりふさきち</rt></ruby>だったら，地震計の発明。この人なんと関東<ruby>大震災<rt>だいしんさい</rt></ruby>のときに外国に出張していて，地震学者として<ruby>千載一遇<rt>せんざいいちぐう</rt></ruby>のチャンスに日本にいなかった。あわてて予定をキャンセルして日本へ戻ってきたけど，もちろんまにあわず，帰国後，まもなく<ruby>亡<rt>な</rt></ruby>くなります。

　北里柴三郎，志賀潔，<ruby>木村栄<rt>きむらひさし</rt></ruby>などもよく出題されます。<ruby>田中館愛橘<rt>たなかだてあいきつ</rt></ruby>も出ることはある。ヤマをかけずに<ruby>繰<rt>く</rt></ruby>り返しがんばってください。

## ■人文科学の研究

　人文科学の分野では何度も出てきた<ruby>加藤弘之<rt>かとうひろゆき</rt></ruby>。そして<ruby>井上哲次郎<rt>いのうえてつじろう</rt></ruby>はドイツの<ruby>観念論哲学<rt>かんねんろんてつがく</rt></ruby>を日本に導入した人です。「哲」次郎で「哲」学だから覚えやすい。

　井上哲次郎は国家主義的な立場から<ruby>内村鑑三を批判<rt>うちむらかんぞう</rt></ruby>したことでも有名です。「天皇を神とする大日本帝国憲法のもとでは，キリスト教信者は生きていけないはずだ」というような発想に立って，内村鑑三の<ruby>不敬<rt>ふけい</rt></ruby>事件について，「教育ト宗教ノ衝突」という論説を発表したことも入試で問われることがあります。次に，

**Q** ボアソナード<ruby>民法<rt>みんぽう</rt></ruby>を支持したフランス法系の法律学者は？

——<ruby>梅謙次郎<rt>うめけんじろう</rt></ruby>

　これに対して，<ruby>法典調査会<rt>ほうてんちょうさかい</rt></ruby>の中心となってドイツ流にこれを変えていったのが<ruby>穂積八束<rt>ほづみやつか</rt></ruby>の兄の<ruby>穂積陳重<rt>ほづみのぶしげ</rt></ruby>です。八束だけでなくて，陳重も覚えておいてもらいたい。

　<ruby>田口卯吉<rt>たぐちうきち</rt></ruby>は『<ruby>日本開化小史<rt>にほんかいかしょうし</rt></ruby>』なんかでもやりましたが，経済学でも有名で，

『東京経済雑誌』を創刊しています。

　久米邦武はこれはもう絶対に岩倉使節団の記録、『米欧回覧実記』の筆者として頻出。久米は**ドイツ流の実証主義歴史学**の開拓者でもあります。「神道は祭天の古俗」という論文で神道家の攻撃を受けます。

　さて、明治の末年に、それまでは北朝中心の日本史だったのに、南北朝はどっちがメインかという「**南北朝正閏論**」と呼ばれる論議が起こります。明治天皇の決断で**南朝**が正統ということになるんですが、当時文部省に勤めていて、

**Q** 「南北朝併立説」をとったために、文部省を辞めた歴史学者はだれか？
　　　　　　　　　　　　　　　　　　　　　　　　　　——喜田貞吉

　このあたりの史学史は日本史そのものに関わりがあるので、しっかり覚えとかなきゃいけない。

## ■ジャーナリズムの発達

　次、ジャーナリズム。まず新聞から。

### ▶新聞

　明治の最初のころの新聞は「**大新聞**」と呼ばれます。今でいうと、1面だけ。政治、外交などの硬い記事だけの新聞です。「**政論新聞**」とも呼びますが、たとえば自由党の主張を唱える新聞、改進党のいわば機関紙のようにして党の意見を宣伝するための新聞などです。

　ところが今の新聞のように殺人事件も載っていれば、芸能界の話題も、スポーツも載っているみたいな、**総合的な新聞**として、娯楽面をも重視する新聞がやがて現れます。このような、難しい漢字には振り仮名が振ってある、囲碁将棋欄があるといった今の新聞の原型を「**小新聞**」といいます。

**Q** 東京で創刊された小新聞の元祖は？　　　　　　　——「読売新聞」

創始者の**子安峻**も覚えておく。

　はい、大新聞と小新聞という大きな概念区分をまずやっといて、あとは授

業ノートの88ページにある一覧表を見てください。日本で最初の日刊紙，今じゃ毎日出るのが当たり前だけど，毎日出る日刊紙の最初は「横浜毎日新聞」。ここはやりましたよ。

明治六年の政変で下野した板垣退助たちの愛国公党の「民撰議院設立の建白書」が載ったことで有名なのが，「日新真事誌」。イギリス人ブラックの経営です。いいですね。では，

**Q** 前島密のアイディアで矢野文雄が創始し，後に改進党系の新聞となったのは？
——「郵便報知新聞」

次に中立系。一種のビジネスとしての総合新聞をめざして発刊されたのが「朝日新聞」です。大阪がその発祥の地ですが，後に東京にも支社ができます。創始者は村山竜平。この読売，朝日は現在につながる代表的な新聞ですからね，しっかり覚えておいてください。

次，フランスのソルボンヌ大学を卒業して帰ってきた，貴族出身のエリートの政治家，西園寺公望がフランスの学問に通じていた中江兆民を誘って出した新聞，これが「東洋自由新聞」。大物2人がからんでいるので，政治史がらみで出ることのある新聞です。

福沢諭吉が創刊し，みずから論説を書いたことで有名で，脱亜論がよく引用されるのが，「時事新報」。そして，陸羯南の「日本」。

**Q** 1890年，黒岩涙香が創刊し，明治を代表する新聞となったのは？
——「万朝報」

「万朝報」は1900年の幸徳秋水の論説「自由党を祭る文」で頻出です。「万朝報」に対抗して，安い，おもしろい，スキャンダル徹底追求みたいな要素の強かった新聞が，秋山定輔の始めた「二六新報」。

「万朝報」が黒岩涙香の決断で日露非戦論から主戦論に変わったため退社した幸徳秋水，堺利彦たちが出した新聞が平民社の「平民新聞」。このあたりも，政治・外交がらみで必ず問われるところです。

## ▶雑誌

　続いて雑誌。これも授業ノートの一覧を参照。明治のおもな雑誌をまとめ
てあります。『明六雑誌』、さらに『国民之友』、『日本人』、『太陽』。このあた
りはすでに国家主義思想の台頭のところでやりましたね。

**Q** 1895 年に『東洋経済新報』を創刊した人物は？　　　──町田 忠治

　この雑誌は大正デモクラシーのところでも扱いますが、町田は戦後の日本
進歩党の党首で出てきますよ。
　『ホトトギス』、『労働世界』、そして『中央公論』はいずれ出てくる大正デモ
クラシーでも主要な役割を果たす雑誌です。それから『白樺』、『青鞜』。

## ■近代文学

　さて，近代文学。こんなものは出ないでほしいなあと思うと，ときどき出る。
まず，明治の初期は江戸時代のまま。化政文学の技法のままで文明開化の様
子なんかを描いちゃう，「戯作文学」というジャンルが登場します。
　自由民権運動などを背景にして出てくるのが「政治小説」です。
　やがて中期になると，「写実主義」，「理想主義」，「ロマン主義」。後期にな
ると「自然主義」，「反自然主義」なんかが出てきます。
　ここで１つ思い出しましょう。明治時代を 10 年ごとに分けていくと，ま
ず明治 17 年（1884 年），明治 18 年（1885 年）──はい，ここがいわゆる
甲申事変，天津条約，内閣制度，いいですか。
　で次に 10 年経つと，1894 年，95 年，日清戦争，下関条約。次に 10 年
経つと，1904 年，５年で日露戦争，ポーツマス条約です。このあたりを基
準に文学も見ていけばいい。

明治期の文学

(1885) → (1894~95) → (1904~05)
内閣制度　　　日清戦争　　　日露戦争
●戯作文学　　　　　　　　　　　　　
●政治小説　●写実主義　　●ロマン主義　●自然主義
　　　　　●硯友社　　　　　　　　　　●反自然主義

### ▶写実主義：坪内逍遙

　おおざっぱに言っちゃうと，まず明治初期の戯作文学，政治小説に続いて，だいたい内閣制度のころに，**写実主義**という本格的近代文学が日本に導入されると。いいですか。

　そして，この写実主義が**本格的近代文学の誕生**といわれるのはなぜかというと，「**言文一致体**」ということばで象徴されるように，**坪内逍遙**が近代小説理論というものを日本に導入したから。その理論書が『**小説神髄**』で，小説はこのように書くべきだという例として書いた作品が『**当世書生気質**』です。

### ▶硯友社文学：尾崎紅葉

　この文学の近代運動に対応して登場したのが**二葉亭四迷**や**山田美妙**ですが，一方で日本の，伝統的な文学を近代化することによって再生させようという動きも出てくる。その代表が「**硯友社**」の文学です。**尾崎紅葉**らによる硯友社の設立が**明治18年（1885年）**ですから，内閣制度の年，日本銀行，銀兌換券発行の年です。では，

**Q** 尾崎紅葉の代表作は？
　　　　　　　　　　　　　　　　──『**金色夜叉**』

　「きんいろよまた」とは読まない。「̽又」じゃなくて「◯叉」。「金色」とはお金，「夜叉」とは鬼。愛だ，恋だと言っていながら，しょせん女は最後はお金に走るという，貫一・お宮の物語です。

文学好きの超難関大になりますと、「間貫一と鳴沢宮の悲恋物語」というヒントで『金色夜叉』と答えさせた例まであります。

一方、独特の理想主義が幸田露伴，『五重塔』なんかです。

## ▶ロマン主義：北村透谷・島崎藤村・与謝野晶子

さて，10年経って日清戦争前後になりますと，**ロマン主義**。

簡単に言えば，女から男に向かって告白するなんてのは，儒教的な江戸時代以来の日本の社会ではありえない，ふしだらなことだ，破廉恥なことだ。イヤイヤ，そんなことはない。女性から愛を告白したっていいじゃないか。感情を殺すことはない。「好きなものは好きだと言おう。嫌いなものは嫌いだと言おう」みたいに，**感情を解放**してしまう。

要するに，「**ああ，弟よ，弟よ，君，死にたまふこと勿れ**」なんて堂々と言っちゃう。まさに**与謝野晶子**の詩や歌に出てくるような文学がロマン主義。

これはやっぱり，日清戦争に勝ったという大きな時代背景のもとに，「日本はどうやら近代国家としてやっていけそうだぜ」という自信と解放感が出てきて，**自我，個性の尊重**と封建道徳からの解放を求める風潮の高まりによって生まれたものでしょう。

このあたりの作品は，**北村透谷・島崎藤村・与謝野晶子**のもの，そして，俳句，和歌の近代化を果たした**正岡子規**あたりを覚えてほしいと思います。

## ▶自然主義：国木田独歩・田山花袋

さて次に，日露戦争に勝った。10年後ね。勝ってみたけど，国民に，「われわれは本当に豊かになったんだろうか」という疑念がわいてくる。これに対して，いかん！ 引き締めようとしたのが，第2次桂太郎内閣。そして**戊申詔書**ですね。

文学では悩みが深刻になってくるんです。「美しい，きれいだ，愛してる，永遠の愛だ」とか言っているけど，「その内実はもっとどろどろした欲望じゃないの。人間のもっと深いところをちゃんと見つめようよ」というふうになる。花だ，スミレだ，星だという甘いロマン主義の限界を破って，もう少し**人間性の暗部にまで踏み込んだ文学**になってきます。

暗い。これが**自然主義**。

**Q** 国木田独歩の代表作を 1 つあげなさい。　　──『牛肉と馬鈴薯』

　馬鈴薯というのは「じゃがいも」ですから，「あ，肉じゃがのつくり方だ」なんて思っちゃいけません。金を儲けて偉くなって毎日ステーキを食うのが学問，人生の目的か，じゃがいもを食ってでも世の中に尽くすのが青年の，大学生の務めか，みたいなことを若いエリートサラリーマンが議論するといった内容です。

　田山花袋の『蒲団』なんかは恥ずかしくて中身を紹介できない。島崎藤村はロマン派の詩人で，『若菜集』などで注目されていましたが，やがて小説『破戒』を書きます。ちょうどこれが 1906 年ぐらいですから，日露戦争直後ですね。

　徳田秋声の『黴』も自然主義の作品として有名。そしてロマン主義の甘い歌からやがて社会的にも生活的にも行き詰まり，社会主義に近づいていったのが，石川啄木です。啄木がちょうど明治の末ぐらいですよ。前に一度触れましたが，

　　　「地図の上　朝鮮国にくろぐろと
　　　　　　　　墨をぬりつつ秋風を聴く」

なんていう韓国併合を悲しんだ歌を残したり，あるいは幸徳秋水たちが死刑になった大逆事件に絶望したりしている。

　また，啄木は明治末の思想的な行き詰まりについて論じた『時代閉塞の現状』という評論を発表しています。まさに，明治の末年ころの世相に敏感に反応した文学者だったということを確認しておきましょう。

### ▶反自然主義：夏目漱石・森鷗外

　日露戦争前後に主流となっていく自然主義文学に対して，「文学というのはやっぱり心を豊かに楽しくするという面がなければいけないんじゃないか。人間の苦しいところ，嫌らしいところばっかりを追究するだけが文学ではない」というような主張も出てきます。「余裕派」とか「知性派」と呼ばれる，一連の大作家が登場します。

代表が夏目漱石と森鷗外。デビューとともに大御所といったところですが，漱石の『吾輩は猫である』，これはだれでも知ってますよね。ちょうど日露戦争が終わった年ぐらいから連載が始まります。あるいは歴史小説の森鷗外の『阿部一族』。自然主義という主流に対して，このように，いわゆる反自然主義の大家が現れてくるのも日露戦争前後ぐらいということになります。

　以上，近代文学の流れを見てきましたが，実は文学的にメインのところというのは日本史ではあまり出ません。結果的によく出るのは何かというと政治小説で，矢野竜溪と東海散士と末広鉄腸の作品の区別（授業ノートp.89の表）ができていると実は高得点になるというのが，入試の実態です。そして，なんといっても政治・外交がらみで石川啄木といったところでしょう。

### ■演劇

　さあ，あと一息。まず演劇。歌舞伎は河竹黙阿弥が江戸末期以来，まだ活躍していて，文明開化の風俗などを劇に取り入れていきます。

　それから，坪内逍遙が写実主義，近代文学運動とともに演劇の近代化もやります。これを支えた俳優たち，市川団十郎・尾上菊五郎・市川左団次たちが揃った"団菊左時代"に歌舞伎は再び非常にさかんになります。

　一方，自由民権運動などの政治の時期に，

**Q** 政治的な題材を使う壮士芝居を始めたのはだれか？

——川上音二郎

　川上は素人演劇から出発しますが，後にこの素人演劇の系統は商業演劇として「新派」あるいは「新派劇」と呼ばれるようになり，『金色夜叉』などが演じられるようになります。

　川上音二郎は「オッペケペ節」というおもしろいセリフに節をつけた芸で非常に人気を博した。これは自由民権運動がらみで出る。

　新派と「新劇」と似てるから区別しようね。新劇はいわゆる「西洋演劇」を導入した演劇改良運動のほうです。

**Q** 1906年，坪内逍遙と島村抱月が結成した，新劇の最初の中心的な団体の名称は？

——文芸協会

**Q** 1909年，小山内薫と2代目（市川）左団次が結成した新劇団体は？

——自由劇場

### ■音楽

　音楽のほうは"ドレミファソラシド"の西洋音階が幕末以降，入ってきます。これ，洋式の軍隊とともに入ってくるんです，軍楽隊で。これを義務教育に

取り入れたのが文部省の音楽取調掛，伊沢修二という人です。

　まだピアノとかそういう楽器が十分に揃わない時代。西洋音楽教育はまず，声を出して歌を歌うという唱歌から導入されていった。これが「小学唱歌」です。

　日本に本格的な西洋音楽の教師，あるいは作曲家を育てようというので東京音楽学校が開設されます。そこの最初の優秀な卒業生で，ヒットメーカーが滝廉太郎。入試で出るとしたらせいぜい「荒城の月」ぐらいですか，作品としてはね。

## ■美術・工芸

### ▶日本画・西洋画

　次は日本画。「日本の美術だって優れてるぞ」と指摘したのは，さっき出てきたフェノロサです。で，これに共鳴して努力したのが岡倉天心。そこで日本画が再び活発化して，東京美術学校が設立されます。狩野芳崖は東京美術学校の開校直前に死んでしまいますが，橋本雅邦・菱田春草などが活躍します。

**Q** 1898年，東京美術学校の卒業生たちが岡倉天心たちとともにつくった日本画の団体は？　　　　　　　　　　　　——日本美術院

これに対して，

**Q** 1889年，日本最初の西洋画の団体は？　　　　　　——明治美術会

　西洋画のほうは，先ほど出てきたフォンタネージの影響を受け，**イタリア風の西洋画を最初に学んだ**のが浅井忠。当時のイタリアの絵は非常に**暗い色調**ですので，はい，「脂派」と呼ばれます。「あぶら派」（×）とは読まない。

　そんな暗い宗教画みたいなのはおもしろくない。もっと明るい日の光，森の木漏れ日とか，明るい池に蓮が咲いているみたいな，「外光派」と呼ばれる，フランスの当時の印象派の**明るい絵画**を学んで帰ってきたのが黒田清輝です。

日本画と西洋画

- 日本画………フェノロサ・岡倉天心
  - (東京美術学校)　　(日本美術院)
- 西洋画………フォンタネージ
  - (工部美術学校)　├明治美術会(脂派)…浅井忠
  - 　　　　　　　　└白馬会 (外光派)…黒田清輝

黒なのに白

　これはわかりやすくて，フォンタネージ・浅井忠の流れがメインで明治美術会，脂派，これに対抗して後から出てきたのが**黒田清輝，白馬会**で，黒田清輝の黒にマルして，白馬会の白にもう１回マルして，**"黒なのに白"**というふうに覚えておく。

　やがて，**青木繁**なんかのロマン的な画風も登場しますし，「**文展**」，「**帝展**」といった全国レベルの展覧会も始まります。

### ▶彫刻・建築

　彫刻は先ほど出てきたお雇い外国人教師，**ラグーザ**の影響で，**高村光雲・荻原守衛**たちがイタリア風の近代彫刻を学びます。

　建築は鳥みたいな名前ですが，**コンドル**。はい，鹿鳴館を設計した人。このイギリス人コンドル先生に習って，ゴシック風イギリス建築学を学んだ，日本建築学の最初の本格的な学者が**辰野金吾**です。**日本銀行**の本店や**東京駅**が残っている作品です。

辰野金吾がコンドルの直系でイギリス風のゴシック建築を学んだのに対して，バロックの派手な，簡単にいえば「ベルサイユのバラ」みたいな，フランス風の装飾性に富んだ建築学を学んだのが，名前がすごい——片山東熊という人で，皇室関係の建物をさかんに設計しました。辰野が政府系だったのに対して。

　今残っている片山の作品が赤坂離宮（旧東宮御所），今の赤坂の迎賓館です。これは明治天皇が皇太子，後の大正天皇のための建物としてつくらせたものですが，あまりにも立派にできすぎて，恐れ多くて皇太子は住めなかった。外国から賓客が来たときのゲストハウスになって今日に至っています。

　このへん，そんなに量は多くないですし，日本美術院と明治美術会とか，辰野金吾と片山東熊とか，そういうところの区別さえつけて，作品は代表作を1つぐらい覚えておけば十分です。


　以上，お疲れさまでした。

　最後が，明治の文化という重い内容で大変でした。しかし，ここまでがんばれば，もう，あとは一気に大正・昭和へ。疲れが出る前に，なるべく早く第4巻に進んでください。

# 索　引

索引

# 石川 晶康 *Akiyasu ISHIKAWA*

人に頼まれると否と言えない親分気質で，現役高校生クラスから東大・早慶大クラスまで担当する，河合塾日本史科の中心的存在として活躍。学生に超人気の秘密は，歴史を捉えるいろいろな視点からのアプローチで，生徒の頭に上手に汗をかかせる手腕に隠されていたようだ。

河合塾サテライト講座などの映像事業のパイオニアでもある著者は，日本はもちろん，アジア各地まで足を伸ばし，「歴史の現場に立つ」ことを重視する。その成果は，本書にも歴史の現場の史料として活かされている。

〈おもな著書〉

『日本史探究授業の実況中継1～4』『石川晶康日本史Bテーマ史講義の実況中継』『トークで攻略する日本史Bノート①・②』(語学春秋社)，『マーク式基礎問題集・日本史B（正誤問題）』『誤字で泣かない日本史』『ウソで固めた日本史』(河合出版)，『結論！日本史1・2』『結論！日本史史料』(学研)，『日本史B標準問題精講』『みんなのセンター教科書日本史B』『一問一答日本史Bターゲット4000』(旺文社)，〈共著〉『教科書よりやさしい日本史』(旺文社)，『早慶大・日本史』『"考える"日本史論述』(河合出版)，『日本史の考え方』(講談社現代新書) ほか。

〈写真提供〉

(学)河合塾メディア教育事業本部

---

## 日本史探究授業の実況中継 3

2024 年 4 月 15 日　初版発行
2024 年 8 月 10 日　初版第 3 刷発行

著　者　石川 晶康
発行人　井村 敦
編集人　藤原 和則
発　行　(株)語学春秋社
　　　　東京都新宿区新宿 1-10-3
　　　　TEL 03-5315-4210
本文・カバーデザイン　(株)アイム
印刷・製本　壮光舎印刷

MEMO

······················································ MEMO ······················································

ここからブレイクスルー

# 日本史探究
## 授業の実況中継
### ［近世 〜 近代］

3

授業ノート

日本史年表

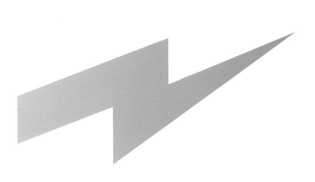

語学春秋社

# 日本史探究
# 授業の実況中継 *3*

## 授業ノート
## 日本史年表

語学春秋社

# 目　次

---

**授業音声『日本史年表トーク』ダウンロードのご案内**

　別冊 p. ⅳ～ⅹⅹⅶ に掲載「日本史年表」の音声ファイル（mp3 形式）を無料ダウンロードできます（パソコンでのご利用を推奨いたします）。

---

手順① 　語学春秋社ホームページ（https://www.goshun.com/）にアクセスし，「実況中継 音声ダウンロード」のページからダウンロードしてください。

手順② 　音声ファイル（mp3 形式）は，パスワード付きの zip ファイルに圧縮されていますので，ダウンロード後，お手元の解凍ソフトにて，解凍してご利用ください。なお，解凍時にはパスワード J7eYmVbH をご入力ください。
※お使いのパソコン環境によって，フォルダ名・ファイル名が文字化けする場合がありますが，音声は正しく再生されますので，ご安心ください。

# 日本史年表トーク

| 時代 | 年 | 将軍 | 政 治・社 会・経 済 |
|---|---|---|---|
| | 1682 | | |
| | 1685 | | 生類憐みの令発令（〜 1708）・貞享暦　　🔍 史料2 |
| | 1690 | | |
| | 1693 | | |
| | 1695 | 綱吉 | 元禄小判（金銀） |
| | 1697 | | |
| | 1701 | | 浅野長矩，城中で吉良義央を傷害 |
| | 1702 | | 赤穂事件 |
| | 1703 | | |
| | 1709 | | 綱吉没　生類憐みの令廃止 |
| | 1710 | 家宣 | 閑院宮家創設 |
| | 1711 | | 朝鮮使節の待遇簡素化，将軍を「日本国王」とする |
| | 1714 | 家継 | 正徳小判（金銀） |
| | 1715 | | 正徳新令…長崎貿易を制限。中国船には信碑付与。🔍 史料3 |
| 江戸時代 | 1716 | | 家継没→徳川吉宗，享保の改革 |
| | 1719 | | 相対済し令　　　　　　　　　　　　　🔍 史料5 |
| | 1721 | | 漢訳洋書輸入制限の緩和 |
| | | | 勘定所を勝手方・公事方に分離 |
| | | | **目安箱** |
| | 1722 | | 流地禁止令（質流し禁令）　越後高田騒動 |
| | | | **上げ米の制**（〜 **1730**）　　　　　　🔍 史料6 |
| | | | 日本橋に**新田開発奨励の高札**を立てる |
| | 1723 | 吉宗 | **足高の制**　　　　　　　　　　　　🔍 史料7 |
| | | | 出羽長瀞騒動（流地禁止令撤回） |
| | 1727 | | |
| | 1730 | | 上げ米を停止し，参勤交代を旧に復する |
| | | | **堂島米市場を公認** |
| | 1732 | | **享保の飢饉**…西国，虫害のため大飢饉 |
| | 1742 | | **公事方御定書** |
| | 1744 | | 御触書寛保集成 |
| | 1745 | 家重 | 吉宗引退→家重 |

## 文 化・史 料・ゴロ覚えなど

井原西鶴『好色一代男』

"犬計に限らず，惣て生類，人々慈悲の心を本といたし…"

**聖堂を湯島に移す**

松尾芭蕉『奥の細道』

元禄文化

宮崎安貞『農業全書』

★ 18 世紀に入って

近松門左衛門『曽根崎心中』

"唐人方商売の法，凡一年の船数，…三拾艘，すべて銀高六千貫目に限り…"

"近年金銀出入段々多く成り，…人々相対の上の事ニ候得ば，自今は三奉行所ニて…"

室鳩巣ら『六諭衍義大意』

"高一万石に付八木百石積り差上げらるべく候。…在江戸半年充御免成され…"

**小石川養生所**

"御役勤め候内御足高仰付けられ，御役料増減之れ有り，…"

荻生徂徠『政談』

ひとなみにめしが食えない大飢饉

| 時代 | 年 | 将軍 | 政 治・社 会・経 済 |
|---|---|---|---|
| 江戸時代 | 1751 | 家重 | 吉宗没 |
| | 1758 | | 宝暦事件…竹内式部，尊王論を説き処罰される |
| | 1760 | | 家重引退→家治 |
| | 1767 | 家治 | 田沼意次側用人・明和事件…山県大弐死罪 |
| | 1772 | | 田沼意次，老中・南鐐二朱銀 |
| | 1774 | | |
| | 1778 | | ロシア船厚岸来航 |
| | 1782 | | 天明の飢饉（〜 1787） |
| | 1783 | | 浅間山大噴火 |
| | 1784 | | 佐野政言，若年寄田沼意知を刺殺 |
| | 1785 | | 最上徳内ら，蝦夷地調査 |
| | 1786 | | 田沼意次失脚 |
| | | | 家治没→家斉 |
| | 1787 | 家斉 | 寛政の改革（〜 1793） |
| | 1789 | | 棄捐令を発布，諸大名に囲米を命ずる　　　🔍 史料 12 |
| | 1790 | | （石川島）人足寄場を設置 |
| | | | 寛政異学の禁　　　🔍 史料 13 |
| | | | 旧里帰農令 |
| | 1791 | | 最上徳内ら，エトロフ島にいたる |
| | | | 七分積金による江戸町会所運営はじまる |
| | 1792 | | ロシア使節ラクスマン，根室来航。通商を求める |
| | 1793 | | ラクスマン，長崎入港許可証をえて退却 |
| | | | 定信，老中を辞職 |
| | 1798 | | 近藤重蔵，エトロフ島に大日本恵登呂府の標柱 |
| | 1799 | | 幕府，東蝦夷地直轄 |
| | 1800 | | 伊能忠敬，蝦夷地測量に出発 |
| | 1804 | | ロシア使節レザノフ，長崎に来航 |
| | 1805 | | レザノフの要求を拒否 |
| | | | 関東取締出役を設置 |

## 文 化・史 料・ゴロ覚えなど

田沼はじゅうなんなにんげんです<sup>1 7 7 2</sup>

『解体新書』　　　　　　　　宝暦・天明期の文化

(17)なやみ始まるロシアの接近<sup>7 8</sup>

工藤平助『赤蝦夷風説考』　ひとのなやみは天候不順<sup>1 7 8 3</sup>

"御旗本・御家人，蔵宿共より借入金利足の儀は，…蔵宿と相対に致すべき事。"

　　　　　　　　　　　　　　◎フランス革命はじまる

"朱学の儀は，…全く正学衰微の故ニ候哉，…正学講窮致し，…"

山東京伝(洒落本)・恋川春町(黄表紙)処罰

林子平処罰　　史料14 "江戸の日本橋より唐，阿蘭陀迄境なしの水路也。"

いーな，くにに帰れた大黒屋<sup>1 7 9 2</sup>

塙保己一和学講談所

本居宣長『古事記伝』

★19世紀に入って

いやーおしいレザノフは上品すぎた<sup>1 8 0 4</sup>

| 時代 | 年 | 将軍 | 政治・社会・経済 |
|---|---|---|---|
| 江戸時代 | 1806 | 家斉 | 文化の撫恤令 |
| | 1807 | | **幕府，西蝦夷地を直轄** |
| | | | 文化露寇事件 |
| | 1808 | | **間宮林蔵，樺太探検** |
| | | | フェートン号事件 |
| | 1811 | | ゴロウニン事件（〜 1813） |
| | 1818 | | |
| | 1821 | | 蝦夷地を松前藩に還付 |
| | 1824 | | **常陸大津浜事件** |
| | 1825 | | 異国船（無二念）打払令　　　　　　　　🔍 史料 22 |
| | 1828 | | シーボルト事件 |
| | 1832 | | 天保の飢饉（〜 1838） |
| | 1836 | | **甲斐郡内騒動・三河加茂一揆** |
| | 1837 | | **大塩の乱・生田万の乱** |
| | | | **モリソン号事件** |
| | 1838 | | 徳川斉昭『戊戌封事』　　　　　　　　　🔍 史料 16 |
| | 1839 | 家慶 | 崋山・長英らを幕政批判で処罰（**蛮社の獄**） |
| | 1840 | | アヘン戦争（〜 1842：南京条約） |
| | 1841 | | **家斉没・天保の改革（〜 1843）** |
| | | | 三方領知替を撤回 |
| | 1842 | | 株仲間解散令　　　　　　　　　　　　　🔍 史料 17 |
| | | | **天保の薪水給与令**　　　　　　　　　🔍 史料 25 |
| | 1843 | | **人返しの法** |
| | | | **棄捐令** |
| | | | 上知令・水野忠邦罷免　　　　　　　　　🔍 史料 18 |

## 文 化 ・ 史 料 ・ ゴロ覚えなど

いわれはないよ，フェートン号
<sub>1808</sub>

小林一茶『おらが春』

化政文化

"をろしや船の儀に付ては，…いぎりすの船，先年長崎に於いて狼藉に及び，…"
いやにごういん，異国船打払令
<sub>1825</sub>
鶴屋南北『東海道四谷怪談』　会沢安『新論』

いやみな年号，オーイ，モリソン！
<sub>1837</sub>

"参州・甲州の百姓一揆徒党を結び，又は大坂の奸族…"
高野長英『戊戌夢物語』🔍◁ 史料23 "イギリスは日本に対し，敵国には之無く，…"
渡辺崋山『慎機論』🔍◁ 史料24 "英吉利国人莫利宋なるもの，交易を乞はむため，…"
緒方洪庵，適々斎塾（適塾）
いやーみぐるしい大弾圧
<sub>1839</sub>

"向後仲間株札は勿論，此外共都て問屋仲間并組合杯と唱候儀は，相成らず候"
為永春水（人情本）・柳亭種彦（合巻）処罰
"之に依て文化三年異国船渡来の節，取計方の儀に付，仰出され候趣，…"

"此度江戸・大坂最寄御取締りの為，上知仰付けられ候。…"

| 時代 | 年 | 将軍 | 政 治・社 会・経 済 | |
|---|---|---|---|---|
| 江戸時代 | 1844 | 家慶 | オランダ国王開国勧告 | 史料 26 |
| | 1846 | | **アメリカ使節ビッドル，浦賀来航** | |
| | 1851 | | 株仲間再興令 | |
| | 1853 | | アメリカ使節ペリー，浦賀来航 | |
| | | 家定 | **家慶没** | |
| | | | **プチャーチン，長崎来航** | |
| | | | 大船建造の禁を解く | |
| | 1854 | | 日米和親条約 | 史料 27 |
| | | | **日露和親条約** | 史料 28 |
| | 1855 | | 日蘭和親条約調印 | |
| | | | 長崎海軍伝習所を設置 | |
| | 1856 | | 江戸築地に講武所を設置 | |
| | | | **アメリカ駐日総領事ハリス着任** | |
| | 1857 | | | |
| | 1858 | | 老中堀田正睦，条約勅許奏請のため上京 | |
| | | | **井伊直弼，大老就任** | |
| | | | 日米修好通商条約 | 史料 29 |
| | | | 徳川慶福を将軍継嗣と定める | |
| | | | **家定没** | |
| | | | **安政の大獄（～ 1860）** | |
| | 1859 | 家茂 | 英公使オールコック着任 | |
| | | | **神奈川・長崎・箱館で貿易開始** | |
| | 1860 | | 遣米特使外国奉行新見正興ら，条約批准のためアメリカへ | |
| | | | 桜田門外の変 | |
| | | | 五品江戸廻送令 | 史料 30 |
| | 1861 | | 諸国に，江戸・大坂及び兵庫・新潟の開市・開港延期を要請 | |
| | | | 東禅寺事件 | |
| | 1862 | | 坂下門外の変 | |
| | | | 和宮降嫁 | |
| | | | **島津久光入京，寺田屋事件** | |
| | | | **慶喜・将軍後見職，松平慶永・政事総裁職（文久の改革）** | |

## 文 化・史 料・ゴロ覚えなど

"欧羅巴州にて遍く知る所なり。…是に殿下に丁寧に忠告する所なり"

佐賀藩，反射炉着工

伊豆韮山に幕府反射炉着工

いやでございす，ペリーさん

"伊豆下田・松前地箱館の両港は，…薪水・食料・石炭欠乏の品を，日本にて調候…"

"日本国と魯西亜国との境「エトロプ」島と「ウルップ」島との間に在るべし。…"

◎アロー戦争（〜1860）

◎シパーヒー（セポイ）の反乱（〜1859）

江戸に種痘所設置を認可

"下田箱館港の外，次にいふ場所を左の期限より開くべし。…神奈川…長崎…新潟…兵庫…"

"雑穀，水油，蠟，呉服，糸　右之品々に限り，…在々より決して神奈川表へ積出し申間敷候"

◎アメリカ南北戦争（〜1865）

蕃書調所を洋書調所と改称

| 時代 | 年 | 将軍 | 政 治・社 会・経 済 |
|---|---|---|---|
| 江戸時代 | 1863 | 家茂 | 生麦事件 |
| | | | 勅使三条実美，攘夷督促のため江戸に下る |
| | | | 将軍家茂上洛(230年ぶり) |
| | | | 天皇，将軍に政務委任確認の勅を下す |
| | | | **5月10日長州藩攘夷決行** |
| | | | 高杉晋作ら奇兵隊編成 |
| | | | **薩英戦争** |
| | | | 天誅組の乱 |
| | | | **8月18日の政変** |
| | | | (但馬)生野の変 |
| | 1864 | | 天狗党の乱 |
| | | | **池田屋事件** |
| | | | **禁門の変** |
| | | | 第1次長州征討 |
| | | | 四国艦隊下関砲撃事件 |
| | 1865 | | 英米仏蘭艦隊，兵庫に来航 |
| | | | **条約勅許** |
| | 1866 | | **薩長連合成立** |
| | | | 英仏米蘭と**改税約書**調印 |
| | | | **第2次長州征討** |
| | | | **家茂没…長州征討停止** |
| | 1867 | 慶喜 | **徳川慶喜，征夷大将軍** |
| | | | 睦仁践祚 |
| | | | 将軍慶喜，慶応幕政改革に着手 |
| | | | 兵庫開港勅許 |
| | | | 山内豊信，大政奉還建白 |
| | | | 大政奉還　　　　　　　　　Ｑ 史料31 |
| | | | 王政復古・小御所会議　　　Ｑ 史料32 |

## 文 化・史 料・ゴロ覚えなど

洋書調所を開成所と改称

仏公使ロッシュ着任

英公使パークス着任

**いちやでむなしい徳川幕府**
<sub>1 8 67</sub>
パリ万博参加のため徳川昭武ら出航

"臣慶喜謹テ皇国時運ノ沿革ヲ考候ニ, …政権ヲ朝廷ニ奉帰, 広ク天下ノ公議ヲ尽シ, …"
"王政復古, 国威挽回ノ御基立テサセラレ候間, …仮リニ総裁・議定・参与ノ三職ヲ置レ, …"

| 時代 | 年 | | 政 治・社 会・経 済 |
|---|---|---|---|
| 明治時代 | 1868 | | **鳥羽・伏見の戦い**（戊辰戦争〜 1869） |
| | | | |
| | | | 五箇条の誓文　　　　　　　　　🔍 **史料 33** |
| | | | 五榜の掲示　　　　　　　　　　🔍 **史料 34** |
| | | | 江戸開城 |
| | | | 江戸を東京と改称 |
| | | | **明治改元，一世一元の制** |
| | | | 会津藩降伏（奥羽越列藩同盟解体） |
| | 1869 | | 薩長土肥 4 藩主，**版籍奉還**を上表 |
| | | | **榎本武揚ら降伏**（戊辰戦争終わる） |
| | | | **版籍奉還を勅許** |
| | | | 蝦夷地を北海道と改称 |
| | 1870 | | **工部省**設置 |
| | | | |
| | 1871 | | **戸籍法**を定める…翌年 2 月より実施（壬申戸籍） |
| | | | 新貨条例 |
| | | | 廃藩置県 |
| | | | **文部省** |
| | | | 日清修好条規 |
| | | | 田畑勝手作りの許可 |
| | | | **岩倉使節団**（〜 1873） |
| | 1872 | | **田畑永代売買解禁** |
| | | | 琉球国王尚泰を琉球藩王とし，華族とする |
| | | | 富岡製糸場開業 |
| | | | 国立銀行条例制定 |
| | | | |
| | 1873 | | 徴兵令制定 |
| | | | |
| | | | 地租改正条例　　　　　　　　　🔍 **史料 37** |
| | | | **明治 6 年政変** |
| | | | 内務省設置 |
| | | | 秩禄奉還の法制定 |

## 文 化 ・ 史 料 ・ ゴ ロ 覚 え な ど

いやがる幕府はむりやり倒せ

**神仏分離令**

"広ク会議ヲ興シ万機公論ニ決スヘシ"

"切支丹宗門ノ儀ハ，堅ク御制禁タリ"

福沢諭吉，慶應義塾設立

浦上信徒（教徒）弾圧事件

**大教宣布の詔**

「横浜毎日新聞」創刊

**藩とはいわない廃藩置県**

◎ドイツ帝国成立

郵便事業創始

身分解放令（えた・非人の称を廃止）

熊本洋学校開校

「東京日日新聞」創刊

「郵便報知新聞」創刊

**学制**公布 ✑ **史料61**"必ズ邑ニ不学ノ戸ナク，家ニ不学ノ人ナカラシメン事ヲ期ス"

**新橋・横浜間に鉄道**

**太陽暦**

キリスト教禁止の高札を撤去

森有礼ら**明六社**設立提唱（翌1874年『明六雑誌』創刊）

"先ヅ以テ地価百分ノ三ヲ税額ニ相定候得共，…"

いやな税は3％で始まる

| 時代 | 年 | 政 治・社 会・経 済 |
|---|---|---|
| 明治時代 | 1874 | 民撰議院設立の建白書を左院に提出　🔍 史料 41 |
| | | **佐賀の乱** |
| | | 板垣ら立志社創立 |
| | | 木戸孝允，台湾出兵に反対して参議辞職 |
| | | 台湾出兵 |
| | | 北海道に屯田兵制度 |
| | 1875 | **大阪会議**…木戸・板垣参議復帰 |
| | | 元老院・大審院・地方官会議を設置 |
| | | 漸次立憲政体樹立の詔 |
| | | 大阪で**愛国社**結成 |
| | | **樺太・千島交換条約**調印　🔍 史料 39 |
| | | 讒謗律・新聞紙条例　🔍 史料 42 |
| | | 江華島事件 |
| | 1876 | **日朝修好条規**　🔍 史料 40 |
| | | **廃刀令** |
| | | **国立銀行条例**改正(正貨兌換を廃止) |
| | | **金禄公債証書発行**(秩禄処分) |
| | | 小笠原島領有宣言 |
| | | **神風連の乱・秋月の乱・萩の乱** |
| | | 茨城県農民一揆 |
| | | 三重県農民一揆(愛知・岐阜・堺に拡大) |
| | 1877 | **地租軽減(2.5%)** |
| | | 西南戦争 |
| | 1878 | **紀尾井坂の変**…大久保利通，暗殺 |
| | | 地方三新法制定 |
| | | 竹橋騒動 |
| | | 愛国社再興第 1 回大会開催 |
| | | 参謀本部設置 |
| | 1879 | **琉球処分**(琉球藩を廃し，**沖縄県**設置) |

## 文 化・史 料・ゴロ覚えなど

"天下ノ公議ヲ張ルハ, 民撰議院ヲ立ルニ在ル而巳"

"第一款ニ記セル樺太島即薩哈嗹島ノ…「クリル」群島, 即チ第一「シュムシュ」島…"

"凡ソ事実ノ有無ヲ論セス, 人ノ栄誉ヲ害スヘキノ行事ヲ摘発公布スル者, 之ヲ讒毀トス"

"朝鮮国ハ自主ノ邦ニシテ, 日本国ト平等ノ権ヲ保有セリ"

万国郵便連合条約加入

第 1 回内国勧業博覧会

**モース, 大森貝塚**発掘

| 明治時代の文化 |

「朝日新聞」創刊

教育令制定

| 時代 | 年 | | 政 治・社 会・経 済 |
|---|---|---|---|
| 明治時代 | 1880 | | 愛国社第 4 回大会…**国会期成同盟**を結成 |
| | | | **集会条例**制定　🔍史料 43 |
| | | | **刑法・治罪法**公布（1882.1 施行） |
| | | | 工場払下概則制定（1884.10 廃止） |
| | 1881 | | |
| | | | **明治 14 年政変・国会開設の勅諭**　🔍史料 44 |
| | | | **自由党**結成 |
| | | | 日本鉄道会社設立 |
| | 1882 | | 軍人勅諭発布 |
| | | | **伊藤博文，憲法調査**のため渡欧 |
| | | | **立憲帝政党**結成 |
| | | | **立憲改進党**結党式 |
| | | | 大阪紡績会社設立 |
| | | | **日本銀行条例**制定 |
| | | | **壬午軍乱・済物浦条約** |
| | | | 板垣・後藤象二郎渡欧 |
| | | | 福島事件 |
| | 1883 | | **共同運輸会社**開業 |
| | | | 高田事件 |
| | 1884 | | **制度取調局** |
| | | | 群馬事件 |
| | | | **華族令** |
| | | | **加波山事件** |
| | | | **自由党解党** |
| | | | 秩父事件 |
| | | | 甲申事変 |
| | 1885 | | **漢城条約** |
| | | | 天津条約　🔍史料 50 |
| | | | 日本銀行兌換銀行券（銀本位制） |
| | | | **日本郵船会社**設立 |
| | | | **大阪事件** |
| | | | 内閣制度 |

## 文 化・史 料・ゴロ覚えなど

"開会三日前ニ…其会主又ハ会長幹事等ヨリ管轄警察署ニ届出テ, 其認可ヲ受ク可シ"

「東洋自由新聞」創刊

"将ニ明治二十三年ヲ期シ, 議員ヲ召シ国会ヲ開キ, 朕カ初志ヲ成サントス"

「時事新報」創刊

◎独墺伊三国同盟成立 (〜 1915)

「自由新聞」創刊

東京専門学校開校

加藤弘之『人権新説』刊

中江兆民『民約訳解』刊

鹿鳴館開館

『女学雑誌』創刊

◎清仏戦争はじまる (〜 1885)

福沢諭吉『脱亜論』🔍 史料 49 "我れは心に於て亜細亜東方の悪友を謝絶するものなり"

"将来朝鮮国若シ…, 日中両国或ハ一国兵ヲ派スルヲ要スルトキハ, …互ニ行文知照スベシ"

| 時代 | 年 | 内閣 | 政治・社会・経済 |
|---|---|---|---|
| 明治時代 | 1886 | 伊藤① | 北海道庁設置 |
| | | | 条約改正会議 |
| | | | 英船ノルマントン号事件 |
| | 1887 | | 星亨・中江兆民ら，大同団結を訴える |
| | | | 井上外相辞職 |
| | | | 後藤象二郎ら大同団結運動をおこす |
| | | | 「三大事件建白書」を元老院に提出 |
| | | | 保安条例を公布・施行　　　　　　　　　　🔍史料45 |
| | 1888 | | 市制・町村制公布 |
| | | | 枢密院設置 |
| | | | 鎮台→師団に改編 |
| | | | |
| | 1889 | 黒田 | |
| | | | 大日本帝国憲法・衆議院議員選挙法・皇室典範　🔍史料46 |
| | | | |
| | | | 黒田首相，地方長官会議で超然主義の演説　🔍史料48 |
| | | | 東海道線全通 |
| | | | 大隈外相，玄洋社社員に襲われ重傷 |
| | 1890 | | 民法公布（施行されず）　　　　　　　　　　🔍史料47 |
| | | | 府県制・郡制公布 |
| | | 山県① | 第1回総選挙（大同倶楽部55，改進党46，愛国公党35など） |
| | | | 立憲自由党結党 |
| | | | 第1議会（～1891.3） |
| | | | 1890年恐慌 |
| | | | 綿糸生産額，輸入額を越える |
| | 1891 | | 大津事件 |
| | | | 第2議会・樺山資紀海相「蛮勇演説」 |
| | | 松方① | |
| | 1892 | | 第2回総選挙…選挙大干渉（内相品川弥二郎） |
| | | | 第3議会（～6月） |

## 文化・史料・ゴロ覚えなど

帝国大学令・師範学校令・小学校令・中学校令公布

**民友社，雑誌『国民之友』**

『反省会雑誌』創刊

東京美術学校，東京音楽学校創立

"皇居又ハ行在所ヲ距ル三里以内ノ地ニ住居又ハ寄宿スル者ニシテ，…内務大臣ノ認可ヲ経，…"

**政教社『日本人』**

**高島炭鉱鉱夫虐待『日本人』掲載**

「東京朝日新聞」創刊

「大阪朝日新聞」創刊

新聞「日本」創刊

**"大日本帝国ハ万世一系ノ天皇之ヲ統治ス"**

**民法典論争**起こる（〜 1892）

**"然レドモ政府ハ常ニ一定方向ヲ取リ，超然トシテ政党ノ外ニ立チ，…"**

大阪天満紡績賃上げ要求ストライキ

◎（朝鮮）防穀令

**"家族ハ戸主ノ意ニ反シテ其居所ヲ定ムルコトヲ得ス"**

「国民新聞」創刊

「教育ニ関スル勅語」発布 ♀〈**史料62** "一旦緩急アレハ義勇公ニ奉シ以テ天壌無窮ノ皇運ヲ扶翼スヘシ"

東京・横浜間に電話開通

**第1議会，あっというまにひはくれる** （1890）

◎露仏同盟調印…シベリア鉄道起工

穂積八束論文「民法出デテ忠孝亡ブ」

田中正造，はじめて衆院に足尾鉱毒事件に関する質問書提出

久米邦武「神道は祭天の古俗」

| 時代 | 年 | 内閣 | 政 治・社 会・経 済 |
|---|---|---|---|
| 明治時代 | 1893 | 伊藤② | 第4議会(〜1893.2) |
| | | | 「建艦詔勅」 |
| | | | 第5議会(12月) |
| | 1894 | | 甲午農民戦争 |
| | | | 清・日両国，朝鮮出兵を相互に通告 |
| | | | 日英通商航海条約調印 |
| | | | 日清戦争 |
| | | | 器械製糸による生産量，座繰製糸の生産量を越える |
| | 1895 | | 下関条約(日清講和条約)調印　　　　🔍 史料52 |
| | | | 三国干渉 |
| | | | 閔妃殺害事件 |
| | | | 遼東半島還付 |
| | 1896 | | 進歩党結成 |
| | | | 航海奨励法・造船奨励法公布 |
| | | | 日清通商航海条約調印 |
| | | 松方② | 伊藤首相，閣内不統一で辞表提出 |
| | 1897 | | 日清戦後恐慌 |
| | | | 八幡製鉄所設立 |
| | | | 貨幣法(金本位制)成立 |
| | | | 労働組合期成会 |
| | | | 綿糸輸出額，輸入額を越える |
| | 1898 | 伊藤③ | 西・ローゼン協定調印 |
| | | | 自由・進歩両党，地租増徴案否決 |
| | | | 両党合同，憲政党結成 |
| | | 大隈① | 共和演説事件　憲政党分裂…憲政党・憲政本党 |
| | | 山県② | 地租増徴(3.3%) |
| | 1899 | | 北海道旧土人保護法　　　　🔍 史料38 |
| | | | 文官任用令改正 |

## 文 化 ・ 史 料 ・ ゴ ロ 覚 え な ど

◎(朝鮮)防穀令事件

大阪天満紡績ストライキ

◎孫文，ハワイで興中会を結成

"清国ハ朝鮮国ノ完全無欠ナル独立自主ノ国タルコトヲ確認ス"

◎朝鮮，国号を大韓帝国と改める

◎米西戦争はじまる

◎ドイツ，膠州湾租借

**日本美術院**創立

社会主義研究会結成

◎この年欧州列強中国に租借地

"北海道旧土人ニシテ農業ニ従事スル者又ハ従事セムト欲スル者ニハ…無償下付スルコトヲ得"

高等女学校令公布

◎山東で義和団蜂起

横山源之助『日本之下層社会』刊

フランスが広州湾を租借

◎米国務長官ヘイ，三原則提案

| 時代 | 年 | 内閣 | 政治・社会・経済 |
|---|---|---|---|
| 明治時代 | 1900 | 山県② | 治安警察法公布 |
| | | | 衆議院議員選挙法改正（直接国税 10 円以上） |
| | | | 軍部大臣現役武官制 |
| | | | 北清事変（義和団戦争） |
| | | 伊藤④ | 立憲政友会 |
| | | | 資本主義恐慌 |
| | 1901 | | 社会民主党結成（2 日後に禁止） |
| | | | 北京議定書（辛丑和約）調印 |
| | | | 八幡製鉄所操業開始 |
| | 1902 | | 日英同盟　　　　　　　　　　　　　　 🔍 史料 54 |
| | 1903 | | 七博士，対露強硬論を建議 |
| | 1904 | 桂① | 日露戦争開戦 |
| | | | 宣戦布告…日韓議定書調印　　　　　　 🔍 史料 56 |
| | | | 第 1 次日韓協約調印　　　　　　　　　 🔍 史料 57 |
| | 1905 | | 旅順陥落　奉天会戦　日本海海戦 |
| | | | 桂・タフト覚書成立 |
| | | | 第 2 次日英同盟 |
| | | | ポーツマス条約調印　　　　　　　　　 🔍 史料 55 |
| | | | 日比谷焼打ち事件 |
| | | | 桂・ハリマン覚書→破棄 |
| | | | 第 2 次日韓協約調印　　　　　　　　　 🔍 史料 58 |
| | | | 韓国統監府設置…初代統監伊藤博文 |
| | 1906 | | 日本社会党結成 |
| | | | 鉄道国有法 |
| | | 西園寺① | 南満洲鉄道株式会社 |
| | 1907 | | 日本社会党結社禁止 |
| | | | 元帥府会議，「帝国国防方針」 |
| | | | 日仏協約調印 |
| | | | ハーグ密使事件 |

## 文 化・史 料・ゴロ覚えなど

社会主義協会発足

◎義和団，北京公使館地域攻撃…清国，列強に戦線布告

◎８カ国連合軍北京侵入

**女子英学塾**設立

★ 20 世紀に入って

田中正造，足尾鉱毒事件で天皇に直訴

"若シ日本国又は大不列顛国ノ一方カ上記各自ノ利益…一方ノ締約国ハ厳正中立ヲ守リ…"

シベリアのとおくをにらむ日英同盟（1902）

農商務省『職工事情』刊

「平民新聞」

"大日本帝国政府ハ前項ノ目的ヲ達スル為メ軍略上必要ノ地点ヲ臨機収用スルコトヲ得ル事"

"韓国政府ハ日本政府ノ推薦スル日本人一名ヲ財務顧問トシテ韓国政府ニ傭聘シ…"

大塚楠緒子『お百度詣で』発表

"露西亜帝国政府ハ，日本国ガ韓国ニ於テ政事上・軍事上…利益ヲ有スルコトヲ承認シ，…"

"日本国政府ハ，在東京外務省ニ由リ今後韓国ノ外国ニ対スル関係及ビ事務ヲ監理指揮スベク…"

文芸協会結成

◎サンフランシスコ学童排斥問題

小学校令改正…義務教育 6 年に

◎英露協商締結…三国協商成立

| 時代 | 年 | 内閣 | 政治・社会・経済 |
|---|---|---|---|
| | | 西園寺① | 第3次日韓協約調印 　　　　　　　　　　🔍史料59 |
| | | | 第1次日露協約調印 |
| | | | 日本製鋼所設立 |
| | | | 日露戦後恐慌 |
| | 1908 | | 赤旗事件 |
| | | | 戊申詔書発布 |
| | 1909 | | 三井合名会社設立 |
| | | | 伊藤博文暗殺 |
| | | | ノックス提案…米国，満洲の鉄道中立化提案→翌年，拒否 |
| | | | 地方改良運動はじまる |
| 明治時代 | | 桂② | 生糸輸出量世界第1位・綿布輸出額，輸入額を越える |
| | 1910 | | 憲政本党など合同して立憲国民党結成 |
| | | | 大逆事件 |
| | | | 第2次日露協約調印 |
| | | | 韓国併合条約 　　　　　　　　　　　🔍史料60 |
| | | | 朝鮮総督府 |
| | | | 帝国在郷軍人会 |
| | 1911 | | 日米新通商航海条約調印（第2次条約改正） |
| | | | 工場法公布→（施行1916） |
| | | | 第3次日英同盟協約調印 |
| | | 西園寺② | 警視庁に特別高等課設置 |
| | 1912 | | 第3次日露協約調印 |
| 大正 | | | 明治天皇没，嘉仁親王践祚 |
| | | | 上原陸相，単独辞任・西園寺内閣総辞職 |

## 文化・史料・ゴロ覚えなど

"韓国政府ノ法令ノ制定及重要ナル行政上ノ処分ハ予メ統監ノ承認ヲ経ルコト"

第1回文展

自由劇場設立

◎四国借款団成立

『白樺』創刊

石川啄木『時代閉塞の現状』

"日本国皇帝陛下ハ, …譲与ヲ受諾シ, 且ツ全然韓国ヲ日本帝国ニ併合スルコトヲ承諾ス"

青鞜社設立, 『青鞜』創刊

◎辛亥革命開始

◎中華民国成立…首都南京

◎袁世凱, 大総統就任…首都北京

友愛会結成

## 1 徳川綱吉と元禄時代

本編解説 p.2 ~ 7 参照

**徳川氏略系図**

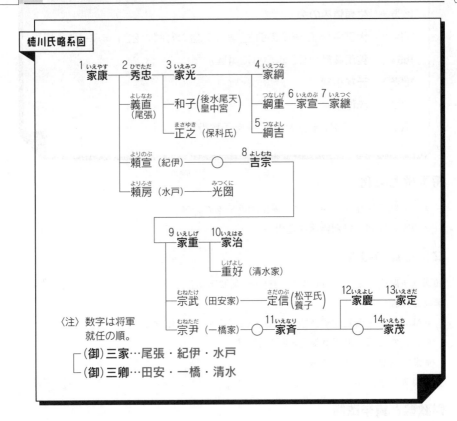

〈注〉数字は将軍
就任の順。

— (御)三家…尾張・紀伊・水戸
— (御)三卿…田安・一橋・清水

## 5代徳川綱吉(1680〜1709)＝元禄時代

| 1683 | 武家諸法度(天和令)「文武忠孝…礼儀」 |
| | ➡儒学の振興，湯島聖堂 |
| 1684 | 貞享暦・安井算哲(渋川春海)➡天文方 |
| | 服忌令 |
| 1685〜 | 生類憐みの令 |
| 1687 | 大嘗会(東山天皇の即位,霊元天皇の悲願で221年ぶりに再興) |
| 1694 | 賀茂葵祭(192年ぶりに再興) |
| 1695〜 | 元禄小判 |
| 1702 | 赤穂事件 |
| 1707 | (宝永)富士山大噴火 ➡諸国高役(国役)金 |

## 将軍権力強化
- 大老堀田正俊登用 ➡大名・幕臣の綱紀をただす。
- 側用人設置…柳沢吉保を登用。

## 文治主義の推進
武家諸法度の改定…「文武弓馬の道」➡「文武忠孝」  $\quad$ 史料1
### 学術の奨励
- 儒学興隆…湯島聖堂建設，林鳳岡(信篤)を大学頭に登用。
- 天文方設置…渋川春海(安井算哲)
- 歌学方設置…北村季吟

生類憐みの令発布  $\quad$ 史料2

## 財政難と貨幣改鋳
### 幕府財政窮乏
- 明暦の大火(1657)からの復興策，寺社の造営・修築。
- 鉱山収入の減少。
### 貨幣改鋳
- 荻原重秀(勘定吟味役→勘定奉行)登用 ➡元禄小判
- 出目の獲得➡通貨量の増加，物価騰貴

2

## 元禄期の社会

- **商品経済**の発展…商人勢力の台頭。
  - ➡元禄文化：華美の風潮，士風退廃，赤穂事件（1702）

## 2　徳川家宣・家継

📖 本編解説 p.8 ～ 10 参照

> **6代徳川家宣（1709～1712）・7代家継（1713～1716）＝「正徳の政治（治）」**
>
> 1709　生類憐みの令停止
>
> 1711　日本国大君殿下 ➡日本国王
>
> 　　　　　　（➡ 1717 吉宗「日本国大君殿下」に戻る）
>
> 1715　海舶互市新例…中国（清）＝年間 30 艘，銀高 6000 貫
>
> 　　　　　　　　オランダ＝年間 2 艘，銀高 3000 貫

- ＊侍講…新井白石，側用人…間部詮房
- **儀式・典礼**の整備。
- **閑院宮家**創設（1710）…朝幕関係融和，将軍権威の強化。
- **朝鮮通信使**の待遇簡素化（1711）。
- **将軍呼称**の変更（「**日本国大君殿下**」➡「**日本国王**」）
- **貨幣改鋳**…正徳小判（1714）➡慶長小判の水準にもどす。
- **海舶互市新例**（長崎新令・正徳新令 1715）…長崎貿易の貿易額制限。

🔍 史料 3

## 3　経済の発展

📖 本編解説 p.11 ～ 27 参照

### 農業

**耕地面積の増加**

- **新田開発**の盛行…幕藩領主の勧農。
- **代官見立新田**・**村請新田**・**町人請負新田**

**農業技術の進歩**

- **灌漑施設**の整備…箱根用水・見沼代用水（関東平野）

- 自給肥料と金肥(干鰯・油粕)
- 農具の発明改良…備中鍬(深耕用)，千歯扱(脱穀用)，
  唐箕，千石簁(選別用)，踏車(灌漑用)
- 農書…宮崎安貞『農業全書』

## 商品作物の栽培

- 四木三草 ┬ 四木…桑・楮・漆・茶(山城・駿河)
         └ 三草…紅花(出羽)・藍(阿波)・麻(越後など)
- 木綿(摂津・河内・尾張・三河)，煙草，菜種(畿内)，藺草(備後)

林業…木曽の檜，吉野・秋田の杉

# 水産業

漁法発達…網漁(上方漁法)の普及，網元・網子制度

## 特産

- 九十九里浜の地曳網(鰯→干鰯)
- 鰹(土佐)，鯨(紀伊・土佐・肥前)，鰊・昆布(蝦夷地)

製塩業…自然浜(揚浜) ➡ 入浜(式)

# 鉱業

- 砂鉄(出雲)…たたら製鉄
- 幕府・諸藩の直営鉱山 ┬ 金…佐渡，伊豆
                  ├ 銀…生野，石見，院内(出羽・秋田藩)
                  └ 銅…足尾(下野)，阿仁(出羽・秋田藩)
- 民間請負…別子銅山(伊予)─住友家(大坂・泉屋)

# 手工業

- 農村家内工業 ➡ 問屋制家内工業
- 各地の名産・特産
- 藩の専売制度・保護政策

# 商業

商品流通…大名・武士の消費生活，貨幣経済の発展。
┬ 蔵物…蔵屋敷(大坂)，蔵元・掛屋
│     蔵米 ➡ 旗本・御家人 ➡ 江戸浅草の札差
└ 納屋物…問屋が集散 ➡ 仲買・小売

卸売市場

 ┌大坂…堂島(米)，天満(青物)，雑喉場(魚)
 └江戸…日本橋(魚)，神田(青物)

商業機構…問屋中心

 ●**株仲間**…幕府の公認(18世紀以後)，営業独占

  ┌大坂の二十四組問屋
  └江戸の十組問屋

豪商

 ●三井…伊勢松坂出身 ➡江戸：越後屋呉服店・両替商
 ●鴻池…大坂：酒造業・両替商，蔵元・掛屋
 ●住友…大坂：銅商泉屋―別子銅山
 ●紀伊国屋文左衛門，淀屋辰五郎，奈良屋茂左衛門，河村瑞賢

# 貨幣・金融

貨幣制度

 ●幕府が**三貨**の鋳造発行独占 ➡統一貨幣として全国で流通。

  ┌金貨―**金座**(後藤庄三郎)…小判・一分金　　┌計数貨幣(4進法)
  ├銀貨―**銀座**(大黒常是)…丁銀・豆板銀　　　└秤量貨幣
  └銭貨―**銭座**(民間請負)…寛永通宝(一文銭)

 ●大坂の「**銀遣い**」，江戸の「**金遣い**」。
 ●藩札…諸藩で通用，財政窮乏の対策。

金融…両替商

 ┌**本両替**…預金・貸付(大名貸)・為替　　＊大坂の十人両替
 └**銭両替**

# 交通

発達の要因…参勤交代，商業の発達，庶民の旅行の増加。

陸上

 ●五街道…道中奉行の支配，江戸日本橋を起点。
 ●脇街道
 ●宿場町…駅制―**宿駅**(宿場)，伝馬制，**問屋場**，**助郷**

  ┌**本陣**……大名が利用。
  └旅籠屋…一般旅行者用。
 ●一里塚

- 関所…「入鉄砲に出女」の取締り。

水上…沿岸航路発達

- 海路
  - 南海路(江戸～大坂)…菱垣廻船・樽廻船
  - 東廻り海運(陸奥～江戸)
  - 西廻り海運(出羽～大坂)北前船 ─ 河村瑞賢

- 河川航路
  - 富士川・高瀬川など…角倉了以
  - 安治川…河村瑞賢

通信…飛脚
  - 継飛脚(幕府公用)
  - 大名飛脚
  - 町飛脚

## 都市の発達

- 発達の要因…大名の城下町経営，産業の発達。
- 三都…江戸・京都・大坂
  - 江戸…「将軍のお膝元」(人口約 100 万)，政治都市
  - 京都…(人口約 40 万)，宗教都市・工芸都市
  - 大坂…「天下の台所」(人口約 35 万)，商業都市
- 城下町・港町・宿場町・門前町

## 1 元禄文化の特徴

本編解説 p.29 参照

- 日本独自の文化の成熟 ◀鎖国状態の確立，外国の影響薄れる。
- 学問の重視（儒学から天文学まで）◀平和と安定，文治政治。
- 多様な層が受容する文化 ◀生産・流通の発達，技術の進歩。

## 2 儒学の発展と諸学問，宗教

本編解説 p.30 ～ 42 参照

### 朱子学（しゅしがく）

- 封建支配を倫理的に支持する教学 ➡幕府・諸藩の奨励。
- 大義名分（たいぎめいぶん）を強調…上下の秩序と礼節重視。
  - ┌京学…藤原惺窩（ふじわらせいか）の門流 ➡林羅山（はやしらざん）・鵞峰（がほう）・鳳岡（信篤）（ほうこう のぶあつ）
  - │　　　　　　　　　　　　　　　木下順庵（きのしたじゅんあん）・新井白石（あらいはくせき）
  - └南学（なんがく）…南村梅軒（みなみむらばいけん）の門流 ➡山崎闇斎（やまざきあんさい）：垂加神道（神儒一致）（すいかしんとう しんじゅ）

### 陽明学（ようめいがく）…朱子学の理論偏重，形式論を批判，実践重視，「知行合一」（ちこうごういつ）。

- 中江藤樹（なかえとうじゅ）…近江聖人（おうみせいじん）
- 熊沢蕃山（くまざわばんざん）…幕政批判で下総古河（しもうさこが）に幽閉（ゆうへい）。

### 古学（こがく）

- 朱子学・陽明学を批判…孔子（こうし）・孟子（もうし）の原典への復帰。
- 聖学（せいがく）…山鹿素行（やまがそこう）：朱子学批判 ➡赤穂配流（あこうはいる），武士道
- 古義学（こぎがく）（堀川学）（ほりかわ）…伊藤仁斎（じんさい）・東涯（とうがい）：古義堂（こぎどう）（京都堀川）
- 古文辞学（こぶんじがく）…国学に影響を与える。
  - ┌荻生徂徠（おぎゅうそらい）…蘐園塾（けんえんじゅく）（江戸）➡政治学の必要を説き『政談』を吉宗に。
  - └太宰春台（だざいしゅんだい）…経世論

## 儒学者の系譜（1）

**朱子学** 〈大義名分〉

【京学】

藤原惺窩 ── 林　羅山 ── 林　鵞峰 ── 林　鳳岡（信篤）
　　　　└─ 松永尺五 ── 木下順庵 ── 新井白石
　　　　　　　　　　　　　　　　└─ 室　鳩巣

【南学】

南村梅軒 ── 谷　時中 ── 野中兼山 ── 雨　森芳洲
　　　　　　　　　　　　　　└─ 山崎闇斎

**陽明学** 〈知行合一〉

中江藤樹 ── 熊沢蕃山

**古学** 〈孔孟の原典へ！〉

【聖学】山鹿素行

【堀川学派】伊藤仁斎 ─────────── 伊藤東涯

【古文辞学派】　荻生徂徠 ── 太宰春台

## 経世論

- 太宰春台…『経済録』,『経済録拾遺』
- 「経世済民の術」➡ 藩専売制, 商業の重視。

🔍 史料 4

## 諸学問の発達

- 歴史学…史料重視。新井白石『読史余論』
- 自然科学…産業・商業の発展を反映, 実証主義。稲生若水『庶物類纂』
- 古典研究…中世歌学の革新, **古今伝授**否定, 国学の源流。
　┌─ 歌学……戸田茂睡
　├─ 国文学…北村季吟
　└─ 万葉集研究…**契沖**

## 宗教

### 仏教

- **本末制度**(本山・末寺制度)
- **寺請制度**…寺院は幕府・諸藩の民衆支配の末端を担う。
  - ➡宗門改帳, 寺請証文
- **黄檗宗**…隠元隆琦(宇治の**万福寺**)
- **円空**…仏像彫刻

### 神道

- 山崎闇斎の**垂加神道**
- 伊勢信仰・伊勢参り

---

## 3　文学・芸能・美術

本編解説 p.43 〜 48 参照

## 元禄文学・芸能

### 俳諧

- **松尾芭蕉**…蕉風(正風)俳諧　➡寂び・しおり・細み

### 浮世草子…上方町人の世界を描き, 人間の本能を肯定。➡堅固・才覚

- 井原西鶴
  - 好色物
  - 町人物
  - 武家物

### 人形浄瑠璃

- 近松門左衛門(脚本)…世話物, 時代物
- 竹本義太夫(語り)…義太夫節, 竹本座

### 歌舞伎…若衆歌舞伎　➡野郎歌舞伎

- 市川団十郎(江戸・**荒事**)
- 坂田藤十郎(大坂・**和事**)…芳沢あやめ(大坂・**女形**)

## 元禄美術

### 絵画

- **土佐派**(朝廷絵所預)…土佐光起
- **住吉派**(幕府御用絵師)…住吉如慶・具慶
- **琳派**(町人絵画)…**尾形光琳**・乾山
- **風俗画**…浮世絵:**菱川師宣**(肉筆画・木版画)

9

工芸
- 尾形光琳（光琳蒔絵），尾形乾山（陶芸）
- 野々村仁清（色絵・京焼），宮崎友禅（友禅染）

造園
- 大名庭園…六義園・後楽園などの廻遊式庭園。

## 元禄文化（1）：儒学

【朱子学（京学）】

①『本朝通鑑』…林羅山・鵞峰：父羅山の事業を継ぎ，鵞峰が完成させた実証主義的な歴史書。

②『大日本史』…水戸徳川家（光圀以下）：水戸徳川家による歴史書。史局「彰考館」で明治時代までかかって完成。

\* 　　　　　　　　　 \*

〈新井白石〉

③『読史余論』…家宣に対する歴史の講義から生まれた。「九変五変論」の時代区分で有名。

④『古史通』…儒教的合理主義にもとづく古代史研究の書。中国史書との比較考証が目立つ。

⑤『藩翰譜』…337 家の大名家の系譜と伝記を集成したもの。

⑥『折たく柴の記』…白石の自叙伝。

⑦『采覧異言』…イタリア人宣教師シドッチの尋問などをもとに著された世界地理書。

⑧『西洋紀聞』…イタリア人宣教師シドッチの尋問の経過とキリスト教などの西洋事情をまとめた。

\* 　　　　　　　　　 \*

⑨『六諭衍義大意』…室鳩巣：明の教育勅諭注釈書の大意をわかりやすく書いたもの。寺子屋などで使用。朱子学の庶民への普及の面で注目される。

【陽明学】

①『翁問答』…中江藤樹：「近江聖人」と呼ばれる，日本の陽明学の祖。

②『大学或問』…熊沢蕃山：幕府に対する意見書（参勤交代の廃止や武士土着論など）。下総古河に幽閉。

【古学】

①『聖教要録』…山鹿素行の主著。朱子学を批判，播磨国赤穂に配流。

②『中朝事実』…山鹿素行：日本こそが「中華」であり，中国・朝鮮より優れ
　　ていると主張。

③『武家事紀』…山鹿素行：武家の歴史，儀礼などの生活についての実証的
　　な研究書。

④『論語古義』…伊藤仁斎：「論語」至上主義によりその原義を考究しようと
　　した。

⑤『政談』…荻生徂徠：徳川吉宗の諮問に答えたもの。武士の土着など具体
　　的な改革案を提示する。

⑥『経済録』…太宰春台：荻生徂徠の政治経済論を継承，幕藩体制の実情を
　　分析してその対策を論ずる。

⑦『経済録拾遺』…太宰春台：藩による専売制などを提案。上記⑥の補足。

## 元禄文化（2）：その他の学問

【農学】
『農業全書』…宮崎安貞：中国の『農政全書』を参考に，諸国を巡歴してまと
めた体系的な農書。

【本草学】
①『大和本草』…貝原益軒：江戸前期の代表的本草書。実地調査と実験にも
　　とづく実用的な博物誌。

②『庶物類纂』…稲生若水：加賀（金沢）藩主前田綱紀の命で編纂を開始。死
　　後，弟子の手で完成。

【和算・医学ほか】
①『塵劫記』…吉田光由：和算の普及の契機，その基本となった重要な著作。

②『発微算法』…関孝和：多元高次方程式を処理することに成功するなど和
　　算の発展を象徴する著作。

③『華夷通商考』…西川如見：長崎生まれの町人思想家。先駆的な外国地理
　　書。

④『貞享暦』…渋川春海（安井算哲）：中国の授時暦（元〜明）をもとに，観測
　　によって作成した暦。1684年に採用され，春海は幕府初代の天文方
　　となり，翌年から使用された。

【国文学】

①『梨本集』…戸田茂睡：伝統的な「制の詞」などを批判した歌論書。

②『源氏物語湖月抄』…北村季吟：源氏物語の注釈書。幕府の「歌学方」に登用された。

③『万葉代匠記』…契沖：徳川光圀の委嘱を受け，完成させた万葉集の注釈書。

【俳諧】〈松尾芭蕉〉

①『奥の細道』…俳諧紀行の代表。門人曾良とともに奥羽，北陸を巡り大垣に至る。

②『笈の小文』…俳諧紀行。江戸から伊賀，吉野，大和から明石，京都に至る紀行。

【小説】〈井原西鶴〉

①『好色一代男』…浮世草子の第一作となる画期的作品。「好色物」の代表。

②『日本永代蔵』…町人社会の喜怒哀楽を描く傑作。「町人物」。

③『世間胸算用』…大晦日を必死でのりきる中下層の町人の姿を描く。「町人物」。

④『武道伝来記』…武士の仇討ちを題材に武家社会の矛盾を描き出す，「武家物」。

【浄瑠璃】〈近松門左衛門〉

①『曽根崎心中』…遊女お初と徳兵衛の心中事件を題材とした最初の「世話物」。

②『心中天網島』…「世話物」の傑作。遊女小春と紙屋治兵衛が心中に至る緊密な人間関係を描く。

③『国性（姓）爺合戦』…明の復興をめざす鄭成功（和藤内）の活躍を描く「時代物」の代表。

元禄文化（4）：美術

**【建築】**
東大寺大仏殿…752年に創建→1180年平家の南都焼討ちで焼失→1195年再建（重源らに後白河院，源頼朝らが協力）→1567年の松永久秀と三好三人衆との戦闘の際に焼失。松永久秀らはそれ以前，1565年に将軍足利義輝を殺害している。1692年に再建された。

**【絵画】**
①紅白梅図屏風／②燕子花図屏風…**尾形光琳**：俵屋宗達の画風を継ぎ「琳派」を確立した町人画家。
②見返り美人図…**菱川師宣**：江戸浮世絵の開祖。大胆な構図の肉筆の美人画。

**【工芸・造園など】**
①八橋蒔絵螺鈿硯箱…**尾形光琳**の蒔絵の代表作。
②色絵吉野山図茶壺…**野々村仁清**：京焼色絵陶器の大成者の代表作。
③円空の仏像（円空仏）…諸国を巡り，「鉈彫」と呼ばれる木彫の親しみやすい仏像を多く残す。
④六義園…柳沢吉保の別邸，廻遊式庭園。
⑤後楽園…水戸徳川家の上屋敷の庭園。

# 享保の改革・田沼政治

## 1 領主財政の窮乏

📖 本編解説 p.50 ～ 51 参照

### 幕府・藩の財政難

- 本百姓体制の動揺…年貢確保の不安定，年貢増徴の限界。
- 貨幣経済の発達 ➡ 消費生活の拡大（「**米価安・諸色高**」）
- 諸藩…参勤交代・御手伝普請などの支出。

### 武士の生活苦

- 借知（借上・半知）などによる生活難。

### 対策

- 農村経済の再建（長期的対策） ⎤
- 当面の財政難克服（局面打開策） ⎦
- 商品経済の発展にいかに対処するか。

## 2 享保の改革

📖 本編解説 p.52 ～ 62 参照

＊8代将軍吉宗の治世

### 性格

- 家康の治世を理想とする復古主義・武断政治 ➡ 将軍権力の強化。

### 施策

#### 幕政の強化と人材登用

- 士風刷新，武芸奨励。
- 人材登用…**大岡忠相**（町奉行）・田中丘隅らを登用。
- 相対済し令（1719）…金銀貸借訴訟を受理しない。
- 勘定所機構の再編成（1721）➡ **公事方・勝手方**

🔍 史料5

**8 代徳川吉宗・享保の改革**

| | |
|---|---|
| 1716 | **吉宗将軍就任** |
| 1719 | **相対済し令**，金公事を受理せず。 |
| 1722〜1730 | **上げ米**，10000 石につき 100 石。 |
| | **質流し禁令** ➡1722 越後頸城騒動 |
| | 小石川養生所 |
| 1723 | **出羽長瀞騒動** ➡質流し禁令撤回。 |
| 1728 | **日光社参**（65 年ぶり） |
| 1731 | 堂島米市場の**株仲間を公認**。 |
| 1732 | **享保の飢饉**，虫害，西日本が飢饉，米価急騰。 |
| 1733 | 江戸で打ちこわし |
| 1742 | 『**公事方御定書**』 |
| 1744 | 『**御触書寛保集成**』 |

- 公事方御定書（1742）
- 目安箱設置（1721）…小石川養生所設置
- 町火消設置

**財政再建策**
- 倹約令…支出削減
- 上げ米の制（1722 〜 1730）…1 万石につき 100 石献上，在府半減。

史料 6
史料 7

- 足高の制（1723）…財政緊縮，人材登用
- 新田開発の奨励…町人請負新田
- 定免法採用と年貢率切上…4 公 6 民 ➡ 5 公 5 民

**殖産興業政策**
- 商品作物の栽培奨励…甘蔗・菜種・櫨・朝鮮人参など。
  甘藷（備荒作物：青木昆陽の研究）
- 実学の奨励…漢訳洋書の輸入制限を緩和（1720）。
  青木昆陽・野呂元丈の蘭語研究。

**商業政策**
- 商業統制…株仲間の公認。

- 米価調節…堂島米市場の公認，元文小判改鋳（米価上昇を図る）
- **質流し禁令**（1722）…**質地騒動**：越後頸城（高田）・出羽長瀞で撤回。

## 結果

- 幕府財政難の克服については一定の成果を上げる。
- 農村経済の抜本的再建はなされず，増税・緊縮財政への不満つのる。
- **享保の飢饉**（1732）➡百姓一揆増加，江戸の打ちこわし（1733）。

## 3 田沼時代

本編解説 p.63〜66 参照

＊10代将軍**家治**の治世…**田沼意次**（側用人➡1772 老中）

## 性格

- 側用人政治
- 商業資本を利用した積極的経済政策。

## 施策

**商業重視**
- **株仲間**の大幅公認…運上・冥加増徴。
- 専売制の拡大…銅座・真鍮座・朝鮮人参座など。
- 貨幣鋳造…**南鐐二朱銀**（計数貨幣），8枚で小判1両。

**貿易振興・開発計画**
- 長崎貿易振興┌銅・**俵物**（いりこ・干し鮑・ふかひれ）の輸出
　　　　　　　└金銀の輸入
- 印旛沼・手賀沼の干拓計画…商業資本を導入 ➡失敗。
- 蝦夷地開発，ロシアとの交易計画…**工藤平助『赤蝦夷風説考』**
　　　　　　　　　　　　　　　　　　　最上徳内の派遣。

## 結果

- 賄賂横行，政治腐敗，士風退廃。
- **天明の飢饉**，浅間山噴火。

　　➡百姓一揆・打ちこわし頻発，農民・新興商人らの反発。
- 意知（意次の子・若年寄）暗殺 ➡意次失脚。

# 宝暦・天明期の文化

## 1 宝暦・天明期の文化の特徴　📖 本編解説 p.68〜69 参照

- ●多様な学問の成立…洋学・国学・水戸学など。
- ●教育の発達…藩校・私塾・庶民教育。
- ●庶民を対象とする文学・芸能・絵画の発達
  …洒落本・黄表紙・読本・川柳・狂歌など。

## 2 学問　📖 本編解説 p.70〜81 参照

### 洋学

先駆
- ●西川如見…『華夷通商考』
- ●新井白石…『采覧異言』『西洋紀聞』

発達の契機
- ●享保の改革…実学の奨励。
  - ┌漢訳洋書の輸入制限緩和（1720）。
  - └青木昆陽・野呂元丈の蘭語研究。

洋学の発達

```
洋学 (蘭学) の展開

1774          1788          1796
解体新書  ➡  蘭学階梯  ➡  ハルマ和解
                            1802 暦象新書

蘭学事始 (杉田玄白)            1811 蛮書和解御用
```

**東洋医学と西洋医学**

| 東洋医学 | | 西洋医学 |
|---|---|---|

古医方・山脇東洋『蔵志』(×臓) ➡ 杉田玄白・前野良沢『解体新書』

臨床実験を重視 〈解剖図〉小田野直武

↑〈西洋画〉

平賀源内

- 医学…前野良沢・杉田玄白：『解体新書』，宇田川玄随『西説内科撰要』
- 語学…大槻玄沢『蘭学階梯』，稲村三伯『ハルマ和解』
- 天文学…高橋至時：天文方，寛政暦

志筑忠雄『暦象新書』，ニュートン・コペルニクスの説紹介。
- 物理学…平賀源内

## 国学

**先駆…元禄期の古典研究**

- 中世歌学の革新，古今伝授の否定。
  - 戸田茂睡…歌学
  - 北村季吟…国文学『源氏物語湖月抄』
  - 契沖…万葉集研究『万葉代匠記』

**国学者系統図**

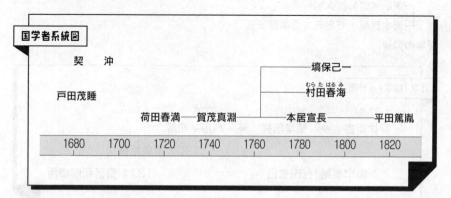

18

**国学の成立・発展**

記紀などの古典研究による古道(日本古来の道)の究明。

儒教・仏教などの外来思想の批判。

- **荷田春満**…京都伏見稲荷神社の神官,古道の解明。
- **賀茂真淵**…遠江の神官,**古道**(「ますらおぶり」)。
- **本居宣長**…伊勢松坂の医師,『古事記伝』完成,国学大成。➡尊王攘夷
- **平田篤胤**…秋田藩士,復古神道,国粋主義・排外的思想 ➡尊王攘夷

和学

- **塙保己一**…古典の収集保存,『群書類従』,**和学講談所**。

## 心学

- 儒教道徳に仏教・神道の教えを加味した生活倫理 ➡庶民教育・心学道話
- **石田梅岩**『都鄙問答』,手島堵庵・中沢道二 　　🔍**史料8**

## さまざまな思想

- **安藤昌益**…陸奥八戸の医者,万人直耕の「自然世」。　　🔍**史料9**
- **富永仲基**…懐徳堂出身,儒仏思想の批判。
- **山片蟠桃**…懐徳堂出身,無鬼論。　　🔍**史料10**

● 藩校（藩学）・郷学，私塾，寺子屋

## 藩校・私塾一覧（化政文化も含む）

| 藩校 | | | | 私塾 | | | |
|------|------|------|------|------|------|------|------|
| 設立地 | 藩校名 | 人物 | 設立年 | 設立地 | 私塾名 | 人物 | 設立年 |
| 萩 | 明倫館 | 毛利吉元 | 1719 | 近江 | 藤樹書院 | 中江藤樹 | 1634 |
| 熊本 | 時習館 | 細川重賢 | 1755 | 岡山 | 花畠教場 | 池田光政 | 1641 |
| 鹿児島 | 造士館 | 島津重豪 | 1773 | 京都 | 古義堂 | 伊藤仁斎 | 1662 |
| 米沢 | 興譲館 | 上杉治憲 | 1776（1697 | 江戸 | 蘐園塾 | 荻生徂徠 | 1709 ころ |
| | | | 藩校創建） | 大坂 | 懐徳堂 | 中井甃庵 | 1724 |
| 秋田 | 明徳館 | 佐竹義和 | 1789 | 江戸 | 芝蘭堂 | 大槻玄沢 | 1788 ころ |
| | | | （初め明道館） | 豊後 | 咸宜園 | 広瀬淡窓 | 1817 |
| 水戸 | 弘道館 | 徳川斉昭 | 1839 着工， | 長崎 | 鳴滝塾 | シーボルト | 1824 |
| | | | 1841 開館 | 大坂 | 洗心洞 | 大塩平八郎 | 1830 ころ |
| | | | | 〃 | 適々斎塾 | 緒方洪庵 | 1838 |
| | | | | 萩 | 松下村塾 | 吉田松陰 | 1842 |

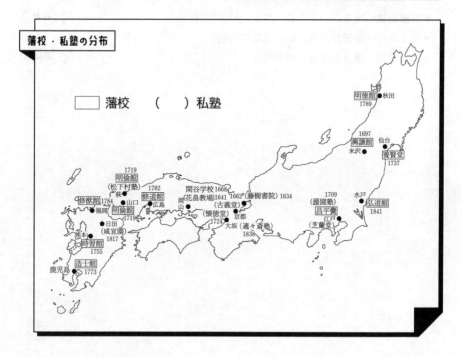

藩校・私塾の分布

藩校　（　）私塾

## 儒学者の系譜（2）

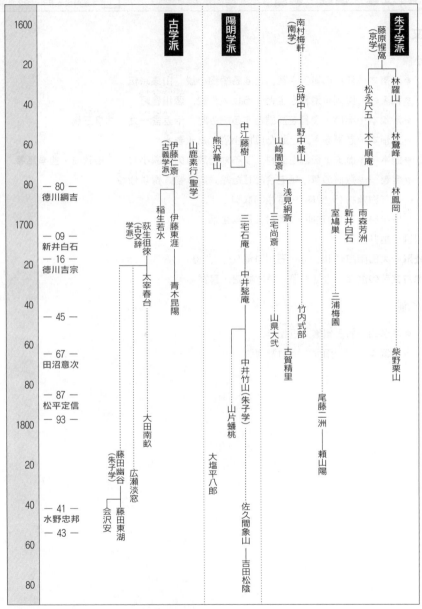

## 文学

### 小説

- 洒落本…江戸の遊里を舞台とする短編小説，**山東京伝**
- 黄表紙…風刺・滑稽を主とする絵入小説，**恋川春町**
- 滑稽本…笑い・滑稽を基調とする読み物，**十返舎一九・式亭三馬**
- 人情本…恋愛を主題とした風俗小説，**為永春水**
- 読本……歴史・伝説を素材とする勧善懲悪の長編小説，**上田秋成・曲亭馬琴**
- 合巻……数冊の草双紙を合わせた絵入読み物，**柳亭種彦**

俳諧┌─与謝蕪村（天明期）…写生的な句
　　└─小林一茶（化政期）…農村の日常生活

川柳…柄井川柳

狂歌…大田南畝（蜀山人）・石川雅望（宿屋飯盛）

**地方文芸の展開**…菅江真澄・鈴木牧之・良寛

## 演劇

- 浄瑠璃…竹田出雲・近松半二
- 歌舞伎…鶴屋南北・河竹黙阿弥

## 演劇の系譜

| 江戸初期 | 元禄 | 宝暦・天明期 / 化政 |
|---|---|---|
| 阿国歌舞伎 女歌舞伎　出雲お国　→　一六二九　禁止　若衆歌舞伎　→　一六五二　禁止　野郎歌舞伎 | 市川団十郎〈荒事〉　坂田藤十郎〈和事〉　芳沢あやめ〈女形〉 | 脚本　（4世）鶴屋南北　　脚本　河竹黙阿弥 |
| 人形浄瑠璃 | 語り手　竹本義太夫　人形使い　辰松八郎兵衛　脚本　近松門左衛門 | 脚本　竹田出雲　→　唄浄瑠璃　常磐津節　清元節　新内節 |

## 絵画

### 浮世絵

- **鈴木春信（はるのぶ）**…錦絵（にしきえ）の創始（18世紀半ば）
- **喜多川歌麿（きたがわうたまろ）**…美人画 ┐
- **東洲斎写楽（とうしゅうさいしゃらく）**…役者絵・相撲（すもう）絵 ┘ 寛政（かんせい）期
- **葛飾北斎（かつしかほくさい）**…風景画 ┐
- **歌川広重（うたがわひろしげ）**…風景画 ┘ 天保（てんぽう）期

**文人画（ぶんじんが）（南画（なんが））**…池大雅（いけのたいが）・与謝蕪村（よさぶそん）（天明期）
　　　　　谷文晁（たにぶんちょう）・渡辺崋山（わたなべかざん）・田能村竹田（たのむらちくでん）（化政期）

**写生画**…円山応挙（まるやまおうきょ）：円山派
　　　呉春（ごしゅん）（松村月溪（まつむらげっけい））：四条派（しじょうは）

**西洋画**…平賀源内（ひらがげんない）→（秋田藩士）小田野直武（おだのなおたけ）
　　　司馬江漢（しばこうかん）（銅版画（どうはんが））・亜欧堂田善（あおうどうでんぜん）

# 第38回

# 寛政の改革・社会の変容

## 1 寛政の改革

📖 本編解説 p.94 ～ 103 参照

- ＊11代将軍**家斉**の治世…初期
- ＊老中**松平定信**…白河藩主，吉宗の孫，田安宗武の子

### 性格

- **天明の飢饉**からの社会の復興。
- 保守的緊縮政策…田沼時代の反動，封建秩序の回復。
- 享保の改革を理想とする**復古的**性格。

### 施策

#### 封建秩序回復

- 倹約令
- 言論・出版統制…**寛政異学の禁**（1790）➡**昌平坂学問所**（1797 幕府直轄）

  ＊寛政の三博士
  - ┌柴野栗山
  - ├尾藤二洲
  - └岡田寒泉（→古賀精里）

  🔍**史料13**

- ＊林子平処罰（1792）…『**海国兵談**』➡**ラクスマン**根室来航。  🔍**史料14**
- 風俗取締り…恋川春町（黄表紙作者）・山東京伝（洒落本作者）処罰。

#### 農村復興

- 助郷役軽減，治水・開墾奨励。
- 囲米の制
- 社倉・義倉の設置。
- 旧里帰農令…出稼ぎ制限，帰村の奨励。

#### 都市対策

- （石川島）人足寄場設置 ➡無宿人に職業訓練。
- 七分積金（1791）…江戸の町入用節約分の七分（70％）を積み立てる。
- 勘定所御用達

**商業資本対策**
- 一部の座や株仲間を廃止。
- 棄捐令(1789)…旗本・御家人の救済。

史料12

**朝廷対策**
- 尊号一件(1789)…**光格天皇**が実父に「太上天皇」の号を贈ろうとした。

**海防強化**
- 伊豆・相模などの海岸巡視(ラクスマン来航，1792)。

## 結果

- 幕政緊張。
- 過度の理想主義的改革…現実に対応せず，諸階層の不満増大。

## 2　江戸中期の藩政改革

本編解説 p.104 参照

**特色**
- 名君の主導。
- 藩財政再建策…年貢増徴，殖産興業(**専売制**)。
- 人材の育成，**藩校**の設立。

**熊本藩**：細川重賢…蠟の専売，**時習館**設立。
**米沢藩**：上杉治憲…米沢織，**興譲館**再興。
**秋田藩**：佐竹義和…織物・製紙・醸造などの国産奨励。
　　　　　　明道館(のち明徳館)設立。

## 3　社会の変容

本編解説 p.105 ～ 110 参照

## 農民層の分解

**原因**
- 貢租過重…幕府・諸藩の財政窮乏 ➡貢租増徴。
- 天災…**3 大飢饉**
  - 享保の飢饉(1732)…西日本一帯の虫害
  - 天明の飢饉(1782 ～ 1787)…東北地方一帯の凶作。
  - 天保の飢饉(1832 ～ 1838)…全国的な冷害，洪水，大風雨。

● 貨幣経済の影響。

## 農業経営の変化

● 地主手作(じぬしてづくり)の行き詰まり…下人・年季奉公人(ねんきほうこう)の賃金，肥料・農具代の高騰。
● 寄生地主(きせいじぬし)の成立 ➡ 小作経営(こさく)

## 商業的農業の発達

● 穀物中心の農業停滞 ➡ 商品作物の栽培，集約農業・多角経営の方向。

## 商業資本の進出

● 商業資本の新田開発…町人請負新田(ちょうにんうけおい)。
● 土地集積(質入れ)(しちいれ) ➡ 寄生地主(町人地主の発生)
● 問屋制家内工業(といやせいかないこうぎょう)の発達。

## 農村内の階層分化

● 階層分化の進展・対立 ➡ 村方騒動(むらかたそうどう)

```
┌─ 大百姓(村役人・地主)の富裕化。
└─ 小百姓(中小農民)の没落 ➡ 貧農・小作農化。
```

# 百姓一揆

**前期**(17世紀)…幕藩体制安定期
● 代表越訴型一揆(だいひょうおっそがたいっき)…村役人の直訴(じきそ)
　　　　　　　義民…佐倉惣五郎(ぎみん)(さくらそうごろう)(下総)(しもうさ)・礫茂左衛門(はりつけもざえもん)(上野)(こうずけ)ら。

**中期**(18世紀)…幕藩体制動揺期
● 惣百姓一揆(そうびゃくしょう)…広範囲・大規模化，全藩一揆(ぜんぱん)

**後期**(18世紀後半〜19世紀前半)…幕藩体制崩壊期
● 惣百姓一揆(そうびゃくしょう)の頻発。
● 村方騒動(むらかたそうどう)┌─地主・高利貸(こうりがし)と小作人などの貧農との対立。
　　　　　　└─村役人と平百姓との対立。
● 国訴(こくそ)…畿内(きない)周辺の先進地帯で発生，合法的訴願(そがん)，広域化。
　　　　　在郷商人(ざいごう)・農民と株仲間商人(かぶなかま)の対立。

🔍 史料15

世直し一揆(幕末期)…社会変革を唱えて実力行使。

# 打ちこわし

● 下層町人・貧窮農民の反抗運動。
● 高利貸・米商人を襲撃。

# 文化・文政時代・天保の改革

## 1 文化・文政時代

本編解説 p.112 ～ 118 参照

### 11 代家斉の親政期(1793 ～ 1841)

- 放漫政治…享楽的風潮。
- 幕府財政悪化 ➡ 貨幣改鋳(文政小判など)。
- 百姓一揆，村方騒動，打ちこわし頻発。

### 農村工業の発展

- 問屋制家内工業の発展。
- マニュファクチュアの成立…綿織物(大坂周辺・尾張)
  絹織物(桐生・足利)

### 農村の変化

- 在方町(在郷町)の発達。
- 在郷商人の成長 ┐
- 大坂問屋の地位低下┘ ➡ **国訴**
- 諸藩専売品の消費地直送。

### 江戸地廻り経済圏の形成

- 社会不安深刻化 ➡ 関東取締出役設置(1805)
- 寄場組合(1827)

### 天保の飢饉

- 甲斐郡内騒動・三河加茂一揆

### 大塩の乱(大坂，1837)…大坂町奉行元与力，陽明学者，洗心洞

### 生田万の乱(越後柏崎，1837)…国学者

### 幕藩領主の危機感

- 徳川斉昭「戊戌封事」…内憂外患への対処。

Q **史料16**

---

┌─────────┐
│ **百姓一揆** │
└─────────┘

- **越後質地騒動**(越後頸城)　← 1722 質流し禁令
- **出羽長瀞騒動**　　　　　　→ 1723 撤回
- **伝馬騒動**　　　　　　　← 中山道周辺の武蔵国の村々，江戸出訴を
　　　　　　　　　　　　　　　めざす。
- **上州絹一揆**(絹一揆)　← (田沼時代)1781 年，幕府の絹織物・生
　　　　　　　　　　　　　　糸・真綿貫目改所開設計画に反発し，起
　　　　　　　　　　　　　　こった一揆。
- **防長大一揆**　　　　　　← 長州藩＝周防・長門，専売制に対す
　　　　　　　　　　　　　　る反対。
- **甲斐郡内騒動**(甲州騒動)　← (大御所時代)天保の飢饉
- **三河加茂一揆**　　　　　← (大御所時代)天保の飢饉

---

## 2　天保の改革

📖 本編解説 p.119 ～ 123 参照

\* 1841 ～ 1843 年，12 代将軍家慶の治世
\* 老中**水野忠邦**(遠江・浜松城主)

### 性格

- 享保・寛政両改革を理想とする復古主義，統制強化。
- 商品経済の直接支配，農村経済の再建。

### 施策

**経済政策**
- **倹約令**
- **株仲間解散令**(1841)

　　🔍**史料17**

　物価引下げ策，新興商人の自由な取引きを期待。

　　　→経済混乱 →株仲間再興令(1851)
- **棄捐令**(1843)

28

**幕権強化策**
- 上知（地）令（1843）…江戸・大坂周辺の50万石分を直轄領に編入。

　　　　（➡撤回）

🔍史料18

**農村復興策**
- 人返しの法（1843）…農民の出稼ぎ禁止，農民の**帰村強制**。

**風俗取締り**
- 為永春水（**人情本**作者）・柳亭種彦（**合巻**作者）処罰。

## 結果

- 経済統制 ➡流通機構混乱，物価高騰。
- 復古的統制強化 ➡非現実的，不満増大。
- **上知令** ➡大名・旗本の反発 ➡水野忠邦失脚。

---

## 3　後期藩政改革

📖 本編解説 p.124～127 参照

## 諸藩の動揺

**財政破綻への対応**
- 家臣の俸禄削減（**借知**）。
- 年貢増徴。
- 専売制の強化，国産会所（産物会所）経営。
- 商人への御用金賦課。

**藩政の危機**
- 下級武士の不満…生活苦，門閥制度に対する反感。
- 農民・町人の反抗…重税・専売制強化に対する反感。

**藩政改革の必要性**
- 財政再建。
- 藩権力強化 ➡軍事力（洋式軍備）増強。

## 後期藩政改革

＊後期藩政改革の特徴…**下級藩士の登用，専売制・洋式兵備の導入。**

▌**薩摩藩**

**島津重豪の改革**

- 調所広郷の登用。
- 藩負債（500万両）整理…無利息250年賦返済。
- 黒砂糖の専売強化。
- 琉球貿易の拡大。

### 島津斉彬の改革

- 洋式兵備の充実…反射炉設置，軍艦建造。
- 殖産興業政策の推進。

### 島津忠義

- 紡績工場…イギリス人の指導。
- 長崎のグラヴァーから洋式武器を購入。

## 長州藩（毛利敬親の改革）

- 防長大一揆（1831）…専売制廃止などを要求。
- 村田清風の登用。
- 紙・蠟の専売制緩和。
- 藩負債整理。
- 越荷方拡張…資金貸付，委託販売。
- 洋学奨励…洋式砲術採用。

## 佐賀藩（鍋島直正の改革）

- 均田制実施…本百姓体制の再建。
- 国産会所…陶磁器，石炭の専売
- 洋式兵備充実…反射炉設置，大砲鋳造。

## ほかの諸藩…以下の藩でも藩権力の強化に成功

- 土佐藩（山内豊信の改革）…吉田東洋の登用。
- 水戸藩（徳川斉昭の改革）…人材登用（藤田東湖・会沢安ら），兵制改革。
- 宇和島藩（伊達宗城）
- 越前藩（松平慶永）

# 雄藩の台頭

- 西南諸藩（薩長土肥など）の改革成功…経済力・軍事力強化 →雄藩

## 雄藩の台頭

①薩摩藩

- **島津重豪 ➡ 造士館・調所広郷**

  子，孫を藩主としたが実権を握り続け，調所広郷を登用。

  ＊ 500 万両 無利息 250 年賦，黒砂糖の専売強化，琉球(密)貿易

- **島津斉彬(1809 〜 1858)…集成館**，反射炉の導入

  老中阿部正弘らの助力により，1851 年，家督を継ぐ。

- 島津久光…斉彬の弟。藩主忠義の父として実権を握る。

②長州藩

- **毛利敬親 ➡ 村田清風**

  ＊ 140 万両 **37 カ年賦皆済仕法** ＊**専売制の緩和** ×強化

③福井藩

- **松平慶永(春嶽)**

  田安斉匡の 8 男，1838 年福井藩主。一橋派の中心。

  **橋本左内**を登用。

  幕府により隠居，謹慎の処分。

  文久の改革で政事総裁職。**横井小楠**を登用。

④水戸藩

- **徳川斉昭(1800 〜 1860)…弘道館(1841)**

  1824(常陸)大津浜事件

  ➡ 1825 会沢安『新論』

    1846 藤田東湖『弘道館記述義』

      …徳川斉昭の擁立に成功。

      **水戸藩天保の改革。**

      東湖，安政の地震で圧死(1855)。

# 化政文化

## 1 化政文化の特徴

本編解説 p.129 参照

＊後期の江戸文化

- 江戸中心の中小商工業者（町人）の文化。
- 文化の多様化と地域的・階層的広がり。
- 享楽的・退廃的傾向…躍動性喪失，風刺・皮肉の文芸。
- 批判的・科学的精神 ➡ 諸学問の発達。

## 2 学問・思想・教育

本編解説 p.130 ～ 138 参照

### 経世論

- **太宰春台**…『経済録』，藩専売制。（元禄文化）
- **佐藤信淵**…『経済要録』，産業国営化論・海外経略論。　　史料19
- **海保青陵**…『稽古談』，藩専売制の強化。　　　　　　　　史料20
- **本多利明**…『経世秘策』，開国貿易論。　　　　　　　　　史料21

### 尊王論

- 宝暦事件…1758，**竹内式部**
- 明和事件…1767，**山県大弐**
- 水戸学…藤田幽谷・東湖，会沢安，尊王攘夷論，弘道館（1841）
- 復古神道…**平田篤胤**，尊王攘夷論に影響。

### 農学

- **大蔵永常**…『広益国産考』，商品作物の栽培奨励。
- **二宮尊徳**…農村復興（報徳仕法）。
- **大原幽学**…性学，農民の組合を組織。

# 近世の学問

| 寛永文化 | 元禄文化 | 宝暦・天明期 | 化政文化 |

―― 1601 ―――――――――― 1701 ―――――――――― 1801 ――

1720　　　　　　　1790　　　1828

漢訳洋書の輸入制限緩和　寛政異学の禁　シーボルト事件

**【経世論】**　　〈古文辞学派〉荻生徂徠―太宰春台‥‥‥‥‥‥‥‥‥‥海保青陵

　　　　　　　　　　　　　　　　　　　　本多利明　佐藤信淵

**【国学】**　　　　　契沖　　　荷田春満―賀茂真淵―本居宣長――平田篤胤

　　　　　　　戸田茂睡　　　　　　　　　　└塙保己一

**【尊王論】**　　　山崎闇斎――――――――山県大弐

　　　　　　〈水戸学〉徳川光圀　　　　　　　　〈後期〉会沢安　藤田東湖

**【農学】**　　　　宮崎安貞　　　　　　　　　　(佐藤信淵)大蔵永常

**【洋学】**　　　　　　　　青木昆陽‐前野良沢‐大槻玄沢┐　宇田川榕庵

　　　　　　　　　　　　　　杉田玄白　└稲村三伯　　緒方洪庵→

　　　　　　　　　　　　　桂川甫周┐

　　　　　　　　　　　　　　└宇田川玄随　シーボルト┐

　　　　　　　　　　　　　　　　　　　　　└伊東玄朴

**【天文・地理】**　　　　　　　　　　伊能忠敬

　　　　　　　　　　　　　　　　高橋至時――高橋景保

　　　　　　　　　　　本木良永――志筑忠雄

**【町人主体の学問】**

　　　　　　**懐徳堂**　三宅石庵‐中井甃庵‐中井竹山―山片蟠桃
　　　　　　　　　富永仲基

　　　　〈石門心学〉石田梅岩―手島堵庵┐
　　　　　　　　安藤昌益　└中沢道二

## 【国学】

①『創学校啓』…荷田春満：京都伏見稲荷の神官家出身。幕府に和学専門の学校の創設を建言。

②『万葉考』・『国意考』…賀茂真淵：遠江浜松の神官家出身。号は「県居」。田安宗武に仕える。

### 〈本居宣長〉

③『古事記伝』…号は「鈴屋」。師の遺志をつぎ 30 年余をかけて「古事記伝」を完成させた。

④『直毘霊』…「古事記伝」の第 1 巻。古事記研究の方法をまとめた。古道観をよく示す。

⑤『源氏物語玉の小櫛』…源氏物語の注釈書。その本質を「もののあはれ」であるとする。

⑥「秘本玉くしげ」…天明の飢饉を背景に，和歌山藩主徳川治貞に上程した意見書。

## 【和学】

『群書類従』…塙保己一：「和学講談所」を設立。文献資料を収集，刊行。

## 【経世論】

①『稽古談』…海保青陵：君臣関係も商品交換の論理で説明。「売買八天理」と売買を肯定し，商業を重視。

②『経世秘策』…本多利明：後期の経世論の代表作。西洋の知識も取り入れ，海外貿易の振興などを提言。

③『西域物語』…本多利明：西洋に対する肯定的な知識をもとに，国産の振興と貿易の必要などを主張。

④『経済要録』…佐藤信淵：幕藩体制の欠陥を指摘し，国家権力による産業開発，専売などを提言する。

## 【尊王論】

①『柳子新論』…山県大弐：尊王論の立場から幕政を批判。1767 年処刑される（明和事件）。

②『弘道館記述義』…藤田東湖：徳川斉昭の腹心。安政の大地震で圧死。後期水戸学の中心。

③『新論』…会沢安（正志斎）：徳川斉昭の側近で藩校「弘道館」初代総裁。尊王攘夷論を主張。

④『山陵志』…**蒲生君平**：寛政の三奇人の１人で尊王論者。『山陵志』で歴代

天皇陵の所在を考証した。

⑤『日本外史』…**頼山陽**：尊王論に影響を与えた歴史書。

【心学ほか】

①『都鄙問答』…**石田梅岩**：京都で庶民を対象に道徳論を説く。「心学」の創

始者。手島堵庵・中沢道二へ。

②『自然真営道』…**安藤昌益**：奥州八戸の医者。「自然世」「万人直耕」を主張。

③『出定後語』…**富永仲基**：懐徳堂の創立者の１人。仏教の経典を批判的に

検討した著作。

④『夢の代』…**山片蟠桃**：懐徳堂に学ぶ。徹底した唯物論的立場。とくに「無

鬼論」が有名。

⑤『草茅危言』…**中井竹山**：懐徳堂の４代目の学主。松平定信の諮問に答え

た時事問題についての意見書。

【農学】

①『広益国産考』…**大蔵永常**：近世後期の商業的農業に対応した本格的な農

書。

②『農具便利論』…**大蔵永常**：農具について詳述したもの。

③『農政本論』…**佐藤信淵**：農政の沿革・農事を述べ農業政策について論じ

た著作。

【洋学ほか】

①『解体新書』…**前野良沢・杉田玄白**ら：最初の西洋解剖書の本格的訳書。

クルムスの解剖書のオランダ語訳『ターヘル＝アナトミア』から。中川

淳庵・桂川甫周なども参画。挿図は小田野直武。

②『蘭学事始』…**杉田玄白**の晩年の回想録。蘭学の草創期の貴重な史料。

③『蘭学階梯』…**大槻玄沢**：蘭学の入門書。

④『ハルマ和解』…**稲村三伯**：最初の本格的な蘭日辞典。

⑤『西説内科撰要』…**宇田川玄随**：日本最初の西洋内科書の翻訳書（1793

〜1810刊行）。

⑥『日本』…**シーボルト**：オランダ商館のドイツ人医師。帰国後に著した日

本研究の書。

⑦『暦象新書』…**志筑忠雄**：天文・物理学の訳書。太陽系の成因としての星

雲説などを紹介。

⑧『大日本沿海輿地全図』…伊能忠敬：最初の実測にもとづく地図。孫の時代（1821年）に完成。

⑨『舎密開宗』…宇田川榕庵：最初の本格的**化学**書。

⑩『慎機論』…渡辺崋山：モリソン号事件を批判。「蛮社の獄」で蟄居。画家としても著名（→絵画の⑦）。

⑪『戊戌夢物語』…高野長英：モリソン号事件を批判。「蛮社の獄」の原因となった書。

⑫『玄語』…三浦梅園：独創的な自然哲学「条理学」を提唱。ほかに『価原』などもある。

⑬『三国通覧図説』…林子平：朝鮮・琉球・蝦夷地の情報をまとめ，ロシアの蝦夷地への侵略の危険を論ずる。

⑭『海国兵談』…林子平：海国日本の国防について論じた書。「寛政の改革」で処罰される。直後に，ラクスマンが根室に来航。

⑮『赤蝦夷風説考』…工藤平助：ロシアの地誌。ロシアとの交易を主張。田沼に影響を与える。最上徳内の蝦夷地調査。

⑯『北槎聞略』…桂川甫周：漂流民大黒屋光太夫の体験をもとにロシアについての情報をまとめた著作。

## 天文学・地理学

- **高橋至時**…「寛政暦」
- **伊能忠敬**…「大日本沿海輿地全図」
- **芝蘭堂**（江戸，大槻玄沢）…オランダ（阿蘭陀）正月
- **鳴滝塾**（長崎，シーボルト）…高野長英・小関三英
    - ➡シーボルト事件（1828）…シーボルト追放，高橋景保処罰。
    蛮社の獄（1839）…渡辺崋山・高野長英（尚歯会）処罰。
- **適々斎塾（適塾）**（大坂，緒方洪庵）…橋本左内・福沢諭吉・大村益次郎

## 洋式軍備

- 佐賀藩…反射炉
- 幕府……江川太郎左衛門（坦庵）

## 3　生活と信仰

📖 本編解説 p.139～140 参照

- 出開帳・縁日・富突
- 寺社参詣…**御蔭参り**，巡礼
- 五節句…日待・月待，庚申講
- 民間神道…黒住教(黒住宗忠)・天理教(中山みき)・金光教(川手文治郎)

### 江戸後期の文学

**【小説】**

①『仕懸文庫』…**山東京伝**：洒落本。版元の蔦屋重三郎とともに寛政の改革
　で処罰される。

②『江戸生艶気樺焼』…**山東京伝**：黄表紙の作品。

③『金々先生栄花夢』…**恋川春町**：「黄表紙」の成立を画す作品。寛政の改革
　で処罰。

④『東海道中膝栗毛』…**十返舎一九**：滑稽本。弥次郎兵衛と喜多八の江戸か
　ら大坂への道中記。

⑤『浮世風呂』…**式亭三馬**：滑稽本。銭湯での人物，会話などを精密に描い
　た作品。

⑥『春色梅児誉美』…**為永春水**：人情本の確立の画期となった作品。女性読
　者を対象とし，恋愛の諸相を描く。天保の改革で処罰。

⑦『雨月物語』…**上田秋成**：読本。江戸中期の代表作。和漢混淆文による短
　篇の怪異小説を集めた傑作。

⑧『南総里見八犬伝』…**曲亭馬琴**：読本。因果応報・勧善懲悪を基調とする，
　雄大な構想の歴史小説。

⑨『椿説弓張月』…**曲亭馬琴**：読本。源為朝を主人公とし，奔放な空想力を
　駆使した作品。絵は葛飾北斎が担当。

⑩『偐紫田舎源氏』…**柳亭種彦**：合巻。「源氏物語」を草双紙に翻案。華美な
　装丁。天保の改革で処罰。

**【俳諧・川柳】**

①『蕪村七部集』…**与謝蕪村**：南画の大成者としても著名。中期，**天明**期の
　俳諧の代表（→絵画の⑥）。

②『おらが春』…**小林一茶**：後期の俳人。信濃国の生まれ。娘の死を悼み編
　んだ作品集が著名。

③『誹風柳多留』…**柄井川柳ら**：後期の川柳集の代表。

**【浄瑠璃・歌舞伎】**

①『仮名手本忠臣蔵』…**竹田出雲**：時代物。赤穂浪士の吉良邸討入を題材とする作品の代表。

②『菅原伝授手習鑑』…**竹田出雲**：時代物。菅原道真の筑紫配流を題材にする。

③『本朝廿四孝』…**近松半二**：中・後期の浄瑠璃作者の代表作。

④『東海道四谷怪談』…**鶴屋南北**：お岩の怨霊話などを取り入れた，怪奇趣味の「生世話物」の代表作。

## 江戸後期の絵画

①弾琴美人…**鈴木春信**：「錦絵」の技法を完成した。町娘などを叙情性豊かに描く。

②婦女人相十品…**喜多川歌麿**：美人画の第一人者。「大首絵」の手法を取り入れる。

③市川鰕蔵…**東洲斎写楽**：「大首絵」の手法による役者絵で有名。蔦屋重三郎が版元。

④富嶽三十六景…**葛飾北斎**：富士山を画題とする風景版画の代表作。

⑤東海道五十三次…**歌川（安藤）広重**：東海道を画題とする風景版画の連作。

⑥十便十宜図…**池大雅・与謝蕪村**：南画の代表作。池大雅・与謝蕪村の連作。

⑦鷹見泉石像…**渡辺崋山**：三河国田原藩の家老。西洋画の影響を受け，独自の肖像画を描く。『慎機論』でも有名。

⑧雪松図屏風…**円山応挙**：西洋画の写実性，元・明の絵画手法を取り入れ，装飾性に富む画風を確立。

⑨柳鷺群禽図屏風…**呉春（松村月溪）**：蕪村に学ぶ。南画や円山応挙の影響を受け，独自の画風「四条派」を確立する。

⑩不忍池図…**司馬江漢**：平賀源内に学び，日本最初の腐食銅版画（エッチング）制作に成功。

⑪浅間山図屏風…**亜欧堂田善**：松平定信に見い出されて洋風画，銅版画を学ぶ。文化年間に活躍。

# 列強の接近

## 列強の接近

📖 本編解説 p.142 ～ 157 参照

### ロシア

＊エカチェリーナ 2 世の進出政策（シベリア経営→蝦夷地に接近）

#### 田沼時代

- 1778，蝦夷地厚岸に来航，松前藩に通商要求 ➡松前藩拒絶。
- 工藤平助『赤蝦夷風説考』，最上徳内の蝦夷地探検。

#### 寛政時代

- 1789（寛政 1）…クナシリ・メナシの戦い。
- 林子平『三国通覧図説』・『海国兵談』➡処罰（1792）

  ➡朝鮮・琉球・蝦夷地
- ラクスマン根室来航（1792）…大黒屋光太夫を送還，

  通商要求 ➡幕府，通商拒絶。
- 近藤重蔵らの千島探検…「大日本恵登呂府」の標柱。
- 伊能忠敬の測量

#### 大御所時代

- レザノフ長崎来航（1804）…通商要求 ➡幕府，通商拒絶。

  ➡ロシア軍艦の来襲（文化露寇事件，1806～1807）
- 文化の撫恤令（1806）
- 蝦夷地の直轄化。

  ┌1800　八王子千人同心 100 人を蝦夷地へ。

  ├1802　**東蝦夷地永久直轄**

  ├1807　**全蝦夷地直轄，松前奉行**

  └1821　松前藩に還付。
- 間宮林蔵の樺太探検（1808）
- ゴロウニン事件（1811 ～ 1813）

  …日本が艦長ゴロウニンを逮捕（『日本幽囚記』）。

  ロシアは高田屋嘉兵衛を抑留。

  両者とも解放される。

## イギリス・アメリカ

**文化時代**

- フェートン号事件（1808）…英軍艦が長崎に乱入。

**文政時代**

- （常陸）大津浜事件・（薩摩）宝島事件
  - ➡異国船打払令（無二念打払令，1825）　　　　　🔍史料22
- シーボルト事件（1828）…シーボルト追放，高橋景保ら処罰。

**天保時代**

- モリソン号事件（1837）…米商船を撃退。
- ┌高野長英『戊戌夢物語』（1838）　　┐　　　　　　　🔍史料23
  └渡辺崋山『慎機論』（1838）　　　　┘➡蛮社の獄（1839）　🔍史料24
- アヘン戦争（1840～1842）➡天保の薪水給与令（1842）　🔍史料25

---

### 1836～1844年のできごと

| | |
|---|---|
| 1836 | （甲斐）郡内騒動，（三河）加茂一揆 |
| 37 | 大塩の乱，生田万の乱，モリソン号事件（11家斉→12家慶） |
| 38 | 徳川斉昭「戊戌封事」，高野長英『戊戌夢物語』，渡辺崋山『慎機論』 |
| 39 | 蛮社の獄 |
| 1840 | アヘン戦争勃発 |
| 41 | 株仲間解散令　←天保の改革始まる　←大御所家斉没 |
| 42 | 天保の薪水給与令　南京条約 |
| 43 | 上知令　➡水野忠邦失脚 |
| 44 | オランダ国王開国勧告　　　　　　　　🔍史料26 |

# 開国・開港貿易

## 1 開国

📖 本編解説 p.159 ～ 166 参照

### 開国

オランダ国王（ウィレム2世）の開国勧告（1844）➡幕府拒絶。

**アメリカの開国要求**

- 中国貿易の船舶や捕鯨船（ほげいせん）の寄港地の必要。
- ビッドル浦賀（うらが）来航（1846）…国交要求 ➡幕府拒絶。
- ペリー浦賀来航（1853）…大統領フィルモアの国書。
　　　　　　　　　　　　　老中阿部正弘（まさひろ），朝廷に報告，諸大名に諮問（しもん）。
- ペリー再来航（1854）…日米和親（わしん）条約締結。　　　🔍 史料 27

---

**日米和親条約**

＊ペリーと林韑（あきら）ら，〈締結地〉横浜（神奈川宿近郊）

①下田・箱館の開港（薪水・食料・石炭の供給）

②片務的最恵国条項

③外交官の駐在

---

**ロシアの開国要求**

- プチャーチン長崎来航（1853）…開国と国境確定を要求。
- プチャーチン再来航（1854）…日露和親条約締結。　　　🔍 史料 28

```
┌─ 日露和親条約 ─────────────────────────────┐
```

＊プチャーチン ⇔ 筒井政憲・川路聖謨，〈締結地〉下田

①下田・箱館・長崎の開港

②択捉島以南を日本領，得撫島以北をロシア領とする

③樺太（サハリン）は両国（民）雑居

④片務的最恵国条項

⑤双務的領事裁判権

## 安政の改革

＊老中阿部正弘…開かれた幕政（独裁の放棄）

● 徳川斉昭…幕政に参画。

● 台場の築造，講武所，（長崎）海軍伝習所

● 大船建造の解禁。

● 蕃書調所

## ハリスの通商要求

＊老中堀田正睦…条約勅許に失敗。

● 大老井伊直弼…違約（無勅許）調印

● 日米修好通商条約

---

## 2　開港貿易

本編解説 p.167 ～ 175 参照

## 日米修好通商条約

史料29

調印（1858 年 6 月）…ハリスと井上清直（下田奉行）・岩瀬忠震（目付）

全 14 条

● 神奈川・長崎・新潟・兵庫の開港と江戸・大坂の開市。

● 開港場に居留地 ➡ 居留地での自由貿易を許可。

● 別冊貿易章程による関税…協定関税制度＝関税自主権欠如。

● 領事裁判権容認。

● 1872 年 7 月 4 日以降の改訂を規定（その 1 年前に通知）。

## 安政の五カ国条約
（あんせい）

- アメリカ・オランダ・ロシア・イギリス・フランス（1858）

## 条約批准書交換（1860）
（ひじゅんしょ）

- 新見正興（外国奉行）渡米…勝海舟ら咸臨丸で随行。
（しんみまさおき）（かつかいしゅう）（かんりんまる）（ずいこう）

## 貿易の開始

- 1859年…横浜・長崎・箱館の3港で始まる。
- イギリス中心…横浜が貿易量の80%を占める。
- 居留地で外国人商人と日本人商人が直接取引。
  - 輸出品…生糸・茶・蚕卵紙・海産物など。
（さんらんし）
  - 輸入品…毛織物・綿織物・武器・船舶・綿糸など。
（めんし）
- 農産物・半製品輸出・完成品輸入…当初は輸出超過（出超），のち輸入超過（入超）
  となる。

## 貿易の影響

### 生産構造の変化

- 製糸・製茶業の発展…マニュファクチュア発達。
- 絹織物業は原料不足で打撃を受ける。
（きぬ）
- 綿作・綿織物業は後退。
（わたさく）

### 流通機構の変化

- 在郷商人が商品を開港地に直送 ➡ 江戸中心の流通機構混乱。
（ざいごう）
- 対策…五品江戸廻送令（1860，雑穀・水油・蠟・呉服・生糸）
（ごひんえどかいそうれい）（ざっこく）（みずあぶら）（ろう）（ごふく）（きいと）
  流通機構の維持，貿易統制をはかる ➡ 失敗。

🔍 史料30

### 物価騰貴

- 特定商品の大量海外流出 ➡ 国内向け物資不足 ➡ 物価騰貴
（とうき）

### 金貨流出

- 金銀比価の相違
（ひか）
  - 外国…1：15
  - 日本…1：5
- 貨幣改鋳（万延小判） ➡ 物価騰貴に拍車。
（かいちゅう）（まんえんこばん）（とうき）（はくしゃ）

一揆・打ちこわし頻発，攘夷運動激化
（じょうい）

# 幕末の政治過程

## 1 幕政の展開 　　　📖 本編解説 p.177 〜 180 参照

### 阿部正弘

＊ペリー来航時の老中首席

**開国問題**…朝廷・諸大名に諮問，幕府独裁制を改めて協調策をとる。

**安政の改革**

### 堀田正睦

- ハリスの通商要求 ➡条約勅許に失敗。
- 将軍継嗣問題…家定の嗣子
  - ┌一橋派…一橋慶喜
  - └南紀派…徳川慶福

### 井伊直弼

**大老就任**(1858)

- 条約無勅許調印断行。
- 徳川慶福，将軍職就任（14 代家茂）。

**安政の大獄**(1858 〜 1859)…反対派の弾圧。

- 徳川斉昭・一橋慶喜・松平慶永ら蟄居・隠居・謹慎。
- 橋本左内・吉田松陰・頼三樹三郎ら 8 名処刑。

**桜田門外の変**(1860)…水戸浪士ら，井伊直弼暗殺。

## 2 尊王攘夷運動・大政奉還 　　　📖 本編解説 p.181 〜 190 参照

### 尊王攘夷・公武合体

- 外国人殺傷事件…ヒュースケン殺害(1860)，東禅寺事件(1861)

## 安藤信正

老中安藤信正，孝明天皇の妹和宮降嫁を実現（1860，降嫁は 1862）。
- 尊攘派志士の反感 ➡ 坂下門外の変（1862，信正失脚）

## 島津久光

- 上洛…寺田屋事件
- 勅使大原重徳を奉じて江戸下向，幕政改革要求 ➡ 文久の改革

## 文久の改革（1862）

- 松平慶永…政事総裁職
- 一橋慶喜…将軍後見職
- 松平容保…京都守護職
- 参勤交代制緩和（3 年 1 勤，大名妻子の帰国）
- 洋式軍制採用，洋書調所設置など。

生麦事件発生（島津久光一行の帰路）➡ 薩英戦争（1863）
勅使三条実美，幕府に攘夷を命じる。

# 尊王攘夷運動の展開

## 長州藩の攘夷決行

- 京都の尊攘派（長州藩中心），幕府に攘夷断行要求。
- 幕府，攘夷決行通達（1863 年 5 月 10 日＝決行日）。
- 長州藩，下関で外国船砲撃。

## 八月十八日の政変（1863）

- 薩摩藩・会津藩が公武合体派公家とともに画策。
- 三条実美ら尊攘派公家・長州藩兵を京都から追放。
- **尊攘派の挙兵**

  > 天誅組の変…大和五条，中山忠光・吉村寅太郎ら
  > 生野の変……但馬生野，沢宣嘉・平野国臣ら
  > 天狗党の乱…1864，水戸藩尊攘派の挙兵

池田屋事件（1864）…新選組の襲撃。
長州藩兵上洛 ➡ 禁門の変（蛤御門の変）
## 第 1 次長州征討（1864）

薩英戦争（1863）・四国艦隊下関砲撃事件（1864）➡ 攘夷論挫折

条約勅許（1865）…兵庫開港延期 ➡ 改税約書調印（1866）

＊輸入税一律 5％

## 倒幕運動の展開

攘夷派の転向　➡ 倒幕派へ
- 長州藩…高杉晋作の奇兵隊，軍制改革，**イギリスに接近**。
- 薩摩藩…西郷隆盛・大久保利通ら改革推進，**イギリスに接近**。

┌ 英公使パークス…薩長支持(雄藩連合政権を期待)
└ 仏公使ロッシュ…幕府支持

**1862～1864年のできごと**

1862(文久2) … **生麦事件**

63(文久3) … 5.10 **長州藩攘夷決行**　　　7 **薩英戦争**

64(文久4) … 7 **禁門の変**

8 **第1次長州征討**　**四国艦隊下関砲撃**(米蘭英仏)

薩長連合(同盟)成立(1866)
- 土佐藩出身の**坂本竜馬・中岡慎太郎**が仲介。軍事協力の密約。

**第2次長州征討**(1866) ➡ 失敗，将軍家茂の死を理由に中止。

世相の混乱
- 第2次長州征討 ➡ 物価高騰
- 政治に対する民衆の不満…一揆・打ちこわし頻発:「**世直し**(一揆)」

御蔭参りの流行

「**ええじゃないか**」の乱舞(1867)

## 大政奉還…1867
- 土佐藩前藩主山内豊信の建言 ➡ 徳川慶喜

**幕末の政治過程**

**1843** 水野失脚, 天保の改革挫折 ➡（10年経って）➡**1853** ペリー来航

**1844** オランダ国王　　　　　➡（10年経って）➡**1854** 日米和親条約

1853 ペリー来航

　**阿部正弘**

1854 日米和親条約

　　　　安政改革 …朝廷に報告, 大名への諮問, 水戸藩前藩主徳川斉昭幕
　　　　　　　　　政に参与
　　　　　　　　　人材登用（川路聖謨・江川太郎左衛門）
　↓　　　　　　　軍事力の強化（台場, 大船建造禁止を解く, 講武所・海
　　　　　　　　　軍伝習所・蕃書調所）
　　　　　　　　　＊薩摩藩の集成館ほか各藩も洋式軍備などの導入を本格化

1858

　**堀田正睦**…将軍継嗣問題, 条約勅許に失敗
　↓

　**井伊直弼**…日米修好通商条約, 安政の大獄, **1859** 開港貿易
　↓　　　　　桜田門外の変

1860

　**安藤信正**…五品江戸廻送令, **公武合体**運動, 和宮降嫁

1862 坂下門外の変

　↓　**島津久光**上京, 寺田屋事件 ➡久光, 勅使大原重徳と江戸に下向,
　幕政改革を要求

　　　　文久改革 ┌将軍後見職…（水戸）**一橋慶喜**：徳川斉昭の実子
　　　　　　　　├政事総裁職…（越前・福井）**松平慶永**（田安）, 横井小楠を登用
　　　　　　　　└京都守護職…（会津）**松平容保**：尾張・徳川義勝の弟
　　　　　　　　●参勤交代の緩和, 3年1勤
　　　　　　　　●（洋式）軍制改革, 陸軍総裁・海軍総裁など新設

　↓　**生麦事件**

1863 長州藩・攘夷決行（1863, 5, 10〜）　6月 薩英戦争

　↓　八月十八日の政変, 薩摩・会津藩（公武合体）
　　　　➡長州藩兵を追放, 「七卿落ち」

1864 池田屋事件 ➡禁門の変 ➡第1次長州征討, 四国艦隊下関砲撃事件

1865 条約勅許

1866 薩長連合（同盟）, 第2次長州征討・家茂没, 改税約書

　↓　徳川家茂没 ➡**徳川慶喜**

1867 大政奉還・王政復古の大号令

# 第 44 回

# 明治政府の成立

## 1　大政奉還と王政復古

📖 本編解説 p.192 ～ 195 参照

＊ 1866 年…14 代将軍徳川家茂没 ➡ 15 代徳川慶喜

＊孝明天皇の死去 ➡ 明治天皇即位

土佐前藩主山内豊信の大政奉還建白

　◀ 公議政体構想（坂本龍馬，後藤象二郎ら）

大政奉還上表（1867 年 10 月 14 日）　　　　　　　　　　🔍 **史料 31**

　● 薩長に討幕の密勅（10 月 14 日）

王政復古の大号令（1867 年 12 月 9 日）　　　　　　　　🔍 **史料 32**

　● 倒幕派のまきかえし。

　● 摂政・関白・幕府・京都守護職・京都所司代，廃止。

　● 三職設置（総裁・議定・参与）

　● 小御所会議…徳川慶喜に対し「辞官納地」命令。

## 2　中央集権体制の成立

📖 本編解説 p.196 ～ 210 参照

**戊辰戦争**（1868 ～ 1869）

　● 徳川慶喜に対する辞官納地の命令。

　● 鳥羽・伏見の戦い（1868，1）

　　　…新政府軍（薩長中心）と旧幕府軍（幕府・会津・桑名）との戦い。

　● 新政府軍の江戸進撃…相楽総三（赤報隊）の「偽官軍」事件。

　● 江戸無血開城…西郷隆盛・勝海舟会談

　● 上野戦争…彰義隊追討，大村益次郎の指揮する新政府軍の攻撃。

　● 会津戦争…白虎隊，奥羽越列藩同盟，瓦解。

　● 箱館五稜郭鎮定，榎本武揚降伏。

## 新政府の成立

### 五箇条の誓文(1868, 3, 14)　🔍史料33

- 由利公正・福岡孝弟ら(起草)➡木戸孝允(修正)
- 公議世論の尊重,開国和親の方針。

### 五榜の掲示(1868, 3, 15)　🔍史料34

- 五倫の道(儒教道徳)推奨。
- 徒党・強訴の禁止…キリスト教の禁止 ⬅旧幕府の教学政策を継承。

### 政体書(1868, 閏4, 21)　🔍史料35

- 福岡孝弟・副島種臣起草。
- 太政官に権力集中,三権分立的体制(アメリカ合衆国憲法を模倣)
- 高級官吏互選
- 府藩県三治制

### 明治改元(1868)…一世一元の制

### 江戸を東京と改める(1868)…翌年,事実上の東京遷都

### 神仏分離令(1868)

## 廃藩置県

### 版籍奉還

- 大久保利通・木戸孝允の画策
- 薩長土肥4藩主の奉還建白(1869, 1)
- **奉還命令**(1869, 6)…全藩主の領地・領民を支配におく。
  - 旧藩主には家禄を与え知藩事に任命。
  - 租税・軍事の両権は各藩に属する。

### 廃藩置県

- 御親兵1万(薩・長・土3藩)
- 廃藩置県の詔(1871, 7)
  - …藩制全廃:3府302県→3府72県→3府43県(1888)
- 知藩事罷免 ➡東京居住,府知事・県令を中央から派遣。

### 中央官制の整備

- 版籍奉還後の官制改革…二官六省制(神祇官・太政官)
- 廃藩置県後の官制改革…太政官三院制(正院・左院・右院)

### 藩閥政府(有司専制)

- 少数の公家と薩長土肥4藩出身の実力者が実権を掌握。

```
┌─────────────────────────────────────────┐
│ 1871年  廃藩置県後の政府要人              │
├─────────────────────────────────────────┤
│ ●薩摩藩…西郷隆盛・大久保利通・黒田清隆    │
│                                          │
│ ●長州藩…木戸孝允・伊藤博文・井上馨・山県有朋 │
│                                          │
│ ●土佐藩…板垣退助・後藤象二郎             │
│                   そえじままたねおみ       │
│ ●肥前藩…大隈重信・副島種臣・江藤新平      │
└─────────────────────────────────────────┘
```

## 身分制の改革

**封建的身分制度の整理**（版籍奉還後）…四民平等
- **華族**（公卿・大名），**士族**（公家・武士），卒族（下級武士），**平民**（庶民）
- 平民に苗字，華士族との通婚を許可。
- 職業・居住の自由。
- えた・非人等の呼称を廃止（身分解放令）
- **戸籍法**（1871）➡壬申戸籍作成（1872）

**士族の解体**…秩禄処分
- 秩禄＝家禄・賞典禄…秩禄奉還の法（1873）
  
  　　　　　　　　禄制全廃（1876）…金禄公債証書発行。

**士族授産**
- 士族の商法 ➡大多数の士族没落。
- 事業資金貸付・屯田兵制度

## 兵制の改革

**兵部省設置**（1869）➡陸軍省・海軍省創設（1872）

**徴兵告諭発布**（1872）…「血税」

**徴兵令公布**（1873, 1）🔍**史料36**
- 奇兵隊の経験，**大村益次郎**が構想 ➡**山県有朋**が実現。
- 国民皆兵の方針。
- **免役規定**（戸主・嗣子・官吏・学生・代人料270円納入者など）
- 血税一揆の頻発。

## 警察制度

- 1871年…東京府に邏卒を置く（以後，全国へ）。
- 1872年…司法省が全国の警察を統轄。
- 1874年…内務省が統轄。東京に警視庁。邏卒➡巡査

50

# 経済の近代化

## 1 地租改正

📖 本編解説 p.212〜216 参照

**前提**…土地に対する封建的制限の撤廃

- 田畑勝手作りの許可（作付制限廃止）（1871）
- 田畑永代売買禁止令解禁（1872）
- 地価を定め地券発行（1872）…土地所有権確認

## 地租改正実施

\*地租改正条例公布（1873）

Q 史料 37

**目的**…財政基盤の確立。

**内容**

- 課税基準…地価
- 税率…地価の 100 分の 3（3%）
- 納税法…金納
- 納税者…地券所有者＝江戸時代の年貢納入者（地主・自作農）
- 地主・小作人関係持続…小作料は現物納のまま。

**農民の負担大――その理由**

- 旧来の歳入を減らさぬ目的で税率算定。
- 入会地の官有化。

**地租改正反対一揆**

- 茨城県，東海地方（三重・愛知・岐阜）の大一揆（1876）
    ➡地租率 2.5%に引き下げ（1877）

## 貨幣制度

### 不換紙幣発行

- 太政官札(1868)・民部省札(1869) ➡ 新紙幣発行(1872)

### 新貨条例(1871)

- 円・銭・厘の 10 進法
- 新貨幣(金・銀・銅)鋳造
- 金本位制(実際には金銀複本位制)

## 金融機関

### 国立銀行条例(1872)

- アメリカのナショナル=バンクを模範。
- 伊藤博文が建言，渋沢栄一らが推進。
- 国法による民営銀行…国立銀行券発行 ➡ 兌換制めざす。
- 第一国立銀行(三井・小野組)以下 4 行設立。

### 国立銀行条例改正(1876)

- 兌換義務廃止
- 国立銀行の設立急増(第百五十三国立銀行が最後)
- 紙幣増発(不換紙幣) ➡ インフレ進行

## 鉄道

- 新橋〜横浜間(1872) ┐
- 東海道線全通(1889) ┘…官営
- 日本鉄道会社(1881)…民営

## 海運

- 九十九商会(1870，岩崎弥太郎)
  ➡ 郵便汽船三菱会社(1875) ┐
- 共同運輸会社(1882，政府・三井) ┘ ➡ 日本郵船会社(1885)

## 通信

- 郵便制度…前島密の建議，東京・大阪間実施(1871)，
  万国郵便連合条約加盟(1877)

- 電信…東京〜横浜間(1869)

- 電話…1877年輸入

## 殖産興業

### 工部省(1870)・内務省(1873)設置

- 欧米の技術導入，外国人の技術者・教師を招く(お雇い外国人)

### 勧業政策の推進

- 内国勧業博覧会の開催…第1回(1877)
- 臥雲辰致のガラ紡出展

### 官営工場設営

- 軍事産業…東京・大阪砲兵工廠／石川島・長崎・横須賀・兵庫造船所

- 貿易関連産業(官営模範工場)…富岡製糸場(群馬) ◀ フランスの技術

  　　　　　　　　　　　　　　(仏)ブリューナ，富岡工女

### 鉱山直営

- 三池炭坑，高島炭坑，釜石鉄山，生野銀山，院内銀山，阿仁銅山

### 農牧業

- 北海道(1869，改称)にアメリカ式大農場経営の移植を図る。
- 開拓使(1869，太政官直属)…(米)ケプロン
- 屯田兵制度(1874)
- 札幌農学校(1876)…(米)クラーク

第 **46** 回

# 明治初期の外交と<br>自由民権運動

## 1　明治初期の外交

📖 本編解説 p.229 〜 238 参照

### 琉球処分

- （江戸時代）…琉球王国（薩摩藩の支配／中国に朝貢，冊封される＝**日中両属**）
- 1871（明治 4）…廃藩置県
- 1872（明治 5）…**琉球藩，藩王尚泰**
- 1879（明治 12）…沖縄県 ➡ 1909，府県制施行<br>　　　　　　　　　　　　　1912，衆議院議員選挙法施行
- 「**旧慣温存**」…**謝花昇**の抵抗

### 北海道とアイヌの人びと

- 蝦夷地 ➡北海道
- 1882…開拓使廃止＝（3 県）函館・根室・札幌
- 1886…北海道庁
- 「**同化政策**」…1899，北海道旧土人保護法 ➡ 1997，アイヌ文化振興法

🔍**史料 38**

### 樺太・千島交換条約

- 日露和親条約…（千島列島）日本・**択捉島**以南／ロシア・**得撫島**以北<br>　　　　　　　（樺太）**両国（民）雑居**
- 樺太・千島交換条約…（樺太）ロシア領，（千島列島）日本領<br>　　　　　　　特命全権公使榎本武揚

🔍**史料 39**

### 征韓論

- **朝鮮**…明治政府との国交を拒絶，留守政府（西郷隆盛ら）
- **征韓論**…西郷隆盛の朝鮮派遣問題
- 1873…大久保利通ら洋行派の帰国，西郷の派遣中止 ➡**明治 6 年の政変**

## 日朝修好条規

- 1875…**江華島事件**，**雲揚**
- 1876…**日朝修好条規**，黒田清隆・井上馨　　　　　　　🔍**史料 40**

  釜山・仁川・元山 3 港の開港，（日本の特権）**領事裁判権・無関税**

  ＊清の宗主権を否定，清は条約を認めず（下関条約で容認する）

## 日清修好条規

- （江戸時代）…清国との正式国交は結べず，商人が長崎で貿易に従事。
- 1871…**日清修好条規**，伊達宗城・李鴻章

  **対等条約**，相互に領事裁判権を認める。

## 台湾出兵

- 1871…琉球漂流民（漁民）殺害事件
- 1874…**西郷従道**，台湾出兵を強行（近代日本，最初の海外派兵）

  イギリス公使**ウェード**の仲介，清は事実上の賠償金を支払う。

---

## 2　自由民権運動　　　　　📖 本編解説 p.239 ～ 251 参照

### 征韓論政変（明治 6 年の政変）

- 征韓論の高揚。
- 岩倉使節団帰国

  ➡ 征韓派参議下野（1873）

  **西郷隆盛**・板垣退助・後藤象二郎・江藤新平・副島種臣ら

### 大久保利通中心の政権

- 「内治優先」
- 内務省設置（1873）…大久保利通内務卿
- 警視庁設置（1874）…内務省管轄下

### 民権運動の背景

- 西欧自由主義思想の流入。
- 反政府運動の高揚。

## 自由民権運動の始まり

### 征韓派の下野（1873）
### 民撰議院設立の建白書提出（1874）　　　　　　　　　　　🔍 史料41
- 愛国公党…板垣退助・後藤象二郎・江藤新平・副島種臣ら ➡ 太政官左院へ
- 民撰議院論争

### 政社結成
- 立志社…1874，土佐：板垣・片岡健吉ら
- 愛国社…1875，大阪：政社の全国組織

### 政府の対策…懐柔と弾圧
- 大阪会議…1875，大久保－板垣・木戸
　　　　　　➡ 漸次立憲政体樹立の 詔，元老院・大審院・地方官会議設置
- 讒謗律・新聞紙条例発布（1875）　　　　　　　　　　🔍 史料42

## 不平士族の反乱

### 士族の不満
- 有司専制の確立。
- 階級的特権の否定（**秩禄処分・廃刀令**など）。

### 士族反乱…征韓論政変による征韓派下野で不平士族結束。
- 佐賀の乱（1874）…江藤新平
- 敬神党（神風連）の乱（1876）…熊本・太田黒伴雄
- 秋月の乱（1876）…福岡，宮崎車之助
- 萩の乱（1876）…山口・前原一誠
- 西南戦争（1877）…鹿児島・西郷隆盛

### 士族反乱鎮圧 ➡ 自由民権運動へ

## 農民一揆

- 学制反対一揆
- 血税一揆…徴兵制反対
- 地租改正反対一揆

```
┌─────────────────────────────┐
│ 自由民権運動・士族の反乱      │
└─────────────────────────────┘
```

【反政府の動き】　　　　　　　【政府の対応】

| 1873 | 西郷・板垣・後藤・江藤ら下野 | 明治六年の政変 | 内務省(大久保利通) |

**《血税一揆》**

1874　1. 民撰議院設立の建白書　　　　　　　台湾出兵 ➡ 木戸下野

　　　**佐賀の乱**　立志社

1875　2. 愛国社　板垣・木戸政府復帰 ⬅ 1. 大阪会議 ➡ 4. 漸次立憲政体樹立の詔

　　　　　　　　　　　　　　　　⬅ 6. 讒謗律・新聞紙条例

1876　**神風連・秋月・萩の乱**　　　⬅ 廃刀令　秩禄処分

　　　**《地租改正反対一揆》**

1877　6. 立志社建白(却下)　2. ～ 9. 西南戦争　1. 地租軽減 2.5%

1878　愛国社再興　　　　　　　⬇　　5. 紀尾井坂の変　7. 地方三新法

1879　　　　　　　　　　　（インフレ）　　　　　　　（沖縄県）

1880　国会期成同盟(私擬憲法)　⬅ 集会条例

1881　開拓使官有物払下げ事件 ➡ 10. 明治十四年の政変 ➡ 払下げ中止　大隈罷免

　　　10. 自由党　　　　　　　⬇　　　　　　国会開設の勅諭

　　　　　　　　　　　　　（松方デフレ）

1882　3. 立憲改進党　4. **岐阜事件**　3. 伊藤憲法調査(渡欧)　3. 立憲帝政党

　　　11. **福島事件**　　11. 板垣・後藤渡欧

1883　**高田事件**

1884　**群馬** ➡ **加波山** ➡ 10. 自由党解党 ➡ **秩父事件**　3. 制度取調局　7. 華族令

1885　　　　　　11. **大阪事件**　12. 内閣制度(第 1 次伊藤博文内閣)

1886　(～ 90)大同団結運動

1887　三大事件建白運動　　　⬅ 保安条例

1888　　　　　　　　　枢密院　(黒田清隆内閣)

1889　大同団結運動分裂　　大日本帝国憲法

1890　　　　　　　　　第 1 回帝国議会　　(第 1 次山県有朋内閣)

# 民権運動の高揚

### 運動の高揚

- 士族…武力反抗の失敗 ➡ 言論運動に集中。
- 豪農(ごうのう)・商工業者…地租軽減等要求，有司専制(ゆうしせんせい)批判。
- 地方三新法…1878，郡区町村編制法(ぐんくちょうそん)・府県会規則・地方税規則
- 府県会開催 ➡ 政治的関心の高まり。

立志社(りっししゃ)建白提出(1877)

愛国社再興大会（1878）➡ 運動が全国に発展。

国会期成同盟結成（1880）➡ 河野広中・片岡健吉ら国会開設請願書提出。

政府の対策…集会条例発布（1880）　　　　　　　　　　🔍 **史料 43**

## 明治十四年の政変

**政府内部の対立**

- 大久保暗殺（紀尾井坂の変，1878）以後，強力な指導者を欠く。

　…1877，木戸孝允病死，西郷隆盛敗死。

- 国会開設運動の高揚 ➡ 参議大隈重信の即時国会開設論。
- 参議伊藤博文は漸進論。

**開拓使官有物払下げ事件（1881）**

- 黒田清隆一関西貿易社（五代友厚）

**明治十四年の政変（1881）**

- 大隈罷免（岩倉・伊藤らの画策）➡ 薩長藩閥政府
- 国会開設の勅諭…10 年後（1890）の国会開設を公約。　🔍 **史料 44**
- 欽定憲法の方針決定。

## 政党の結成

- **自由党**（1881）・**立憲改進党**（1882）・立憲帝政党（1882）

---

## 3　松方財政　　　　　　　　　📖 本編解説 p.252 ～ 257 参照

## 背景

- **不換紙幣増発**（西南戦争戦費），第 15 国立銀行からの借り入れなど。

　➡ インフレ・物価騰貴／輸入超過 ➡ **正貨流出**

## 松方財政（1881, 10）…**松方正義**，大蔵卿に就任。

**緊縮財政**

- 軍事費を除く歳出の抑制と増税，財政余剰による不換紙幣整理。

　➡ 正貨蓄積 ➡ 紙幣価値安定 ➡ 不況

**日本銀行創設（1882）**…中央銀行として設立。

- **国立銀行条例再改正**（1883）…国立銀行券発行停止 ➡ 普通銀行へ
- **兌換銀行券条例制定**（1884）…1885 年より日銀券発行（銀本位制）

**通貨制度の歩み**

1871 年…**廃藩置県**

　　　　**新貨条例**

　　　　（円・銭・厘，10 進法，金本位制〈金銀複本位制〉）

1872 年…**国立銀行条例**　**富岡製糸場開設**

　　　　（兌換義務を負う。開業したが経営難）

1876 年…**国立銀行条例改正**（兌換義務をなくす。以後設立ラッシュ）

1877 年…**西南戦争**　（政府「第十五国立銀行」から借入）➡**インフレ**

1880 年…**工場払下げ概則**

　　　　（官営事業の払下げ，条件きびしく効果なし，1884 年廃止）

1881 年…**明治十四年の政変**（大隈→松方：**松方財政**）➡**デフレ**

1882 年…**日本銀行開業**　**壬午事変**

1883 年…国立銀行条例再改正

　　　　**（国立銀行の紙幣発行権停止）**

1884 年…**兌換銀行券条例**　**甲申事変**

1885 年…**天津条約**　日本銀行，銀兌換銀行券発行

　　　　**内閣制度発足**　　　└➡＊内閣制度とともに「銀本位制」

**横浜正金銀行条例**制定（1887）…貿易金融機関としての地位確立。

**官営事業**の**払下げ**本格化。

● **工場払下げ概則**（1880）➡廃止（1884）後，政商への払下げ本格化。

● 農商務省（1881，設置）を中心に民間産業の発達を誘導。

**軍備拡張**…壬午事変を機に対清戦のための軍備拡張。

## 寄生地主制の成立

● 米価・繭価の低落 ➡重税

● 農民の土地喪失 ➡小作農の増加，地主・高利貸へ土地集中。

● 民権運動の激化。

## 激化事件

- 福島事件（1882）…県会議長河野広中・県令三島通庸
- 高田事件（1883）
- 群馬事件（1884）
- 加波山事件（1884）…自由党急進派による政府高官暗殺計画
- 秩父事件（1884）…借金党・困民党
- **自由党解散**，大隈重信改進党脱党（1884）
- 大阪事件（1885）…大井憲太郎・景山英子

## 大同団結運動（1886 ～ 1889）

- 星亨・後藤象二郎ら…民権派の再結集を呼びかけ。
- 三大事件建白運動（1887）…**井上馨外相の条約改正交渉失敗**が契機。

　　　　　　　　➡地租の軽減，言論集会の自由，外交失策の回復。
- 政府の対策…保安条例発布（1887）　　　　　　　🔍史料 45
- 後藤象二郎の入閣（1889）で瓦解。

# 第47回

# 大日本帝国憲法

## 1 大日本帝国憲法制定の過程

本編解説 p.259〜265 参照

### 憲法草案

元老院「**日本国憲按**」➡廃案

**国会開設の勅諭**（1881）により憲法制定の動きが具体化。

- 政府…プロイセン（ドイツ）流**欽定**憲法制定の方針。
- 民権派…**私擬憲法**作成。
  - ┬交詢社「私擬憲法案」
  - ├立志社「日本憲法見込案」
  - └植木枝盛「東洋大日本国国憲按」

**伊藤博文渡欧**（1882〜1883）

- グナイスト（ベルリン大）・シュタイン（ウィーン大）…ドイツ流憲法理論

**制度取調局設置**（1884，のち内閣法制局に吸収）

- 長官伊藤博文

**憲法草案の作成**（1886〜1888）

- 伊藤博文・井上毅・金子堅太郎・伊東巳代治ら ◀ロエスレル・モッセの助言。
- 秘密主義…民権派の反対を抑えるため。

### 国制の整備

皇室財産設定

華族令（1884）
- **公・侯・伯・子・男**の五爵…「皇室の藩屏」
- 将来の上院（貴族院）の選出母体。

内閣制度（1885）
- **太政官制廃止**…行政府強化
- 宮中・府中の別 ┬宮内省（宮内大臣）は内閣の外。
  └宮中に**内大臣府**設置。
- 初代首相…伊藤博文
- 薩長藩閥政府…薩4：長4：土佐・旧幕臣各1

## 憲法発布

**憲法草案完成**（1888）← 枢密院設置（1888）…天皇の諮問機関

- 初代議長伊藤博文…憲法草案を秘密審議。

大日本帝国憲法**発布**（1889年2月11日，黒田清隆内閣）　🔍**史料 46**

### 憲法の特徴

- ＊7章76条…欽定憲法，天皇主権
- 天皇…統治権の総攬者，神聖不可侵
  - ➡ 天皇大権…陸海軍の統帥権，宣戦・講和・条約締結，緊急勅令など。
- 内閣…国務大臣は天皇に対してのみ個々に責任を負う（天皇を輔弼），議会に対する責任は不明確。
- 帝国議会…法律案・予算案の審議など。
  - ┌ **貴族院**…皇族・華族・勅選議員・多額納税者議員
  - └ **衆議院**…公選議員（予算先議権を有す）
- 国民…天皇の「臣民」，兵役・納税の義務など。
  - ➡ 権利は法律の範囲内に制限。

## 法典の編纂

**近代的法治主義の確立** ➡ 条約改正交渉の推進（対等外交の推進）

### 諸法典の編纂

- 民法の編纂…**民法典論争**（1890～1892）
- 民法制定（1890）…**フランス流**（ボアソナード起草）
- **穂積八束**の批判（「民法出デテ忠孝亡ブ」）➡ 民法施行延期
- 修正民法制定・施行（1898）…**ドイツ流**，夫権・戸主権の強化など。🔍**史料 47**

### 近代的法典の成立

| 法典名 | 公布年 | 施行年 |
|---|---|---|
| 刑法 | 1880 | 1882 |
| 治罪法 | 〃 | 〃 |
| 大日本帝国憲法 | 1889 | 1890 |
| 皇室典範 | | (1889) |
| 刑事訴訟法 | 1890 | 〃 |
| 民事訴訟法 | 〃 | 1891 |
| 民法 | 〃 | 延期 |
| 商法 | 〃 | 1893 |
| (修正)民法 | 1896・98 | 1898 |
| (修正)商法 | 1899 | 1899 |

①刑法は早い。
②民法は民法典論争でずっと遅
　い。
③皇室典範は公布されない。

## 3　地方制度

本編解説 p.277 参照

## 中央集権的「地方自治制」の成立

内相山県有朋（やまがたありとも）…モッセの助言。

ドイツの中央集権的・官僚制的な地方自治制を模倣。

 ┌**市制・町村制**（1888）
 └**府県制・郡制**（1890）

# 明治前期の中央官制の変遷

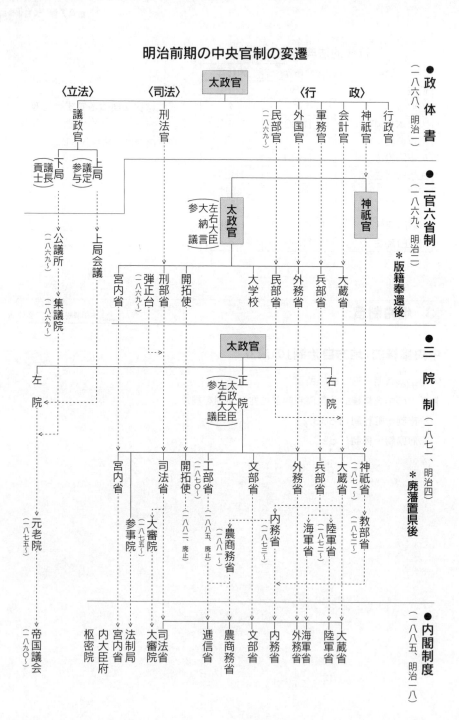

## 1　初期議会

📖 本編解説 p.279 ～ 284 参照

### 超然主義演説と第1回総選挙

黒田清隆首相「超然主義」表明。

🔍 史料48

衆議院議員選挙法制定（1889）

- 直接国税15円以上を納める満25歳以上の男子に選挙権。
    - ➡全人口の1.1%

第1回衆議院議員選挙（1890, 7）
- 民党過半数を占める（立憲自由党・立憲改進党）。
- 吏党・大成会

### 初期議会

**第一議会**（1890 ～ 1891）…第1次山県有朋内閣
- 政府…超然主義，軍事費要求（**主権線・利益線**の防衛）
- 民党…「**政費節減・民力休養**」（行政整理・予算削減・地租軽減）主張
- 立憲自由党土佐派の妥協で予算成立。

**第二議会**（1891）…第1次松方正義内閣
- 予算案大幅削減 ➡樺山資紀海相の蛮勇演説 ➡衆議院解散
- 第2回総選挙における激しい**選挙干渉**（品川弥二郎内相）➡民党過半数

**第三議会**（1892）…第1次松方内閣
- 松方内閣退陣 ➡第2次伊藤博文内閣（元勲内閣）

**第四議会**（1892 ～ 1893）…第2次伊藤内閣
- 予算削減，内閣弾劾上奏案可決。
- **建艦詔勅**（「和協の詔勅」）発布 ➡予算成立

**第五議会**（1893）…第2次伊藤内閣
- 民党分裂…自由党・改進党の対立。
- 改進党など**対外硬派連合**（硬六派），**現行条約励行**を要求 ➡解散

**第六議会**（1894）…第2次伊藤内閣
- 対外硬派，自主外交・責任内閣制要求。　＊内閣弾劾 ➡解散
- 日清開戦のため政争中止。

## 改正の目的

領事裁判権(治外法権)の撤廃(法権の回復)。

関税自主権の獲得(税権の回復)。
片務的最恵国待遇の解消。

## 改正の経過…1872年7月以降，条約改訂期に入る。

**岩倉具視**(特命全権大使，1871〜1873)

- 経過…**予備交渉**(1872) ➡失敗
  - ┌**久米邦武**…『米欧回覧実記』
  - └**津田梅子**

**寺島宗則**(外務卿，1873〜1879)

- 目標…税権回復

- 経過…**米国**同意，**英・独**の反対で失敗。

**井上馨**(外務卿→外相，1879〜1887)

- 目標…法権回復(条件付)，税権一部回復

- 方法…**一括交渉**(東京で条約改正会議)，**欧化主義**(鹿鳴館外交)

- 経過…外国人内地雑居承認，外国人判事任用を条件。

    ➡政府内外の反対(谷干城・ボアソナード，民権派…三大事件建白運動)

- ノルマントン号事件(1886)

- 井上外相辞任

**大隈重信**(外相，1888〜1889)

- 目標…法権回復(条件付)

- 方法…国別秘密交渉

- 経過…**大審院**に限り外国人判事任用，外国人に内地雑居を認める。

- ロンドン・タイムズの報道 ➡違憲問題

- 玄洋社員(来島恒喜)の襲撃で遭難 ➡大隈外相辞任

**青木周蔵**(外相，1889〜1891)

- 目標…法権回復，税権一部回復

- 経過…英国同意(⬅ロシアの東アジア進出を警戒して日本に好意的となる)

- **大津事件**(1891，大審院長児島惟謙)で引責辞職 ➡交渉中断

**榎本武揚**(外相，1891〜1892)

**陸奥宗光**(外相, 1892 ～ 1895)

- ●目標…法権回復, 税権一部回復
- ●方法…青木周蔵(駐独公使, 駐英公使兼務)の交渉。
- ●経過…**日英通商航海条約**締結(1894), 日清戦争開戦の直前。

  ┌─領事裁判権撤廃, 最恵国待遇相互承認, 関税引上げ

  └─内地雑居承認
- ●各国とも締結 ➡ 1899 から発効(有効 12 年)

**小村寿太郎**(外相, 1908 ～ 1911)

- ●目標…関税自主権の回復 ➡ 対等の地位(日本の国際的地位の向上を反映)
- ●経過…条約満期により改正調印・施行(1911)

  ➡ **日米通商航海条約**が最初。

| 条約改正の過程 | 【担当者】 | 【キーワード】 |
|---|---|---|
| | ①岩倉使節団(1871～1873) …………… | ＊予備交渉失敗 |
| | ②(外務卿)寺島宗則 ………………… | ＊税権回復 |
| | 　　　米合意→英・独反対 | |
| 【内閣】 | ③(外務卿)井上馨 ………………………… | ＊法権回復 |
| ❶伊藤博文 | (外務大臣)井上馨 条約改正会議(鹿鳴館外交) … | ＊一括交渉 |
| | 　　　外国人判事・ノルマントン号事件 | |
| | ④大隈重信 ………………………………… | ＊大審院 |
| 黒田清隆 | (同)　　　大隈遭難 | |
| ❶山県有朋 | ⑤青木周蔵 ………………………………… | ＊大津事件 |
| ❶松方正義 | (同) | |
| | ⑥榎本武揚 | |
| ❷伊藤博文 | ⑦陸奥宗光 ………………………………… | ＊第 1 次条約改正 |
| ❷桂太郎 | ⑧小村寿太郎 ……………………………… | ＊第 2 次条約改正 |

《注》❶, ❷, …は内閣の「第○次」を示す。

# 日清戦争

## 日清戦争

📖 本編解説 p.294 ～ 308 参照

### 日本の朝鮮進出

**朝鮮の開国と日本の進出**

- 日朝修好条規(1876) ➡ 漢城に公使館設置(1880)

**朝鮮内部の党争との結びつき** ➡ 日清間の対立顕在化。

- 壬午軍乱(1882)…大院君と結ぶ旧軍兵士の反乱。

  済物浦条約 ➡ 乱後，朝鮮政府は清国に接近。
- 甲申事変(1884)…事大党政権(親清派)に対する独立党(親日派)のクーデター

  ➡ 失敗 🔍 **史料 49**

- 天津条約(1885) ┌ 日本…(伊藤博文)
  └ 清国…(李鴻章)

  ＊日清両軍の撤兵，出兵時の事前相互通告。 🔍 **史料 50**

**防穀令事件**(1889 ～ 1893)
甲午農民戦争(東学[党]の乱)(1894) ➡ 日清両国出兵 🔍 **史料 51**

### 日清戦争

**経過**

- 豊島沖海戦(1894，7) ➡ 宣戦布告(1894，8)
  ┌ 陸軍…平壌占領，旅順占領(遼東半島制圧)
  └ 海軍…黄海海戦，威海衛攻撃 ➡ 北洋艦隊壊滅

**下関条約締結**(1895，4) 🔍 **史料 52**

全権 ┌ 日本…伊藤博文・陸奥宗光
　　 └ 清国…李鴻章

**内容**

- 朝鮮の独立承認。
- 賠償金 2 億両(邦貨約 3 億 1000 万円)

- 遼東半島・台湾・澎湖諸島の割譲。
- 沙市・重慶・蘇州・杭州の開港開市。
- 最恵国待遇の獲得（➡ 1896，日清通商航海条約）

## 三国干渉（1895，4〜5）

- 露・独・仏が遼東半島返還を要求。
- 清国に遼東半島返還（還付金 3000 万両，邦貨約 4500 万円）
- 国家主義的風潮の高まり ➡ "臥薪嘗胆"，対露戦準備

## 台湾領有

- 台湾総督府（初代総督樺山資紀）…台湾銀行創設

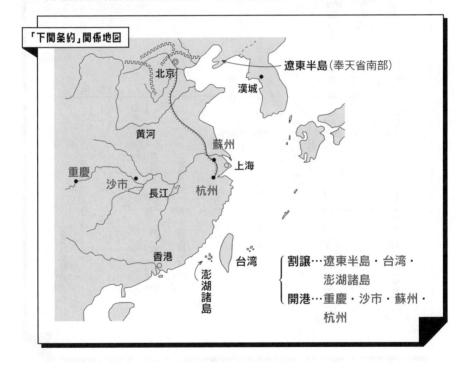

「下関条約」関係地図

北京
漢城
遼東半島（奉天省南部）
黄河
蘇州
上海
重慶
沙市　長江　杭州
香港
台湾
澎湖諸島

割譲…遼東半島・台湾・
　　　澎湖諸島
開港…重慶・沙市・蘇州・
　　　杭州

## 1 日清戦争後の国内政治

📖 本編解説 p.310〜318 参照

政党の変遷

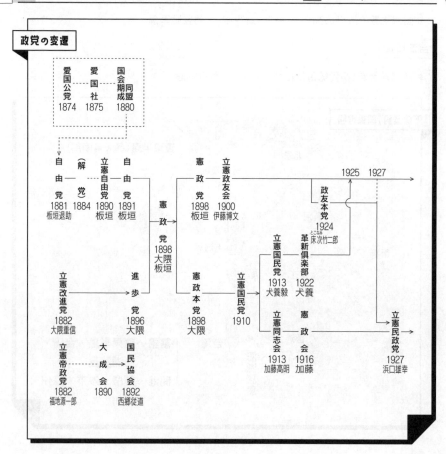

## 日清戦争後の内閣

### 第2次伊藤博文内閣
- 自由党との提携…板垣退助入閣（内相）

### 第2次松方正義内閣（松隈内閣）
- 進歩党との提携…大隈重信入閣（外相）

### 第3次伊藤博文内閣
- 戦後経営のための地租増徴問題が焦点。
- 地租増徴に反対する自由党・進歩党合同 ➡ 憲政党結成（1898）

## 第1次大隈重信内閣（隈板内閣：1898, 6）

- 最初の政党内閣…憲政党
- 首相兼外相大隈，内相板垣
- 文相尾崎行雄の共和演説事件を契機に内部対立・分裂で瓦解。
  - ➡ 憲政党（旧自由党系）・憲政本党（旧進歩党系）

## 第2次山県有朋内閣

- 政党勢力の影響防止，労働運動の抑圧。
- **地租増徴**（1898）…地価の3.3％へ増額 ⬅ 憲政党の協力で成立。
- **文官任用令改正**（1899），文官分限令公布（1899）
- **衆議院議員選挙法改正**（1900）…大選挙区制，選挙人資格10円以上，被選挙人の納税資格廃止。
- **治安警察法**制定（1900）
- **軍部大臣現役武官制**（1900）
- **北清事変**（1900）

## 立憲政友会結成（1900, 9）

- 伊藤博文総裁…憲政党の合流。　　　　史料53

## 第4次伊藤博文内閣

- 外相・陸相・海相を除き閣僚は政友会員。
- 貴族院の反対。

## 第1次桂太郎内閣

- 伊藤・山県らは第一線から引退。➡ 元老（天皇の最高顧問，後継首相を推薦）

## 選挙法主要改正表

| 公布 | | 実施 | | 選挙区制 | 直接国税 | 選挙人 | | | |
|---|---|---|---|---|---|---|---|---|---|
| | | | | | | 性・年齢 | | 総数 | 全人口比 |
| | | | | | | (以上) | | 万人 | % |
| 1889 | 黒田 | 1890 | ❶山県 | 小選挙区 | 15円以上 | 男 | 25歳 | 45 | 1.1 |
| 1900 | ❷山県 | 1902 | ❶桂 | 大選挙区 | 10円以上 | 男 | 25歳 | 98 | 2.2 |
| 1919 | 原 | 1920 | 原 | 小選挙区 | 3円以上 | 男 | 25歳 | 306 | 5.5 |
| 1925 | ❶加藤(高) | 1928 | 田中 | 中選挙区 | 制限なし | 男 | 25歳 | 1241 | 20.0 |
| 1945 | 幣原 | 1946 | 幣原 | 大選挙区 | 制限なし | 男女 | 20歳 | 3688 | 48.9 |
| 1947 | ❶吉田 | 1947 | ❶吉田 | 中選挙区 | 制限なし | 男女 | 20歳 | 4091 | 52.4 |

《注》❶, ❷, …は内閣の「第○次」を示す。

---

## 2 中国分割

📖 本編解説 p.319～326 参照

### 帝国主義列強の中国分割

＊港湾租借・鉄道敷設・鉱山採掘などの利権獲得

**ドイツ**…膠州湾99年租借(1898)

**ロシア**…旅順・大連25年租借(1898)

**イギリス**…九竜半島99年租借，威海衛25年租借(1898)

**フランス**…広州湾99年租借(1899)

**アメリカ**

- ●ハワイ併合(1898)
- ●国務長官ジョン=ヘイによる「門戸開放」・「機会均等」の提唱(1899)

**日本**…福建省不割譲を強要(1898)

### 北清事変(1900)

- ●**義和団戦争**…北京の外国公使館包囲 ➡ 連合軍出兵・鎮圧(北清事変)
  　　　　　　　　　　　　　　　　　　　　　　　　　　＝
  　　　　　　　　日・英・米・仏・露・独・伊・墺(オーストリア)の8カ国
- ●**北京議定書**(辛丑和約，1901)…巨額の賠償金，北京周辺に軍隊常駐権獲得。

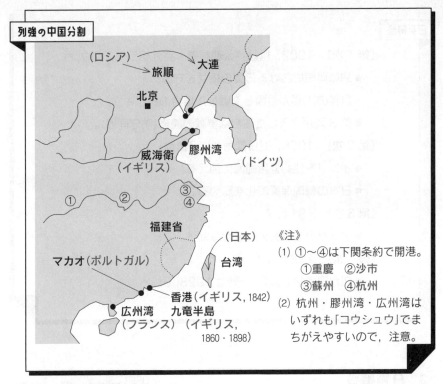

列強の中国分割

（ロシア）
→ 旅順　→ 大連
北京■
威海衛　膠州湾
（イギリス）　（ドイツ）

③
② ④
①

福建省

マカオ（ポルトガル）
（日本）
台湾

香港（イギリス, 1842）
広州湾　九竜半島
（フランス）（イギリス,
1860・1898）

《注》
(1) ①～④は下関条約で開港。
　　①重慶　②沙市
　　③蘇州　④杭州
(2) 杭州・膠州湾・広州湾は
　　いずれも「コウシュウ」でま
　　ちがえやすいので，注意。

# ロシアの朝鮮・満洲進出と日本

### ロシアの朝鮮進出と日露の対立
- 三国干渉後，日本の勢力後退。
- **閔妃殺害事件**（1895）…内政干渉失敗。
- ロシアの進出…朝鮮の民族運動激化，大韓帝国（1897，親露政権）

### ロシアの満洲進出と日本の対応
- 東清鉄道南部支線敷設…旅順の軍事基地化。
- 日本の対応 ┌ 日露協商論（満韓交換）…伊藤博文・井上馨ら
　　　　　　 └ 日英同盟論（露との対立）…山県有朋・桂太郎・小村寿太郎ら

# 日英同盟（1902）

🔍 史料 54

- 清・韓における日英の権益を相互に防衛。

　┌ 英…「**光栄ある孤立**」を放棄。
　└ 日…「**帝国外交の骨髄**」となる。

【第1次】 1902, 1(駐英公使林董・英外相ランズダウン)

- 清韓両国における日英の権益を守る。
- 日英の1国が他国と交戦した場合の厳正中立。
- 第3国が介入した場合は参戦の義務(防守同盟)。

【第2次】 1905, 8(日露戦争終了直前)

- インドを協約適用範囲に加える。
- 日本の韓国保護国化を認める。

【第3次】 1911, 7

- アメリカを協約の対象から除外。

【破　棄】 1921, 12

- 四か国条約で破棄(発効は1923, 8)。

## 3　日露戦争

本編解説 p.327〜334 参照

### 経過

日露の交渉 ➡ 決裂

民間の動き

- 非戦論・反戦論…内村鑑三(キリスト教の立場)
  幸徳秋水・堺利彦(社会主義の立場)
  └「万朝報」退社 ➡ 平民社「平民新聞」
  与謝野晶子・大塚楠緒子
- 開戦論…七博士建白(戸水寛人ら), 対露同志会(近衛篤麿ら)

開戦…日本, ロシア艦隊攻撃 ➡ 宣戦布告(1904, 2)
┌陸軍…奉天会戦(1905, 3)
└海軍…日本海海戦(1905, 5)

## ポーツマス条約(1905, 9)

史料 55

＊米大統領セオドア＝ローズヴェルト(T・ローズヴェルト)の斡旋。

**全権**…日本(小村寿太郎)，ロシア(ウィッテ)

### 内容

- 韓国に対する日本の優越的地位の承認。
- 旅順・大連の租借権，長春以南の鉄道と付属の利権の譲渡。
- 北緯50度以南の樺太の割譲。
- 沿海州・カムチャツカの漁業権。

  ＊以上の権益を獲得したが，賠償金はとれず。

## 日比谷焼打ち事件(1905, 9, 5)

- 講和反対運動，暴動化。
- 戒厳令施行。

# 第 51 回

# 桂園時代・韓国併合

## 1 日露戦争後の国内政治

本編解説 p.336 〜 338 参照

### 第 1 次西園寺公望内閣（政友会総裁）

- 日露戦後の問題処理…軍備拡張，不況対策（1907 年，恐慌）
- 鉄道国有法（1906）
- 帝国国防方針（内閣は関与せず）…陸軍 25 個師団，海軍 8・8 艦隊計画
- 日本社会党（1906 〜 1907）

### 第 2 次桂太郎内閣

- 戊申詔書（1908），地方改良運動
- 韓国併合（1910）
- 大逆事件（1910）…幸徳秋水・管野スガら死刑。
- 帝国在郷軍人会（1910）
- 第 2 次条約改正（1911），**工場法**公布（1911）➡施行（1916）

## 2 満洲経営

本編解説 p.339 〜 343 参照

### 満洲経営

- 関東都督府設置（1906）…**関東州**（旅順・大連地区）統治
- 南満洲鉄道株式会社（満鉄）設立（1906）
  - …満洲経営の拠点，半官半民，初代総裁後藤新平

### 戦後の国際関係

#### 日米関係の悪化

- 満洲問題…**桂・ハリマン覚書**（1905）
  - 満鉄の共同経営案 ➡日本から破棄
  - アメリカの満鉄中立化案（1909）➡拒否（1910）

● 移民問題…カリフォルニアでの日本人移民排斥問題

日本人学童排斥事件，日本人移民の排斥（1906）

日米紳士協約（1907 ～ 1908）

**日英関係の冷却**…第 3 次日英同盟（1911）

**日露の接近**

● 日露協約…第 1 次（1907）～第 4 次（1916）

➡ 満洲・内蒙古における両国の勢力範囲などを画定。

---

## **3 韓国併合** 📖 本編解説 p.344 ～ 352 参照

### 韓国併合の過程

**日韓議定書**（1904, 2）　　　　　　　　　　　　　　　🔍 **史料 56**

● 韓国内における日本の軍事行動の自由，**軍事基地**提供。

**第 1 次日韓協約**（1904, 8）　　　　　　　　　　　　🔍 **史料 57**

● 日本政府推薦の**財政・外交顧問**採用。

**第 2 次日韓協約**（1905, 11 韓国保護条約）…保護国化　🔍 **史料 58**

● 韓国の**外交権**接収。

● 統監府設置…初代統監：伊藤博文

● 背景に諸外国の承認 ┬ アメリカ…桂・タフト協定（1905, 7）
　　　　　　　　　　 ├ イギリス…第 2 次日英同盟協約（1905, 8）
　　　　　　　　　　 └ ロシア……ポーツマス条約（1905, 9）

**第 3 次日韓協約**（1907, 7）◀ ハーグ密使事件（1907, 6）🔍 **史料 59**

● 韓国の**内政権**を掌握。

**韓国軍隊解散** ➡ 義兵運動の激化。

**韓国併合条約**（1910, 8）　　　　　　　　　　　　　🔍 **史料 60**

● 前統監伊藤博文，ハルビンで暗殺（1909, 10）…安重根

● 植民地として朝鮮と改称。

● 朝鮮総督府設置（1910, 9）…初代朝鮮総督寺内正毅

### 併合後の朝鮮経営

● 朝鮮総督府は天皇に直属し，総督には陸海軍大将を任命。

● 憲兵政治（武断政治）…朝鮮の人々の権利・自由にきびしい制限。

● 土地調査事業

● 東洋拓殖会社（1908）

## 日露戦争後の日本と世界

| 年月日 | 【ロシア】 | 【韓国】 | 【アメリカ】 | 【イギリス】 |
|---|---|---|---|---|
| 1904, 2, 10 | 日露戦争 | | | |
| 2, 23 | | 日韓議定書 | | |
| 8, 23 | | 第1次日韓協約 | | |
| 1905, 1 | (旅順) | | | |
| 3 | (奉天) | | | |
| 5 | (日本海海戦) | | | |
| 7 | | | 桂・タフト協定 | |
| 8, 10 | ポーツマス会議開催 | | | |
| 8, 12 | | | | 第2次日英同盟 |
| 9 | ポーツマス条約 | | | |
| | 日比谷焼打ち事件 | | | |
| 10, 12 | | | 桂・ハリマン覚書(23破棄) | |
| 11, 17 | | 第2次日韓協約 | | |
| 12 | | 韓国統監府 | | |
| 1906, 6 | 南満洲鉄道株式会社 | | | |
| 10～ | | | サンフランシスコ学童排斥<br>(日本人移民排斥運動) | |
| 1907, 6 | | ハーグ密使事件 | (日仏協約) | |
| 7, 24 | | 第3次日韓協約 | | |
| 7, 30 | 第1次日露協約 | | | |
| 1908, 2 | | | 日米紳士協約 | |
| 11 | | | 高平・ルート協定 | |
| 1909, 10 | | 伊藤博文暗殺 | | |
| 12 | | | 満鉄中立化案を提議 | |
| 1910, 7 | 第2次日露協約 | | | |
| 8 | | 韓国併合条約 | | |
| 1911, 2 | | | 日米新通商航海条約(第2次条約改正) | |
| 7 | | | | 第3次日英同盟 |
| 10 | (辛亥革命) | | | |
| 1912, 1 | (中華民国) | | | |

## 日露開戦以降の日本外交のポイント

①日露開戦からポーツマス条約までのあいだ

- アメリカ・イギリス・ロシアが日本の韓国支配（韓国指導権）を容認する。

- 桂・タフト協定 ➡第2次日英同盟 ➡ポーツマス条約

②ポーツマス条約以後のアメリカ・イギリスとの関係

- アメリカとの関係の悪化と日英同盟の弱体化。

- 桂・ハリマン覚書破棄 ➡日本人移民排斥運動 ➡日米紳士協約

  ➡第3次日英同盟 ➡アメリカの満鉄中立化案

③日露戦争後の日露関係

- 日露は接近，満洲・内蒙古の日露両国による権益の拡大。

- アメリカの満洲進出の阻止。

- 第1次(1907) ～第4次(1916)日露協約

④明治外交の帰結

- 韓国併合：日韓議定書 ➡第1次日韓協約 ➡第2次日韓協約

  ➡(ハーグ密使事件) ➡第3次日韓協約 ➡(伊藤暗殺)

  ➡韓国併合

- 条約改正：日米新通商航海条約以下の条約改正(税権の回復)

**❶　❶❶❷❷❸❶❷❹❶❶❷❷❸**
**イ　ク ヤ マ イ マ イ オ ヤ イ カ サ カ サ カ**

《注》❶，❷，…は内閣の「第○次」を示す。

**❶伊藤博文**……鹿鳴館外交

　**黒田清隆**……憲法発布

**❶山県有朋**……帝国議会（第 1 議会）

**❶松方正義**……選挙大干渉

**❷伊藤博文**……元勲総出，日清戦争

**❷松方正義**……松隈内閣

**❸伊藤博文**……×地租増徴

**❶大隈重信**……隈板内閣，共和演説事件

**❷山県有朋**……「必ず出る」軍部大臣現役武官制

**❹伊藤博文**……立憲政友会

**❶桂　太郎**……日露戦争

**❶西園寺公望**…日露戦後経営　鉄道国有法

**❷桂　太郎**……大逆事件　韓国併合

**❷西園寺公望**…行財政整理　陸軍 2 個師団増設問題

**❸桂　太郎**……×（第 1 次）護憲運動

# 明治時代の文化

## 1 文明開化

📖 本編解説 p.354 ～ 357 参照

### 政府主導の近代化

- 太陽暦の採用…明治 5 年 12 月 3 日 ➡明治 6 年 1 月 1 日

### 西洋近代思想

**イギリス功利主義**…ミル・スペンサー・ベンサム
- 明六社（明治 6 年，1873）…**森有礼・福沢諭吉・中村正直・加藤弘之**ら
  ➡『**明六雑誌**』（1874），啓蒙思想
- 田口卯吉『**日本開化小史**』（1877）

**フランス自由主義**…ルソー・モンテスキューなど
- 天賦人権論 ➡自由民権運動に影響，**中江兆民・馬場辰猪・大井憲太郎**ら

### ジャーナリズムの発達

- 鉛製活字の鋳造成功（1851）…**本木昌造**
- 日刊新聞・雑誌の発行…「**横浜毎日新聞**」（1870）

## 2 教育

📖 本編解説 p.358 ～ 364 参照

### 教育制度の整備

文部省設置（1871）

学制公布（1872）…**国民皆学**，フランス式学制，実学主義

🔍史料 61

東京大学設立（1877）

教育令（1879）…アメリカ式学制，自由教育制度

高等教育…私学
- **慶応義塾**（1868）………**福沢諭吉** ➡慶応義塾大
- **同志社英学校**（1875）…**新島襄** ➡同志社大

- ●東京法学社（1879）　➡法政大
- ●明治法律学校（1881）　➡明治大
- ●東京専門学校（1882）…大隈重信 ➡早稲田大

## 国家主義教育の強化

学校令（1886）
- ●小学校令・中学校令・帝国大学令・師範学校令の総称。
- ●文部大臣森有礼が主導。
- ●小学校は尋常科・高等科に分かれ，尋常科 4 年を義務教育とする。
- ●義務教育年限を 6 年に延長（1907）

### 義務教育における就学率の向上

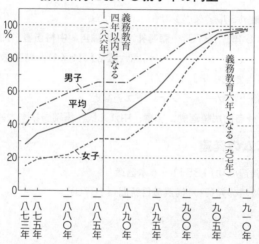

教育勅語（1890）　史料 62
- ●忠君愛国を教育の基本とする。
- ●内村鑑三不敬事件（1891）

国定教科書制度（1903）

## 女子教育の普及

- ●良妻賢母主義にもとづく教育。

## 3　宗教と生活

📖 本編解説 p.365 ～ 367 参照

### 神道

**神仏分離令**（1868）➡ **廃仏毀釈**の嵐
- 神祇官…大教宣布の 詔 （1870），神道国教化のもくろみ。
- 神祇官 ➡ 神祇省（1871）➡ 教部省（1872）➡ 廃止（1877）
神社制度・祝祭日などの制定…紀元節・天長節
教派神道（13 派）…金光教・黒住教・天理教など公認。

### 仏教

- **廃仏毀釈**で一時衰退 ➡ 再興（島地黙雷・井上円了らの活躍）

### キリスト教

五榜の掲示で禁止 ➡ 浦上信徒（教徒）弾圧事件 ➡ 禁令撤廃（1873）

プロテスタント宣教師の活躍…人道主義の立場
　　➡ ヘボン・フルベッキ・ジェーンズ・植村正久・新島襄・海老名弾正・内村鑑三

### 生活文化

- **散髪脱刀令**（1871）…ザンギリ頭 ➡ **廃刀令**（1876）
- **太陽暦の採用**（1872）…明治 5 年 12 月 3 日を明治 6 年元旦とする。
- 洋風建築，人力車，ガス燈，鉄道馬車

## 4　近代思想の展開

📖 本編解説 p.368 ～ 373 参照

### 欧米思想の普及

**自由主義・功利主義思想の紹介**
- 福沢諭吉…『学問ノスヽメ』・『文明論之概略』
- 中村正直…『西国立志編』・『自由之理』（訳述）
民権論…中江兆民『民約訳解』，天賦人権論
国権論…加藤弘之『人権新説』
- 脱亜論…福沢諭吉が甲申事変を機に主張。

### 国家主義思想の台頭

**平民主義**…**徳富蘇峰**
- 民友社を組織。

83

- 『国民之友』(1887)・「国民新聞」(1890)を発行。
- 平民的欧化主義を説く ➡ 三国干渉を機に国家主義に転向。

**国粋保存主義**…**三宅雪嶺・志賀重昂**

- 政教社を組織。
- 雑誌『日本人』を発行(1888)
- 欧化政策に反対し，伝統文化の尊重を説く。

**国民主義**…**陸羯南**

- 新聞「日本」を発行(1889)
- 義和団戦争を機に帝国主義を容認。

**日本主義**…**高山樗牛**

- 雑誌『太陽』(1895)の主幹。
- 日本の大陸進出を支持。

## 日露戦争後の社会と思想

### 国家主義に対する疑問

- 国家的利害よりも地方社会の利益を重視。
- 戊申詔書(1908，第2次桂内閣)…国民道徳の強化など。

**社会主義思想の成長**…**安部磯雄・片山潜・幸徳秋水・堺利彦**ら

- 大逆事件(1910)

**啓蒙思想・西欧思想**

①『学問ノスヽメ』
②『文明論之概略』 } …**福沢諭吉**：イギリス文明史観の影響。
③『西洋事情』

④『西国立志編』…**中村正直**：スマイルズの『自助論』を紹介。

⑤『自由之理』…**中村正直**：ミルの『自由論』を紹介。

⑥『国体新論』…**加藤弘之**：天賦人権論を紹介。

⑦『人権新説』…**加藤弘之**：天賦人権論を捨て，国権論に転ずる。

⑧『民権自由論』…**植木枝盛**：民権思想の啓蒙。

⑨『天賦人権弁』…**植木枝盛**：加藤の『人権新説』に反論。

⑩『民約訳解』…**中江兆民**：ルソーの『社会契約論』を訳す。

⑪『天賦人権論』…**馬場辰猪**：加藤の『人権新説』に反論。

## 思想界の変遷

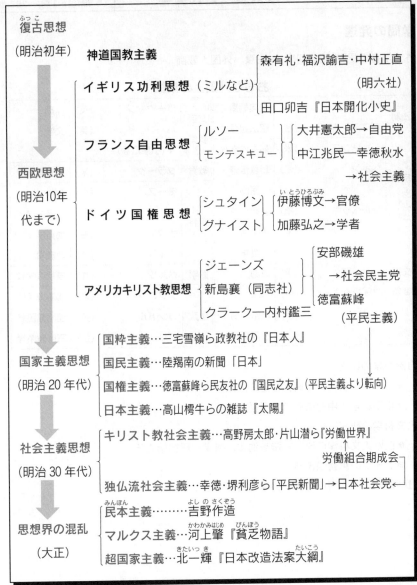

## 学問の発達

**外人学者**の招聘(しょうへい)(明治初期)…お雇(やと)い外国人教師

### おもな外国人の業績

| 法制 | ボアソナード | (仏) | 法典編纂 | 文芸美術 | ワーグマン | (英) | 洋画 |
|---|---|---|---|---|---|---|---|
| | ロエスレル | (独) | 憲法起草 | | ハーン | (英) | 文学 |
| 宗教 | ジェーンズ | (米) | 熊本洋学校 | | (小泉八雲) | | |
| | ヘボン | (米) | 新教伝道・医師 | 教育 | クラーク | (米) | 札幌農学校 |
| | フルベッキ | (蘭) | 新教伝道 | 理科 | モース | (米) | 動物学・考古学 |
| 文芸美術 | フェノロサ | (米) | 古美術・哲学 | | ナウマン | (独) | 地質学 |
| | ラグーザ | (伊) | 彫刻 | | ミルン | (英) | 地震学 |
| | フォンタネージ | (伊) | 洋画 | 医学 | ベルツ | (独) | 東京医学校 |
| | キヨソネ | (伊) | 紙幣印刷・銅版画 | 産業 | ケプロン | (米) | 北海道拓殖 |
| | | | | | コンドル | (英) | 鹿鳴館設計 |
| | | | | | ブリューナ | (仏) | 富岡製糸場 |

**自然科学**の研究

- 日本人学者による研究とその成果。
- 軍事科学を中心に政府の保護で進歩。

**人文科学**の研究

- 西欧人文科学の研究方法を消化,科学的研究始まる。
- ドイツの影響強まる。

「**民間の学**」…在野(ざいや)の研究者の学問研究が起こる。

## 自然科学の研究

【医学】北里柴三郎…細菌学の研究，伝染病研究所を創設
　　　　志賀潔……赤痢菌の発見
【薬学】高峰譲吉…アドレナリンの発見，タカジアスターゼの創製
　　　　鈴木梅太郎…オリザニンの創製
【地震学】大森房吉……地震計の発明
【天文学】木村栄……Ｚ項の発見
【物理学】長岡半太郎…原子構造の研究
　　　　　田中館愛橘…地磁気の測定

## 人文科学の研究

【哲学】西周…西洋哲学紹介
　　　　加藤弘之…ドイツ国家主義哲学
　　　　井上哲次郎…ドイツ観念論哲学，キリスト教排撃論「教育ト宗教ノ
　　　　　　　　　　衝突」
【法学】梅謙次郎…フランス法系，ボアソナード民法賛成派
　　　　穂積陳重…ドイツ法系
【経済学】田口卯吉・金井延…社会政策学会設立（1907）
【史学】田口卯吉…『日本開化小史』
　　　　久米邦武…実証的研究
　　　　　　→史料編纂掛：「神道は祭天の古俗」（1891）
　　　　喜田貞吉…南北朝正閏問題により休職処分

# ジャーナリズムの発達

─大新聞…民権派の政論新聞として発展。
└小新聞…娯楽面を重視，社会的事件の報道 ➡「読売新聞」・「朝日新聞」など。

①「横浜毎日新聞」…最初の日刊新聞（今では当たり前だが，毎日発行されることとなった最初の新聞）

②「日新真事誌」…イギリス人ブラックが経営（「民撰議院設立の建白書」が掲載された）

③「郵便報知新聞」…前島密→矢野文雄（立憲改進党系となる）

④「読売新聞」…子安峻（小新聞の元祖，振りがなつき，政論中心の「大新聞」とは違い一般庶民向き）

⑤「朝日新聞」…村山竜平ら（大阪で創刊された代表的な小新聞）

⑥「東洋自由新聞」…社長：西園寺公望／主筆：中江兆民（フランス帰りの西園寺が中江兆民と創刊）

⑦「時事新報」…福沢諭吉が創刊（1885年の福沢の「脱亜論」が有名）

⑧「日本」…陸羯南が創刊。

⑨「万朝報」…黒岩涙香創刊（幸徳秋水・堺利彦・内村鑑三が日露反戦の論陣，後，主戦論に転換，幸徳ら退社）

⑩「二六新報」…秋山定輔（大衆紙として人気を博す。徹底した財閥批判などを展開）

⑪「平民新聞」…「万朝報」を退社した幸徳秋水・堺利彦が「平民社」を設立，日露戦争反対の主張を続ける。

## 雑誌

| | | | | |
|---|---|---|---|---|
| 1874 | 明六雑誌 | 明六社が発行 | 1897 | 労働世界 | 最初の労働組合雑誌 片山潜編集長 |
| 1879 | 東京経済雑誌 | 田口卯吉創刊 | | | |
| 1885 | 女学雑誌 | 巌本善治創刊 | 1899 | 中央公論 | 総合雑誌 |
| 1887 | 国民之友 | 民友社機関誌 | 1900 | 明星 | 詩歌雑誌，新詩社 |
| 1888 | 日本人 | 政教社機関誌 | | | |
| 1893 | 文学界 | 文芸誌，ロマン主義 | 1909 | スバル | 文芸誌，耽美派 |
| | | | 1910 | 白樺 | 文芸誌，白樺派 |
| 1895 | 太陽 | 高山樗牛創刊 | 1911 | 青鞜 | 文芸誌，平塚雷鳥創刊 |
| 1895 | 東洋経済新報 | 町田忠治社長 | | | |
| 1897 | ホトトギス | 俳句雑誌，正岡子規主宰 | | | |

## 近代文学の発達

- **初期**…戯作(げさく)文学・政治小説
- **中期**…写実主義・理想主義・ロマン主義
- **後期**…自然主義・反自然主義

### 近代文学

| | | |
|---|---|---|
| 明治初 | 【戯作文学】<br>● 江戸戯作文学の伝統 | 仮名垣魯文『安愚楽鍋』・『西洋道中膝栗毛』 |
| 10年代 | 【政治小説】<br>● 自由民権論と結びつく | 矢野竜溪『経国美談』，東海散士『佳人之奇遇』<br>末広鉄腸『雪中梅』 |
| 20年前後 | 【写実主義】<br>● 近代文学の誕生<br>【硯友社】 | 坪内逍遥『小説神髄』・『当世書生気質』<br>二葉亭四迷『浮雲』，山田美妙『夏木立』<br>尾崎紅葉『金色夜叉』→泉鏡花 |
| | 【理想主義】 | 幸田露伴『五重塔』 |
| 日清戦争の頃 | 【ロマン主義】<br>● 封建道徳からの解放<br>● 感情の優位<br>● 自我・個性の尊重<br>● 俳句・和歌の革新 | 森鷗外『舞姫』，樋口一葉『たけくらべ』<br>北村透谷『文学界』，島崎藤村『若菜集』<br>与謝野晶子『みだれ髪』・『明星』，与謝野鉄幹<br>正岡子規 { 写生風俳句→高浜虚子（ホトトギス）<br>　　　　万葉調和歌→長塚節（アララギ） |
| 日露戦争の頃 | 【自然主義】<br>● フランス・ロシア文学<br>　の影響（客観的描写）<br>● 日本の社会矛盾を反映 | 国木田独歩『牛肉と馬鈴薯』，田山花袋『蒲団』<br>島崎藤村『破戒』，徳田秋声『黴』，正宗白鳥『何処へ』<br>石川啄木『一握の砂』 |
| 明治末 | 【反自然主義】<br>● 余裕派　● 知性派 | 夏目漱石『吾輩は猫である』<br>森鷗外『阿部一族』 |

📖 本編解説 p.384 ～ 387 参照

## 演劇

### 歌舞伎

```
┌ 初期…河竹黙阿弥，文明開化の風俗，新時代の傾向
└ 中期…坪内逍遙らの演劇改良運動，団菊左時代
```

### 新派…壮士芝居（川上音二郎） ➡ 新派劇（通俗小説の劇化）

### 新劇

- 西洋近代劇の翻訳物を上演。

```
┌ 坪内逍遙・島村抱月…文芸協会（1906）
└ 小山内薫・二代目市川左団次…自由劇場（1909）
```

## 音楽

- 軍楽，小学唱歌…伊沢修二
- 東京音楽学校（1887）…滝廉太郎

## 美術・工芸

### 日本画…伝統美術の復興。

- フェノロサ・岡倉天心・狩野芳崖・橋本雅邦・菱田春草
- 東京美術学校（1887）
- 日本美術院（1898）

### 西洋画

```
┌ 浅井忠…明治美術会（脂派と呼ばれる）
└ 黒田清輝…白馬会（外光派と呼ばれる）➡ 久米桂一郎・岡田三郎助・
                                    藤島武二・和田英作
```

- 青木繁…ロマン的画風
- 文部省美術展覧会〈文展〉（1907）➡ 帝国美術院〈帝展〉（1919）

### 彫刻

- 洋風彫刻移入…工部美術学校のラグーザ（イタリア人），高村光雲・荻原守衛

### 建築

- コンドル（イギリス人）…鹿鳴館・ニコライ堂
- 辰野金吾…日本銀行本店・東京駅
- 片山東熊…赤坂離宮（旧東宮御所）

**美術作品**

【絵画】

〈日本画〉悲母観音……狩野芳崖

竜虎図………橋本雅邦

黒き猫………菱田春草

〈西洋画〉鮭…………高橋由一

収穫………浅井忠

湖畔・読書…黒田清輝

天平の面影…藤島武二

海の幸………青木繁

南風…………和田三造

【彫刻】

老猿…………高村光雲

女……………荻原守衛

墓守…………朝倉文夫

【建築】

ニコライ堂……コンドル

日本銀行本店…辰野金吾

旧東宮御所……片山東熊

·········· **MEMO** ··········